KB127044

천 개의

LLEWELLYN'S
COMPLETE DICTIONARY OF DREAMS

개 의

꿈

사

전

코쿤아우트

글쓴이 **마이클 레녹스**

시카고 대학에서 심리학으로 석사학위와 박사학위를 받았다.
박사학위 논문 〈점성술과 성격(Astrology and Personality)〉은
램버트 아카데미 출판사에서 출간되었다.
텔레비전 쇼와 라디오, 유튜브를 비롯한 인터넷 네트워크에 출연해서
꿈의 의미와 역할에 대한 담론을 전개하는 저명하고 인기 있는 꿈 전문가이다.
캘리포니아 남부에 거주하며,
미국 전역과 전 세계에 걸쳐 상담과 워크숍을 진행하고 있다.

옮긴이 **강영희**

서울대학교에서 역사학과 국문학을 시작으로
영화학, 종교학을 공부했고,
문화평론가와 인간을 탐구하는 전문 인터뷰어로 나섰다.
야나기 무네요시의 백의민족론을 해체하는 〈한국인의 미의식〉을 집필하면서
미륵사상과 접속함으로써 무의식과 소통하는 방법을 터득했다.
힐링센터 '구문자답'을 열고 수천 명의 꿈을 해석하면서
무의식의 언어인 꿈에 대한 풍부한 임상을 쌓았다.
정신과 의사인 아버지와
발전을 거듭하는 뇌 과학을 든든한 지원군으로 삼고 있다.

천 개의 꿈 사전

LLEWELLYN'S
COMPLETE DICTIONARY OF DREAMS

마이클 레녹스 지음

九問自答 강영희 옮김

코쿤아웃

꿈을 이해하면,
인생의 비상구(exit)를 찾는다

인생은 끝없는 장애물 경주와도 같다. 우리는 사건 사고와 생로병사의 늪을 힘겹게 건너가는 불쌍한 존재들이다. 그렇다면 기적을 일으키는 길상(吉祥)의 묘안은 없을까?

　문학으로부터 종교에 이르는 인간의 모든 사유는 장애물 경주의 매뉴얼을 구하는 것이다. 매뉴얼의 제목을 나는 구문자답(九問自答)이라고 부른다. 구문자답을 위해서는 꿈이라는 만능 칼을 도구로 사용하는 것이 유용하다.

2010년 경복궁 인근에 〈구문자답〉이라는 현판을 내걸고 인생 만사의 장애물 상담소를 차린 이래 이곳을 찾아오는 분들이 인상적인 꿈을 꾼다는 사실을 알게 되었다. 꿈을 통해 그분들의 뇌 속에서 기적의 씨앗이 자라는 것도 알게 되었다.

꿈은 인생이라는 선분을 직선으로 만들어준다. 꿈은 하마터면 모르고 지나칠 뻔한 비상구(exit)의 존재를 알려주며, 그리로 가려면 무엇을 해야 하는지, 무엇을 하지 말아야 하는지를 알려준다. 어려운 점은 꿈의 언어가 '겉알속몰'이라는 것. 겉으로는 알 것 같지만 속으로는 모를 소리가 꿈이다. 따라서 외국어를 이해하려면 사전이 필요하듯이, 꿈의 언어를 해석하려면 꿈 사전이 꼭 필요하다.

일단 꿈나라 말을 알아듣기 시작하면, 그것의 가치는 상상을 초월한다. 꿈나라 말을 알아듣는 것은 인생의 장애물을 멋지게 넘어가는 방법을 알려주는 마법사를 뇌 속에 숨겨둔 것과도 같다. 모든 선수가 금메달을 목표로 분투하듯이, 모든 사람은 인생의 금메달을 목표로 분투한다.

꿈나라 말을 알아듣고 그것을 발판으로 자신의 무의식과 이야기를 주고받는 사람은 인생 올림픽에 출전한 자신을 향해 열렬한 박수를 치는 사람과도 같다.

가끔씩 이런 생각이 들기도 한다. 평생에 걸쳐 꿈나라에서 연속적으로 경험하는 장애물 경주를 통해 우리는 저마다의 영혼을 완성해가는 것은 아닐까. 그것이 한데 모여서 오늘날의 인류를 탄생시킨 진화의 역사를 넘어서는 영적 진화의 새로운 단계를 이룩하게 되는 것은 아닐까.

레녹스 박사의 꿈 사전을 우연히 발견했을 때 정말 기뻤다. 이 꿈 사전이 지닌 완벽에 가까운 논리와 혀를 내두를 만한 상상력이 놀랍기도 했다. 물론 이 꿈 사전이 완벽한 해석을 제공하는 것은 아니며, 이 사전과 우리의 꿈 사이에는 건너야 할 심연이 있다. 하지만 바로 그 심연의 존재가 우리를 흥분시킬 뿐 아니라 각자의 우승 트로피를 보장한다.

　우리 모두는 마음속에 저마다의 꿈 사전을 간직하고 있으며, 자신의 꿈을 알아차리도록 돕는 천재적인 통역사를 모시고 살아간다.

왜 〈천 개의 꿈 사전〉인가. 물론 이 사전에는 천 개의 꿈 낱말이 실려 있다. 하지만 그것만은 아니다. 세상만사 또는 세상 만물이 사람의 마음속에 들어와 만화경을 펼치는 순간, 그것은 어느새 천이라는 숫자로 변모한다. 이런 변모가 인생의 한계를 표현하는 것일까?

　나는 약간의 희망을 섞어서 과감하게 노(No!)라고 대답할 것이다. 문득 '천만의 말씀, 만만의 콩떡'이라는 우스갯소리가 떠오른다. 어마무시한 만(萬)이 슬그머니 인간의 조막손으로 들어온 것이 천(千)이 아닌가 말이다. 말이 나온 김에 우스갯소리 삼아 덧붙이면, 어느 구도자가 천불천탑을 세우는 마음을 자꾸만 떠올리며 나는 〈천 개의 꿈 사전〉 번역 작업에 매달렸다.

레녹스 박사의 〈천 개의 꿈 사전〉에 안견의 〈몽유도원도〉를 겹쳐 놓은 다음에야 비로소 베개를 돋우고 꿈을 청할 수 있게 되었다. 토머스 모어의 유토피아에는 부재한 뜬금없는 아름다움이 복숭아꽃 만발한 그곳에는 있지 않은가.

앞으로 인류가 찾아가야 할 새로운 세상은 합리와 문명을 뽐내는 대신 상상과 소통으로 몸을 낮추고 귀를 여는 낯선 세상일지 모른다. 오늘 꿈에서 당신은 기적과도 같은 개과천선의 지혜를 허락하시는 할아버지 신선을 만나시길 바란다.

오늘밤 꿈나라에서 당신은 오색찬란한 봉황새가 안마당으로 날아드는 황홀경을 품으시길 바란다. 이 책에는 그런 황홀경과 접속하게 만드는 천 개의 열쇠가 들어 있다. 어느 열쇠를 얻어도 좋다. 모든 열쇠는 당신 마음의 자물쇠를 여는 행운의 열쇠다.

九問自答 강영희

마음속 어둠을 밝히는
지혜를 얻는 방법

꿈은 인류의 문명이 시작된 이래 인간 문화의 중요한 한 부분을 차지해왔다. 인류의 조상이 불 주위에 둘러앉아 꿈에 대한 이야기를 나누었을 때, 동물과 선조들이 가득 어우러진 다른 차원의 꿈 세상은 그 모습을 생생히 드러냈을 것이다. 모든 인류에게 보편적으로 존재하며 이를 통해 서로 연결되어 있다는 집단 무의식의 증거를 이 같은 꿈에서 찾아볼 수 있다.

과학의 발전으로 인해 렘수면 동안 뇌에서 일어나는 일에 대해 기술적 측면에서 많은 것을 볼 수 있게 되었다. 하지만 꿈은 과학기술이 보여주는 세계를 넘어 꿈을 꾸는 사람에게 영혼에 대해 좀 더 많은 것을 보고 느끼게 하는 힘이 있다. 오늘날의 우리는 영혼이 거주하는 이 영역으로부터 어느 때보다 단절되어 있지만, 무의식의 세계 속에서는 여전히 꿈을 통해 자아와 깊은 연결을 맺고, 나아가 모든 인류와의 깊은 연대를 확인하고 있다. 경이로운 마음으로 개인적 차원에서 꿈의 신비를 체험한 사람들은 이러한 것을 탐구하는 가치를 잘 알고 있다. 자신의 꿈을 깊이 이해함으로써 자신과 자신을 둘러싼 세상에 대해서도 깊은 이해에 도달할 수 있기 때문이다. 꿈은 상징의 언어로 말해지는 이야기다.

이 언어를 이해하려면 우리는 이미지의 핵심에 접근해야 한다. 모든 상징의 보편적 의미는 그것의 용도, 본질, 목적과 고유한 특성으로 이해된다. 이 비교적 단순한 개념을 이해하면, 꿈을 해석한다는 것은 꿈이 말하는 이야기(the story)를 통해 하나의 이야기(a story)를 도출하는 것이 된다. 꿈 사전은 이 과정을 도와주는 종합적인 도구다. 이를 통해 꿈이 자신에게 말하는 것을 이해하게 되면 지식과 자기 인식의 경험에 깊이가 더해질 것이다.

아주 어린 소년이었을 때 처음으로 아주 매혹적인 꿈을 꾼 적이 있다. 실제로 세 살 정도밖에 되지 않았을 때 꾸었던 그 꿈을 아직도 기억한다. 낯설고 텅 빈 공간 속에 내가 놓여 있었는데, 내가 있는 중간 크기의 땅보다 무한소로 작은 곳이 동시에 존재하는 것이 느껴졌다. 그리고 그와 동시에 믿기 어려울 정도로 큰 무한대의 공간이 내 위에 존재하는 것 역시 감지됐다. 당시에는 어린 마음에 이런 구조가 무엇을 의미하는지 제대로 인식할 수 없었지만 큰 부분은 우주 공간이고 작은 부분은 분자의 세계였다는 것을 훗날 깨달았다. 어른이 된 나는 그것이 무한대의 꿈(a dream of infinity)이라는 것을 알게 되었고, 다른 사람에게서도 이와 유사한 꿈에 대해 묘사하는 이야기를 실제로 들은 적이 있었다. 물론 당시에는 그것이 신나기도 하고 한편으로는 무섭기도 한 매혹적인 이미지에 불과했다. 하지만 우리의 내면에 이처럼 놀라운 공간이 존재한다는 사실을 상상력의 한계 내에서나마 강렬하게 알아차렸다.

십대 시절 우연히 프로이트의 독창적 저서 〈꿈의 해석〉을 만났다. 열다섯 소년의 감성에는 어울리지 않는 책이었지만 당시 나는 이 책에 빠져 있었고, 이 책을 통해 꿈을 탐구한다면 통찰력과 숨은 비전을 찾을 수 있을 것이라는 생각을 했다. 친구들은 이런 생각을 실천해볼 수 있는 기회를 제공해주었다. 친구들이 터무니없는 꿈을 꾸었다며 열심히 떠들어대면, 꿈 이야기를 들려달라고 한 다음 직관적인 해석을 해주었다. 그럴 때마다 휘둥그레진 눈과 굉장하다는 감탄사가 뒤따랐다. 이것을 수년에 걸쳐 수천 번 반복했고, 타고난 재능을 발전시키며 정식으로 공부를 한 끝에 마침내 심리학 박사학위를 받았다. 하지만 나의 꿈 해석을 지켜보며 굉장한 능력이라고 여길 필요는 없다.

사실 이는 재능이라고 부를 만한 것이 아니며, 내가 하는 것은 누구라도 할 수 있는 것이기 때문이다. 이 책은 이런 능력을 실현하는 데 큰 도움이 될 것이다. 인간 본성이나 집단 무의식과의 만남을 통해 누구나 이런 능력을 얻을 수 있다. 나의 재능이란 이것이 가능하다는 게 아니라 이것을 무척 빨리 할 수 있다는 것이다.

나의 첫 번째 책 〈Dream Sight: A Dictionary and Guide for Interpreting Any Dream〉은 이 같은 과정을 상세하게 정리한 것으로, 꿈에 대한 숨은 지식을 만나는 방법을 알려주고 이와 친해지도록 만든 교습 도구다. 그 책을 참고하면 포괄적인 꿈 해석을 할 수 있을 것이다. 하지만 좀 더 구체적인 꿈 해석을 원한다면 훨씬 많은 단어를 추가하고 단순한 구성 방식으로 나열해 상세히 설명한 책을 참고한다면 도움이 될 것이다. 이 책 〈천 개의 꿈 사전(Llewellyn's Complete Dictionary of Dreams)〉에는 꿈에 나올 법한 천 개가 넘는 상징에 대한 해석이 들어 있다. 이 책 속의 수많은 상징과 그에 대한 해석은 어떤 꿈을 꾸었을 경우에도 참고해볼 만한 기준이 될 것이다.

이 사전을 효율적으로 사용하기 위한 몇 가지 꿈 해석의 원칙이 있다. 첫 번째는 꿈 해석에는 일방통행의 출구처럼 오로지 하나의 길만 있는 것은 아니라는 것이다. 꿈에 담긴 의미는 지극히 개인적인 것이어서 꿈을 꾸는 사람의 감정에 따라 많은 것이 달라질 수 있다. 심지어는 시간이 지나면서 꿈이 던지는 의미가 진화할 수도 있다. 염두에 두어야 할 가장 중요한 사실은 꿈속에는 자신의 의식(a consciousness of its own)이 담겨 있다는 사실이다. 새로운 놀잇감을 발견하고 흥분한 아이처럼 꿈은 자신을 드러내 보이고 인정받기를 원한다. 꿈에 대해 돌아보는 것만으로도 무의식을 자극하게 되어 자신에 대한 성찰의 실마리를 얻기도 하고, 이어지는 꿈을 꿈으로써 자기 성찰을 깊이 있게 이어갈 수도 있다. 따라서 꿈 해석의 진정한 가치는 그것에 부여하는 의미에 있는 것이 아니라 그것을 탐구하는 과정 자체에 있다.

두 번째는 꿈속에서 전개되는 풍경에 접근하는 방법에 대한 것이다. 꿈은 현실의 다양한 측면을 반영하는데, 꿈 해석의 가장 바람직한 방법은 꿈의 모든 요소를 자신의 의식의 반영으로 바라보는 것이다. 이 같은 시각으로 보면 꿈에 나오는 모든 배경과 행위는 꿈꾼 사람의 일부라 할 수 있다. 결국 꿈은 자신의 의식이 다양한 방식으로 구성된 것이며, 자신의 내면세계를 상징하는 것들을 엿보는 게 꿈인 것이다. 이러한 접근은 현대 꿈 분석의 아버지로 추앙받는 저명한 심리학자 카를 융의 작업에서 비롯되었다. 프로이트와 동시대 인물인 융은 문화와 지리에 따라 구분되는 인류를 동일한 원형적 정보로 연결시키는 집단 무의식(the collective unconscious)의 존재를 가정했다. 융은 스위스의 상류층 환자가 자신이 여행 중에 만난 아프리카 원주민과 같은 내용의 꿈을 꾼 것을 알게 되었다. 물론 스위스의 사업가는 호랑이 대신 은행원에게 추격당했지만, 꿈의 주제는 동일했다.

융의 이론에 따르면 꿈에 나오는 사람들은 꿈꾼 사람의 다양한 측면을 보여준다. 이 책에서 나는 이것을 '성격 측면(character aspect)'이라고 부를 것이다. 꿈에 나오는 사람의 실제 삶의 특성(the waking life qualities)은 꿈꾼 사람 자신의 특성을 비추는 거울 역할을 한다. 이러한 관점은 이 책 속에서 발견되는 수많은 용어에 반영되어 있으며 꿈 해석 작업의 다양한 원리에 다양한 방식으로 적용된다. 따라서 성격 측면이라는 용어를 이 책에서 다수 발견하게 될 것이다.

꿈 세상에 등장하는 모든 사람은 꿈꾼 사람의 성격 측면을 나타내는 것으로 해석되어야 한다. 다면적 인간인 우리는 "나의 일부는 이렇게 느끼기도 하고 저렇게 느끼기도 한다(Part of me feels this way or that way)"라는 말처럼 종종 자신을 분열된 방식으로 이해한다. 꿈에서 일어나는 사건들 역시 바로 이런 식으로 나타난다. 자신의 본성으로부터 증류된 요소들이 실제 삶에서 자신이 알거나 알지 못하는 등장인물에 의해 상징적 차원에서 제시된다.

이 같은 논리에 따라 자신이 아는 사람을 떠올렸을 때 그의 성격을 묘사할 수 있는 세 개의 형용사를 선택하는 방법으로 꿈을 해석할 수 있다. 예를 들어 당신의 가장 친한 친구는 따뜻하고 사교적이고 재미있으며, 당신의 상사는 매사를 통제하려 들고 요구가 많으며 꽉 막힌 사람일 수 있다. 이런 사람이 꿈의 일부가 되었다면 그가 나타내는 의미를 직감적으로 알 수 있는 것이다. 이 방법은 너무 많은 생각을 하지 말고 즉흥적으로 접근할 때 가장 좋은 결과를 얻을 수 있다. 이처럼 꿈에 아는 사람이 등장했을 때 '세 개의 형용사 기법(three-adjective technique)'을 적용해 그 사람을 묘사함으로써 꿈의 의미를 직감적으로 파악할 수 있다. 이 기법이 꿈에 적용된 실례를 들어보자.

어느 여성의 꿈에서 고등학교 시절의 영어 선생님이 기이한 배경에서 자신의 위를 떠다니는 모습으로 등장했다. 이것은 불안한 감정을 일으키는 꿈이었기 때문에 그녀는 이 꿈에 자꾸 신경이 쓰였다. 영어 선생님을 묘사하는 세 개의 형용사를 들어보라고 했을 때, 그녀는 부정적이고 가혹하며 요구 사항이 많다고 했다. 지금 스트레스를 받고 있는 일이 있느냐고 묻자 그녀는 업무로 주어진 발표 날이 다가온다고 하면서 자신은 그런 일을 하는 것을 힘들어하기 때문에 닥쳐올 일이 걱정된다고 했다. 자신이 얼마나 걱정하고 있는지 고백하기는 쉬웠지만, 꿈에 나타난 영어 선생님이 스스로에 대해 혹독한 비판자 노릇을 하는 자신의 성격을 반영하는 한 측면인 것을 받아들이기는 쉽지 않았다.

현실에서 잘 아는 사람일수록 그 사람을 자신의 성격 측면으로 받아들이기가 어렵다. 이런 경우에는 자신의 생각과 객관적인 거리를 유지하는 것이 바람직하다. 객관적인 관점에서 그 사람을 자신의 성격 측면으로 이해하기 위해서 다른 사람이 그를 어떻게 묘사하는지를 생각해볼 수도 있다.

때때로 꿈 세상은 이전에 만난 적이 없는 사람들로 가득 차기도 한다. 만일 그런 꿈을 꾸었다면, 꿈에서 얻은 정보와 꿈에 나온 사람에 대한 세부 사항을 해석에 활용해야 한다. 꿈이 제공하는 정보가 적을수록 낯선 인물이 제시하는 성격 측면을 이해하기 위해 많은 작업이 필요하다. 보통 꿈에 등장하는 낯선 인물은 아직까지 이해하지 못한 자신의 일부를 나타내는 것으로 볼 수 있다.

낯선 인물을 통해 비춰보는 성격 측면이 특히 본인이 공감하지 못하는 자신의 성격을 나타낼 경우 이런 작업을 하는 것은 정말 어려운 일이다. 한번은 이 같은 작업을 할 때 격렬하게 저항하는 의뢰인 때문에 인내심의 한계를 느낀 적이 있었다. 그녀는 20대 후반의 여성이었는데, 여러 해 동안 모시고 일한 여성 상사에 대한 꿈을 꾸었다고 했다. 이 상사를 묘사하는 세 개의 형용사를 선택하라고 했을 때 그녀는 공격적이고 억세며 비도덕적이라고 표현했다. 내가 보기에 꿈에 나오는 여성 상사와 마찬가지로 그녀 역시 공격적이고 억셀 뿐 아니라 도덕적 가치에 무관심한 면이 있었다.

여성 상사는 그녀 자신의 성격 측면이 분명했다. 실제 삶에서 여성 상사는 모든 상황에서 올바른 선택을 하려고 최선을 다했을 뿐 아니라 그렇게 가혹한 인물도 결코 아니었다. 하지만 그녀에게 이런 관점을 한번 고려해보라고 제안했을 때, 역설적으로 그녀는 나를 비난하면서 정말 가차 없는 태도로 자신을 방어했다. 우리 내면에는 나쁜 점과 좋은 점이 모두 존재한다는 것을 설명했을 때, 그녀는 마침내 수그러들어서 내가 전달하려는 것을 이해했다.

이런 관점을 따른다고 해서 꿈이 가족, 친구, 지인과 맺는 실제 삶의 관계를 반영하지 않는 것은 아니다. 꿈은 그런 관계를 당연히 반영한다. 하지만 나는 꿈 해석을 통해 얻을 수 있는 최고의 가치는 자아의 탐구라고 생각한다. 이런 관점에 따라 꿈 장면의 모든 요소를 자신의 반영으로 전제하면서 꿈에 대해 분석하면 자신에 대한 깊은 이해에 도달할 수 있다. 다시 말해 외부의 관계가 꿈에 미치는 영향을 부정하는 것은 아니지만, 적어도 이 사전은 '해석의 틀 안 (the inner circle of interpretation)'의 관점에만 근거하고 있다. 이 관점에 따르면 자신의 꿈에 나오는 모든 사람은 자신을 반영하는 것으로 볼 수 있다.

꿈 해석 작업의 세 번째 요소는 그림자(the shadow)다. 이것 역시 융에 의해 정립된 것으로, 융은 사람들이 받아들이기를 꺼리는 의식의 측면이 있다는 것을 발견했고 이것을 그림자라는 용어로 정리했다. 융은 그림자가 무의식의 일부라고 했다. 이 용어가 암시하듯이 이것은 우리의 인간성이 지닌 어둡고 두려운 요소들이 거주하는 곳이다. 혐오스럽고, 꼴 보기 싫고, 거절당하고, 의절당하고, 받아들일 수 없는 자신의 일부를 숨겨놓는 곳을 의미한다. 이런 생각을 마음속 깊은 구덩이에 묻어둠으로써 우리의 의식은 그것을 모른 척하고 지낼 수 있다.

이와 같은 용어의 배후에 있는 기본적인 생각은, 인간이라는 조건 속에 존재하는 우리에게는 모든 표현 가능한 인간의 성향이 내재되어 있다는 것이다. 예를 들어 사람을 죽일 수도 있는 극한의 분노가 모든 인간의 내면에 존재한다. 물론 대부분의 사람은 그 같은 분노를 실제 행동으로 옮기지는 않는다. 이처럼 실제 표출하지는 않는다 하더라도 인간의 모든 성향이 우리의 내면에는 존재하고 있다. 마음속에 존재하는 위험하고 수치스럽고 무례한 성향은 드러나지 않도록 안전하게 관리되는데, 이 영역을 그림자라고 이름 붙인 것이다. 보통 사람에게 사회적으로 용인될 수 없는 다양하고 어두운 감정들은 안전하게 숨겨져서 꿈 바깥으로 모습을 드러내지 않는다. 이 감정들을 그림자 영역에 머무르게 함으로써 우리는 인간적인 삶을 누리면서 사회 안에서 여전히 일탈하지 않은 채 살아갈 수 있다. 하지만 지혜와 의식이 성장하고 확장됨에 따라 자신에 대해 더 많은 것을 발견하기 위해서는 이 어둡고 숨겨진 영역을 지속적으로 탐구할 필요가 있다. 꿈 분석 작업은 이러한 탐구를 평생에 걸쳐 지속할 수 있는 가장 효율적인 방법이다.

악몽이나 뒤숭숭한 꿈은 그림자로부터 나올 가능성이 높다. 밤이나 어두운 배경에서 전개되는 꿈도 그림자 꿈이다. 꿈에 나오는 성별이나 피부, 머리카락 색깔이 자신의 본성이나 실제와 다르면, 이것도 그림자가 표출된 것이다. 만일 꿈에서 위험하거나 무섭거나 미묘한 사건이 일어난다면, 이 또한 그림자가 모습을 드러낸 것이다.

의식 속에 있는 것을 정체성으로 통합하는 것은 어려운 일이 아니다. 의식 안의 새로운 것을 발견해서 받아들이면 우리의 정체성은 확장된다. 하지만 무의식 속 그림자에서 어떤 것이 올라오는 과정은 두려움과 저항 때문에 혼란스럽다. 게다가 이런 사안들은 절연한 자신의 성향으로 이루어졌기 때문에 화해하기가 어렵다. 이럴 때 꿈은 현실에서 자신을 가로막는 두려움에서 벗어나도록 돕는 최선의 방법이다. 이러한 일은 두려움이 살고 있는 공간을 환하게 밝힘으로써 가능해진다. 이 과정은 비합리적이면서도 신비로운 경험을 안겨준다. 만일 자신의 꿈과 의미 있는 시간을 함께할 수 있다면 두려움과 억압에 따른 속박에서 벗어날 수 있을 것이다.

모든 꿈은 가치가 있지만 어둡고 무서운 꿈은 각별한 기회를 제공한다. 악몽이 무서운 것은 더 쉽게 기억되기 위한 것이다. 꿈속의 그림자는 성장과 확장이 일어나기 위해 탐사해야 하는 무의식의 구덩이를 말한다. 이 무서운 장소를 한번 다녀오고 나면 그것은 더 이상 그림자가 아니며, 이전에는 어두웠던 공간이 이후에는 빛으로 채워질 것이다. 이러한 과정이야말로 평생에 걸쳐 지혜가 성장하는 방식이다.

이 사전에서 지속적으로 사용되므로 사전을 잘 활용하기 위해 알아두어야 할 용어들이 있다. 원형(archetype)은 여러 요소가 모여 하나의 개념을 형성하며 비슷한 이미지를 나타나는 일종의 에너지 패턴이다. 예를 들어 전사는 힘과 호전성의 원형이다. 현대사회에서 전사의 원형을 보여주는 형태로는 운동선수와 남성 영화배우 등을 들 수 있다. 다양한 대중매체에 나오는 여성 등장인물로 대표되는 사랑과 연민의 원형도 같은 맥락에서 설명된다. 이 책에 나오는 많은 용어가 이런 개념과 연결되어 있다. 꿈에서는 원형적 이미지가 제시되며 여기에는 인간의 다양한 경험을 구성하는 의식의 근본 원리가 반영되어 있다.

앞에서 말한 두 가지 예의 경우 이 사전에서 반복적으로 만나게 될 또 하나의 개념이기도 하다. 여성적 원리(feminine principle)와 남성적 원리(masculine principle)가 바로 그것인데, 행위와 경험의 모든 면이 두 범주 가운데 하나로 귀속되는 특징이 있다. 이것을 남성이나 여성과 혼동해서는 안 된다. 이것은 성별(gender)이나 성적 취향(sexuality)에 관한 것이 아니다.

남성적 원리는 행위하고 행동에 옮기고 결정하는 개념과 관련되며, 반면에 여성적 원리는 존재하고 창조하고 양육하고 받아들이는 개념과 관련된다. 양자가 결합해 균형을 이룰 때 우리는 통합과 전체성의 감각을 경험한다. 꿈을 탐구하는 핵심 포인트는 통합적이고 전체적인 자아 감각을 추구하는 것이라고 할 수 있다. 꿈이 가끔씩 마음의 내면으로부터 모습을 드러내는 까닭은 우리로 하여금 이러한 통합과 전체성의 감각을 발견하고 그것을 향해 나아가도록 돕기 위한 것이다. 많은 이미지가 여성적 원리와 남성적 원리 두 가지 기본적인 구조 가운데 하나와 분명히 연결되는 것을 이해할 필요가 있으며, 이 용어들은 책 전체에서 발견될 것이다.

보다 깊이 있고 의미 있는 방식으로 자신의 꿈을 탐구하려는 당신의 시도를 환영한다. 꿈을 해석하는 올바른 접근이 반드시 하나만 있는 것은 아니겠지만, 삶에서 자신이 필요로 하는 바로 그 순간에 자신을 완전하고 올바르게 안내하는 길을 제시할 것이다. 이 특별한 꿈 사전에 마음이 끌렸다면, 그것은 당신을 위해 바람직한 일이라고 믿는다. 꿈이 이야기라면, 해석은 이야기에 대한 이야기이다. 자신의 이야기를 자신에게 말하는 게 꿈인 것이다. 꿈을 꾸었을 때 책에 있는 용어들을 활용해 자신을 안내하면서 꿈으로 하여금 큰 소리로 말하게 하라. 자신의 이야기를 자신에게 하듯이 말이다.

마이클 레녹스

차례

CONTENTS

Abandonment 버려짐, 유기(遺棄)

이 꿈은 자존감을 둘러싼 두려움을 반영한다. 홀로 버려지는 두려움은 원초적인 감정이며, 유아기에 뿌리를 두고 있다. 홀로 버려진 듯한 상실감이 깊은 감정을 불러일으키면 지난날의 상처를 자극해서 고통스러운 유기를 경험하게 된다. 유기가 주제인 꿈은 의식적, 무의식적으로 버려졌다는 생각을 불러오는 실제 삶을 보듬어준다. 꿈에서 이런 감정을 겪고 나면 당신은 현실에서 더 잘 살아갈 수 있게 될 것이다. 꿈에서 자신을 버리는 사람이 누구인가는 해석에 큰 영향을 미칠 수 있다.

Abdomen 배, 복부

배는 감정이나 직감과 관련된 신체의 일부다. 꿈에서 배가 특별히 돋보이는 것은 본능에서 나온 판단을 믿는 것과 관계가 있다. 반면에 배가 아픈 것은 자신의 직감이 억압당하거나 무시되는 것을 나타낸다. 배는 소화와 영양 섭취를 담당하는 신체 기관이다. 따라서 배가 부각되는 꿈은 자기 관리를 얼마나 잘하고 있는지 평소 얼마나 잘 먹는지를 이야기하는 것일 수도 있다.

Abortion 낙태, 임신중절

태아는 형태를 갖춰 탄생할 가능성이 있지만 아직은 구상 단계에 머물러 있는 아이디어, 계획, 새로운 방향, 창조적 충동 등을 상징한다. 따라서 낙태는 새로운 것이 들어설 자리를 만들기 위해 기존의 가능성을 지우는 선택을 나타낸다. 낙태는 현실에서 논란이 많은 주제인 만큼 꿈에 나오는 낙태에 대한 해석은 이에 대한 개인적 견해를 반영한다. 하지만 오직 상징적 관점에서만 본다면 낙태는 책임질 준비가 되어 있지 않은 행위를 제거하는 선택을 의미한다('Fetus 태아' 참조).

Abscess 종기, 농양

종기는 관심을 가져야 하는 근본적인 문제가 있는 것을 나타낸다. 종기가 난 곳이 신체의 어느 부위인지 알면 숨은 주제를 찾아 낼 만한 장소에 대한 실마리를 얻을 수 있다. 종기는 해로운 감정을 청소하고 치유를 시작하려면 무언가를 오픈해야 하는 것을 의미한다.

Abyss 심연

심연은 어떤 영역이 손이 닿지 않을 정도로 먼 곳에 있을 때 형성되며, 그곳에서는 순간적으로 식별되는 측정 가능한 경계의 감각이 작동되지 않는다. 감정은 심연을 탐험하는 흥분된 욕망과 함께 공포와 두려움으로 가득하게 된다.

바닥이 보이지 않는 심연의 구덩이는 성장을 위해 감수해야 하는 거대한 위험을 나타낸다. 꿈에서 심연을 만나는 것은 현실에서 어떤 경계에 도달해 미지의 영역에 용기 있게 도전하는 것을 의미한다. 심연은 깊은 무의식을 상징하며 종종 두려움뿐만 아니라 회피를 불러일으키기도 한다.

Academy Awards 아카데미상

저명한 사람이 등장하거나 부자들과 유명한 사람들에게 둘러싸인 꿈을 꾸는 것은 고귀해지기를 바라는 마음을 반영한다. 영화의 세계는 창조적인 충동과 관련이 있으므로, 꿈에 나오는 아카

데미상은 자신의 재능을 대중적으로 인정받으려는 열망을 나타
낸다. 이것은 무력감을 보상받으려는 자존감 과잉일 수도 있고,
눈에 띄는 존재가 되고 싶은 현실적 욕망일 수도 있다.

Accelerator 가속기, 액셀러레이터

자동차나 기계장치의 가속기는 속도를 높여 원하는 목적지에 빨
리 도달하도록 설계된 구조물이다. 꿈에 가속기가 등장하면 특별
한 계획을 위한 노력을 증대시켜야 한다.

가속기가 고장 나거나 제대로 작동하지 않았다면 현실에서 장애
의 원인이 무엇인지 살펴봐야 한다. 가속기를 지나치게 세게 밟
았다면 자신의 인생을 지나치게 밀어붙이지 않았는지 돌아보고
압력을 늦추거나 중단할 필요가 있다.

Accident 사고

"우연한 사고는 없다(There are no accidents)"라는 말이 있다. 사
고가 일어나면 마음먹은 것과 달리 궤도가 급하게 수정된다. 사고
에 말려들면 지금까지 가던 길을 중단하고 새로운 길을 찾아야 한
다. 피해 수습을 위해 엄청난 일을 해야 할 때도 있고, 그런 일이
뜻대로 되지 않을 때도 있다.

사고가 났을 때 실망과 좌절을 느끼는 까닭은, 사고는 나쁜 것이

며 일어나서는 안 되는 일이라고 생각하기 때문이다. 하지만 꿈에서 일어나는 사고는 지금 당신이 가는 길에 대해 재고할 필요가 있다는 경고 정도로 해석해야 한다.

Acid 산(酸)

산은 영향 받는 물질의 구조적 통합을 무너뜨리는 화학적 반작용을 일으켜 물질을 부식시키는 힘을 가지고 있다. 꿈에 나오는 산은 당신을 집어삼키는 분노, 질투, 증오 등 다스리지 않으면 파괴적으로 작용할 위험이 있는 감정을 가리킨다. 만약 이런 감정을 다른 사람에게 투사한다면 걷잡을 수 없이 타오를 것이다.

Acorn 도토리

도토리는 거대한 참나무로 자랄 수 있는 씨앗이기 때문에, 꿈에 나오는 도토리는 강력한 잠재력을 상징한다. 도토리는 작은 아이디어에서 위대한 것을 탄생시키는 능력을 가리킨다.

Acrobat 곡예사

허공을 가르며 우아하게 날아가는 곡예사의 이미지는 정신의 작용을 연상시킨다. 민첩하게 생각하고 느끼며 인생을 헤쳐가는 능력을 강조하는데, 무엇보다 생각에 초점이 맞춰진다. 꿈에 나오

는 곡예사는 널리 알려진 디자인 소프트웨어 어도비 애크로뱃
(Adobe Acrobat)처럼 자신의 소망에 따라 인생을 디자인하는 것
이 재치 있게 표현된 것으로 볼 수 있다.

Actor 배우, 연기자

배우는 다양한 페르소나를 담당할 수 있으며 진실이 아닌 페르소
나 속에서 진실인 것처럼 연기한다. 우리는 인생에서 몇 가지 역
할을 맡아 다른 상황에서 다른 사람처럼 살아간다. 배우가 등장
하는 꿈은 역설적으로 진실하고 통합된 삶을 살아야 할 필요를
나타낸다.

Acupuncture 침술, 침

침술이라는 오래된 치유의 방식은 경혈(經穴)이라 불리는 몸 전
체를 관통하는 격자무늬의 에너지 통로를 토대로 한다. 꿈에 나오
는 침의 이미지는 치유가 진행 중이거나 필요한 것을 가리킨다.

Addict 중독자

중독자는 도피주의와 통제 불능의 성격 측면을 나타낸다. 꿈에
등장하는 중독자의 상태를 보면, 이런 충동이 어느 정도 심각하
며 어떤 피해를 입히는지 짐작할 수 있다.

Affair 정사, 불륜

('Infidelity 불륜, 간통' 참조)

Age 나이, 연령

꿈은 가끔씩 우리를 과거로 데려간다. 어떤 꿈에서는 현재 시점에서 과거의 자신을 만나는가 하면, 다른 꿈에서는 자신이 과거 시점의 인물이 되어 있거나 특별한 환경 속에서 그에 어울리는 사람으로 변화해 있기도 한다.

꿈의 실제적인 구조가 어떤 것이든, 또는 과거의 어느 시점으로 돌아가든 간에 우리는 이런 꿈을 통해 과거의 결과로서 현재에 놓인 자신을 탐색하는 것이다. 꿈에 등장하는 인물의 나이는 특별한 의식이 자신 속에 존속해온 시간의 길이를 나타낸다. 예를 들어 꿈속에 나타난 다섯 살짜리 아이는 꿈꾸기 5년 전부터 자신 속에 존재하기 시작한 어떤 의식으로 해석할 수 있다.

Air Conditioning 에어컨, 냉방장치

온도는 감정이 오르락내리락하는 기분을 의미한다. 더운 날씨는 급한 성미나 넘치는 정열과 유사하다. 인공적인 방법으로 공기를 시원하게 하는 것은 상황에 따라 이러한 기분을 통제할 수 있는 능력을 상징한다. 에어컨의 규모가 클수록 통제의 의식도 큰 것으로 볼 수 있다. 창문 에어컨은 사소한 통제를 나타내는 반면, 중앙 냉방은 감정을 통제하려는 강렬한 욕망을 나타낸다. 에어컨이 망가진 것은 스트레스를 가라앉힐 수 없다는 뜻이다.

Airplane 비행기

인생의 변화가 빠른 속도로 진행되고 있는 것을 의미한다. 꿈에 나오는 교통수단은 인생길을 이동하는 방식을 상징한다. 비행기는 지상을 떠나 목적지까지 신속하게 이동하는 극적인 방식의 교통수단인 만큼 인생의 급격한 변화를 나타낸다. 이런 변화는 지금 일어나는 일과 관련될 수 있으며, 일어날 필요가 있거나 일어나기를 바라는 일과 관련될 수도 있다.

비행기 안에서 일어나는 일에서 해석의 단서를 얻을 수 있다. 비행기를 놓치는 것은 어떤 기회가 지나가버리는 것을 나타내며, 현재 주어지고 있는 기회를 잡는 방법을 찾아보라는 의미도 담겨 있다. 비행기에 갇혀 있는 것은 참을 수 없어 하는 감정이 나타난 것이기도 하고, 외적인 제한을 받아들일 필요가 있다는 것을 의미하기도 한다. 비행기가 충돌하는 것은 진행 중인 일이 제대로 작동되지 않아 다시 시작해야 한다는 것을 암시한다. 삶 속에서 침체되거나 폭발할 만한 부분이 있는지 살펴보라. 그런 부분에서 안전벨트를 매고 이륙할 수 있도록 대비할 필요가 있다.

Alarm Clock 알람 시계

잠에서 깨어나는 시간을 맞추는 기계장치인 알람 시계는 통제와 준비를 나타낸다. 중요한 일이 있을 때는 시간을 맞추는 일에 특별히 신경이 쓰이기 때문에 꿈에 알람 시계가 나오는 것은 주의를 집중해야 하는 일에 만전을 기하는 것을 의미한다.

Alcohol 알코올

('Drinks/Drinking 술/음주' 참조)

Alien 외계인

꿈에 등장하는 모든 사람은 자신의 의식의 일부이며, 외계인은 완전히 낯선 자신의 측면을 말한다. 이것은 고귀하고 영적인 측면일 수도 있지만 새롭거나 특별해서 위협적으로 받아들여지는 측면일 수도 있다. 꿈을 해석하는 과정에서는 외계와 외계인에 대한 개인적인 생각이 고려되어야 한다. 외계인에게 납치되는 사건은 현실에서 자신이 처한 낯선 영역이나 새로운 환경에 대한 두려움을 드러낸다. 꿈속에서 두려움을 많이 느낄수록 현실에서 일어나는 변화에 대한 두려움이 많은 것이다. 반대로 외계인에 대해 긍정적인 감정을 갖거나 적극적인 관계를 맺으려 한다면 진부한 현실의 억압적인 틀을 깨뜨리고 싶은 욕망이 있음을 나타낸다.

Alligator 악어

파충류는 생존과 본능을 향한 원초적 성향을 드러낸다. 악어는 감정을 상징하는 물에서 살기 때문에 악어가 의미하는 것은 감정의 영역에 속한다. 악어는 흉포함을 지니고 있는 만큼 의식의 표면 아래에 자리 잡은 위험하고 두려운 느낌을 가리킨다. 꿈에 등장하는 악어는 잠복해서 우리를 보호하는 힘을 상징한다. 뒤집어 보면 감정적으로 취약해 현실에 대한 자신의 반응 역시 취약한 상태에 놓여 있으며, 악어라는 상징을 통해 어떤 상태에서도 신중하고 통제력을 지녀야 함을 강조하는 것이라고 볼 수 있다.

Alternate Universe 평행 우주

꿈 세상의 풍경은 묘한 의식을 불러일으키지만, 가끔씩 평행 우주 꿈을 꾸는 사람에게는 이 풍경이 도리어 익숙할 수도 있다. 사실상 꿈은 우리를 평행 우주 의식으로 데려간다. 말 그대로 우주적 의미를 지닌 수수께끼 같은 꿈을 꾸는 것인데, 모든 꿈은 일종의 평행 우주이기 때문이다. 만일 꿈이 자신이 살고 있는 현실과 다른 차원의 공간에서 일어나는 듯한 느낌이 든다면, 꿈을 해석할 때 이 사실을 제일 먼저 고려해야 한다. 만일 꿈이 긍정적이고 고무적인 느낌이 든다면, 평행 우주는 창조적으로 확장된 자신의 무의식이 작동하는 것이다. 거기에는 소원 성취의 희망이 있을 수도 있고, 거부당한 상처가 남아 있을 수도 있다. 의식 속에서 평행 우주를 창조하는 것은 우리가 살고 있는 이 세계에서 마주치는 어려움에서 도피하는 가장 단순하고 쉬운 방법이기 때문이다.

Aluminum Foil 알루미늄 포일

알루미늄 포일은 잘 상하는 물건을 싸서 보존하기 위해 사용되므로, 이것이 나오는 꿈은 무언가를 단단하게 싸서 의식 내부에 보존하고자 하는 것이다. 이런 행위는 가치가 있을 수도 있고, 없을 수도 있다. 왜냐하면 귀중한 물건은 잘 싸두면 오래 보존할 수 있지만 생각이나 감정은 꽁꽁 싸매두지 않는 편이 나을 수도 있기 때문이다.

알루미늄 포일은 음식의 열을 올려 요리의 효율을 높이는 데도 사용된다. 따라서 알루미늄 포일은 자신을 배려하고 돌보며 영양분을 섭취하는 능력을 상징하기도 한다.

Ambulance 앰뷸런스, 구급차, 응급차

앰뷸런스는 운송 수단이므로 인생에서 어떤 방식으로 움직이는 것을 나타낸다. 치료를 위해 환자를 긴급 수송하는 차인 만큼 부상이나 질병과 관련되며, 앰뷸런스라는 상징의 핵심에는 누군가를 구조한다는 생각이 들어 있다. 꿈속에서 앰뷸런스 사이렌 소리를 들었다면 자신의 내면에서 위험이나 붕괴가 일어나는 것을 의미한다. 그것의 자세한 내용은 아직 알 수 없더라도 말이다.

Amethyst 자수정

자수정은 보라색을 띠고 있으며, 보라색은 높은 차원의 의식에 속하는 일곱 번째 차크라와 연결된다. 수정 중에서 자수정은 치유, 보호, 지혜를 의미한다('Stones 돌', 'Boulders/Rocks 바위/암석' 참조).

Amputations/Missing Limbs 절단/팔다리를 잃음, 사지를 잃음

이것은 능력이나 재능이 축소된 것을 의미한다. 팔다리는 기동력과 창조적 재능을 의미하므로, 팔다리를 잃는 꿈은 기동력과 재능에 타격을 입은 것을 말한다. 팔다리 전체에 걸친 심각한 손상이든 손가락이나 발가락처럼 상대적으로 사소한 것이든 꿈에서 사지를 절단당하거나 잃는 사건이 발생하면, 인생길을 걸어가는 능력에 손상을 입은 것이다. 절단된 팔다리의 용도를 따져보면 해석을 위한 정보를 얻을 수 있다.

Anchor 닻

닻은 물속에서 사용되므로 감정적인 경험과 관련이 있다. 닻은 안정적인 토대가 없는 상황에서 어떤 장소에 안정적으로 머무르도록 고안한 것이다. 따라서 꿈에 나오는 닻은 감정적인 일에 휩쓸리더라도 마음이 흔들리지 않아야 한다는 것을 의미한다. 꿈에 나온 닻은 이익으로 작용할 수도 있고, 손해로 작용할 수도 있다. 꿈에 나오는 닻이 주목해야 할 일에 초점을 맞추는 것을 돕고 있는지, 아니면 마음의 상처나 비탄의 감정에 얽매여 앞으로 나아갈 수 없게 하거나 심지어는 후퇴하게 하는지 살펴봐야 한다.

Angel 천사

천사는 지금도 우리를 찾아오는 중요한 원형적 에너지다. 수천 년 동안 인류는 이 위대한 에너지를 수많은 종교적, 영적 가르침에 나오는 특별한 존재로 표현해왔다. 이런 존재가 꿈에 나오는 것은 영적 발달이 고도로 진화한 순간에 도달한 증거다. 천사의 등장은 신의 개입이 이루어지는 것을 말하는데, 이 과정에서 높은 차원의 보호를 통해 기적적인 전환이 일어날 수도 있다.

Animals 동물

우리는 동물에게 본능적인 지능이 있다고 생각한다. 따라서 동물이 등장하는 꿈은 우리의 본능적인 성향을 돌아보게 만든다. 꿈에 나오는 동물을 해석하는 첫 번째 포인트는 그 동물이 상징하는 특별한 본성을 탐구하는 것이다. 이 책에는 다양한 동물에 대한 해석이 포함되어 있지만, 설령 꿈에 등장하는 동물이 이 책에 포함되어 있지 않더라도 그 동물의 본성을 조금만 조사해보면 만족할 만한 결과를 얻을 수 있을 것이다. 꿈에서 본 동물의 행동과 습관을 주의 깊게 살펴보면, 그와 관련해 자신의 본능에 대한 힌트를 얻을 수 있다.

해석의 두 번째 포인트는 꿈에서 동물이 무엇을 하는지 살펴보는 것이다. 그 동물이 하는 일은 현실에서 자신이 관여하는 움직임이나 움직임에 대한 장애와 관계가 있다. 꿈은 현재 상황에서 자신이 선택한 행로를 멈추는 대신 본능적인 성향으로 눈을 돌려 해답을 찾아보라는 메시지를 전한다.

Ant 개미

어디서나 흔히 발견되는 개미는 통상적인 차원에서 생각할 수 있는 가장 작은 생물이다. 따라서 개미는 의식의 바로 밑에서 진행되는 우리의 생각을 상징한다. 꿈의 장면에 등장하는 모든 동물은 본능이나 사고방식과 관련된다. 무리를 이루는 엄청난 수의 개미와 그들의 집단주의는 의식의 밑바닥에서 기어올라와 초조하게 만들거나 괴롭히는 두려움 또는 구석구석 스며드는 번민을 상징한다.

Anteater 개미핥기

개미핥기는 개미라는 작은 존재를 영양분으로 취하며 살아가는
존재다. 개미는 두려움과 관련되므로 개미핥기는 만연한 두려움
을 먹으며 살아가는 것을 의미한다. 개미핥기가 등장하는 꿈은
그런 상태가 계속 이어진다는 뜻이다.

Apple 사과

사과는 많은 상징적 의미를 지닌다. 반드시 돈과 관련된 것은 아니
지만 꿈에 나오는 사과는 풍요와 번영을 상징한다. "하루에 사과
한 알을 먹으면 의사가 필요 없다"라는 속담처럼 사과에는 건강에
대한 긍정적 암시가 들어 있다. 꿈에 등장하는 사과에는 에덴동산
에서 아담과 이브를 유혹하기 위해 사용된 사과처럼 유혹의 의미
가 담겨 있다. 하지만 에덴동산 이야기에서 생명 나무에 달린 사과
는 지혜의 상징이기도 하다는 사실을 기억할 필요가 있다.

Arrow 화살

화살은 두 가지 상징적 의미를 지닌다. 하나는 목표를 의미하며,
다른 하나는 목표하는 곳을 겨냥해서 화살을 쏘므로 아이디어나
생각을 갖고 그런 일을 하는 것을 가리킨다. 나아가서 화살은 아
이디어를 목표에 관통시키는 것을 의미한다. 화살을 쏘는 꿈은

아이디어를 원하는 지점에 강력하게 자리 잡게 하려는 욕망을 나타낸다. 화살에 맞는 꿈은 뜻밖의 아이디어가 자신을 사로잡는 것을 상징한다.

Art 예술

예술 작품은 강력하고 창조적인 과거의 경험을 캡슐에 넣어 보존하는 것이다. 따라서 예술은 과거의 표현이나 열정과 관련된다. 꿈에서 예술 작업이 진행되는 것은 창조적 표현이 완결되지 않아서 주의를 집중하고 있는 것을 의미한다.

Art Gallery 미술관, 갤러리

미술관에서 뭔가가 일어나는 꿈은 자신의 창조적 충동을 세상에 드러내고자 하는 의식 내부를 보여주는 것이다. 이런 꿈은 창조적 과정이 끝난 뒤에 나오는 결과물과도 관련된다.

Artist 예술가

꿈에 등장하는 예술가는 자신의 창조적이고 표현적인 성격 측면을 상징한다. 꿈에서 예술가가 하는 작업은 현실에서 무의식적으로 자신을 표현하는 방식을 나타낸다. 꿈에서 과도하거나 위험한 행위를 감행하면 현실에서 자신에게 도움이 되지 않는 충동적인 방식으로 행동하는 것이다. 예술가가 작업하는 매체에도 주목할 필요가 있다. 조각은 현실에 토대를 둔 일을 의미하고, 회화는 열정을 의미한다. 행위 예술은 행동으로 옮기는 일을 나타낸다.

Ashes 재

재는 최근에 불이 난 것을 암시하는데, 불은 강력한 차원의 변화와 변형을 의미한다. 따라서 꿈에 나오는 재는 최근에 엄청난 변화가 일어난 것을 뜻한다. 잿더미로 변해버렸다는 말처럼 재는 소망과 다른 모습으로 변해버린 것에 대한 비탄으로 해석될 수도 있다. 하지만 때로는 재에서 불사조가 날아오르기도 하는데, 이런 꿈은 오래되고 낡은 순환, 습관, 방식 등이 종말을 고한 직후 도래하는 새로운 출발의 전조일 수도 있다.

Attic 다락

모든 집의 가장 높은 층은 지적 능력과 사고력을 상징한다. 다락은 종종 저장에 활용되므로 기억, 정보, 살아가는 과정에서 쌓이는 지식을 의미하며, 다락의 상태는 사고와 기억의 현재 상태를 드러낸다. 집의 일부를 탐구하는 것은 자신을 탐구하는 것이다. 꿈속의 다락은 이러한 탐구를 통해 자신을 과거에 토대를 둔 생각 속으로 데려가는 것이라 볼 수 있다.

Aunt 아주머니, 고모, 이모

꿈에 등장하는 모든 인물은 자신의 성격 측면을 나타낸다. 이전 세대와 관련되는 아주머니는 가족사와 연관이 있으며 부모에 의해 생겨난 인생관과도 느슨하게 연결되어 있다.

부모 중 한 분의 자매인 아주머니는 부모 자식 간의 관계와 충돌하지 않으면서 세대 간의 역학관계를 돌아볼 수 있게 한다. 꿈에 아주머니가 등장하면 가족사와 가족이 살아가는 방식이 현재 자신의 문제와 어떻게 관련되어 있는지를 살펴보게 된다('Family 가족' 참조).

Aura 오라, 기(氣)

오라는 생명체를 둘러싼 에너지이며 차원 높은 자아의 증거이자 인간 본성의 영적 측면이다. 꿈에 오라가 보이면, 자신의 이런 측면과 접속되어 직관이 강해진다는 뜻이다. 꿈에서 자신의 오라가 감지되면, 현재 자신이 구하는 답이 영적인 성격을 띠는 것을 의미한다. 오라에 담긴 의미는 색을 통해 표현되므로, 그것의 색에서도 해석의 단서를 얻을 수 있다('Colors 색' 참조).

Automobile 자동차

('Car 차' 참조)

Baby 아기, 갓난아이

아기는 새로운 아이디어, 관계, 사건, 방향, 프로젝트를 말한다. 아기는 무엇보다 새로운 인생을 상징한다. 아기는 자라면 결국 어른이 되지만, 아직 유아기에는 발현되기를 기다리는 잠재력만 있을 뿐이다. 따라서 꿈에 나오는 아기는 때가 되면 펼쳐질 인생의 새로운 시작을 상징한다.

아기의 나이는 그것이 탄생한 시점에 대한 단서를 제공한다. 예를 들어 한 살배기 아기는 꿈을 꾸기 1년 전에 시작된 인생의 새로운 변화를 의미한다.

Backpack 백팩

물건을 운반하기 위해 짐을 싸는 것은 다양한 생계 수단을 확보하는 것을 상징한다. 백팩은 도보 여행을 암시하며, 도움이 되는 물건들을 편리하게 사용하는 것을 나타낸다. 도보 여행은 깊은 의식의 공간으로 걸어 들어가는 것을 의미하므로 백팩은 그런 여정을 향해 갈 때 필요한 도움을 받는 것을 암시한다.

Badger 오소리

오소리는 흙 속에서 사는 생물이므로 의식의 표면 아래를 교묘하게 돌아다니는 능력을 가리킨다. 오소리는 집요하게 굴을 파는 동물이므로 사안의 밑바닥으로 내려가 원하는 결과를 얻기 위해 끝까지 포기하지 않는 것을 상징한다. 오소리가 꿈에 나타나면 일을 시작할 때가 온 것이다.

Bag 가방, 봉지

가방에 대한 해석은 그 안에 무엇이 들어 있는가와 관계가 있다. 가방의 이미지는 물건을 운반하는 기능을 한다는 게 핵심이다. 꿈속의 가방 안에 무엇이 들어 있는지 알 수 있다면, 그것을 활용해서 해석을 하라. 이 경우 가방은 안에 든 물건에 접근할 수 있는 통로를 상징한다. 만일 가방에 무엇이 들었는지 모른다면 모든 가방에는 신비로운 것이 들어 있고, 필요한 것을 제공해준다고 생각하라.

가방의 구조도 주변의 자원을 확보하는 능력에 대한 정보를 제공한다. 예를 들어 종이 가방은 가죽 가방만큼 오래가지 않을 것이다('Luggage 여행 가방' 참고).

Ball 공, 구체

공은 마음속에서 쉽게 받아들일 수 있는 가장 순수한 형태다. 둥근 모양은 우리가 살아가는 지구의 구체를 토대로 한 기하학을 의식 속에 불러들여 전체성과 통합의 감각을 나타낸다. 공이 나오는 꿈은 매우 유쾌한 본성과 연결된다. 게임을 암시하는 공은 행동을 개시해서 인생이라는 게임에 적극적으로 참여하라는 메시지를 전한다. 한편 공은 고환을 연상시켜 힘과 일 처리 능력, 실행력 등 남성적 원리를 상징하기도 한다.

Ballerina 발레리나, 무용수

춤은 삶의 복잡성을 처리하는 방식에 대한 비유이며, 발레리나는 이러한 전술에서 최상의 기술을 지닌 존재를 가리킨다. 자신의 성격 측면인 발레리나는 이미 엄청난 훈련을 받은 것을 암시한다. 발레리나가 등장하는 꿈은 현재 삶의 복잡한 시나리오에 좀 더 멋지게 대응할 수 있는 기술을 열심히 연마하라는 의미가 담겨 있다.

Banana 바나나

모든 음식은 자기 돌봄과 생존을 위한 것인데, 그중에서도 바나나는 영양 가치가 높아 완전식품에 가깝다. 바나나를 먹는 꿈은 에너지와 힘을 증대시키려는 욕망을 나타낸다. 또한 남근의 형상을 띤 만큼 바나나가 상징하는 의미에는 관능적 요소가 포함되어 있다.

Bank 은행

은행이 나오는 꿈의 주제는 돈, 힘, 재정적 안정이다. 은행은 풍요로운 삶을 보장하기 위해 만들어진 현대사회의 창조물이다. 은행 꿈은 돈에 대한 두려움에 근거해서 미래의 안정감을 확보하기 위해 풍요를 비축하려는 열망을 나타낸다. 지속적인 번창을 보장받는 일에 몰두하고 있다는 것을 의미하기도 한다.

Bar 술집, 바

술집에 있는 꿈은 스트레스 많은 현실에서 도피하고 싶은 욕망을 나타낸다. 술집에 가는 첫 번째 목적은 알코올을 소비하는 것이므로 술집은 무엇보다 도피주의를 상징한다. 또한 술집은 대중적인 장소로서 사교에 뿌리를 두고 있으므로, 활발하고 거리낌 없이 사회 환경과 상호 교류하는 의미도 상징한다. 실제 삶에서 술집이나 알코올과 어떤 관계를 맺고 있는지가 꿈의 해석에서 중요한 역할을 할 것이다.

Barefoot 맨발

인생에서 좀 더 현실에 토대를 둘 필요가 있으며, 당면한 선택에서 어느 정도의 취약성을 감수할 필요가 있음을 나타낸다. 발은 어떤 감각으로 현실과 접촉하는지를 보여주며, 또한 인생을 어떤 방식으로 돌파하는지를 말해준다.

발을 딛는 곳과 발이 가는 곳은 서로 연결된다. 발이 흙에 노출되면 상처에 취약해질 수도 있지만 동시에 발밑의 현실과 유기적인 관계를 맺을 수도 있다. 따라서 맨발의 이미지는 좀 더 현실적으로 느끼는 것을 의미하며, 긴장을 풀고 휴식을 취하는 것을 나타낼 수도 있다.

Barn 곳간, 외양간, 헛간

헛간은 건물이므로 본질적으로 의식의 구조와 관련된다. 특히 헛간은 농장에 세워지기 때문에 유기적 감수성이 담겨 있다. 실제 삶에서 헛간은 많은 기능을 하지만 무엇보다 곡식의 저장과 가축의 거처로 사용되는데, 곡식과 가축은 둘 다 음식물, 배려, 자기 돌봄의 의미를 지닌다. 꿈에 헛간이 등장하면 근본으로 돌아가서 현실에 토대를 두고 실제적인 문제에 주의를 기울이라는 뜻이다. 현재 당신이 필요로 하는 자원은 자연스럽고 유기적인 본성을 지닌 것이다.

Bartender 바텐더

바텐더는 당신의 성격 측면이다. 술을 가지고 있는 바텐더는 힘든 감정을 치유하고 싶은 욕망을 지닌 당신의 일부다. 꿈에 등장하는 바텐더는 도피주의로 기울어지는 자신을 돌아보라고 말하는 메신저다.

Baseball 야구

야구가 나오는 꿈은 인생을 게임에 비유하는 것이다. 야구는 미래의 어떤 사건을 통해 간절히 원하는 성취를 얻고자 하는 기대를 담고 있다. 홈런을 치는 것은 성공을 이루며 시대정신(zeitgeist)이라는 베이스에 발을 들여놓는 것을 의미한다.

야구에는 남근적 형태를 지닌 방망이를 포함해서 수많은 성적 상징이 존재한다. 예부터 베이스에 들어간다는 것은 다양한 종류의 전희(前戲)를 비유하는 말로 받아들여졌다. "필드에서 놀다(play the field)"라는 표현은 여러 명의 파트너와 성적인 교제를 하는 것을 의미하기도 한다. 야구가 나오는 꿈을 해석하기 위해서는 꿈의 전체 맥락을 살펴봐야 한다.

Basement 지하실

지하실 꿈은 우리를 신비, 숨겨진 생각, 무의식으로 인도한다. 집은 자아를 의미하므로 지하실은 자아 밑의 자아(the self below the self)를 상징한다. 따라서 지하실 꿈은 무의식 또는 영혼의 저변에 도사린 무언가를 표현하는 것이다.

지하실은 보통 어둡고 음습하기 때문에 위협적인 분위기를 자아내며, 공격을 당하지 않고서는 벗어날 수 없을 것 같은 공포심을 안겨주기도 한다. 영화 등 수많은 매체에서도 이 같은 이미지를 활용해왔다. 그만큼 지하실은 우리가 두려워하는 마음속 그림자를 상징한다.

Basket 바구니

바구니는 무언가를 담는 용기다. 따라서 용기의 목적이 바구니가 가진 상징적 의미의 본질이다. 바구니에 물건을 담으면 들고 이동하기가 쉬워진다. 이처럼 바구니는 원하는 것을 갖고 다니기 위한 조직화와 효율을 상징한다.

꿈에 나오는 바구니는 필요로 하는 것을 얼마나 잘 담을 수 있는지 돌아보라고 말하는 것이다. 또한 바구니의 이미지에는 어떤 것이 이미 운반되었거나 운반될 것이라는 의미가 담겨 있다.

Bass 콘트라베이스, 더블베이스

가청 음파 가운데 가장 낮은 음을 표현하는 콘트라베이스는 리듬을 맞추기 위해 사용되는 악기다. 모든 악기는 궁극적으로 창조적이며 표현적인 욕망을 상징한다.

콘트라베이스는 삶의 토대가 되는 리듬을 나타낸다. 꿈에 콘트라베이스가 등장하면 자신을 표현하라는 의미와 함께 유기적인 리듬을 중시하면서 너무 빠르거나 느리지 않게 움직이라는 뜻으로 볼 수 있다. 자신의 심장박동에 귀를 기울여보라.

Bat 박쥐

당신은 지금 어둡고 숨겨진 본성을 탐험하고 있다. 박쥐는 앞을 보는 시력 없이도 야간 비행을 할 수 있다. 따라서 박쥐는 본성의 어두운 면을 신뢰할 때 발견되는 자신의 의식을 상징한다. 꿈에서 밤에 나타나는 그림자는 자신이 어떤 사람인지 이해할 수 있는 가치 있는 부분이며, 꿈에 박쥐가 등장하면 미지의 존재로부터 도움을 받아 이러한 탐사가 진행되는 것을 암시한다.

Bathing Suit 수영복

수영복은 무엇보다 단정함을 가리킨다. 순수한 즐거움을 위해 물속에 자신을 담그는 수영은 벌거벗은 것과 마찬가지의 의미를 지닌다. 하지만 우리는 문화적으로 옷을 입도록 강요당하기 때문에, 수영복 꿈에는 단정함과 어느 정도의 보호를 유지하려는 욕망이 담겨 있다. 꿈에 물이 보이지 않았더라도 수영복은 물과 관련된 만큼 물과 같은 상징성을 띤다. 따라서 꿈에 수영복을 입고 있으면 과거나 미래에 물이라는 감정적 표현과 관련된 사건을 겪었거나 겪을 것을 암시한다.

Bathroom 목욕탕, 욕실, 화장실

목욕탕은 개인성과 사생활을 상징한다. 목욕탕은 문을 닫고 완전하게 오직 자신과 만나는 공간이며 노폐물과 독소로부터 벗어나는 장소다. 목욕탕이 나오는 꿈은 오직 한 가지를 추구하고 있다는 것을 말해준다. 꿈속의 목욕탕 장면은 분노와 독이 든 생각처럼 잡고 있으면 도움이 되지 않을뿐더러 해롭기도 한 것을 버림으로써 삶의 진정성에 도달하라는 메시지를 담고 있다.

한편 목욕탕은 자유를 추구함으로써 진정한 자아에 도달하려는 욕망을 나타내기도 한다. 집 안에 있는 목욕탕은 개인적인 주제와 관련된 반면 공중목욕탕은 외부와 상호작용하는 사안을 가리킨다. 목욕탕 안에는 화장실이 있으므로 이 꿈은 더 이상 필요하지 않은 인생의 배설물을 버려내는 것을 의미하기도 한다.

Bathtub 욕조, 목욕통

욕조는 몸을 씻기 위해서뿐 아니라 휴식을 위해서도 사용된다. 따라서 욕조는 개인적인 상황에 따라 두 가지 가운데 하나를 상징한다. 구조적으로 볼 때 욕조는 적은 양의 물이 담기는 만큼 꿈의 맥락에 따라 이완되거나 제압당할 수도 있는 적은 양의 감정을 다루는 관점에서 해석할 수 있다.

Battery 배터리, 건전지

배터리의 주요한 목적은 나중에 사용하기 위해 휴대하는 방식으로 에너지를 저장하는 것이다. 따라서 배터리가 꿈에 나오면 나중에 사용하기 위해 자신의 에너지를 보존하려는 욕망을 나타낸다. 배터리는 에너지가 부족한 곳으로 에너지를 가져가는 능력을 상징할 수도 있다.

Battle 전투

꿈속에서 전쟁과 전투는 그 의미가 다르다. 전쟁은 유동성이 계속되는 상태를 말하지만, 전투는 계속되는 변형의 일부인 변동과 변화가 조금씩 증가하면서 점차 구체적인 이동이 발생하는 것을 의미한다. 전투 꿈을 꾸었다면, 삶의 어느 분야에서 자신의 방어가 최고조에 달하는지 살펴보라. 대부분의 전투는 자신의 내부에서 일어나므로 내부 세계와 외부 세계의 어느 지점에서 경계의 변화가 예상되는지도 살펴보라.

Beach 해변

육지는 의식을, 바다는 무의식을 나타내며, 해변은 두 가지 의식이 만나는 곳이라고 할 수 있다. 해변에서 전개되는 꿈은 두 갈래의 서로 다른 마음이 만나는 것을 나타내기도 한다. 육지가 상징하는 합리적으로 사고하는 마음과 바다가 상징하는 비합리적으로 창조하는 마음이 그것이다.

변화무쌍한 조류는 감정적인 기분이나 동요하는 마음을 표현하는 것이다. 따라서 해변이 나오는 꿈은 삶에서 극단적인 감정 변화를 경험하는 것을 나타낸다. 또한 모래톱은 자신에 대해 좀 더 많이 알게 됨으로써 계속해서 형태가 달라지는 의식의 일부라 볼 수 있다. 바다에서 해변으로 씻겨 나오는 물체는 숨겨진 자아의 깊숙한 곳에 저장되었다가 불현듯 솟아오르는, 이전에는 존재를 알지 못했던 감정들이다.

해변 꿈에서 일어나는 사건은 다른 꿈의 경우보다 의미심장하게 받아들일 필요가 있다. 왜냐하면 해변은 의식적인 동시에 무의식적인 장소라는 신비로운 본질을 지녔기 때문이다. 하지만 해변은 많은 사람이 일상의 스트레스를 날려버리기 위해서 찾는 휴식의 장소이기도 하므로, 해변에서 일어나는 꿈은 무엇보다 이러한 틀 안에서 해석되어야 한다.

Beams of Light 광선, 빛살

자신의 삶을 관통하는 에너지를 창조하기 위해 생각을 집중하고 있는 것을 의미한다. 빛은 움직이는 에너지다. 흔히 사물을 비추어 눈에 보이게 만드는 것이 빛이라고 생각한다. 하지만 사실상 빛은 에너지의 파장이며 인간의 눈으로 볼 수 있는 작은 조각들이다. 따라서 꿈속에서 보는 빛은 우리의 의식과 생각을 나타낸다. 빛줄기는 특정한 지역이나 물체를 비추는 빛의 초점이므로 결국 집중된 생각을 나타낸다.

Bear 곰

지금 당신은 무엇보다 인내심을 가지고 힘을 보존할 필요가 있다. 겨울잠이 끝나고 나면 행동을 개시할 시간이 올 것이다. 곰이 가져다주는 치유는 진정한 힘을 적절하게 행사하려면 오랜 기다림이 필요하다는 사실을 받아들이게 되는 것이다. 행동하는 시간이 올 때 내면에 있는 곰의 힘은 믿기 어려운 능력을 선물할 것이다. 곰이 등장하는 꿈은 달려들 때인지, 물러나서 기다릴 때인지 생각해보라는 뜻이 담겨 있다.

Beard 턱수염

턱수염은 대부분 나이 먹은 사람들이 기르기 때문에 나이와 지성의 상징으로 받아들여진다. 따라서 꿈에 나오는 턱수염은 성숙함과 지혜를 상징적으로 표현한다. 턱수염은 얼굴의 많은 부분을 가리기 때문에 자신의 진실한 느낌을 감추려는 욕망을 표현하기도 한다.

Beast 짐승, 야수

꿈에 등장하는 짐승은 인간의 동물적 측면을 표현한다. 특정한 동물은 그것의 본성과 관련된 의미를 지니며, 짐승은 하나의 원형으로서 이 본성의 그림자 측면이라고 할 수 있다. 즉 우리가 인연을 끊고 싶거나 그렇게 되지 않기를 바라는 비합리적이고 공격적이며 본능적인 요소 말이다. 〈미녀와 야수〉라는 동화를 떠올려보라. 진정한 행복과 균형을 얻기 위해서는 두 개의 적대적 원형이 통합되어야 한다. 자신의 진정한 인간성을 발견하기 위해서는 자기 안에 살고 있는 짐승을 존중해야 한다.

Beast & Human 짐승 같은 인간, 야수 같은 인간

어떤 동물의 특성이 인간과 섞이는 꿈을 꾸면, 자신의 원초적 본성이 의식과 통합되는 것을 나타낸다. 신화는 다양한 동물의 육체적 특성을 인간의 신체와 결합시킨 생명체로 가득하며, 수많은 문화사에도 이처럼 주술적인 성격을 지닌 짐승 같은 인간이 등장한다. 꿈에 등장하는 기괴한 조합 역시 많은 경우 고대 신화 같은 것에서 그 모델을 찾아볼 수 있다.

이 상징의 해석은 꿈에 등장한 동물과 관련된 에너지에서 출발해야 한다. 꿈 이미지와 유사한 역사적 자료를 살펴보면 무의식이 전하는 메시지를 짐작할 수 있다.

Beaver 비버

비버는 물 위에 집을 짓기 위해 땅 위의 구조물을 가지고 능숙하고 부지런하게 작업한다. 이런 사실은 비버를 감정을 다루는 상징으로 자리 잡게 만든다. 물과 관련된 동물이 꿈 세상에 등장하는 경우 대부분 이와 비슷한 맥락으로 이해할 수 있는데, 수상 환경에서 능숙하게 상호작용하는 육상 동물이 나타날 때가 특히 그렇다. 비버는 우리에게 지혜를 주기 위해 꿈에 등장한다. 비버는 또한 자신의 감정을 이해할 필요가 있거나 상황에 대한 감정을 재빨리 포착할 필요가 있을 때 꿈에 나타난다.

Bed 침대

침대는 수면과 성행위의 장소다. 이것은 휴식과 성적 표현이라는 신성한 행위를 강력하게 상징한다. 대부분의 꿈은 침대에서 잘 때 일어난다. 침대에서 잠을 자며 그 모습 자체를 꿈으로 꾸는 경우 이런 상황의 직접적인 느낌을 해석에 활용할 수 있다. 즉 의식과 실제 상태를 심도 깊은 방식으로 탐구하는 꿈을 꾸고 있는 것이다. 또한 우리는 잠들어 있는 동안 매우 취약하므로 침대는 안전을 의미하기도 한다. 따라서 꿈에 나오는 자신의 침대는 안전을 상징한다. 반면에 낯선 침대는 안전하지 못함을 상징한다. 꿈에 나오는 침대의 상태는 실제 삶에서 안전, 성생활, 휴식에 대한 언급일 수 있다.

Bedroom 침실

집은 자아에 대한 인식을 나타내며, 침실은 사생활이나 성행위와 관련된다. 침실은 집에서 가장 사적인 방이며 성행위가 일어나는 장소다. 침실은 벌거벗음, 섹스, 잠들어 있을 때의 취약성을 연상시키기 때문에 사회적이며 공적인 삶에서 벗어난 은폐되고 분리된 영역을 상징한다.

침실은 원초적인 차원에서 개인의 체취가 가장 강력하게 배어 있는 방이다. 자신의 체취를 강박적으로 제거하는 유일한 동물이 인간이라는 사실은 침실이 상징하는 개인성을 한층 강화시킨다.

Bee 벌, 꿀벌

가장 공동체적인 동물의 하나인 벌은 의사소통과 공동체 조직의
달인이다. 벌은 복잡한 사회구조를 통해 자연의 정묘한 창조물인
꿀을 만들어낸다. 치유의 토템이기도 한 벌은 달콤한 꿀을 생산
하기 위해 각고의 노력을 쏟으며 고도로 정밀하게 조직화된 구조
를 만들어낸다. 벌이 꿈에 나오면 엄청난 풍요와 번영을 창조하
기 위해선 구조화된 방식으로 한층 노력을 기울여야 한다는 메시
지를 전한다고 할 수 있다.

Beehive 벌집

벌은 조직화, 의사소통, 막대한 풍요와 달콤함을 창조하는 능력
을 지닌 동물이다. 벌집은 이 능력의 중심이 되는 장소다. 꿈에 나
오는 벌집은 인생의 달콤함에 대한 욕망의 토대지만 지나치게 무
신경한 태도로 벌집에 다가가면 혹독한 대가를 치를 수도 있다.

Beer 맥주

맥주는 현실도피의 상징이기도 하지만 축하하고 긴장을 풀며 이
완하는 상징으로도 해석된다. 으뜸가는 발효 음료인 맥주는 기

분 좋고 놀랄 만한 것으로 서서히 변화하는 무대 뒤의 과정을 암시한다. 좋은 일이 일어나려면 시간이 필요하다는 숨겨진 의미가 맥주가 나오는 꿈에서 표현된다. 맥주를 만드는 과정이 꿈에서 보일 때 더욱 그러하다.

Being Chased 쫓김, 추격당함

삶 속의 어떤 것이 위험에 처해 두려움의 반응을 만들어내고 있다. 위험은 실재적인 것일 수도 있고, 상상에 의한 것일 수도 있다. 인간은 지극히 원초적인 차원에서 무방비로 노출되었다고 느낄 때 투쟁 도피 반응(fight or flight response)이라는 내재된 생존 원리를 작동시킨다. 따라서 꿈속에서 뭔가로부터 쫓길 때 비밀스러운 적이 다름 아닌 자신이라는 것을 알아차리지 못한 채 두려워하며 달아나는 것이다.

꿈에서 당신을 쫓아오는 사람이 누군지 모른다면, 그는 당신에게 완전한 느낌을 가져다줄 중요한 것을 가지고 쫓아오는 당신 자신이다. 당신을 쫓아오는 사람이 누군지 안다면, 그리고 당신이 그를 받아들인다면 그는 많은 것을 가져다줄 것이다. 마침내 당신이 그에게 잡혀서 죽는 것으로 끝날지라도 그 죽음은 당신의 간절한 소망을 현실화하기 위해 필요한 과정의 상징적 변형이다. 당신이 달아나기를 멈추고 뒤를 돌아보는 용기를 가진다면 말이다. 종종 인간의 본성은 성공을 두려워하는 경향이 있으므로 쫓기는 꿈은 자신의 위대함으로부터 도망치는 것을 멈추라고 경고하는 것일 수도 있다.

Belly 배, 복부

꿈에서 배가 눈에 띈다면 이는 본능과 감정이 표현되는 것이다. 자신의 내면과 주위에서 어떤 일이 일어날 때 배를 통해 본능적으로 느낄 수 있다. 배가 이 기능을 잘 수행하면 매 순간 안전을 점검하며 나아갈 수 있어 세상이라는 바다를 항해하는 데 큰 힘이 된다. 반대로 이 기능을 제대로 수행하지 못하면 본능은 제구실을 할 수 없게 된다. 만일 꿈에서 배가 아프면 과거의 진정성 부족이나 억눌린 두려움, 분노, 슬픔에 대한 대가를 치르는 것이다.

Bellybutton 배꼽

배꼽은 우리의 인간성이 여러 세대에 걸쳐 지속적으로 이어진 사실의 증거다. 배꼽을 통해 어머니와 이어지고 무한한 시간을 거슬러 올라가서 영원과 연결된다. 배꼽은 모든 필요가 즉시 충족되는 축복받은 상태에서 살았던 태아의 삶이 증거로 남겨진 신체의 일부다. 자궁은 인간이 언제나 돌아가고 싶어 하는 에덴동산과 같은 곳이다. 꿈을 좀 더 자세히 해석하고 싶다면 꿈의 맥락을 떠올려보라. 자신의 배꼽은 연결성과 지속성에 대한 개인적인 감각을 나타낸다. 만일 배꼽이 다른 사람의 것이라면 자신이 추구하는 연결성의 핵심으로서 그 사람의 성격 측면을 살펴보라.

Belt 벨트

벨트는 바지 고리를 통과해 착용함으로써 바지를 안정적으로 입도록 고안한 장치다. 따라서 이 같은 기능을 갖고 있는 벨트는 받침대를 상징한다. 때로는 장식하고 표현하기 위해 벨트를 사용하기도 하는데, 이런 사실은 벨트의 상징적 의미에 창조적 특성을 덧붙인다. 만일 꿈속의 벨트가 지나치게 꽉 조여 있었다면 제약과 구속을 나타낸 것이다.

Bible 성경

성경은 지상에 모습을 드러낸 신의 말씀을 상징한다. 꿈에 나온 성경이 상징하는 의미는 성경에 대한 개인적 연상에 뿌리내리고 있다. 이것은 복잡한 문제일 수 있다. 왜냐하면 어떤 사람에게는 성경이 정신을 고양시키는 영향력을 지니지만 어떤 사람에게는 증오와 분열로 상처를 입히는 도구일 수도 있기 때문이다. 성경이라는 책은 영원한 신앙의 토대를 의미한다. 이러한 의미에 개인적 연상을 더하면 만족할 만한 해석에 도달할 것이다.

Bicycle 자전거

꿈속에서 만나는 모든 이동 수단은 인생이라는 길을 나아가는 방법을 나타낸다. 자전거의 속도는 걷는 것보다는 확실히 빠르다. 또한 자전거는 효율적으로 타기 위해 균형을 맞출 필요가 있으며, 타는 동안 즐거움을 안겨주기도 한다.

당신이 현재 열광적인 자전거 애호가가 아니라면 자전거가 나오는 꿈은 어린 시절의 감성으로 회귀하는 것을 의미하기도 한다. 만일 자전거 애호가라면 꿈은 자전거 타는 취미의 즐거움을 나타낸다. 자전거 타는 꿈은 좀 더 빠르면서도 균형을 맞춰 자연스러운 방식으로 살아가고 있음을 뜻한다.

Bills 계산서

자신이 즐긴 자유의 대가에 대해 신경이 쓰이는 상태다. 모든 선택에는 지불해야 할 대가가 따르며, 계산서는 자유에 따른 책임감을 의미한다. 만일 현실에서 경제적으로 부담감을 느끼고 있다면, 그 스트레스 때문에 계산서 꿈을 꾸는 것이다. 만일 꿈에서 계산서를 지불했다면 자신의 선택에 책임을 지는 것이다. 반대로 계산서 지불을 피했다면 이는 책임에 대한 회피를 표현하는 것이다. 만일 꿈에 나온 계산서가 자신에게 해당하는 것이 아니라면 이는 자신이 저지르지 않은 일에 대해 책임감을 느끼는 것이다.

Birds 새

새는 전달자이며, 새가 나오는 꿈은 의식 주위로 날아다니는 정보를 인지하라는 신호로 볼 수 있다. 새는 또한 가로막히지 않는 시야 덕분에 멀리 보는 능력과 유리한 위치를 상징한다. 새는 지상의 장애물에 가로막히지 않고 어떤 지점으로 곧바로 날아간다. 새가 나오는 꿈은 다음과 같은 것을 묻고 있는 것이다. 한정된 시야가 허용하는 것보다 멀리 볼 수 있다면 당신은 무엇을 볼 수 있을 것인가. 앞에 놓인 장애물에 가로막히지 않는다면 당신은 어디로 갈 수 있을 것인가. 새의 종류에 따라 부가적인 의미가 더해질 것이다.

Birthday 생일

생일은 인생의 이정표로서 모든 사람에게 매년 돌아오는 것이며, 그때마다 여러 가지 강렬한 느낌을 안겨준다. 꿈에 나오는 생일이 자신의 생일이라면, 생일에 대해 개인적으로 어떤 것을 연상하는지 돌아볼 필요가 있다. 이런 꿈은 나이를 먹는 것에 대한 자신의 느낌을 반영한다. 만일 꿈에 나오는 생일 축하가 다른 사람을 위한 것이라면 이는 생일을 맞이한 사람으로 표현된 자신의 성격 측면과 관련된 것으로 볼 수 있으며, 계속되는 기념일로서 생일을 순환의 표식이라고 생각할 수 있다.

Black 검은색

검은색은 인생의 어두운 면과 관련된다. 검은색은 색의 부재로 여겨지기도 하지만, 물리학의 관점에서 검은색은 모든 색이 모여 형성된 것이다. 검은색은 열을 보존하며 빛을 가장 많이 흡수하는 색이다.

검은색은 생명을 긍정하는 흰색과 반대로 죽음을 암시한다. 검은 옷은 추모와 위로를 받아들이는 사회적 구조를 대변한다. 상중에 있을 때는 슬픔을 함께하는 사람들에게 둘러싸이는데, 검은 셔츠가 태양 빛의 파장을 모두 흡수하듯이 검은 옷을 입고 상을 치르는 사람은 자신을 둘러싼 사람들에게서 따뜻한 마음을 흡수한다. 패션의 세계에서 검은색은 세련된 취향을 나타낸다. 검은색이 통치하는 밤의 이미지에는 은밀함이 있으며, 검은색의 상징적 의미 속으로 몸을 숨길 수 있다.

Blanket 담요

담요는 추위를 막고 안락함을 제공하며, 수면이나 침대를 연상시킨다. 담요의 주요한 상징적 의미는 이 두 가지의 기본적인 도움을 제공하는 것과 관계가 있다. 너무 작거나 해져서 도움이 되지 못하는 담요는 스트레스를 받았을 때 자신을 위로할 능력이 없는 것을 가리킨다.

Blind/Blindness 눈이 먼/실명

앞이 보이지 않는 꿈은 삶에서 보이지 않는 영역이 있는 것을 나타낸다. 자신의 삶에서 어떤 것을 분명하게 볼 수 없거나 보지 않으려고 할 때 이런 꿈을 꾼다. 우리는 비전이라는 용어를 사용해서 삶의 목표와 소망이 어디로 향하는지를 표현한다. 꿈에서 시각의 상실을 경험하는 것은 삶에서 어떤 일이 일어날지 비전을 알 수 없는 무의식적 두려움을 나타낸다.

눈이 먼다는 것은 시야가 한정되는 것을 의미하지만 직관 같은 감각이 높아진 것을 의미할 수도 있다. 어떻게 되어갈지 알 수 없는 것은 그래야 할 필요가 있기 때문일지도 모른다. 맹목적인 믿음에는 강력한 에너지가 존재한다('Disability 장애' 참조).

Blood 피

당신은 내면의 생명력에 대한 심오한 감정과 삶에 대한 열정을 느끼고 있다. 하지만 꿈에서 피가 어떤 방식으로 나오는지에 따라 열정과 에너지가 상실된 것일 수도 있다. 꿈에서 수혈을 받거나 피를 흘리면 에너지를 필요로 하거나 에너지가 고갈된 것을 나타낸다. 다른 사람에 의해 상처를 입어 피를 흘리는 것은 외적 투쟁을 뜻하며, 의학적 절차로서 수혈을 하거나 피를 흘리는 것은 내적으로 치유가 필요함을 의미한다.

Blue 파란색

파란색은 의사소통의 색이며, 다섯 번째 차크라인 목이나 갑상선 같이 몸과 연결되는 부분을 상징한다. 갑상선은 신진대사 활동에 영향을 미치며, 목 부위는 효율적인 의사소통과 관련이 깊다. 우리는 목소리를 통해 다른 사람과 의사소통을 한다. 하지만 우리가 눈앞의 환경과 교감하는 것은 에너지 차원을 통해서다. 파란색과 관련된 또 하나의 개념은 아직 형성되지 않은 구조를 파악하고 미리 살펴보는 것을 의미하는 청사진(靑寫眞)이다. 이 같은 개념의 사례로 들 수 있는 게 몇 가지 있다. 병원 응급실에 전화하는 것을 코드 블루(code blue)라고 하며, 브로슈어나 잡지를 인쇄하기 전에 디자인과 레이아웃을 확정하기 위해 사용하는 초판본을 블루 라인(blue line)이라고 한다. 또한 체온이 떨어져서 혈액순환이 저하되면 입술이 파래지고 의사소통에 장애가 생긴다. 꿈에서 파란색이 눈에 띄면 의사소통의 의미를 덧붙여 해석하는 것이 좋다('Colors 색' 참조).

Blue Jay 큰어치, 아메리카어치

꿈에 나오는 모든 새는 다른 차원으로부터 날아오는 높은 의식의 전달자다. 큰어치는 굉장히 수다스러운 새인 만큼 의사소통을 상징하는 것으로 해석된다. 큰어치의 푸른 빛깔 역시 목 차크라와 연관이 있어 의사소통의 의미를 더한다. 꿈에 큰어치가 찾아오면, 자신의 의사소통 방식에 문제가 없는지 진지하게 돌아볼 필요가 있다('Birds 새' 참조).

Blueprint 청사진

청사진은 어떤 구조와 아이디어의 결실을 맺게 할 목적으로 만들어진다. 지금 어떤 일을 계획하고 있는가? 청사진이 나오는 꿈은 당신이 창조하기를 원하는 것과 관련된 것을 보여준다.

Board Game 보드게임

당신은 구조와 통제를 통해 갈등을 해결하려고 한다. 꿈에 나오는 보드게임은 인생의 게임을 비유적으로 상징한다. 대중적인 보드게임은 게임 과정을 통해 인생의 경험을 간접적으로 전달한다. 꿈에서 보드게임에 이기면 최근의 복잡한 인생사에서 성공적인 협상을 이끌어낸 것을 의미하며, 보드게임에 지는 꿈은 가로막히거나 도전받는 지점이 있음을 우회적으로 보여준다.

Boat 보트

마음 깊은 곳에 있는 감정적인 부분의 표면을 스치듯 지나가는 것을 의미한다. 꿈에 나오는 이동 수단은 우리의 인생 여정을 나타낸다. 보트는 감정을 대변하는 보편적 상징인 물 위를 운항하는데, 이때 보트의 크기와 유형은 감정적 사안을 다루는 당신의 능력이 자원이나 기술 면에서 어느 정도인지를 보여준다. 물은 현재 자신이 처한 감정의 유형을 나타낸다. 여행의 목적지는 감정을 고조시키는 것이 무엇인지를, 의도한 곳에 성공적으로 도착하는 것은 무슨 성과를 얻을 수 있는지를 보여준다.

Bobcat 보브캣, 고양잇과의 들짐승

모든 고양잇과 동물은 여성적 원리에 따른 행동을 나타낸다. 고양이가 클수록 강력한 치유가 찾아온다. 보브캣은 혼자 있는 것을 좋아하며, 인내심이 강한 은밀한 사냥꾼이다. 보브캣이 꿈에 나타나면 진정으로 원하는 것을 얻기 위해 엄청난 인내심과 강한 집중력으로 목적의식을 가지고 매진하는 것을 의미한다.

Body Parts 신체의 부분들

신체의 부분들은 각각의 기본적 기능에 따른 의미를 지닌다. 발은 현실에 기반을 둔 것을 가리키며, 발가락은 균형을 유지하는 것을 가리킨다. 다리는 자유·선택·운동을 의미하며, 무릎은 굴욕·복종·굴복을 뜻한다. 무릎은 공포심을 느끼는 부위이기도 하다. 엉덩이는 신체의 중심이므로 시스템의 통합을 상징할 뿐 아니라 살아가기 위해 상호작용해야 하는 인생의 모든 요소를 상징한다. 갈비뼈는 취약성과 감정적 고통에서 자신을 보호하는 일을 담당한다. 어깨는 압력을 견디고 다른 사람들의 필요를 충족시키는 능력을 나타낸다. 팔은 행동을 취해 목표와 소망을 성취하도록 하는 도구이며, 그렇게 할 수 있는 창조적 능력을 부여받은 것이 손이다. 손가락은 세부 사항과 인생의 복잡성을 다룬다. 척추는 도덕적인 중심이며 가치가 자리 잡는 곳이다. 목은 척추의 일부이면서 분별력과 선택을 제공하는 특별함을 대변한다. 두개골은 신념·이상·견해를 나타내며, 얼굴을 지탱하는 뼈는 공동체나 다른 사람과 관계 맺으려는 소망을 표현한다.

Bomb 폭탄

폭탄이 꿈에 나타나면 모든 것이 급변한다. 폭탄은 막대한 양의 에너지를 만들어내며, 거대한 변화를 상징한다. 이때 발생하는 변화는 막대한 혼란과 시련을 야기한다. 터지지 않은 폭탄은 아직 일어나지 않은 변화를 가리킨다. 폭탄이 터진 결과는 어마어마한 변화가 발생한 뒤 초래되는 혼란을 상징한다.

Bones 뼈

당신은 인생사의 토대가 되는 구조와 자신을 유지하는 방식을 연결하려고 한다. 신체의 골격은 전체 시스템이 세워지는 토대다. 인간의 몸은 대부분 부드럽고 축축하기 때문에, 견고함을 유지하기 위해 단단하고 내구성 있는 칼슘에 기초한 뼈 구조에 의지한다. 그것을 유지하는 토대보다 강한 것은 없다. 토대의 구조는 보통 눈에 보이지 않으므로, 뼈에 대한 꿈은 보통은 숨겨져 있지만 지금 이 순간에는 눈에 보이는 과제와 직면하는 것이다. 오래된 뼈는 과거의 일과 연결된다.

Book 책

당신이 추구하는 해답은 지성을 통해 얻을 수 있는 것임을 암시한다. 책에는 이미 기록된 지식이 들어 있으므로 책이 나오는 꿈은 새로운 정보를 추구하는 것이 아니다. 책이 나오는 꿈은 추구하는 지식이 자신의 의식 속에 이미 들어 있는 것을 의미한다. 많은 책이 나오는 꿈일수록 배우고 성장하려는 욕구를 강렬하게 표현하는 것이다.

Bottle 병

병은 소량의 액체 음료를 담는 용기다. 병에 든 것이 음식물을 제공하거나 미각을 만족시키는 것이라면, 병을 손에 들고 다니듯이 자신의 욕구를 충족하거나 여가를 즐길 수 있는 능력을 나타낸다. 빈 병은 과거에는 소유했지만 더 이상 손에 넣을 수 없는 것을 상징하며, 깨진 병은 즐거운 것을 간직할 능력이 없는 것을 의미한다. 만일 병 속에 무엇이 들어 있는지 안다면 해석에 특별한 내용을 덧붙일 수 있다.

Boulders/Rocks 바위/암석

과거의 유산이 인생을 가로막는다. 암석은 지구라는 별의 원초적 이미지다. 따라서 바위와 암석이 형성되는 꿈은 먼 과거에 뿌리를 둔 원초적인 이미지를 보여준다. 일상적인 차원에서 볼 때 이런 이미지가 상징하는 과거는 자신의 개인적 역사다.

인생의 길을 가로막는 바위와 암석은 장애나 시련을 암시하거나 닥쳐오는 위험을 알려준다. 만일 이런 꿈을 꾼다면 무의식 깊은 곳에 박힌 과거의 기억이 인생을 가로막는 것이다. 자신에게 도움이 되지 않는 낡은 관념에 집착하고 있지 않은지 돌아보라. 고통스러운 기억이 극복할 수 없는 장애나 움직이지 않는 거대한 바위처럼 보일 수도 있다.

Box 상자

상자는 어떤 것을 넣어두거나 삶의 여러 요소를 분류하는 것을 상징한다. 상자의 이미지가 꿈에 나오면 자신의 삶에서 분리되어 감춰진 것이 없는지 살펴보라. 혼란이나 시련에 직면했을 경우 큰 전환을 이루기 위한 구조화와 조직화가 필요해 보인다면 그런 시도를 하는 게 도움 될 것이다. 하지만 상자 꿈은 단순히 감춰진 것을 드러낼 필요가 있거나 분리된 삶의 요소들을 통합할 필요가 있는 것을 의미할 수도 있다.

Bracelet 팔찌

장신구는 한마디로 자신에게 시선을 집중시키기 위한 것이다. 보석류의 의미를 해석하려면 그것을 착용하는 신체의 부위를 살펴봐야 한다. 손은 창조적인 표현과 관련이 있으며, 손목은 그것에 유연성의 요소를 덧붙인다. 꿈에 나오는 팔찌는 자신이 보다 창조적이고 표현적이기를 바라는 것이다.

Breaking Up 헤어짐, 관계의 파탄

인생에서 어떤 것이 변하고 있거나 끝낼 필요가 있음을 암시한다. 이것은 말 그대로 다른 사람과의 구체적 관계를 끝내는 인생의 한 단계를 가리키는 것일 수도 있다. 하지만 한편으로는 자신의 습성과 결별하는 것일 수도 있다. 자신에게 도움이 되지 않는 습관이나 패턴과 헤어지고 있으며, 지금은 다음 단계로 넘어갈 때인 것을 나타낸다.

Breasts 유방, 가슴

가슴과 관련된 꿈은 내면의 여성적 자원과 자기 돌봄의 능력을 소환한다. 가슴은 자신이나 외부의 어떤 것을 돌보는 것을 나타낸다. 또한 가슴은 강력한 성감대이므로 성적 표현과 육체적 쾌락을 상징한다.

가슴이 나오는 꿈은 남성이든 여성이든 꿈꾼 사람의 자기 돌봄을 상징하는데, 가슴이 나오는 에로틱한 꿈도 이 개념을 통해 해석해야 한다. 가짜 가슴은 자기 돌봄이 거짓이거나 실효가 없는 것을 가리킨다. 노쇠해서 늘어진 가슴은 더 이상 효력이 없는 자원을 말한다. 남자의 가슴은 감성적인 돌봄의 성향을 키울 필요가 있는 것을 의미한다.

Breathless (Out of Breath) 숨이 찬, 숨이 막히는

자신의 생명력과 접속하는 데 어려움을 겪고 있다. 기저에 있는 두려움과 공포가 자신의 신체가 정상적으로 작동하는 것을 막는다. 호흡은 생명 유지뿐만 아니라 일상적 편안함이 유지되는지, 그렇지 않은 상태인지를 신체적으로 표현하기도 한다. 우리는 호흡이 완만하고 영양이 충분할 때 편안함을 느낀다. 호흡의 증가는 두려움, 격한 감정적 반응, 격렬한 신체 활동을 의미한다. 꿈에서 숨이 찬 것은 두려움이 고조된 것을 나타낸다.

Bridge 다리

다리는 두 개의 분리된 존재를 연결하는 것이다. 당신은 자신의 의식 내부에서 분리된 것을 연결하려고 한다. 다리가 나오는 꿈은 어떤 변천이 일어나거나 극복할 수 없다고 느끼는 문제를 해결하려는 것을 의미한다. 또한 다리는 우리를 한 곳에서 다른 곳으로 데려가므로 인생의 변화를 상징한다. 한편 대부분의 다리는 감정을 뜻하는 물 위에 매달려 있으므로 다리의 상징으로 표현되는 갈등의 기저에는 감정적인 요소가 포함되어 있다.

Briefcase 서류 가방

서류 가방은 인생의 중요한 사안이나 책임을 수행하는 것을 상징한다. 꿈에서 서류 가방을 잃어버렸다면 의무를 다할 수 없거나 사업을 제대로 할 수 없는 상태인 것이다.

Broken Bones 부러진 뼈

뼈가 등장하는 꿈은 인생의 구조를 만들고 유지하는 방식에 장애가 있는 것을 암시한다. 뼈가 부러지는 꿈은 인생이 뿌리째 흔들린다는 것을 뜻한다. 창조적이거나 표현적인 것을 견고함이나 내구력으로 받쳐주지 못하는 것이다.

꿈에서 상처가 드러나 보인다면, 상처의 책임이 누구에게 있으며 어떻게 뼈가 부러졌는지 살펴보라. 상징적인 의미를 창의적으로 심사숙고할수록 꿈을 성공적으로 해석할 수 있다('Bones 뼈', 'Body Parts 신체의 부분들' 참조).

Broom 빗자루

집을 청결하게 유지하는 기본 도구인 빗자루가 꿈에 나타나면 정리를 할 필요가 있다는 뜻이다. 많은 대중매체가 빗자루를 마녀와 결부시켰다. 따라서 꿈에도 이런 관점이 있을 수 있는데, 이 경우 현안에 마술적 사고를 도입해야 한다는 것을 뜻한다.

Brother 형제

('Siblings 형제자매' 참조)

Brown 갈색

자연광의 스펙트럼에서 발견되는 대부분의 색과 달리 여러 색이 섞여서 만들어지는 갈색은 따분하고 활력 없는 색으로 받아들여진다. 만일 꿈에서 갈색 물건이나 배경이 부자연스럽게 보이면 이런 맥락에서 해석해야 한다. 하지만 갈색은 무엇보다 대지의 색이므로, 꿈에서 갈색 물건이 눈에 띄면 지극히 현실적인 관점에 토대를 두고 접근할 필요가 있다는 뜻이다.

Buffalo 물소, 버펄로

아메리카 인디언이 신성한 동물로 여기는 물소는 감사, 풍요, 번영, 식량을 상징한다. 꿈에 나타난 물소는 이런 모든 필요를 충족시키기 위해 우리를 경이로운 방식으로 각성시킨다. 물소라는 위풍당당한 짐승은 '감사'라는 영적 상징을 갖고 있다.

Bugs 벌레

('Insects 곤충' 참조)

Bull 황소

황소는 가장 강한 힘의 과시가 침묵일 수도 있다는 것을 보여준다. 황소는 대부분의 시간 동안 꿈쩍하지 않는 힘센 동물이다. 황소와 관련한 치유의 기술은 적절한 타이밍에 힘센 행동을 할 수 있는 자신의 능력을 신뢰하는 것이다. 전통적으로 황소는 번영을 상징하는데, 이것은 황소자리가 재물과 안위를 관장한다고 보는 서양 점성술에서 특히 두드러진다.

Bus 버스

공적 분야와 사회적 분야에서 느린 변화를 겪고 있다. 모든 이동 수단이 그렇듯이 버스는 인생을 살아가는 여정을 의미한다. 버스에 타면 다른 이에게 주도권을 넘기고 자신을 맡긴 채 달려가게 된다. 버스의 종류도 해석의 단서를 제공한다. 스쿨버스는 과거로 돌아가는 것이며, 환승이 필요한 공공 버스는 다른 이들의 경로를 거치는 코스를 감수하는 것이다. 관광버스같이 사적으로 이용하는 버스는 풍요로움의 수준을 보여줌과 동시에 미래를 위해 창조적 자원을 비축할 필요를 나타낸다. 만일 승용차 대신 버스를 탄다면 결핍과 제약의 느낌이 표현된 것이다.

Business Card 명함

명함은 신분을 증명하는 형식이므로 현실에서 명함이 가리키는 사업적 페르소나를 대변한다. 명함은 관계를 맺고 요청하는 수단이며 그것이 가리키는 사람을 나타낸다. 꿈에서 어떤 사람이 당신에게 명함을 준다면 그의 성격 측면과 아울러 그가 당신에게 제공하는 것이 무엇인지 살펴보라. 명함을 전달하는 행위는 어떤 분야에서 도움이 될 만한 사람에게 무언가를 요청하는 능력을 상징한다. 꿈에 나오는 명함이 당신 것이라면 인생의 어떤 분야로 영향력을 확장하려는 욕망이 표현된 것이다.

Butterfly 나비

나비는 부활 그리고 거대한 변화를 완수하는 능력을 의미한다.

애벌레는 낡은 의식의 구속과 무거움을 상징하지만, 나비는 변화를 촉발하는 미지의 요인 앞에 자신을 내려놓음으로써 얻을 수 있는 자유를 상징한다. 나비가 꿈에 나타나면 자유가 목전에 있으니 다가오는 변화를 믿고 나아가라는 뜻이다.

Cable Car 케이블카

케이블카는 도시 여행의 이미지를 대변하며, 현실에서는 모습을 감추었으나 여전히 기억 속에 남아 있는 인상적인 심상을 드러낸다. 케이블카는 복잡한 사고 패턴을 따라가는 능력을 상징한다. 꿈에서 케이블카가 고객을 운송하는 것은 우리가 인생을 운행하는 것을 상징하며, 케이블카의 배경이 되는 도시 환경은 사고의 복잡성을 가리킨다.

이 꿈은 케이블카에 대한 개인적 연상을 참고해 해석해야 한다. 그것은 지금보다 느긋하게 사고하는 것일 수도 있고, 자신의 인생이 흘러가는 형편에 마음을 여는 것일 수도 있다.

Cactus 선인장

선인장은 물이 없는 사막에서 성공적으로 번창하는 다육식물이다. 물은 생명의 주된 원천이므로 선인장이라는 원기 왕성한 식물은 어려운 조건에서도 번창하는 생존력을 상징한다. 선인장이 꿈에 나오면 아무것도 없는 것처럼 보이는 곳에서도 영양분을 발견할 수 있는 능력이 있음을 뜻한다.

Cage 새장, 우리

새장은 공간이 개방되어 있다는 환상을 주면서도 가두어놓도록 만들어졌다. 당신은 삶에서 무언가 제한되어 있다고 느낀다. 새장 꿈에서는 새장 안에 누가 있는가가 중요하다. 만일 새장 안에 있는 것이 자신이라면 스스로를 제한하는 방식을 돌아볼 필요가 있다.

Cake 케이크

당신은 인생이 주는 달콤함에 환호하면서 한바탕 즐길 거리를 찾고 있다. 우리는 큰 기쁨이 찾아오는 중요한 순간에 케이크를 먹는다. 꿈에 나오는 케이크는 인생의 즐거움과 풍요를 누리는 것을 의미한다.

Calender 달력

달력은 시간을 표시한다. 달력은 우리가 어디에 있으며 어디로 가는지 알려주며, 시간의 개념을 추상적으로 대변한다. 꿈에 나오는 달력은 자신의 의사결정에 시간이 영향을 미치는 것을 의미하며, 자신이 창조하는 인생을 돌아보라는 메시지를 전한다. 달력이 상징하는 의미에 꿈속에서 느껴진 감정적 색채를 덧붙여 해석해보자.

Calf 송아지

송아지는 어린 소이므로 어른 소의 상징적 의미, 즉 양육하고 유지한다는 뜻의 미성숙한 버전이라 할 수 있다. 꿈속에서 송아지를 본다면 해석에 천진함이라는 요소를 덧붙이도록 한다('Cow 암소, 젖소' 참조).

Callus 굳은살

굳은살은 어떤 행동이 반복되어서 생긴 작은 흉터 조직이 피부를 딱딱하게 만든 것이다. 특정 동작이 해로움이나 손상 없이 지속될 수 있도록 해주는 굳은살은 창조와 건설의 기술뿐 아니라 고난과 성취의 증거다. 꿈에 나오는 굳은살은 그동안 노력과 주의를 어디에 기울여왔는지 돌아보라는 의미를 지닌다.

Camel 낙타

사막 동물인 낙타는 물을 마시지 않고 오랫동안 생존한다. 이뿐만 아니라 낙타는 짐을 나르는 힘센 동물로서 유목민들이 수천년 동안 특유의 생존 방식을 유지할 수 있도록 도와주었다. 꿈에 나오는 낙타는 당면한 목표에 집중할 수 있는 강인함과 추진력을 제공하며, 불굴의 용기를 선물한다.

Camera 카메라

인생의 중요한 순간을 기록하기 위해 사용되는 카메라는 기억의 확장을 의미한다. 카메라는 현대 문명에서 디지털 매체의 출현과 함께 어디서나 볼 수 있게 되었고, 데이터의 지속적인 수집과 자기표현 측면에서 영역이 갈수록 확대되고 있다. 꿈에 나오는 카메라는 자신의 경험이 널리 공유되기를 바라는 욕망을 나타내며, 다녀온 여행지를 반복해서 회상하려는 욕구를 드러낸다.

Camping 캠핑

캠핑은 자연으로 돌아가고자 하는 활동으로 우리를 지구와 가깝게 만든다. 꿈에 나오는 캠핑 이미지는 혼란스럽고 스트레스 많은 삶에서 벗어나 기본적인 차원으로 회귀하려는 욕망이 표현된 것이다.

Can 통조림

통조림에는 오래 두고 먹기 위해 저장한 음식처럼 가치 있는 것
이 들어 있다. 따라서 통조림은 무언가 과거의 것이 저장된 것을
의미한다. 꿈에서 통조림을 보았을 때 만일 안에 든 것이 가치 있
는 것이라면 긍정적인 의미를 지닌 것이다. 반대로 안에 든 것이
부패해서 위험한 것이라면 과거로부터 비롯된 것을 내려놓아야
할 때임을 암시한다.

Candle 양초

양초는 온전하게 자신이 주관하는 인생의 불꽃을 상징한다. 중요
한 순간을 의미하는 양초에, 전에 없던 빛을 창조하기 위해 자신
의 손으로 불을 켜는 것이다. 양초가 나오는 꿈은 이러한 창조의
순간이 다가온다는 것을 알려준다.

불을 켜지 않은 양초는 어두운 공간에 빛이 등장할 가능성을 암
시한다. 따라서 꿈에서 양초에 불을 켜는 것은 인생의 이정표가
되는 중요한 경험을 기념하는 것을 의미한다. 꿈에 나온 양초에
서 특별한 색이 보이면 그 색의 상징적 의미를 살펴보라.

Candy 사탕

당신은 달콤한 인생을 원한다. 또한 일시적인 만족에 관심을 집

중하고 있다. 사탕은 인체의 화학적 성질을 신속하게 변화시켜 신체에 막대한 양의 설탕을 전달한다. 두뇌는 즉시 반응하며 처음에는 에너지가 급증하지만 곧바로 반작용이 따른다. 사탕의 상징적 의미는 사탕을 먹는 경험에서 비롯되기 때문에 이러한 신체적 현상과 관련이 있다. 일단 사탕 하나를 먹으면 몸은 더 많은 사탕을 원한다.

사탕을 선물하는 것은 흔히 낭만적인 행동으로 생각되는 만큼 당신은 낭만을 원하고 있을지도 모른다. 사탕이 보상으로 주어지기도 한다는 사실을 떠올려보라. 혹시 과제를 잘 수행했다는 확인을 받고 싶은 것은 아닌가?

Cap 캡, 야구 모자

자신의 생각을 숨기려고 한다는 것을 의미한다. 모자는 머리를 감싸는데, 머리는 생각을 상징하기 때문이다. 캡(cap)이라는 단어에는 뭔가를 담거나 제한한다는 뜻도 있는데, 이것은 캡이 생각을 숨기거나 누르려는 욕망을 상징하는 것과 관련된다.

캡은 운동을 좋아하는 성향을 가리키기도 한다. 야외 활동을 할 때 햇빛을 막기 위해 주로 쓰는 것이 캡이기 때문이다. 마찬가지로 꿈에 나오는 캡도 많은 빛을 보는 것을 자제하려는 의도를 나타낼 수 있다('Hat 모자' 참조).

Car 차, 승용차

우리는 일상적으로 차를 타고 다니므로 차는 인생을 운행하는 방식, 인생의 선택, 자신의 운명을 만들어가는 것을 상징한다. 차가 나오는 꿈은 인생의 여정을 보여준다. 꿈에서 차가 충돌하거나 고장이 나면 돌발적인 상황이 발생해서 앞으로 나아갈 수 없게 된 것을 암시한다. 차를 잃어버리는 꿈은 무엇을 해야 할지 혼란을 겪는 것을 의미한다. 꿈에 등장하는 차의 색도 중요한 의미를 지닌다. 차가 너무 빠르거나 느리게 가는 꿈은 자신의 삶에 대해 더 많은 통제력을 행사하고 싶은 욕망을 나타낸다.

Card 카드

누군가에게 카드를 보내는 것은 특별한 표현을 정중히 전함으로써 그 표현을 한층 높은 차원으로 전달하는 것이다. 특수한 메시지가 연상되는 카드는 꿈의 해석에서 중요한 특징으로 다뤄야 하며, 그러한 메시지는 깊이 되새길 필요가 있다. 이런 꿈은 당신에게 정중한 방식으로 표현해야 할 만큼 중요한 생각이 있다는 것을 의미한다.

Carnival 카니발, 축제

사회 구성원에게 긴밀한 유대감을 심어주는 카니발은 참가자에게 즐거움과 현실도피를 선물한다. 꿈에서 카니발이 진행되면 축제뿐만 아니라 축제를 주관하는 사람이 누구인지 살펴봐야 한다. 당신이 카니발에 초대된 손님이라면 놀이의 관점에서 꿈을 해석해야 한다. 당신이 막후에서 바라보는 사람이라면 이 꿈은 자신의 반골적 성향을 암시한다('Circus 서커스' 참조).

Carpet 양탄자, 카펫

꿈에 나오는 마룻바닥은 현실적인 안정감을 느끼는 방식을 나타낸다. 마룻바닥은 의식이 자리 잡은 토대이며, 꿈에 양탄자가 나오는 것은 발밑에서 부드러움과 안락함을 원하는 것이다. 양탄자의 상태, 색깔, 질감은 현재 자신의 토대에 대한 감정을 말해준다.

Casket 관, 작은 유골함

관이 보이면 누군가 죽은 것이지만 꿈에서 죽음은 그에 뒤따르는 부활을 의미한다. 관은 죽음이 암시하는 변화와 그 과정을 완수하는 능력을 상징한다.

Cat 고양이

당신은 여성적 원리에 따른 조건 없는 사랑을 꿈꾼다. 고양이는 강력한 여성적 에너지를 상징하는데, 여기에는 수용성, 창의성,

관능, 침묵이 포함된다. 고양이는 타고난 사냥꾼이며, 이들의 야행성은 밤의 여성적 성격과 관계가 있다. 고양이의 남성적 상대인 개는 거리낌 없이 의기투합하는 성향을 보이는 반면, 고양이는 독립 독행의 상징이다. 3000년 전 즈음부터 가축화된 고양이는 문명의 태동에 필수적인 곡물 저장을 위협한 쥐를 제압했기 때문에 널리 숭배되었다. 고양이는 오랫동안 마법과 마술을 연상시켜왔는데, 미신의 전형적인 최고 전달자로 취급되는 검은 고양이를 떠올려보면 이를 잘 알 수 있다.

Caterpillar 애벌레

나비가 되는 변태가 일어나기 직전에 존재하는 게 애벌레다. 애벌레는 기꺼이 목숨을 거는 용감한 행동을 한다. 나비가 되는 기적이 일어날 거라는 사실을 알지 못한 채 변태를 감행하기 때문이다. 하지만 애벌레가 꿈에 나오면 당신은 기적이 일어날 것을 믿어야 한다. 그리고 거대한 도약을 감행하기 위해 모든 것을 완전히 내려놓아야 한다.

Celebrities 유명 인사, 연예인

유명 인사는 현대사회에서 신과 같은 존재로서 모든 사람이 동경하는 하나의 전형이라 할 수 있다. 유명 인사의 이미지를 어떻게 인식하는지 파악해 그것을 자신의 성격 측면으로 해석해볼 수 있다. 수많은 사람이 특정 유명 인사에 대해 동일한 이미지를 투사하는데, 이를 통해 엄청나게 확장된 인식의 힘은 그 유명 인사의 이미지 밑에 있는 인간적 느낌을 제거하면서 그에게 초인적 지위를 부여한다. 지향하는 삶의 목표가 높아졌을 때 유명 인사가 꿈에 나타나는 경우가 많은데, 그의 이미지를 통해 자신의 무의식이 강력한 호소를 하는 것이다. 유명 인사가 꿈에 나오면 우선 그를 자신의 성격 측면으로 해석해보자.

Cell Phone 휴대폰

꿈에 휴대폰이 나오면 일상에서 다른 사람과 관계를 맺거나 끊게 되는 것을 의미한다. 휴대폰은 사고의 힘과 속도를 상징한다. 우리는 휴대폰을 사용해서 누군가를 떠올리는 즉시 그와 연결할 수 있다. 꿈에서 휴대폰과 관련해 일어나는 일은 상대방과 얼마나 긴밀한 유대감을 유지하고 있는지를 보여준다. 꿈에서 휴대폰을 사용하는 것은 다른 사람과 즉시 친밀해지고 싶은 욕망을 표현하는 것이며, 휴대폰에서 잡음이 들리는 것은 초조함과 혼란스럽고 단절된 생각을 나타내는 것이다. 휴대폰을 잃어버리는 것은 자신이 속한 공동체와 의사소통하는 능력에 차질이 생긴 것을 의미한다.

Centaur 켄타우로스

켄타우로스는 머리와 팔, 상반신은 인간이고, 하반신은 말인 신화 속 괴물이다. 인간의 지능과 추론 능력에 원형적 의미의 남성적 에너지가 결합된 것이라 할 수 있다.

남성 토르소에 말의 다리가 붙어 있는 켄타우로스는 남성적 원리에 성적인 에너지의 어두운 측면을 덧붙인 것이며, 우리를 완전히 새로운 영역으로 인도하는 안내자다. 꿈에 이런 이미지가 등장하면 강력한 기량과 힘으로 난관을 돌파하는 힘센 배후가 나타난 것이라 볼 수 있다.

Chair 의자

앉는 행위는 움직임 사이의 휴식과 정적을 의미한다. 의자에 앉는 것은 그 의자의 목적에 자신을 맡기는 것이다. 책상의 의자는 일을 시작할 준비가 된 것이며, 식당의 의자는 음식물 섭취와 돌봄을 뜻한다. 안락의자는 휴식의 욕망을 나타낸다. 꿈에 의자가 보이면 대체로 잠시 멈출 때인 것을 암시한다.

Chakra 차크라

차크라는 산스크리트어로 신체 에너지의 중심이 되는 부분을 뜻한다. 소용돌이 모양의 이 중심점은 각기 다른 상징적 의미를 지니며 신체 각 부분의 감각과 기능을 연결한다.

인체에는 일곱 가지 차크라가 있는데, 첫 번째는 척추의 맨 아래에 위치한 근원 차크라다. 이 차크라는 안정감, 현실적 토대, 모든 필요가 충족되는 만족감을 나타낸다. 천골과 생식기가 포함되는 두 번째 차크라는 원초적인 창의성이 표출되는 곳이다. 세 번째 차크라는 복부에 있으며 본능과 육감이 자리 잡고 있다. 네 번째 차크라는 전체 구조의 중심이며 심장이 자리한 곳에 위치한다. 다섯 번째 차크라는 목 부분에 있으며 의사소통이 일어나는 곳이다. 여섯 번째 차크라는 제3의 눈으로 알려진 이마 부위에 자리해 직관을 관장한다. 정수리 부분에 일곱 번째 차크라가 존재하는데 초월적 자아나 영적 인식과 연결된다.

이러한 신체의 영역 가운데 하나가 강조된 이미지가 꿈에 나오면, 그 부분에 해당하는 차크라가 지닌 의미를 통해 꿈을 해석할 수 있다.

개개의 차크라에는 관련된 색이 있다. 백색광이 분리된 파동으로 굴절하면서 표출되는 색의 순서와 차크라의 순서가 일치한다. 첫 번째 차크라부터 일곱 번째 차크라까지 빨간색, 주황색, 노란색, 초록색, 파란색, 남색, 보라색이 순서대로 해당된다. 해석을 보다 확실하게 하려면 각각의 색이 지닌 의미를 하나씩 살펴보라('Colors 색' 참조).

Chased 추격당하는

('Being Chased 쫓김, 추격당함' 참조)

Cheerleader 치어리더

치어리더는 대중이 모인 광장에서 조직화된 방식으로 열광과 확신을 표현하며 분위기를 고조시킨다. 꿈에 나오는 치어리더는 자신의 업무에서 스스로를 최고조로 가동시키려고 애쓰는 자신의 의식 중 일부라 할 수 있다.

Cheetah 치타

고양잇과 동물은 여성적 원리의 힘을 나타낸다. 고양이가 클수록 토템의 힘도 커진다. 치타의 탁월함은 속도와 관련이 있다. 치타는 고양잇과 가운데서도 가장 빠른 동물이다. 꿈에 나타난 치타는 인생의 변화와 마주친 순간에 재빠른 민첩성을 선사한다.

Chicken 닭

가장 많이 소비되는 동물성 식품인 닭은 풍요, 번영, 음식물을 상징한다. 한편으로는 "목 잘린 닭처럼"이라는 관용구처럼 무지와 어리석음이 뒤얽힌 상태를 나타내기도 한다. 꿈에 닭이 나오면 이런 두 가지 상반된 뜻 가운데 하나를 가리킨다. 중국 점성술에서는 수탉에 영적인 의미를 부여한다('Rooster 수탉' 참조).

Children 어린이, 어린아이

꿈에 나온 모든 사람은 자신의 인격을 반영한다. 이런 관점에서 보면 아이는 자신에게 내재된 천진함을 의미한다. 여기에 아이의 행동과 동작도 해석에 영향을 미친다.

꿈에 나온 아이의 나이를 따져보라. 나이를 역산해보면 아이가 태어난 시점에 새로운 아이디어, 패턴, 의식이 표출되기 시작한 것을 알 수 있다. 예를 들어 일곱 살 된 아이는 꿈꾸기 일곱 해 전에 어떤 일이 시작된 것을 암시한다. 또한 당신이 꿈에 나온 아이의 나이였을 때 어떤 일이 시작되었다고 해석할 수도 있다. 이렇게 보면 꿈속의 아이가 일곱 살일 경우 당신이 일곱 살 때 일어난 사건으로부터 어떤 일이 시작되었다고 볼 수도 있다. 만일 꿈속의 아이가 자신이라면 꿈은 자신과 관련된 사건이나 가정사를 보여주는 것이다.

Choking 숨 막히는

자신의 마음을 표현하려고 애쓰고 있으며, 의사소통에서 위태로울 정도로 답답함을 느끼고 있다. 우리는 목이나 목구멍을 통해 의사소통을 한다. 숨이 막히면 말하는 능력이 제한되거나 사라진다. 꿈에서 숨이 막힌다면 생사가 걸린 문제라고 할 정도로 심각한 의사소통 문제에 직면한다. 일상의 어느 분야에서 사람이나 사물, 장소와 의사소통의 장벽을 느끼고 있는지 돌아보라. 만일 꿈에서 당신이 다른 사람을 숨 막히게 한다면 자신이 통제할 수 없거나 자신에게 도움이 되지 않는 의사소통 방식으로 타인을 억누르고 있을 수 있다.

Church 교회

관습적인 방식으로 영적 본성과 접속하는 꿈이다. 교회, 절, 사원은 영적 생활을 하는 공동체의 중심이다. 꿈에 나오는 건물은 모든 집에 관한 꿈이 그렇듯이 꿈꾼 사람의 정체성을 상징한다. 그리고 모든 숭배의 장소는 궁극적으로 영성이나 종교와의 관계를 가리킨다. 이 문제는 특히 논쟁적일 수 있기 때문에 영성의 문제를 나타내는 교회의 보편적 의미와 조직화된 종교에 대한 개인적 감정을 명확하게 분리할 필요가 있다.

Circus 서커스

당신은 지금 인생의 책임에서 도망치기를 원하고 있다. 모든 오락은 도피주의를 상징한다. 기묘한 어릿광대의 묘기나 야릇한 쇼 같은 게 펼쳐지는 서커스에서는 초현실적 분위기가 느껴진다. 또한 서커스는 세상과 동떨어진 비주류 집단의 취향을 반영한다. 과거에 서커스는 괴짜, 외국인, 외톨이 등 소외 계층이 거처를 마련하기 위해 택한 장소이기도 했다. 서커스에는 판타지 요소가 포함되는데, 이러한 분위기 속에서 누군가는 서커스단과 눈이 맞아 현실 사회로부터 도망칠 수도 있다.

꿈속에서 자신이 청중에 속해 있다면 도피주의가 해석의 주제가 된다. 자신이 서커스를 공연하고 있다면 개인성과 독창성을 과장되게 표현하려는 내면의 동기가 표현된 것이다. 만일 무대 뒤편에서 일이 벌어졌거나 공연자들의 공동체와 관계를 맺었다면 세상과 동떨어진 곳에 있는 마음이 통하는 사람들과 코드를 맞추고 있다는 뜻이 된다.

Climbing 등산

당신은 꾸준히 성장하면서 인생을 확장하고 싶어 하며 이 목표를 위해 굉장한 노력을 기울인다. 등산은 정상에 도달하기 위해 노력을 기울이는 것이기 때문이다. 어떤 목표든 달성을 위해선 노력이 필요한데, 여기에는 분투가 담기게 된다. 꿈에서 경험하는 등산은 현실에서 쏟는 분투를 대변하며, 그 꿈속에 현실의 도전을 효율적으로 이끄는 정보가 들어 있다.

인생에서 일어나는 극적인 변화는 감정적인 것이든, 재정적인 것이든, 영적인 것이든, 건강 문제든 여행을 떠나는 것과 흡사하다. 등산 꿈은 두려움이나 힘겨운 노력을 통해 정상에 오르는 것을 보여주는 영혼의 메시지다. 하지만 이 꿈은 당신이 인생에서 투쟁을 지나치게 강조해서 거기에 필요 이상의 노력을 기울인다는 메시지를 전하는 것일 수도 있다. 이런 경우라면, 자신의 의도와 노력 사이에 균형이 깨진 것은 아닌지 돌아보아야 한다.

여행의 목적을 분명히 규정하고 의도와 노력 사이의 균형을 회복해야 한다. 이렇게 해야 목적지를 향하는 것과 그 과정의 즐거움이나 열정이 조화를 이루게 될 것이다.

Climbing Stairs 계단 오르기

계단은 위 또는 아래의 목적지로 이동할 수 있게 한다. 꿈에 나오는 계단은 움직이는 방향에 따라 영혼의 높은 차원과 낮은 차원을 탐구하는 노력을 상징한다. 만일 계단이 집 안에 있으면 자신의 자아 감각을 탐구하는 것이다.

건물이나 공공장소에 있는 계단은 사회적 주제와 세상을 살아가는 방식을 탐구하는 것을 의미한다. 위로 움직이는 것은 의식의 상승이나 그것을 위한 마음의 준비를 암시한다. 아래로 움직이는 것은 과거를 성찰하거나 어떤 주제를 깊이 성찰하는 태도를 가리킨다.

Cloaked or Hidden Figure 은폐된 인물, 숨겨진 인물

이 같은 존재는 강력한 원형적 성격 측면이며, 죽음의 원형으로 간주되는 무의식의 전달자로 볼 수 있다. 은폐된 인물은 익명성을 갖고 있으며 마지막까지 정체를 밝히지 않는다. 은폐된 인물은 당신에게 메시지를 전달하기 위해 무의식에서 온 인물이다. 꿈의 전체 맥락을 살펴보면 그가 전하는 메시지가 무엇이며, 그것의 단서를 어디에서 찾아야 하는지 짐작할 수 있다. 하지만 그가 흔히 말하는 저승사자와 닮았다면, 즉 얼굴이 없는 은폐된 인물이 세상을 돌아다니다가 살아 있는 존재를 잡아채서 사후 세계로 데려가는 존재라면, 당신은 정말로 죽음을 암시하는 원형적 꿈을 경험한 것일 수도 있다.

Closet 벽장

당신은 무언가를 숨기고 있다. 벽장이 나오는 꿈은 숨은 안건에 대한 꿈이거나 모종의 회피에 대한 꿈이다. 벽장은 무언가를 저장하는 장소다. 벽장에서 발견되는 물건은 세 가지 가운데 하나다. 첫째는 정리 정돈을 위해 넣어둔 것으로 가끔씩 쓰는 물건들. 둘째는 필요할 때 사용하기 위해 보관해둔 물건들. 셋째는 더 이상 필요하지 않음에도 여전히 갖고 있는 물건들. 벽장이 나오는 꿈은 위의 세 가지 경우 가운데 하나에 속한다.

꿈에 벽장에서 발견되는 많은 물건은 수치심과 관계가 있다. 수치심의 정도는 무엇이 어떻게 숨겨졌으며 얼마나 많은 두려움이 느껴지는가에 비례한다. 하지만 무엇보다 벽장은 일상적으로 자주 쓰지 않는 물건들, 또는 불필요한 물건들을 보관하는 저장 공간이라는 사실을 명심하라.

새롭게 성장하기 위한 공간을 마련하기 위해서는 오래된 생각, 감정, 존재 방식을 추려서 내버려야 할 필요가 있다. "벽장 속에 (in the closet)"라는 관용구는 동성애를 숨기는 사람을 가리키지만, 꿈에 나오는 벽장은 자아의 숨겨진 측면 전반을 가리킨다. 당신이 벽장에서 발견하는 것은 자신이 외면하고 있거나 직면하기를 원치 않는 것이다.

Clothes 옷

옷은 인격적 자기표현과 페르소나를 나타낸다. 옷을 선택하는 취향을 통해 자신에 대해 어떤 느낌을 갖고 있는지, 자신을 어떻게 인식하는지가 드러난다. 꿈속의 옷은 창의적인 인격을 표현하지만 한편으로는 자신의 진정한 모습을 감추고 타인에게 보이는 모습을 위장하는 방식으로 나타나기도 한다. 나아가서 옷은 지나쳐 버릴 수도 있는 분위기와 감정을 드러내기도 한다.

꿈에 나오는 옷의 특징과 스타일, 색조를 활용하면 꿈 해석에 도움이 된다. 낡은 옷은 낡은 존재 방식을 불러오는 것을 의미하며, 새 옷은 내적인 성장과 변화를 외적인 표현과 일치하도록 만들려는 욕망을 나타낸다. 변장을 하는 것은 인생에서 연기하는 거짓된 역할을 드러내는 반면, 자신의 옷을 입는 것은 머잖아 일어날 일에서 현재의 자아 감각을 사용하게 될 것을 암시한다. 어울리지 않는 옷을 입는 것은 타인과 조화를 이루는 문제에 신경이 쓰이는 것을 뜻한다.

너무 많은 옷을 입는 것은 자신의 성적 취향이나 신체 이미지가 거추장스러운 것을 나타낸다. 여러 겹의 옷을 입는 것은 현재의 모습과 깊은 차원의 진정한 모습 사이에 장애가 있음을 암시한다. 옷을 벗으려는 욕망은 틀에 박힌 역할로부터 벗어날 필요를 가리키는 반면, 옷을 껴입는 것은 외부의 피해로부터 자신을 보호하려는 의지를 나타낸다. 옷을 입지 않는 것은 마음을 활짝 열어젖힌 태도와 그에 따르는 취약함을 상징한다.

Clowns 광대

광대는 한마디로 말하기 어려운 상징이다. 장난기 있는 표현을 일삼으면서도 엄청난 모순을 품은 반골적 기질을 지닌 광대는 불온하고 신뢰하기 어려운 존재다. 천진난만한 어린아이 같지만 그로테스크한 측면도 있다. 광대를 굳이 한마디로 말하면 전복적인 인물이다. 겉보기에는 악의가 없어 보이지만 근저에는 음침한 분위기가 도사리고 있다. 광대의 표현은 언제나 한결같아서 도리어 신뢰하기 어렵다. 하지만 그들이 제공하는 오락은 능수능란할 뿐 아니라 말할 수 없이 유쾌하다. 꿈에 나오는 광대는 당신의 성격 측면, 의식, 사고방식을 나타낸다. 광대 꿈은 변장 아래 숨겨진 진정한 생각과 만나기 위해 자신을 더 깊이 탐구하라고 말한다.

Coat 코트, 외투

('Jacket 재킷' 참조)

Cobra 코브라

뱀은 허물을 벗는 능력이 있기 때문에 변화와 변형을 상징한다. 맹독을 지닌 코브라는 머리 아래의 덮개를 부풀리는 능력이 눈에 띄는 뱀이다. 목처럼 보이는 부분은 목 차크라와 연결되므로 코브라가 꿈에 나타나면 의사소통이 강조된다('Snake 뱀' 참조).

Cockatoo 코카투 앵무새

모든 새는 전달자를 상징하며, 사고 과정과 생각의 움직임을 나타낸다. 코카투 앵무새는 다른 앵무새에 비해 덜 화려해서 다소 수수해 보이지만 여전히 강렬한 느낌을 전달한다. 이 부류의 새가 지닌 가장 두드러진 특징은 강한 부리와 크고 새된 목소리다. 코카투 앵무새가 나오는 꿈은 거칠고 강력한 의사소통을 의미한다('Birds 새' 참조).

Coffin 관, 널

꿈에 죽음을 상징하는 관이 보이면 삶에 변화가 일어나는 것이다. 관은 죽은 사람을 넣기 위해 만들어진다. 꿈에 관이 나오면 관에 든 사람을 자신의 성격 측면으로 해석하라. 관에 든 사람이 누군지 알든 모르든 마찬가지다. 죽음은 변화를 상징한다. 죽음을 성격 측면으로 해석하면, 더 이상 도움이 되지 않는 자신의 일부를 희생하는 것을 의미한다. 효율적인 변화를 거쳐 새로운 방식으로 거듭나기 위해서는 낡은 방식을 정리할 필요가 있다. 겨울이 지나면 봄이 오듯이 죽음에는 언제나 재생이 따르므로 꿈에 관이 나오면 변화의 과정이 시작되는 것으로 볼 수 있다.

Coin 동전

동전은 화폐의 한 종류이므로 풍요와 번영, 원하는 것을 손에 넣는 능력을 의미한다. 더 높은 차원에서 보면, 동전은 인생길에 우연히 발견해서 손에 넣는 행운을 상징한다. 동전을 분수대에 던지는 풍습에서도 알 수 있듯이 동전과 소원 사이에는 분명한 관

계가 있다. 동전은 영적인 속성을 지닌 성스러운 물건으로 간주
되기도 한다('Money 돈' 참조).

Colors 색

빛은 본래 흰색이지만 분리된 파장으로 굴절되며, 빛을 구성하는
일곱 가지 다른 색을 우리의 눈으로 볼 수 있다. 특별한 색이 눈
에 띄는 꿈은 일반적인 꿈과 구별되는 특별한 현상으로 해석된
다. 이런 해석의 전제는 잊히지 않는 꿈은 선명한 색으로 기억되
고 그렇지 않은 꿈은 흑백으로 기억된다는 것이다. 모든 꿈은 다
양한 강도의 색으로 경험되며, 각별히 선명한 색으로 기억되는
꿈은 무의식이 메시지를 전하는 하나의 방식이다.

Computer 컴퓨터

컴퓨터는 높은 차원의 정신적 조직화, 생각, 기억을 의미한다. 꿈
속에 나온 컴퓨터는 두뇌의 상징적 재현이다. 컴퓨터에는 소프트
웨어 프로그램을 작동시키는 운영체제가 있는데, 이것은 두뇌 조
직을 구성하는 신경세포 망과 유사하다. 또한 컴퓨터에는 이전에
입력된 것을 저장하는 하드 드라이브도 있는데, 이것은 두뇌가
기억과 지식의 형태로 받아들인 감각 정보의 기록을 관장하는 신
경 회로와 흡사하다. 램(RAM)이라는 기억장치도 컴퓨터에 있는

데, 이것은 우리의 의식과 비슷하다. 낮에 생산된 단기 기억이 밤에 꿈을 꿀 때 이런 식으로 처리된다. 렘(REM) 수면 동안 뇌에서 일어나는 과정은 컴퓨터 파일을 보호하기 위해 백업을 하는 것과 유사하다. 꿈에서 컴퓨터가 눈에 띄게 등장하면, 자신의 마음이 어떻게 작용하는지 돌아보는 것이다. 꿈속의 컴퓨터는 현실의 사고 패턴을 반영한다.

Cookies 과자

당신은 삶에서 보상이나 약간의 달콤함을 구하고 있다. 과자는 어머니의 다정한 보살핌을 연상시키는데, 이것은 어머니가 과자를 만들어주지 않는 가정에서 자랐어도 마찬가지다. 달콤한 간식은 일을 잘 마친 뒤에 얻는 것으로 인식된다. 과자가 나오는 꿈은 이런 칭찬을 기대한다는 뜻이다. 과자는 또한 과도함에 대한 은밀한 욕망을 상징할 수도 있다. 과자는 하나둘 계속 먹다 보면 자기도 모르는 사이에 지나치게 많이 먹게 될 수 있다. 무엇이든 적당한 것이 좋기 때문에 과자가 나오는 꿈은 자신이 무언가에 도를 넘고 있는 것을 암시할 수도 있다.

Cougar 쿠거, 퓨마

고양잇과 동물은 여성적 원리를 상징하며, 덩치 큰 고양잇과 동물일수록 토템의 힘이 강해진다. 퓨마는 야행성이므로 은폐된 그림자 요소와 관계가 있다. 먹잇감을 가만히 뒤따르다가 덮쳐서 사냥하는 퓨마는 자신의 존재감을 숨기다가 결정적인 순간에 강력하게 행동하는 것을 상징한다. 퓨마와 같은 뜻인 쿠거라는 단어는 젊은 남성과 성적인 유희를 즐기는 중년 여성을 말하기도 하므로 꿈에 퓨마가 나오면 이런 일과 관계가 있을 수도 있다.

Cow 암소, 젖소

다양한 문화권의 신화에서 암소는 풍요의 상징으로 등장한다. 현대적인 관점에서 보면 암소는 음식물을 제공해 기본적인 생존에 도움을 주는 유익한 동물이다. 많은 사람이 매일 먹는 우유부터 수십 억 인구가 먹는 쇠고기에 이르기까지 암소는 인간의 기본적인 욕구를 충족해주는 존재다. 우유의 이미지를 통해 암소는 비옥함과 여성적 원리의 힘을 나타낸다. 꿈에 암소가 나오면 기본적인 욕구가 충족되는 치유를 제공받는다고 볼 수 있다.

Cowboy 카우보이

당신은 지금 힘든 작업을 통해 자신을 키우고 진정한 자유를 얻는 개인주의적 성향에 대한 꿈을 꾸고 있다. 카우보이는 본질적으로 미국의 영토 확장이나 경작의 전통을 이어받은 강인한 개인주의를 상징한다. 카우보이는 흔히 근면한 직업윤리를 지닌 고독한 인물로 간주된다. 각종 매체에서 카우보이는 건장한 인물로 묘사된다. 카우보이는 최고의 남성적 원리를 대변하며 조용한 힘을 상징한다. 카우보이 꿈은 그들의 이러한 독립적 성향과 관련이 있다. 자신이 개척해야 할 삶의 새로운 경계가 있는지 돌아보라. 스스로 해결해야 할 무언가가 있을 수도 있다. 카우보이는 수평선 너머에 새로운 무언가가 있을 거라는 신념을 품은 채 석양을 향해 홀로 말을 타고 달리지 않는가.

Crab 게

게는 물에 사는 생물이므로 느낌, 감정, 여성적 원리를 나타낸다. 게의 서식지가 파도치는 곳이라는 사실은 게가 달의 주기뿐 아니라 의식과 무의식의 상호작용과도 관련된 것을 말해준다. 게는 집게발이 있어 손을 대기가 어렵기 때문에 게를 통해 정보를 얻는 것 역시 쉽지 않다. 하지만 꿈에 게가 나올 때는 깊은 무의식으로부터 중요한 정보가 제공되는 것이며, 그 정보는 차분하고 수용적인 마음으로 지혜롭게 접근할 때 이해될 수 있다.

Criminal 범죄자

당신의 어떤 성향이 결과를 고려하지 않은 선택을 하고 있다. 꿈에 나온 범죄자는 자신의 성격 측면으로 해석할 수 있다. 범죄자의 행위는 다양하고 넓은 범위에 걸쳐 있지만 모든 범죄에는 공통점이 있다. 사소한 범죄든, 극악무도한 범죄든 법을 어긴 대가를 치러야 한다는 것이다. 이런 관점에서 볼 때 사회적 합의를 무시하는 모든 선택은 결과를 고려하지 않은 것이다. 범죄는 본질적으로 반사회적이므로 꿈에 나온 범죄자가 나타내는 성격 측면은 그림자 영역이다. 꿈에 등장한 범죄자의 성향을 살펴보면 무의식의 어떤 부분이 표현되는지 짐작할 수 있다. 행위와 의도의 심각성은 현재 감정 상태의 어두운 정도를 가리키는 지표가 된다.

Crocodile 악어

('Alligator 악어' 참조)

Cross 십자가

십자가는 흔히 기독교와 관련이 있지만 사실 십자 형태로 네 개의 부분이 동일하게 나뉜 원의 이미지는 고대 문명에서 흔히 발견되는 영적 상징이다. 지구는 남극과 북극, 동서 방향의 지평선에 의해 십자가 모양으로 나뉜 구체다. 이런 관점에서 볼 때 십자가는 실제로 세상을 상징하는 물체라고 볼 수 있다.

기독교를 믿는 사람이라면 십자가 꿈을 꾸었을 때 종교적 해석을 적용할 수 있다. 하지만 그렇지 않더라도 십자가가 지구상 모든 것의 정신적 에너지를 의미한다는 사실을 염두에 둘 필요가 있다. 꿈에서 십자가가 나오는 것은 신비한 본성이 발동하고 있음을 암시한다.

Cross-Dressing 복장 도착

옷은 자신의 페르소나와 관련되며, 다른 사람에게 자신을 원하는 모습으로 보이려는 것으로 해석할 수 있다. 꿈에서 반대 성의 옷을 입었다면 어떤 성별의 옷을 입었는가에 따라 남성적 원리 또는 여성적 원리의 통합을 상징한다. 다른 성별의 옷을 입는 것은 그 성별의 성향으로 다른 사람에게 보이기를 원하는 것이다. 여자가 남장하는 꿈은 강하고 공격적으로 보이려는 욕망을 나타내며, 남자가 여장하는 꿈은 수용적이고 감성적으로 보이려는 욕망을 나타낸다.

Crows 까마귀

꿈에 등장하는 새는 소식의 전달자로 해석되는데, 특히 전형적인 것이 까마귀다. 노르웨이 신화에서 큰까마귀 후긴과 무닌은 생각과 기억을 상징한다. 그들은 주변을 날아다니다가 날마다 최고의 신 오딘에게 돌아왔다. 모든 사물에 이름을 붙이고 그것을 기억하는 인간의 능력을 창조한 그들은 인간이 모이는 곳에 모여들며 정확히 인간의 머릿수만큼 존재한다. 따라서 꿈에 까마귀가 나오면 중요한 소식을 전달하러 온 것으로 볼 수 있다. 한편 까마귀 떼는 주검을 연상시키기도 하는데, 이러한 상징성을 통해 꿈에 나오는 까마귀에 그림자 측면이 존재한다는 것도 짐작할 수 있다.

Crying 울음

당신은 지금 꿈에서까지 눈물을 흘릴 정도로 현실의 감정이 고조되어 있다. 물은 감정을 상징하며, 눈물은 마음속의 깊은 감정을 몸에서 액체 형태로 표출하는 것이다. 꿈에서 자신이 울고 있다면 애도나 슬픔을 표현하는 것이며, 만일 다른 사람이 울고 있다면 자신의 성격 측면이 그를 통해 강렬한 감정을 표현하는 것이다. 이런 꿈을 꾸었다면 울고 있는 사람의 성격을 살펴보라.

자신의 성격에서 어느 부분이 변화하는지 알려주는 단서를 발견할 수 있다. 슬픔의 눈물은 상실을 의미한다. 기쁨의 눈물은 무언가를 얻은 것을 암시하며 힘겨운 과도기가 끝나고 있다는 뜻도 있다. 잠을 깨는 순간에도 눈물을 흘릴 정도로 슬픔이 절실하면, 마음속의 상처가 의식에까지 영향을 미치는 것이다. 꿈에서 느끼는 절망의 크기에 따라 자신이 씻어내는 상처의 깊이를 가늠할 수 있다. 현실에서와 마찬가지로 꿈에서도 우는 것은 변화를 겪고 과도기를 넘기기 위해 슬픔을 다루는 효율적이고 건강한 방법임을 기억하라.

Crystal 수정

수정은 땅속에 묻힌 상태로 발견되는 광물이다. 다양한 종류의 수정이 있지만, 모든 수정은 고유한 성격의 진동을 지닌 것으로 알려졌다. 수정이 나오는 꿈은 영적인 본성을 실현하려는 욕망과 신비한 방식으로 에너지를 얻으려는 욕망을 나타낸다. 만일 꿈에서 특별한 종류의 수정을 본다면 그 수정의 의미를 탐구할 필요가 있다('Stones 돌', 'Boulders/Rocks 바위/암석' 참조).

Cup 컵

컵은 액체 상태의 물질을 담는 물건이다. 따라서 꿈에 나오는 컵은 원하는 것을 담는 능력을 가리킨다. 보통 컵에는 음료를 담기 때문에 컵은 자기 돌봄의 의미를 지닌다. 꿈에서 본 컵의 상태는 당신이 삶의 이런 면을 얼마나 잘 처리하는가를 반영한다. 컵을 누군가와 공유하는 것은 관계와 결속을 강력하게 상징한다.

Cupcake 컵케이크

달콤한 음식은 인생의 기쁜 순간을 상징한다. 꿈에 나오는 컵케이크는 공유되기를 원하는 축하할 만한 순간을 의미한다. 어린 시절을 연상시키는 이 작은 케이크는 가까운 장래에 기쁜 순간이 다가올 것을 암시한다('Cake 케이크' 참조).

Cut(s) 베인 상처

베인 상처는 상처받은 흔적이며 상처는 본능적인 방어를 의미한다. 인간의 신체에서 가장 큰 면적을 차지하는 피부는 세 겹으로 이루어져 있다. 피부의 주요 기능은 신체의 외부와 내부를 분리하는 것이고, 피부 아래의 조직을 보호하는 부드러운 외피를 제공하는 것이다.

피부에 난 상처는 이러한 보호의 효율을 저해하므로 신체는 부상을 입었을 때 재빨리 대응한다. 상처가 생기는 꿈이나 과거에 상처가 생겼던 꿈은 마음 상하는 사건을 처리하고 있는 것을 의미한다 ('Wound(s) 상처, 부상' 참조).

Cutting 자르기, 절단

자르기 중에서도 특히 신체 절단은 스트레스를 해소하기 위해 자신의 일부를 의도적으로 잘라내는 것을 말한다. 자신의 신체 일부분을 잘라내는 사람들은 감정적 고통을 육체적으로 표출할 때 만족감을 느낀다고 한다.

자신이 하든 남이 하든 절단하는 꿈을 꾸는 것은 내부의 고통을 외부의 방식으로 표출하는 무의식적 행동을 의미한다('Wound(s) 상처, 부상' 참조).

Dagger 단검

꿈에 등장하는 무기는 공격성과 파괴적 충동을 상징한다. 단검은 작은 도구지만 깊은 상처를 낼 수 있다. 꿈에 단검을 보는 것은 공격당하는 것을 암시한다. 단검으로 인한 상처는 말로 인한 마음의 상처를 입거나 등 뒤에서 공격당할 가능성을 가리키는데, 모두 우정이나 충성으로부터 배신당하는 것을 의미한다.

Dance 무도회, 댄스파티

사람들이 모여 춤을 추는 꿈을 꾼다면 모인 사람들은 하나의 아이디어 주변에 모인 의식 내부의 생각들이다. 이 경우 생각이란 춤이라는 상징을 통해 표현되는 열정과 성적 취향을 가리킨다. 꿈에 무도회가 나오면 더 많은 열정을 지니려는 강렬한 욕망이 의식 내부에서 올라오는 것이다.

Dance Class 무용 수업

무용 수업을 받는 꿈은 인생에서 더 많은 열정을 지니고 독창적 인 표현을 원하는 것을 의미한다. 자기를 표현하기 위해 필요한 것을 배울 준비가 되었다는 뜻도 있다.

Dancing 춤, 무용

살면서 겪는 타인과의 복잡한 관계에 유연하고 우아하게 대처하 기 위해 노력하는 꿈이다. 춤은 정교한 짝짓기 의례이기도 하다. 이런 관점에서 보면 춤은 친밀감을 쌓으며 성적인 접촉이 가능 하게 만드는 사회적으로 용인된 행위다. 혼자 춤추는 것도 공간 에서 자유롭게 움직이는 능력을 즐기는 관능적인 몸짓이다. 이런 행위는 자신의 육체가 성행위를 할 준비가 되었음을 드러낸다. 발레단이나 현대무용단 등의 집단 무용에서 몸짓을 통해 나누는 상징적인 대화는 우아한 아름다움에 대한 관념을 동작으로 표현 하는 것이다.

Dandruff 비듬

부정적인 생각이 사소하지만 가볍게 지나칠 수 없는 좋지 않은 결과를 가져온다. 당면한 문제의 핵심에 자부심이나 흥미에 대한 의구심이 자리 잡고 있다.

Darkness 어둠

꿈이 어둡다는 것은 어둠의 정도와 상관없이 그림자의 영역에 있음을 의미한다. 꿈이 밝지 않고 어둡다면, 해석을 할 때 그림자의 존재를 염두에 두어야 한다. 이전에 회피한 것을 다시 탐색하거나 두려워서 은폐한 것을 돌아보는 계기가 될 수도 있다.

Date 데이트

데이트는 사랑과 로맨스를 경험하는 기회다. 데이트를 할 때는 과감하게 행동하거나 자신을 있는 그대로 표현해야 한다. 꿈속의 데이트는 과감한 행동을 취하고 자신을 충분히 표현하며 한 단계 나아간 자기표현, 열정적 행동, 궁극적 통합을 원하는 마음을 상징하는 한편 그런 면에 부족함이 있음을 시사한다.

Daycare 탁아소

탁아소에 아이를 맡기면 육아의 의무에서 일시적으로 벗어나 다른 일에 좀 더 집중할 수 있게 된다. 꿈에 탁아소가 나오면 여러 가지 의무를 손에 들고 저글링을 하는 상황이어서 어떤 의무에서 는 좀 놓여나고 싶은 마음이 드는 상태라고 볼 수 있다.

Dead End 막다른 길

지금까지 따라온 행동 방침이 끝나서 새로운 행동 방침을 선택해 야 하는 상황이다.

Deaf 청각장애인

청각은 주변과 상호작용하면서 움직이는 데 필요한 능력이다. 귀 는 인체가 균형을 유지하고 똑바로 설 수 있게 하며, 앞을 향해 움직일 수 있도록 돕는다. 청각을 잃으면 주변 환경으로부터 지 표를 얻는 능력이 떨어진다. 꿈에 청각장애인이 등장하면 현재 인생으로부터 얻는 방향 지시에 충분히 귀 기울이고 있는지 돌아 볼 필요가 있다.

Death 죽음

죽음은 변형적 차원에서 변화의 극치를 상징한다. 모든 것은 다시 태어나기 위해 죽는 순환을 거친다. 이것은 계절의 변화, 관계의 오고 감, 태어나고 죽는 과정처럼 모든 것에 적용된다. 꿈에 나오는 죽음은 자신의 삶에서 거대한 변화가 일어나는 것을 암시한다. 꿈에서 아는 사람이 죽었다면 그 사람은 당신의 성격 측면을 나타낸다. 그가 실제 삶에서 살아가는 방식을 보면 당신에게서 무엇이 변화할지 알 수 있다. 변화가 너무 거대해서 변화의 극치인 죽음으로 표현되는 것이다. 만일 그가 모르는 사람이라면 꿈속에서 본 그 사람에 대해 기억나는 내용을 떠올려보라. 그의 행동, 습관, 성격 같은 것이 당신이 변화하게 될 모습일 수 있다.

죽음이 폭력적이고 급작스러운 것일수록 당신이 겪는 변화는 진지하고 치열하다. 이미 발생한 죽음은 변화가 시작 단계가 아니라 나중 단계임을 암시한다. 만일 죽은 사람이 자신이라면 이사, 이직, 관계의 해체, 새로운 관계, 파괴적 행동의 중단처럼 삶이나 생활양식 전반에 걸쳐 완전한 변형이 일어난다.

Deer 사슴

이 순한 동물은 우아함과 아름다움의 치유를 제공한다. 꿈에 사슴이 나타나면 주변을 경계하고 자기를 방어해야 할 필요성이 의식으로 소환된 것이다. 사슴은 숲을 가로지르는 길을 알고 있는 만큼 꿈속의 사슴은 우리를 미지의 숨은 영역으로 안내하는 능력을 가지고 있다. 만일 사슴에 뿔이 달렸다면 이 사슴은 원초적인 본능에 따라 길을 찾아가는 능력이 한층 뛰어나다고 할 수 있다.

Defecation 배변

배변이라는 말을 들으면 몸속의 노폐물 배출이 가장 먼저 떠오르지만, 배변 운동은 본래 인간을 창조적인 존재로 만드는 첫 번째 연결 고리다. 배변 훈련의 경험이 얼마나 강하게 기억에 남는지, 아이에게 배변이라는 생리 현상을 가르치기 위해 얼마나 많은 노력을 기울여야 하는지 생각해보라.

이런 과정은 아이가 세상을 살아가는 방식에 지대한 영향을 미친다. 배변 훈련을 가장 효율적으로 하는 방법은 아이로 하여금 변기로 나오는 물체가 자신이 만들어낸 것이라는 인식을 하게 만드는 것이다. 아이가 볼 때 이것은 무척 인상적인 성과일 것이다. 이런 관점에서 보면 배변하는 꿈이나 똥 꿈은 무엇보다 꿈꾼 사람의 창의력을 나타낸다.

이것은 개인적이며 창의적인 업적을 가리킨다. 꿈에서 배변의 경험이 역겨웠는지 그렇지 않았는지 살펴보라. 꿈에서는 변이 더럽다고 생각되는 경우가 생각보다 많지 않다. 꿈에서 진짜로 더럽다고 느꼈다면 마음 깊은 곳의 그림자 영역에서 '더럽고 치사한' 거부감이 표현되는 것이다.

똥을 먹는 꿈은 자신의 창의력을 삶으로 통합시킬 필요를 나타낸다. 똥을 만지거나 가지고 놀면서 무언가를 느끼는 꿈은 새로운 정체성을 위해 '자신의 배설물(own shit)'을 숙고해보는 인생의 전환을 편안한 느낌으로 받아들인다는 뜻이다.

Defibrillator 심장 충격기, 심장 제세동기

심장 충격기는 비정상적인 심장박동으로 인해 심장이 멈췄을 때 순간적으로 전기 충격을 가해 심장이 다시 뛰도록 돕는 기구다. 이렇게 해서 심장 충격기는 심장 기능이 망가져 고통받는 사람에게 생명력을 불어넣는다. 당신은 현재 심한 충격으로 압박을 느껴 죽을 것 같은 상황이며, 꿈에 나온 심장 충격기는 현재의 생활 패턴을 멈춘 다음 다시 시작하고 싶은 욕망을 반영한다.

Delivery 배달

꿈에서 배달을 받는 것은 마침내 자신이 받고 싶은 것이 도착해서 그것을 얻게 되는 것을 말한다. 배달을 받는 꿈에는 받기를 원하는 것이 무엇인지 생각해보라는 의미가 들어 있다. 편리함의 극치인 배달을 받는 꿈은 바라는 것이 곧바로 전달되게 하는 생각과 능력이 자신에게 있는 것을 암시한다.

Demon 악령, 귀신

영적인 세계에서 어두운 측면을 상징하는 악령은 두려움과 증오

를 먹고 사는 존재다. 꿈에 악령이 나오는 것은 자신의 그림자 측면이 통제 불능의 상태이고, 두려움을 불러오는 그 무언가가 자신을 잠식하는 것을 의미한다. 또한 악령은 매우 오랜 시간 동안 파괴적인 생활 패턴을 바로잡지 않았다는 것을 나타낸다.

Demonic Possession 빙의

무언가에 빙의되는 꿈은 부적절하다고 생각되는 느낌을 자제하지 않고 멋대로 분출하는 것을 의미한다. 빙의는 꿈에 흔히 등장하는데, 죄의식이나 분노처럼 억눌리거나 부정적인 감정이 갑자기 폭발하는 것을 상징한다. 하지만 빙의라는 상징의 핵심은 문제가 되는 행동이나 강렬한 감정 표현에 대해 책임감을 느끼지 않는다는 것이다. "악마에 씌어서 그런 것 같다"라는 말처럼 말이다. 이런 꿈에는 자신이 느끼는 압도적인 감정을 다른 사람 탓으로 돌리거나 자신의 반응에 대해 책임지지 않으려는 태도를 돌아보라는 뜻이 담겨 있다.

Desert 사막

꿈에 사막이 나오는 것은 현재 삶에서 열정이나 활력이 눈에 띄게 부족하다는 의미다. 사막에서 생명체를 찾으려면 자세히 살펴봐야 하는 것처럼, 사막이 나오는 꿈도 같은 메시지를 전한다. 겉만 보고 판단하지 말라. 내면을 들여다보면 눈에 보이는 것보다 많은 일이 일어나고 있는 것을 발견할 것이다. 사막 꿈에는 자신의 삶에 물을 공급해서 보다 많은 감정과 열정으로 가득 차게 하라는 뜻도 들어 있다.

Deserted Place 무인도

무인도 꿈은 필요가 충족되지 않았고, 선택은 했지만 결과가 아직 나타나지 않은 것을 말해준다. 인간은 사회적 동물이다. 인간은 지구에 출현한 이래 공동체를 이루며 살아왔다. 만일 무인도에 혼자 있다면 여러 면에서 무력할 것이다.

무력함의 정도는 당신이 어느 정도의 용기와 배짱을 갖고 있는가에 달려 있을 뿐 아니라 어떤 장소에서 어떤 물자를 사용할 수 있는가에 달려 있다. 아무리 좋은 환경이라도 혼자서는 생존하기 어렵다. 따라서 꿈에 나오는 무인도는 무엇보다 위험과 죽음을 상징한다. 이 경우 기저에 깔린 감정은 외로움이라고 생각될 수 있지만, 그보다는 도움의 손길이 없는 것에 해석의 무게를 두어야 한다.

꿈에 다른 사람이 없어서 도리어 편하다고 느꼈더라도 마찬가지다. 자신의 필요를 충족하기 위해 타인에게 의지한 것이 이런 꿈을 꾸게 한 불안감의 근원이다.

Desk 책상

책상에 앉아 있으면 분명 무슨 일을 하는 것이다. 따라서 책상은 일을 하는 것을 상징한다. 일을 하는 것은 종사하는 분야에 따라 다른 방식으로 드러나지만 만일 당신이 책상에 앉아 일하는 직업을 가졌다면 책상이라는 상징은 문자 그대로 해석될 수 있다. 책상은 좌뇌의 감각과 관련되며, 자신의 삶이 정돈되고 체계화될 필요가 있음을 말해준다. 꿈에 책상에서 하는 행동도 해석에 포함되어야 한다. 만일 책상 꿈에 기억에 남는 어떤 사람이 등장한다면, 그 사람은 정돈된 생활을 하고 구체적인 시각으로 문제에 접근할 필요가 있는 당신의 성격 측면으로 해석해야 한다.

Dessert 디저트

디저트가 나오는 꿈은 자신에게 보상을 해주거나 무언가를 즐기는 것을 의미한다. 디저트는 탐닉과 아울러 자신을 통제하는 것을 상징한다. 보통 디저트는 자제해야 할 것으로 생각되기 때문이다. 꿈에서 자신이 디저트를 어떻게 대했는지를 보면 숨겨진 의미를 알 수 있을 것이다.

Detective 탐정

꿈에 등장하는 탐정은 자신의 성격 측면을 나타낸다. 그는 살면서 겪는 문제들을 해결하는 자신의 일부다. 꿈에 탐정이 나오면 당신이 밝혀내려는 사안이 아직 해결되지 않은 것을 암시한다. 그 과정에 승복하라.

Detergent 세제

꿈에 청소용품인 세제가 등장하면 과거의 사고를 뒤처리할 필요가 있음을 가리키는 것이다. 또는 자신에게 부끄러움이나 불편함을 일으키는 이미 일어난 일의 증거를 숨겨야 함을 암시한다.

Devil 악마, 사탄

악마를 보는 관점은 종교인이냐 비종교인이냐에 따라 두 가지 유형으로 나뉜다. 세 번째 유형은 악마의 존재를 믿지 않아서 의식적으로는 악마 같은 게 있을 리 없다고 생각하면서도 무의식적으로는 악마가 강한 영향력을 행사한다고 여기는 사람들이다.

악마 하면 가장 먼저 떠오르는 것은 유혹이다. 악마가 누군가를 유혹하는 궁극적인 목적은 그 사람의 영혼을 소유하려는 것이다. 심리학과 꿈의 해석에서 영혼이란 영성인 동시에 인간적 경험의 전체성에 해당한다. 신과 악마가 존재한다는 생각은 우리에게 다음과 같은 선택을 강요한다. 당신은 신과 악마 가운데 누구와 함께할 것이며, 어느 편의 의지에 따라 인생을 선택할 것인가? 사랑을 통한 고귀한 본성을 택할 것인가, 두려움을 통한 저열한 본성을 택할 것인가?

꿈에 악마가 등장하는 것은 강렬한 두려움이 표현되는 것이다. 속박은 악마와 관련된 또 하나의 중요한 요소다. 악마가 제공하는 계약은 영원하며 무서운 결과를 초래한다. 상징적인 관점에서 악마는 자신의 신념을 저버린 삶의 영역을 가리킨다.

당신이 의무, 재정적 불안, 쓸데없는 만족 같은 명분에 사로잡힌 상황을 살펴보라. 처음에는 바라는 것을 얻는 선택을 하지만 결국에는 원치 않는 대가를 치르곤 한다. 악마가 꿈에 나타나면 진정한 자기 성찰이 요구된다. 보다 큰 선(善)에 도달하기 위해 어떤 사고방식이나 어떤 태도를 버려야 하는지 숙고해보라.

악마에 관한 꿈은 가벼운 관점에서 보면 앞일에 대비하지 않는 태도 때문에 원하지 않는 자신의 모습과 만나게 될 거라는 의미도 있다. "악마가 시켰다"라는 말은 나쁜 선택에 대한 변명에 불과하며, 판단력을 잃었다는 뜻으로 볼 수 있다.

Dew 이슬

이슬은 아침 햇살에 의해 미처 증발되지 않은 대기 중의 수분이 맺힌 것이며, 아름답고 마법 같은 존재로 받아들여진다. 이슬을 형성하는 물은 밤의 장막 아래서 감수성이 풍부해진 감성을 상징한다. 태양이 떠오를 때 이슬이 증발한다는 것은 그것이 덧없고 사사로운 감성임을 암시한다. 이슬은 일상생활에서 느끼는 미묘한 연정이나 노스텔지어를 은밀하게 표현한다.

Diamond 다이아몬드

다이아몬드는 탄소 분자가 시간과 압력에 따라 아주 특별한 형태로 변화할 때 생성된다. 탄소 분자는 모든 생명체의 구성 요소이기 때문에 상징적인 관점에서 존재하는 모든 것과 관련이 있다. 다이아몬드와 마찬가지로 인생도 엄청난 양의 시간과 압력을 견뎌야 한다. 따라서 다이아몬드는 인생이 우리에게 안겨주는 시련으로부터 주어진 궁극적인 선물이나 이익을 상징한다. 다이아몬드는 엄청난 시련을 통해 창조되기 때문에 귀금속 가운데서도 가장 가치가 높으며, 꿈속의 다이아몬드는 그러한 궁극의 가치를 지닌 것을 가리킨다('Stones 돌' 참조).

Diaper 기저귀

기저귀를 사용하는 목적은 그것을 통한 자유를 얻는 데 있다. 기저귀를 착용하면 언제 어디서 배설할지 신경 쓰지 않아도 되기 때문이다. 배변과 배뇨의 행위는 보통 수치심을 동반하므로 기저귀는 수치심을 담는 용기라고 볼 수도 있다. 자신을 불쾌하게 만드는 어떤 것에 집착하고 있는지 생각해보자.

Diarrhea 설사

꿈에 나오는 설사의 핵심적 의미는 그것을 통제할 수 없다는 것
이다. 똥은 여러 가지 상징적 의미를 지니는데, 그중에 하나는 몸
에서 새롭게 만들어내는 것인 만큼 그것이 엄청나게 창의적인 물
건이라는 것이다. 하지만 똥은 우리의 근원적 인간성에 내재한
수치심과도 관계가 있다. 꿈에 나온 설사는 무언가가 통제되지
않는 것을 의미한다.

Dice 주사위

주사위를 굴리는 것은 순전히 운이나 무작위의 확률에 따른 결
과를 상징하는데, 그것은 주사위가 불규칙하게 굴러감으로써 예
측할 수 없는 결과를 낳기 때문이다. 우리는 일부는 계획이 실현
되고 나머지는 무작위의 혼돈 속에 돌아가는 세계에서 살아간다.
주사위는 이처럼 모순적인 방정식에서 후자와 관련이 있다. 주사
위가 나오는 꿈은 통제할 수 없는 결과에 승복할 것을 요구한다.

Diet 다이어트

다이어트를 하는 것은 몸의 형태를 통제하기 위해 음식의 섭취를

제한하는 것이다. 그것은 건강하고 균형 잡힌 자기 관리부터 강박에 가까운 파괴적인 제한까지 그 정도가 다양하다. 이런 꿈의 해석에서는 음식에 대한 개인적인 생각이 고려되어야 한다.

자신이 어떤 상황에 있든지 간에 다이어트는 기본적으로 음식 섭취와 자기 돌봄을 통제하고 제한하는 것이다. 자신이 원하는 것을 얻기 위해 자신의 다른 것을 부정하고 있지 않은가? 이런 선택은 좋은 것인가? 다이어트가 꿈에 나오면 스스로에게 이런 질문을 던져보라.

Digging 땅파기

어떤 것의 바닥 끝까지 도달하려는 욕망을 표현하는 것이다. 지표면 아래 있는 모든 것은 숨겨진 의식과 관계가 있는데, 이것은 충분한 탐험이 이루어져야 드러날 수 있는 것이다. 꿈에 이런 이미지가 나타나는 것은 표면적인 것 아래서 무언가를 얻을 수 있는 것을 의미한다.

Dildo 인공 남근

남근은 남성적 힘을 상징한다. 인공적으로 만든 남근은 남성적 힘의 대체물이며, 외부의 근원으로 투사하지 못한 채 내부의 자극으로 이런 힘을 얻으려는 욕망을 나타낸다. 꿈에 나오는 인공 남근이 사실상 관능적인 것이기는 하지만 반드시 성적인 욕구와 관련된 것은 아니다. 삶의 어느 영역에서 자신의 파워를 상승시킬 필요가 있는지 살펴보라.

Dining Room 식당

꿈속에 나오는 모든 방은 그 방의 목적에 따른 의미를 표현한다. 식당은 다른 사람들과 함께 음식을 나누는 장소다. 꿈에 식당 이미지가 나오면 다음의 두 가지를 고려해야 한다. 하나는 돌봄을 받고 음식을 섭취하는 행위이며, 다른 하나는 이런 행위를 공동체 속에서 나누려는 욕망이다. 꿈에 식당에서 일어나는 일은 실제 삶의 이러한 부분을 반영한다.

Diploma 졸업장

일정한 학업의 과정이 끝날 때 우리는 졸업장을 받는다. 따라서 졸업장의 상징적 의미는 지금까지 그러한 수고로움을 거쳐왔다는 뜻이다. 꿈에 졸업장이 나오면 어느 정도의 지혜와 지식을 갖춘 것을 인정받았음을 가리킨다.

Disability 장애

정신적, 신체적으로 정상적인 기능에 제약을 받으면 넓은 범위에서 장애로 볼 수 있다. 보통 이런 상태의 상징적 의미는 장애에 따른 제약을 가리킨다. 꿈에 나오는 장애는 힘들다는 생각 때문에 제약을 자초한다는 관념에서 해석의 실마리를 잡아야 한다. 만일 꿈에 나오는 장애가 현실을 반영하는 것이 아니라면, 능력이 축소되었다는 제약의 감정을 극복하라는 의미로 해석해야 한다. 무슨 장애인지 살펴서 해석에 활용하라.

Dishes 접시

접시는 음식을 먹을 때 사용하는 도구로, 음식물을 섭취하는 과정에 문명의 손길을 전해준다. 음식은 자신을 돌보는 다양한 방식을 상징하며, 접시는 그런 돌봄을 위한 최상의 그릇이다. 꿈에 나온 접시는 자기 돌봄의 현재 상태를 보여준다.

Ditch 배수로

배수로는 인간의 개입으로 정교하게 만들어진 지하의 수로다. 땅은 의식을 상징하므로, 땅 밑에 있는 것은 의식의 아래에 있는 것을 의미한다. 대부분의 배수로는 어떤 것의 움직임을 감추거나 방향을 바꾸기 위해 만들어진다. 배수로는 탐지되지 않게 움직이거나 모종의 전략을 실행하기 위해 자기 탐색을 한 결과 생겨난다. 지금 자신의 의식 아래에 있는 것이 무엇인지 생각해보자.

Diving 다이빙

물은 감정의 세계와 무의식의 세계 두 가지를 모두 상징하므로 다이버가 물속으로 곤두박질하는 것은 두 영역의 표면 아래로 돌진하는 것을 뜻한다. 다이빙은 그런 의도의 의례적 표현일 뿐 아니라 행위 자체의 숙련되고 창의적인 표현일 수도 있다. 다이빙은 깊이 숨겨진 자신의 본성을 용감하게 탐구하는 숙련되고 장엄한 방식을 상징한다.

Divorce 이혼

결혼은 서로 다른 성격 측면의 상징적 통합이다. 결혼은 또한 모든 의식 확장의 중요한 목적인 궁극적 통합을 의미한다. 이혼은 발전의 단계가 끝나서 그러한 통합이 더 이상 가능하지 않게 된 것을 의미한다. 성장하려면 과거의 요소를 버려야 한다. 꿈에 이혼이 나온다면 발전의 한 단계가 끝나고 새로운 단계가 시작된 것이라고 볼 수 있다.

Doctor 의사

꿈에 나오는 모든 사람은 자신의 영혼의 일부이며, 의사는 문제를 진단하고 치료하는 자아의 성격 측면이다. 당신은 내면의 문제와 어려움을 극복하기 위한 답을 찾고 있으며, 꿈에 나온 의사는 그 괴로움을 치유하도록 도울 것이다.

Dog 개

당신은 남성적 원리로 표현되는 무조건적인 사랑에 대한 믿음과 만나고 있다. 개는 억제할 수 없는 기쁨, 끝없는 애정, 열정적인 충성을 상징한다. 꿈에 나온 개는 사랑과 애정 속에 변함없이 존재할 수 있는 당신의 능력을 의미한다.

꿈에서 개가 무엇을 하는지 살펴보고, 무조건적인 사랑의 개념에 이것을 덧붙이면 꿈이 무엇을 의미하는지 알 수 있다. 개의 존재는 이 같은 개념을 자신에게 불러올 필요가 있는 것을 나타낸다. 또한 꿈에 이런 이미지가 나오는 것은 그러한 능력이 이미 갖추어져 있음을 의미한다.

개가 다쳤다든가, 아프다든가, 길을 잃었다든가 하는 어려움을 겪는 것은 순수한 사랑이 방해를 받는 것을 나타낸다. 꿈에 나온 개는 충성이나 사랑을 상징하며, 이것은 어떤 사건이나 상황에 의해 촉발된 헌신이나 친밀함을 뜻한다. 개가 나오는 좋은 이미지의 꿈은 열정의 불꽃을 일으키는 삶을 의미하며, 크고 열정적인 기쁨을 누리라고 말해준다. 개가 나오는 무서운 이미지의 꿈은 사랑과 관계에 대한 무의식적 두려움을 나타낸다.

광견병에 걸린 개는 누군가와 아주 가까워져서 친밀한 상황이 되었을 때 당신에게 닥칠 수 있는 내적인 두려움을 가리킨다. 개에게 물리는 것은 친절과 배려를 악용하는 것을 의미한다. 순종적인 개는 우정이나 신뢰에서 자제력을 유지하는 것을 나타낸다.

위험에 처한 사람을 구하는 구조견에서부터 사람을 무참히 공격하는 맹견에 이르기까지 다양한 종류의 개가 있는 만큼 꿈속에서도 개의 종류에 따라 다양한 성향이 표현된다. 또한 개는 주머니에 들어갈 정도로 작은 개부터 작은 곰만큼 큰 개까지 크기 역시다양하다. 꿈에 나온 개의 크기와 특징은 무의식적 관념이 표현되는 범위를 말해준다.

Doll 인형

인형은 현실의 아이 대신 자신의 모성적 본능을 표현할 수 있는 대상이며, 꿈에 나오는 인형 역시 이런 의미를 나타낸다. 다른 한편으로 인형은 모성적 감정의 충동을 유아처럼 표현하는 것일 수도 있다.

Dollar 달러

달러는 미국에서 쓰는 통화다. 돈이 나오는 꿈은 풍요, 힘, 자유를 나타낸다. 꿈에서 돈은 내면의 자원을 상징하며, 돈이 나오는 꿈은 이런 원리와 자신의 관계를 돌아보라는 의미를 전한다.

Dolphin 돌고래

돌고래는 인간에게 많은 사랑을 받는 동물 가운데 하나이며, 뉴에이지 신념 체계에서 무척 높이 평가된다. 돌고래의 지능과 물속에서 음파로 만들어내는 그들의 아름다운 노래는 수많은 문화권에서 중요하게 다뤄져서 이 아름다운 동물이 등장하지 않는 신화가 거의 없을 정도다. 토템으로서 돌고래는 우아함, 아름다움, 자비, 장난스러움 등으로 특징지을 수 있다.

돌고래는 무리를 지어 살며 매우 복잡한 사회구조를 갖추고 있으므로, 돌고래가 상징하는 것은 집단 구성원이 서로 돌보며 격려하는 것을 의미한다.

돌고래 꿈의 주제는 다음의 두 가지로 압축된다. 첫째는 인생사에서 유연하고 장난스러워야 한다는 것인데, 이것은 무엇보다 행복감을 갖고 살아가는 게 중요하기 때문이다. 둘째는 숨 쉬는 것을 기억해야 한다는 것인데, 숨 쉬는 방식이란 바로 자신이 결정한 삶의 방식을 의미한다. 꿈에 등장하는 돌고래의 숫자가 많을수록 전하는 메시지가 강력해진다.

돌고래는 높은 지능을 가진 포유류이므로 인간적인 경험과 관련되며, 광대한 바다에서 살아가므로 집단 무의식과도 연결된다. 돌고래가 꿈에 나타나면 집단무의식의 매우 강력한 측면이 자신을 찾아올 수 있다.

Donkey 당나귀

인간을 위해 헌신적으로 일하도록 가축화된 당나귀는 타고난 힘과 지구력을 지닌 지칠 줄 모르는 동물이다. 토템 동물로서 당나귀가 상징하는 것은 목표를 달성하고자 하는 투지와 헌신이다. 당나귀가 꿈에 나오면 삶이 요구하는 힘든 일에 기꺼이 직면하는 마음이나 훈련된 태도를 만나는 것이다.

Door 문

당신은 미지의 공간으로 모험을 떠날 기회나 선택에 직면해 있다. 문은 그것을 통해 들어가려는 방과 나 사이의 장애물이다. 문은 기회나 선택 두 가지 모두를 의미한다. 다른 편의 공간은 기회를 뜻하며, 문을 열고 문지방을 넘어가는 데 필요한 자유의지는 선택을 의미한다.

하나의 문이 닫히면서 다른 하나의 문이 열리면, 이것은 인생의 전환을 상징한다. 다른 편에 무엇이 있는지 짐작이 가더라도, 닫힌 문은 신비와 불확실성을 낳고 미지의 영역을 만들어낸다. 살짝 열리거나 활짝 열린 문은 저편에 무엇이 있는지 보라는 무의식의 초대다. 문이 많을수록 선택이 복잡하며, 문의 크기와 무게는 문제의 중요성을 드러낸다.

스스로 문을 닫는 것은 무언가를 끝내려는 의지를 뜻하는 동시에 확실하고 명료한 경계를 설정하는 능력을 상징한다. 자신 앞에서 닫히는 문은 현실에서 다른 사람이나 상황에 의해 발생하는 장애를 나타낸다. 하지만 장애를 만드는 사람은 사실상 자신인 경우가 많다. 문이 열리거나 닫히는 것을 통제할 수 없다면, 선택을 강요 받거나 선택권이 부족한 상황이라고 할 수 있다.

Doorbell 초인종

문은 삶의 선택이나 전환을 암시한다. 이와 연관되어 초인종은 새로운 경험이 될 무언가가 자신에게 다가옴을 예고한다.

Doormat 도어매트

새로운 것이 시작되기 전의 준비를 상징한다. 과거에서 온 원치 않는 것이 미래를 향해 옮아가지 않도록 잠시 동안 멈춰 서서 신발을 닦도록 하는 게 도어매트의 용도다. 때때로 도어매트는 다른 사람들이 그들의 발을 자신에게 닦는 것을 허용하는 사람을 비유하는 데 사용되기도 하므로, 이런 의미가 꿈에 반영될 수도 있다.

Dove 비둘기

비둘기는 평화와 사랑의 상징이므로 비둘기가 꿈에 나오면 비둘기가 가져다주는 치유를 통해서뿐만 아니라 비둘기 자체의 상징을 통해서도 이러한 원리와 연결된다. 비둘기는 낭만적인 사랑의 심벌이기도 하다.

Down 아래쪽

이진법으로 나뉜 이 세계에는 언제나 양극성을 지닌 두 가지 선택이 존재한다. 이러한 위아래 연속체는 우리가 다뤄야 하는 강력한 힘과 곧바로 연결되는데, 중력이 바로 그것이다. 꿈속에서 무언가가 아래를 향해 움직이고 있다면, 당신은 표면 아래 있는 것을 탐구하고 있거나 자신을 아래로 끌어내리는 것에 의해 위로 향하는 움직임이 저지당하고 있는 것이다. 이것이 자신에게 어떤 식으로 나타나는지 살펴보고, 자신을 심연에서 구할 수 있는 지혜가 무엇인지 살펴보라.

Down Syndrome 다운증후군

이 유전 질환은 신체적이며 정신적으로 발달이 제한되는 것을 의미한다. 따라서 꿈에 나오는 다운증후군은 자신의 잠재력이 충분히 발휘되지 못하는 인생의 영역을 나타낸다. 꿈의 맥락을 살펴서 발달이 필요한 것이 어느 부분인지 찾아보라. 만일 실제 삶에서 다운증후군이 있는 사람이 꿈에 나온다면, 말 그대로 신체적,

정신적 제약이 따른다는 의미로 해석될 수도 있다.

Drag Queen 여장 남자

환상의 절정이라고 할 수 있는 여장 남자는 여성적 성향이 과장된 방식으로 나타나는 것을 의미한다. 활기와 기쁨의 감각으로 가득 찬 이 상징은 사물이 겉으로 보이는 것과 다르다는 것을 암시하기도 한다. 여성적 성향은 다른 사람을 잘 돌보고, 창의적이며, 참을성이 있다. 이런 성향이 지금 당신의 삶에 진정성 있는 방식으로 통합될 필요가 있다.

Dragon 용

상징의 세계에는 두 종류의 용이 있다. 카리스마와 행운을 상징하는 동양의 용과 탐욕이나 과잉보호를 상징하는 서양의 용이 그것이다. 서양 신화에 등장하는 용은 보물과 숫처녀의 수호자다. 용에게는 이런 것이 소용없는데, 그들은 원하는 것을 얻기 위해 돈을 필요로 하지 않으며 여성과의 성관계를 제대로 해낼 수도 없기 때문이다. 그럼에도 불구하고 용은 자신을 찾아오는 자에게 굉장히 흉포하게 대하면서 용맹한 전사와 대적한다. 따라서 용은 필요하지 않은 것을 위해 싸움을 거는 상징으로 해석되며, 꿈에 용이 나오면 이길 수 없거나 싸울 의미가 없는 전투를 하게 되는 것을 의미한다.

또한 꿈에서 용을 만나는 것은 원하는 바를 얻기 위해서 내면의 전투를 치러야 하는 상황에 직면한 것으로 해석할 수 있다. 내면에 있는 용이 자신이 원하는 사랑이나 풍요를 손에 넣지 못하도록 만드는 것 아닌가? 지금 인생의 전투를 치르고 있는가? 혹시 원치 않거나 소용없는 것을 위해 싸우고 있지는 않은가?

Dragonfly 잠자리

잠자리는 변화, 변형, 지혜의 강력한 힘을 지닌 토템이다. 잠자리는 애벌레 단계에서 엄청난 시간을 소비하는데, 이것은 거대한 변화가 뒤따르는 겨울잠을 의미한다. 오랜 기다림 끝에 모습을 드러낸 잠자리는 아름다운 다채색 날개로 날아다닌다. 잠자리 애벌레는 물속에서 지내기 때문에 잠자리가 되기까지의 변형은 무의식 차원에서 일어나는 것이다. 변화가 완성된 잠자리가 날아올라 반투명 날개의 아름다움을 펼치는 능력은 영혼의 심연에서 솟구치는 상승의 메시지를 나타낸다.

Drain 배수관

배수관은 더 이상 원치 않거나 소용없는 것을 제거하는 장치다. 배수되는 것은 쓰레기나 비위생적인 것으로 분류된다. 따라서 배수관은 오래된 것에서 벗어나고 과거의 것을 버릴 수 있는 능력을 나타낸다. 꿈에 나오는 배수관이 적절하게 기능하고 있다면 만사가 순조로울 것이다. 만일 그렇지 않다면 자신이 왜 낡은 것들을 버릴 수 없는지 돌아볼 필요가 있다.

Drapes 커튼

창문은 바깥에서 집 내부의 안식처를 들여다볼 수 있는 시야를 제공한다. 커튼은 의식 안에 있는 이처럼 투명한 측면을 장식할 뿐 아니라 사적인 공간을 만들어내는 역할을 한다.

커튼은 원하는 대로 열거나 닫을 수 있고, 보여주고 싶지 않은 것을 보여줄 만한 상대를 원하는 대로 선택할 수 있다. 커튼은 빛을 들여보내거나 차단하는 자신의 의지를 나타내기도 하는데, 여기서 빛은 의식과 생명력을 상징한다. 꿈속에서 보이는 커튼은 선택, 자유의지, 그것을 둘러싼 일의 상태를 나타낸다.

Drawbridge 도개교

도개교(跳開橋)는 두 가지 방식으로 작동해서 완전히 다른 두 종류의 교통수단을 운행 가능하게 한다. 상징의 세계에서 육로의 자동차는 이성과 의식을 나타내고, 수로의 배는 감성과 무의식을 나타낸다.

도개교는 형태를 변화시키기 때문에 상황에 따라 더 중요하다고 판단되는 쪽을 선택할 수 있다. 꿈에서 도개교가 어떤 식으로 작동하는지 살펴보라. 왜냐하면 도개교는 현재 어떤 교통수단이 더 중요한지 말해주기 때문이다. 꿈에서 도개교가 제대로 작동하지 않으면, 감성과 이성을 분별하는 자신의 능력이 적절하게 작용하지 않는 것이다.

Drawing 소묘

소묘는 의식 속에 존재하는 이미지를 형태로 표현한 것이다. 이것은 유형의 것으로 귀결되는 창조적 행위다. 꿈속에 나온 소묘는 창조적 표현의 출구를 제공하는 충동과 그 형태가 서서히 모습을 드러내게 하는 인내심을 상징한다.

Dream with a Dream 꿈속의 꿈

여전히 잠을 자고 있지만 의식이 있는 차원에서 꿈을 꾸는 상태에 빠진 것이다. 이런 현상은 잠에서 깨어났을 때도 일어나는데, 대부분 인식하지 못한다.

눈앞에서 일어나는 일에 주의를 기울이지 않고 깜박 잠이 든 사실을 깨달을 때가 있다. 꿈속에서 이런 일이 일어나면 자신의 의식이 보다 높은 차원으로 각성된 것을 암시한다.

Dress 드레스

드레스는 여성의 의류이므로 창의성, 수용성, 배려, 인내 같은 여성적 성향을 상징한다. 꿈에서 드레스를 입은 것이 눈에 띄면 이런 성향의 삶을 원하는 것이다. 드레스의 디자인은 이 같은 성향을 어떤 방식으로 추구하는지 그 특성을 나타낸다.

Dressing Room 분장실, 옷방

분장실은 본질적으로 높은 수준의 자기표현을 준비하는 것을 의미한다. 삶에서 특별한 방식으로 자신을 표현하기 위해 준비하는 분야가 있는지 살펴보라.

한 가지 덧붙이면 분장실에서 지나치게 오래 머무르는 꿈은 그 분야에서 자신을 표현하기 위해 위험을 감수하기를 망설이는 것을 암시한다.

Drinks/Drinking 술/음주

술이 상징하는 의미의 한쪽에는 재미와 이완이 있으며, 다른 쪽 끝에는 현실도피가 자리한다. 꿈에서 술을 마시는 행위는 무언가를 내려놓아 균형을 잡거나 책임감에서 벗어나 속도를 늦추어 균형을 잡는 것을 뜻한다. 꿈의 맥락을 살펴보거나 술에 대한 자신의 현실적 태도를 살펴보는 것도 해석에 도움이 된다.

Drive-In 드라이브인

지금은 거의 사라졌지만 드라이브인 극장은 자동차와 영화를 흥미롭게 결합해놓은 것이다. 꿈에 나오는 드라이브인 극장은 인생에서 나아가는 것을 잠시 멈추고 이완하며 벗어나는 시간을 가지려는 충동을 나타낸다.

만일 꿈속에서 스크린에 상영되고 있는 영화가 눈에 띈다면 평소 그림자 영역에 숨어 있는 생각 가운데 탐구해야 할 것이 있을지도 모른다.

Drive-Through 드라이브스루

드라이브스루는 삶의 흐름을 중단하지 않은 채 자신이 원하는 순간, 원하는 것을 얻으려는 욕망을 나타낸다. 이것은 고도의 집중과 빠른 이동 감각, 필요한 것을 충족시키기 위한 시간을 효과적으로 단축하는 것 등을 의미한다. 꿈에 나오는 드라이브스루는 여러 문제를 우선순위에 맞게 정리하고 통제하라는 메시지를 전한다.

Driving 운전

운전하는 꿈은 인생의 여정에서 이동해 나가는 방식과 이동의 성격이나 감각, 그것의 진행에 대한 자신의 판단을 나타낸다. 만일 꿈에서 통제할 수 없는 방식으로 운전하고 있다면, 자신의 통제력 밖에 있는 인생의 영역이 있는지 돌아봐야 한다. 만일 뒷좌석에 앉아 차를 통제해야 한다면, 지금까지 추구하지 않던 방식을 선택해야 할 수도 있다. 하지만 아직은 자신이 통제할 수 없는 상황이기 때문에 그렇게 할 수 없을지도 모른다. 만일 차가 자신의 뜻대로 따라주지 않는다면, 자신이 가는 길을 책임지기 어렵다고 생각하고 있는 것이다. 차량의 속도를 변화시키는 것은 인생의 이동이 너무 빠르거나 느린 것이 편치 않게 느껴지는 것을 의미한다.

차가 아닌 다른 교통수단은 낯선 영역에 있는 것을 나타낸다. 당신은 주어진 상황에서 작업하는 자신의 능력을 확신하지 못할 수도 있다. 사고를 일으키는 것은 자신이 선택한 결과를 돌아보라는 뜻이다. 사고의 희생자가 되는 것은 자신이 통제할 수 없는 다른 사람이나 외부의 힘 때문에 자신이 가고자 하는 방향을 포기하는 것이다.

빗속에서 운전하는 것은 자신의 현재 노선에 감정적으로 해결해야 할 과제가 있는 것이며, 얼음으로 덮인 길은 감정이 얼어붙어 앞길을 위험하게 만들고 있는 것을 의미한다. 언덕을 올라가며 운전하는 것은 인생길이 수고스러운 것을, 언덕을 내려가며 운전하는 것은 인생길이 수월한 것을 나타낸다.

Drowning 익사

당신은 깊은 감정에 압도당하고 있으며, 자신의 감정적 문제에 승복해 그것을 처리하는 방법을 배우고 있다. 대부분의 사람은 익사라고 하면 걷잡을 수 없는 두려움을 떠올린다. 따라서 익사하는 꿈을 평화로운 승복이라는 의미로 이해하기는 쉽지 않다. 하지만 익사라는 단어가 안겨주는 두려움이 아무리 큰 것일지라도, 물의 밑바닥으로 내려가 몸을 뒤집어서 무중력 상태의 물을 부드럽게 껴안는 것은 상징적인 관점에서는 매우 평화로운 이미지라고 할 수 있다.

상징으로서 물은 언제나 감정과 연결된다. 익사하는 것은 죽는 것이며, 죽는 것은 다시 태어나기 위해 자아의 일부를 희생하는 것이다. 따라서 익사하는 꿈은 당신을 새로운 존재로 인도하는 피할 수 없는 감정적 과정에 자신을 내맡김으로써 일어나는 아름다운 변화를 의미한다. 익사하는 꿈에서 공황 상태를 경험하는 것은 임박한 감정 변화에 대한 저항의 신호다. 공황 상태가 강할수록 저항도 커진다.

숨 쉴 수 있거나 최소한도의 기능을 유지하면서 물밑에 가라앉아 있는 것은 흔한 꿈이다. 이것은 익사하는 꿈과 마찬가지로 감정적으로 압도 당하는 상황에 우아하고 평화롭게 대처하는 것을 의미한다.

Drugs 마약, 약물

당신은 즉각적이지만 일시적인 의식의 전환을 추구한다. 마약은 그것을 복용하는 사람의 경험을 극적으로 바꾼다. 따라서 마약은 사용자에 의해 통제되는 즉각적인 의식의 전환을 상징한다. 또한 이 상징을 다룰 때는 반드시 결과적으로 이어지는 문제를 고려해야 한다. 모든 물질의 남용, 특히 기분 전환 약물의 남용에는 그것이 불러올 수 있는 잠재적 해악이나 후유증에 대해 간과하는 성향이 존재한다. 기분을 고조시키는 것에 대한 욕망이 탐닉에 뒤따르는 문제에 대한 염려보다 앞서는 것이다. 마약이 꿈에 나오면 사안에 의식적으로 대처하는 어려운 길보다 임시변통을 추구하는 것을 의미한다.

Drugstore 약국

약국은 여러 가지 필요가 충족되는 장소인 만큼 삶에서 요구되는 다양한 필요를 의미한다. 조제약은 건강에 문제가 있거나 어떤 상황에 치유가 필요함을 나타낸다.

Drum 드럼

모든 악기는 열정적인 표현을 상징한다. 드럼 소리는 심장의 고동 소리와 연관성이 있다. 꿈에 드럼이 등장한다면 이는 근본적이며 유기적인 차원의 삶의 리듬을 나타내는 것이다.

Drunk 술 취한

꿈에서 자신이 술에 취했다면 삶에서 무언가 외면하거나 도피하려는 욕망이 표현된 것이다. 꿈에 나오는 어떤 사람이 술에 취했다면 자신의 성격 측면이라는 관점에서 그 사람이 누구인지 살펴보라. 그가 상징하는 자신의 성격 측면이 회피나 파괴의 경향을 떠는 것이라고 볼 수 있다. 만일 꿈에서 모르는 사람이 술에 취했다면 당신의 어떤 측면이 스스로를 저지하고 있는 것이다. 따라서 이를 이해하기 위해 자신을 돌아볼 필요가 있다.

Dryer 건조기

건조기는 세탁한 옷에서 물기를 제거한다. 따라서 이 상징에는 이전에 일어난 강력한 감정적 경험의 소멸이 함축되어 있다. 이 감정적 경험은 더럽거나 깨끗하지 않다고 느꼈던 것이며, 건조기라는 상징에는 그런 경험이 최근에 세탁 또는 세척되었다는 암시가 들어 있다.

Duck 오리

모든 새는 모종의 전달자다. 오리는 물새이므로 물과 관련되어 감정을 나타낸다. 또한 겨울에 따뜻한 곳을 향해 남쪽으로 이동하는 성향이 있어 본능적인 감각을 가리킨다. 오리에 내포된 치유의 의미는 자원이 있는 쪽으로 이동하는 방법에 대한 내면적 깨달음이다.

Dumpster 덤프스터, 대형 쓰레기통

덤프스터는 더 이상 필요하지 않거나 원하지 않음을 선언하는 것과 그것을 치우는 것 사이에 존재하는 매개물이다. 덤프스터는 의식 안에 숨겨져 있으며 외형적으로 드러나는 것 뒤편에 자리 잡고 있다. 덤프스터에서는 불쾌한 냄새가 나기 때문에 더 이상 필요 없다고 선언되었지만 여전히 이목을 끌고 있는 낡은 의식을 가리킨다. 당신의 삶에서 변화와 이동이 완전히 끝나지 않은 낡은 무언가가 존재하지 않는지 생각해보라.

Dungeon 지하 감옥

당신은 무의식에 자리 잡은 부정적 신념과 접속하고 있다. 지하 감옥은 고문과 투옥의 장소이며, 깊이 숨겨진 무의식적 사고와 두려움을 나타낸다. 그곳은 사람들이 감금되어 고문당하는 장소이다. 따라서 지하 감옥에 관한 꿈은 무서운 생각과 사고가 상상도 할 수 없는 고통을 지속적으로 만들어내는 그림자 영역의 일부를 보여주는 것이다.

지하 감옥 이미지에는 성적 역할극에서 지배와 복종의 도착적 욕망을 상징하는 성적 요소도 존재한다. 이런 경우 지하 감옥은 두려움을 불러오는 어둡고 음울한 장소가 아니라 성적 유희를 위해 적절한 장치를 갖춘 은밀한 장소다.

Dust 먼지

자연 속에서 유기체로 창조된 세상의 모든 것은 노화와 분해 과정의 자연스러운 일부로서 먼지를 만들어낸다. 모든 것은 부패의 결과로 먼지가 되며 집 안에 쌓이는 먼지의 대부분은 사실상 인간의 몸에서 생겨난다.

꿈에 나오는 먼지는 지난 일을 생각나게 하므로 만일 먼지가 쌓여 시야를 흐린다면 여전히 청산할 필요가 있는 과거의 사안들이 남아 있는 것이다.

DVD 디브이디, 디지털 비디오 디스크

디브이디는 오락의 즉각적 원천 또는 영화가 제공하는 도피와 접속하는 수단으로 인식된다. 꿈에 나오는 디브이디는 일상적 삶에서 벗어나 도피와 이완의 유쾌한 감각으로 빠져들고 싶은 욕망을 나타낸다.

Dynamite 다이너마이트

다이너마이트의 폭발은 통제된 것이며, 폭발은 급작스러운 변화를 의미한다. 다이너마이트가 일으키는 파괴는 보통 그것의 건설적 요소와 관계가 있다. 그리고 그 폭발은 대부분 성장과 확대를 가로막는 장애를 제거하기 위한 것이다. 새로운 것을 건설하기 위해 의식 속에 있는 낡은 아이디어나 습관, 의식 구조 같은 것 중에 폭발시켜야 할 게 있지 않은지 숙고해보자.

E-mail 이메일

이메일은 새로운 세계의 의사소통 장소다. 오늘날 우리는 자신의 생각을 다른 사람에게 즉각적으로 전달하는 이 방법에 의해 더 가까워진 동시에 더 고립되었다. 꿈속에서는 지적 능력이 이메일 이미지로 표현된다.

인터넷이라는 새로운 기술 덕분에 탄생한 이메일은 다양한 생각과 표현이 존재하는 미지의 영역으로서 새로운 감각이 가득 차 있다. 우리는 기술이 예의범절이나 적절한 규정에 대한 보편적인 공식화보다 훨씬 빨리 진화하는 시대에 살고 있다. 이메일의 속도는 즉흥성을 암시하지만 완성된 결과물을 보내기에 앞서 자신의 말을 편집하거나 수정하는 것은 정확한 해석을 위해 간과하지 말아야 할 통제라는 관점을 나타낸다.

단어는 언어적 상호작용에서 20퍼센트밖에 차지하지 않고, 어조와 몸짓 언어가 결정적 영향을 미침에도 불구하고 이메일에는 이런 요소가 결여되어 있다. 이처럼 엄청난 제약이 있는데도 대부분의 사람은 예상이나 추정에 머무르면서도 확실하거나 정확한 것처럼 이메일에 접근한다. 따라서 꿈에 나오는 이메일은, 스스로는 명쾌하다고 생각하지만 의도대로 완벽하게 받아들여지지는 않는 의사소통을 가리킨다.

Eagle 독수리

모든 새는 어떤 종류의 전달자로 간주된다. 그중에서도 독수리는 날짐승 가운데 가장 장엄한 존재이며, 그들의 토템적인 치유력은 매우 강력하다. 독수리는 가장 큰 새 가운데 하나이며, 그 크기와 힘은 많은 토착 문화에서 그들을 신과 같은 존재가 지상에 현현한 것으로 간주하게 만들었다.

독수리는 힘, 용기, 온갖 어려움 위로 날아오르는 능력을 지닌 상징적 존재다. 그 높이를 통해 얻을 수 있는 유리한 시점 역시 꿈에 나타난 독수리가 선사하는 것 중 하나다.

Earphones/Ipods 이어폰/아이팟

귀는 최소한의 통제를 행사하는 감각기관이며, 최적화된 지향성으로 소리를 받아들이도록 구성되어 있다. 하지만 소리는 모든 각도로 귀에 들어온다. 귀는 열려 있으며 외부에서 직접적인 충격을 받지 않을 경우에도 모든 외부 자극에 대해 취약하다.

사람들은 귀에 들어오는 소리를 최소화하기 위해 다양한 물품을 사용하는데, 그중 하나가 이어폰이나 아이팟으로 그 목적은 자연스럽게 발생하는 소리의 유입을 음악 같은 개인의 선택으로 대체하는 것이다. 이런 사실 때문에 도피주의가 이들이 나타내는 중요한 상징이 될 수 있다.

Earrings 귀고리

귀를 장식하는 까닭은 그것에 주목하게 만들기 위해서다. 주변에 대해 연민의 마음이나 경청의 자세, 공감 능력을 높일 필요가 있지 않은지 살펴보자.

Ears 귀

귀를 통한 듣기는 균형이나 방향감각과 관계가 있다. 귀가 나오는 꿈의 해석은 두 가지 방식으로 이루어진다. 꿈에서 귀와 관련해 무슨 일이 일어나는가, 그리고 그 일이 자신의 균형 감각이나 주변과의 관계에서 자신의 존재에 대한 이해에 미치는 영향은 무엇인가를 돌아보는 것이다. 다른 사람의 표현에 귀를 기울일 때 연민과 공감이 생겨나므로, 귀는 이런 원리를 실천하는 것을 나타낸다. 물론 귀에 대한 꿈은 인생이 당신에게 말하는 것을 얼마나 잘 경청하는지 알려주기도 한다.

Earth 지구

우리는 지구 자체의 확장이며, 꿈에 지구가 나오는 것은 하나의 인간 유기체로 통합된 집단의식에 대한 원형적 접속을 나타낸다. 꿈에 지구가 나온다면 지구적 과제가 개인적 차원에 미치는 영향에 대한 꿈을 꾸고 있는 것이다.

지구에 관한 꿈은 자신이 겪는 어려움이 혼자가 아니라 거대한 전체성과 연결된 것을 깨닫게 한다. 만일 꿈에 지구에 대한 유쾌한 이미지가 나오면 지구를 안락한 곳으로 여긴다는 뜻이다. 지구에 대한 불쾌하거나 폭력적인 꿈은 현대 생활의 역경과 위험에 대한 두려움을 나타낸다.

Earthquake 지진

지금 당신의 인생에서 엄청난 규모의 파괴적인 변화가 일어나고 있다. 인식의 표면 아래에서 말이다. 지진으로 인해 달라진 풍경은 지하 세계에서 시작된 변화의 결과다. 이것은 무의식적 사고와 감정이 갑자기 의식적인 것으로 변화하면서 일어나는 막대한 충격을 나타낸다.

지진 자체는 상대적으로 짧은 기간 지속되므로, 이 이미지가 반영하는 삶의 사건은 빨리 발생하거나 갑자기 일어난다. 지진의 상징적 의미는 다음의 세 가지 요소로 구성된다. 첫째, 거대한 변화가 이미 일어났다. 둘째, 변화의 시작은 깊고 무의식적인 장소에서 비롯되었다. 셋째, 앞으로 상황이 완전히 달라질 것이다.

Earwax 귀지

귀에 무언가가 쌓이는 것은 듣는 기능의 효율성을 가로막는다. 당신은 무엇을 듣지 않으려고 하는가? 다른 사람의 울음소리를 듣는 것도 귀를 통해서라는 것을 기억하라. 막힌 귀는 연민이나 공감을 가로막는다.

Eating 식사, 먹는 것

기본적으로 식사는 음식물과 배려를 취하는 것을 상징한다. 먹는 꿈을 꾸는 경우 음식 옆에 놓인 것에 주목해야 한다. 왜냐하면 그런 것이 강력한 표식이 될 수 있기 때문이다. 만일 식사가 꿈에 나오면 인생의 어느 영역에서 자기 돌봄이 이뤄지는지 살펴보라.

꿈의 맥락이 실마리를 제공할 것이다. 식사가 과할수록 꿈은 과도함과 탐욕의 문제를 제기한다.

무엇을 먹는가는 상징적 의미로 해석해야 한다. 꿈에 나오는 음식이나 물질의 상징적 의미를 깨닫는다면 식사 행위는 그것의 특질을 자신의 안으로 받아들여 자신의 일부로 통합하는 것으로 해석할 수 있다.

Echo 메아리

메아리는 음파가 땅덩어리에 반사되면서 본래의 소리가 반복된 형태로 돌아오는 현상이다. 메아리는 먼 곳에 있는 경계와 한계를 알아차릴 수 있는 능력을 상징한다. 메아리는 아주 단순한 방식으로 다음에 올라가야 할 산이 어디인지 알려준다.

성행위의 상대가 자신에게 귀 기울이기를 원하는 욕망도 메아리의 개념에 포함되어 있다. 어느 쪽이든 메아리의 힘은 그것이 제공하는 정보에 있다. 꿈에 나오는 메아리는 이렇게 묻는다. 자신의 목소리에 귀 기울이고 있다고 느껴지는가? 자신이 어디로 가는지 알고 있는가?

Eclipse 일식, 월식

태양계에서 일어나는 식(蝕)은 하나의 몸체가 다른 몸체에서 오는 빛을 가로막는 것인데, 가장 눈에 띄는 것은 달이 태양 빛을 가로막거나 지구가 달빛을 가로막는 것이다. 따라서 일식이나 월식은 빛의 차단을 상징하며, 이 경우 빛은 의식, 아이디어, 생명력을 비유한다. 예전에는 일식이나 월식을 중요한 일이 일어날 징조로 여겼다.

Egg 달걀, 알

새로운 시작이 진행 중이며, 당신의 인생은 가능성으로 가득 차 있다. 알은 그 속에 들어 있는 생명의 잠재력을 상징한다. 이런 관점에서 보면, 알이라는 상징은 새로운 가능성이나 새로운 생명을 나타낸다. 꿈에 나오는 알의 종류와 그것이 부화되어 무엇이 나오는가를 해석에 활용하라.

Eggshell 달걀 껍데기, 알 껍데기

달걀의 내부를 보호하는 미묘한 껍데기는 깨지기 매우 쉽다. "달걀 껍데기 위를 걷는다(walking on eggshells, 살얼음판 위를 걷는다)"라는 말도 이런 의미에서 나온 것이다. 만일 달걀 껍데기가 꿈에 나타나면 조심과 연약함을 의미한다. 만일 달걀 껍데기가 온전하면 최대한 조심할 필요가 있다. 달걀 껍데기가 이미 깨졌으면 이전의 부주의한 행동이 흔적을 남겼다는 뜻이다.

Eight 여덟

여덟은 영성과 높은 차원의 사고를 상징하는 일곱 다음에 오는 숫자로, 무한성의 수이며 무한성이 암시하는 모든 것을 의미한다. 이것은 사랑, 돈, 축복, 즐거움 그리고 놀라운 인생 경험 등 모든 종류의 부와 풍요를 포함한다. 무한성의 개념은 우주에는 한계가 없으며, 시간과 공간은 이해 가능한 우리의 능력 저편에서 영원히 계속된다는 것이다. 무한성에 대한 이해와 풍요가 결합하면, 설사 제한되고 얻을 수 없던 것일지라도 원하는 것의 무한한 공급이 실현된다. 여덟은 일곱의 마법이 실현되는 숫자다. 여덟의 그림자 측면은 탐욕, 비축, 베풀지 않는 사랑이다.

Ejaculation 사정

오르가슴 끝에 남성의 정액이 배출되는 것은 생식으로 직결되는 성행위의 핵심이다. 에너지가 엄청나게 증대된 끝에 갑작스럽게 방출되는 것이 이것의 상징적 의미다. 사정은 막대한 긴장이 해소될 필요가 있는 것을 암시한다.

Electricity 전기

전기는 현대의 일상에 존재하는 보이지 않는 힘이다. 평상시에는 대수롭지 않게 여기지만 스위치를 켜는 순간 우리는 그 존재를 확인한다. 이런 관점에서 전기는 생각을 실현하는 신념을 상징한다. 그것이 어떤 원리로 작동하는지는 잘 알지 못하더라도, 우리는 그것이 정말로 작동한다는 것을 알고 있다. 일상이 순조롭게 기능하기 위해선 그것에 완전히 의지할 수밖에 없다. 이런 이유로 전기는 신념(faith)과 같은 뜻이 된다. 그것을 잃었을 때 이런 사실이 더욱 명백해진다.

꿈의 주제가 전기라면 당신은 인생에 가능성을 불어넣는 창조적 에너지의 흐름과 자신의 관계에 대해 생각하고 있다. 꿈에 대한 자신의 감정적 반응이 어떤지를 살펴보면, 현재 상황에서는 증명할 수 없을지라도 어떤 것이 가능하다는 신념을 얼마나 강하게 품고 있는지를 알 수 있다.

Elephant 코끼리

코끼리의 엄청난 크기와 힘은 그들의 상징적 의미의 근원이다. 힌두교의 신 가네시는 코끼리의 머리를 가지고 있으며, 장애를 제거함으로써 행운을 불러오는 존재다. 하지만 만일 최고의 이해관계에 부합한다면, 가네시는 도리어 장애를 일으킬 수도 있다. 코끼리가 꿈에 나타나면 당신은 인내, 힘, 모든 것을 돌파하는 능력을 얻는다.

한편 "코끼리는 절대로 잊지 않는다(Elephant never forget)"라는 속담이 있는데, 이를 염두에 둘 필요가 있다. 코끼리가 나오는 꿈은 진정한 자아를 잊지 말 것을 강조한다.

Elevator 엘리베이터

엘리베이터는 버튼을 누르면 우리를 한 층에서 다른 층으로 데려다준다. 엘리베이터가 우리를 데려다주는 다양한 층은 인식의 다양한 관점을 상징한다. 엘리베이터에서 목적지를 선택하는 것은 의식의 어느 영역을 탐구하기로 했는지를 나타낸다.

꿈에 나오는 엘리베이터에서 일어나는 일은 일상의 삶에서 이 과정이 얼마나 잘 진행되는지를 보여준다. 꿈에 보이는 층수도 중요성을 지닌다. 일반적으로 위로 올라가는 것은 수준 높고 지적인 사고와 연결되며, 아래로 내려가는 것은 과거의 사안과 행위에 대한 탐구를 가리킨다. 아래로 내려가는 것은 숨겨진 사안이나 그림자 영역과도 관련된다. 대부분의 엘리베이터 꿈에서는 이 과정이 잘 진행되지 않는다.

내려가려고 하는데 올라가는 것은 지금보다 더 큰 통찰력을 가지고 움직여야 할 긴급한 필요를 암시한다. 올라가야 하는데 내려가는 것은 의식의 깊은 곳이나 과거 속에 숨겨진 부가적인 사안을 드러낼 필요를 보여준다.

엘리베이터에 갇히는 것은 과정이나 변화의 도중에 있는 것이다.

엘리베이터가 움직이는 않는 것에 대한 자신의 반응은 어떤 분야의 성장이 제대로 이뤄지지 않는 것에 대한 답답함을 표현하는 것이다. 통제되지 않는 엘리베이터는 추락하는 꿈과 비슷하지만, 과도적인 상황에서 무언가를 선택해야 한다는 부가적인 의미를 감안해야 한다.

엘리베이터가 빠르게 내려가는 것은 새로운 정보를 찾고 있는 것이며, 엘리베이터가 옆으로 가는 것은 현재 변화가 진행되는 방향이 혼란스럽게 느껴지는 것이다.

엘리베이터가 작동하지 않으면 삶의 어떤 영역에 갇힌 것이며, 망가진 엘리베이터는 현재 있는 곳에 머무를 필요가 있고, 위로 올라가거나 아래로 내려감으로써 현재 상황에서 도망쳐서는 안 되는 것을 나타낸다.

Elf 요정

요정은 노르웨이 신화에서 유래했으며 마법적인 힘을 지닌다고 여겨졌다. 오늘날의 대중매체에 남아 있는 요정의 이미지는 마법을 부릴 줄 알 뿐만 아니라 종종 말썽꾸러기 같은 짓을 한다. 꿈에 나오는 요정은 장난스럽거나 사소한 속임수를 쓰는 자아의 내적 측면과 만나게 한다.

Elk 엘크, 말코손바닥사슴

엘크는 사슴과에 속하므로 그들은 우아함, 아름다움, 경계심, 무의식의 영역인 숲을 돌아다니는 능력을 상징한다. 일반 사슴보다 크고 무스보다는 작은 엘크는 이 부류의 토템 중에서 중간 정도의 힘을 지닌다. 만일 꿈에 나타난 엘크에 뿔이 달렸다면 치유의 힘이 커진다. 엘크가 꿈에 나타나면 당신은 숨겨진 영역을 여행하도록 인도된다.

Emerald 에메랄드

에메랄드는 어두운 녹색을 띠는 값비싼 보석이며 최고의 안락, 호사, 번영을 상징한다. 아름다운 녹색 빛깔은 에메랄드를 심장 차크라의 치유력과 연결시킨다. 전래 설화에서 에메랄드는 행운이나 풍요의 상징으로 여겨진다. 이에 더해 이 아름다운 광물의 녹색은 성장과 자연의 확장성을 의미한다.

Engagement 약혼

약혼 의례는 의무라기보다 약속이다. 이것은 거대한 프로젝트가 미래에 일어날 것을 선포한다. 약혼이라는 상징은 막대한 헌신을 하면서도 미래의 행동에 대해서는 아직 어떠한 것도 요구받지 않은 삶의 모든 상황에 적용된다. 만일 약혼 장면이 꿈에 나오면 가까운 미래에 중대한 행동을 개시할 준비를 하는 것이다.

Engagement Ring 약혼반지

약혼반지는 미래에 대한 책임을 선포한다는 목적을 상기시키는 물건이다. 꿈에 나오는 약혼반지가 상기시키는 미래에 대한 책임은 모든 인생 경험에 해당하며, 반드시 결혼에만 적용되는 것은 아니다. 꿈속의 약혼반지는 이런 목적의 심벌로서 사람들의 눈에 띄어서 그것과 관련된 의무감의 에너지를 표현하는 것이다. 반지의 막대한 비용이 이러한 의무감을 한층 강하게 만든다. 당신은 자신에게 큰 투자를 요구하는 인생의 목적을 가지고 있는가?

Engine 엔진

모든 내연기관의 핵심에는 엔진이 있다. 따라서 엔진은 문제의 핵심을 상징한다. 또한 엔진은 욕망 뒤에 자리한 힘을 상징하므로, 엔진은 힘과 권력으로 욕망을 표출하는 능력의 직접적 표현이다. 꿈에 나오는 엔진의 상태는 일이 일어나게 하려면 얼마나 많은 힘과 접속해야 하는지를 말한다.

Envelope 봉투, 편지 봉투

봉투의 상징적 본질은 프라이버시다. 봉투는 정당한 수령인에 의해 개봉될 때까지 안에 든 것을 숨기고 있다. 또한 봉투는 정체성의 개념과 연결된다. 봉투에는 대부분 안에 들어 있는 정보를 기다리는 수령인의 이름이 적혀 있기 때문이다. 봉투에 무엇이 들어 있는지는 신비에 싸여 있으므로 거기 들어 있는 정보에 대한 기대와 흥분이 존재한다. 봉투가 나오는 꿈이 당신에게 던져주는 것은 바로 이런 흥분이다.

Eraser 지우개

이전에 만든 것을 더 이상 원치 않을 때 지우개를 사용해서 깨끗이 지울 수 있다. 지우개는 더 이상 자신에게 도움이 되지 않는 잘못이나 선택을 제거하는 능력을 상징한다.

Erection 발기

음경은 남성적 힘을 대변하는 이미지인 남근의 최고 상징이다. 꿈의 세계에서 발기는 힘을 사용할 준비가 되었다는 것을 뜻한다. 이것은 꿈꾼 사람의 성(gender)과 무관하다.

꿈에서 자신이 발기가 되었다면, 당신은 삶의 어느 분야에서 행동을 개시할 준비가 된 것이다. 꿈에서 어떤 사람이 발기가 되었다면, 현재 당신에게 필요한 힘을 얻기 위해 그 사람으로 제시된 자신의 성격 측면을 부각시켜야 한다.

Escalator 에스컬레이터

에스컬레이터의 주된 의미는 사고와 의식이 높은 측면이나 낮은 측면으로 이동하는 것이다. 이동하는 방향에 따라 더 높은 차원의 작동을 원하는지 더 깊거나 숨겨진 차원의 탐구를 원하는지가 정해진다. 에스컬레이터가 천천히 안정되게 움직이는 것은 진행되는 탐구의 과정이 부드럽고 우아한 것을 나타낸다. 망가진 에스컬레이터는 현재 자신을 힘들게 하는 것을 이해하기 위해 더 많은 작업을 해야 하는 것을 의미한다.

Exam 시험

의무감과 책임감이 시험이라는 상징 뒤에 자리하는 의미다. 학창 시절의 시험은 스트레스를 많이 받는 일이었기 때문에, 시험은 과거로 돌아가는 흔한 꿈의 배경 가운데 하나다. 따라서 시험을 치르는 것은 흔히 경험하는 불안한 꿈이며, 최근에 배운 것에 책임을 져야 하는 일과 관계가 있다('Pop Quiz 쪽지 시험', 'Quiz 퀴즈', 'Taking a Test 시험 보기' 참조).

Execution 사형 집행, 처형

이 꿈은 자신에게 더 이상 도움이 되지 않는 존재 방식이나 사고 방식을 버려야 하는 것을 의미한다. 이런 희생은 변화의 과정이나 성격의 발전을 나타낸다. 새로운 것이 태어나기 위해서는 낡은 것이 죽어야 한다. 사형을 집행하는 일은 자신이 틀렸다거나 수치스럽다거나 성격에 결함이 있다는 생각에서 비롯된다. 처형되는 인물로 상징되는 특정한 존재 방식은 자신에게 더 이상 도움이 되지 않는 측면을 가리킨다.

만일 꿈속에서 처형되는 것이 자신이라면, 자아 감각이 극적인 변화를 맞게 된다. 자신이 사형을 집행하는 사람이라면, 스스로 자아 감각을 대대적으로 청소하는 것이다. 만일 두 가지 시나리오 가운데 어떤 것도 아니라면, 꿈에서 처형되는 사람의 면면을 떠올려보라. 그 사람이 대변하는 성격 측면을 통해 현재 자신에게 무슨 일이 일어나고 있는지 알 수 있을 것이다.

Exes 전 남편, 전처, 전 애인

이것은 꿈 이미지 중에서 가장 오해를 많이 받는 것 가운데 하나다. 원형적 심리학에 따르면 우리 모두는 내면에 연인의 이미지를 갖고 있다. 내면의 이미지에 부합되는 외부의 인물과 만날 때 우리는 사랑에 빠진다. 그리고 두 사람의 이런 버전이 뜻을 같이할 때 관계가 형성된다.

과거 파트너에 대한 꿈은 다른 사람과 친밀한 관계를 맺을 마음의 준비가 되어 서로 보조를 맞추는 것을 뜻한다. 하지만 한편으로 이 꿈은 감정 발달의 이전 단계를 되돌아보는 것을 의미하기도 한다. 이런 꿈이 찾아오면 몇 가지를 돌아보고 그중에서 가장 들어맞는 것을 적용해야 한다.

과거의 관계에서 무엇을 배웠는지 되짚어보고, 그 배움을 되돌아보는 것이 자신의 현재 상황에 어떤 도움이 되는지 스스로에게 물어보라. 덧붙여서 과거 파트너의 구체적인 특성을 살펴보고, 그의 특성이 현재 자신의 삶에서 어떤 방식으로 재현되고 있는지 자문해보라. 과거 파트너가 나오는 꿈은 실제 삶의 그와는 아무런 상관이 없다.

Exit Sign 유도등

어디서나 볼 수 있는 이 물체는 현재 상황에서 어떻게 이동해야 하는가를 암시한다. 유도등은 보통 다급한 대피의 목적으로 달아놓으므로 위급한 느낌을 전달한다. 하지만 꿈에 나오는 유도등은 현재의 위험 수준이 그런대로 받아들일 만하다는 것을 말해준다. 왜냐하면 문제를 느낄 때 위험을 줄이기 위해 어디로 움직여야 하는지 알려주는 것이기 때문이다.

한편 꿈에서 유도등을 보는 것이 지금 당장 가장 가까운 출구가 어디에 있는지 알고 싶을 정도로 현재 상황이 다소 불편하게 느껴지는 것일 수도 있다.

Expiration Date 유효기간

유효기간이라는 단어 안에는 안전에 대한 생각이 자리 잡고 있다. 찍힌 날짜 이전의 물건은 안전하게 소비할 수 있다. 어떤 것이 위험하게 느껴진다 해도 유효기간이 남아 있으면 아직까지는 안전하게 쓸 수 있는 것이다. 이것은 현재 삶의 모든 위험한 측면에 두루 적용된다. 하지만 즉각적인 주의를 기울일 필요가 있는 어떤 것이 시간이 만료되어간다는 것을 염두에 두어야 한다.

Explosion 폭발

폭발의 본질은 연소이며, 연소는 변화와 변형을 의미한다. 주목할 점은 변화가 얼마나 빨리 일어나는가 하는 것인데, 폭발의 경우에는 변화가 매우 빨리 일어난다. 꿈에 나오는 폭발은 긍정적인 것이지만 그것은 변화가 갑자기 일어나 두려움을 불러일으킬 수 있다는 것을 의미하기도 한다. 변화는 매우 두려운 것일 수 있으며, 변화를 두려워하는 것은 인지상정이다. 꿈에 나오는 폭발은 어떤 일이 일어나는 것이 불가피한 것을 암시한다.

Eyes 눈

"눈은 마음의 창(窓)"이라는 속담이 있다. 눈은 인간이 자신의 존재를 탐색하는 지배적인 감각이다. 꿈에서 눈과 관련해 일어날 수 있는 일은 매우 많은데, 해석은 꿈꾸는 시점에 자신의 인생에서 사물을 보는 방식과 관계가 있다. 꿈에서 눈을 포함해 눈과 연관된 모든 것은 자신과 직접 관련된 것으로 간주된다. 만일 꿈에 나오는 눈이 다른 사람의 것이라면, 그의 성격 측면을 살펴보아 당신이 그의 눈으로 세상을 본다면 어떤 일이 일어날지 생각해보라. 눈을 감는 것은 주의가 필요함에도 불구하고 보지 않으려 하는 것을 가리킨다.

Face 얼굴

우리는 얼굴을 통해 세상과 만나며, 의식의 내면에서 일어나는 모든 일은 얼굴을 통해 드러나거나 숨겨진다. 자신의 얼굴이나 다른 사람의 얼굴이 꿈에 나오면 일상을 얼마나 진실하게 사는가의 관점에서 꿈을 해석하라. 꿈에 얼굴에서 일어나는 일은 해석에 다양한 층위를 부여한다. 상처, 흉터, 뾰루지, 종기는 얼굴 표면 아래의 어두운 본성을 무심코 드러내는 사례다.

Facebook 페이스북

페이스북이라는 사회적 매체는 일상생활을 즉각적으로 표현하는 경험을 제공하는 새로운 세상이다. 페이스북은 자신이 세상에 보여주고 싶은 것을 스스로 선택해 보여줄 수 있는 소셜 네트워크 서비스다. 따라서 페이스북은 다른 사람들이 당신을 보는 방식과 그들이 당신의 삶을 인식하는 방식을 통제한다는 생각을 상징한다. 또한 페이스북은 현실의 관계에서 쉽게 상처받는 일을 실제로 겪지 않은 채 다른 이들과 연결되었다고 느끼고 싶은 욕망을 표현한다.

Faceless 얼굴 없는, 정체불명의

얼굴은 세상에 보여주는 자신의 일부를 의미하는 페르소나의 개념과 연결된다. 우리는 진정한 자아를 얼굴 뒤에 숨긴 채 다른 이들에게 보여주고 싶은 모습을 선택한다. 이 과정은 억압적일 수 있으며, 얼굴 없는 존재라는 꿈의 이미지는 진실성을 지나치게 감추거나 반대로 마음이 허락하는 것 이상을 드러내는 것의 중요성을 나타낸다. 행동은 자신이 몸을 던진 대로 드러나지만, 자신의 동기를 드러내는 것은 얼굴을 통해서다. 얼굴이 없으면 정체의 확인은 불가능하다. 얼굴이 없는 이미지를 통해 살펴볼 수 있는 당신의 성격 측면은 새로운 존재 방식과 관련된다. 얼굴이 없는 것은 이 새로운 존재 방식이 자신의 외적 페르소나의 능동적 일부로서 아직 완성되지 않은 것을 나타낸다.

Facelift 주름 제거 수술

얼굴을 고치는 일은 세상에 보여주는 자신의 모습을 통제하는 것
과 그 의미가 유사하다. 그러나 이러한 고침이 수술적인 방식으
로 이루어질 때 귀결되는 변화는 조작적이며 부자연스럽다. 성형
수술은 흔히 이전보다 매력적이고 호감이 가며 나아 보이기 위해
선택한다. 다른 사람과의 관계에서 자신이 얼마나 진실한지 스스
로에게 물어보라. 이런 꿈은 자신이 느끼는 것과 계획하는 것 사
이의 균형이 깨진 것을 가리킨다.

Factory 공장

공장은 결국 어떤 것을 개발하거나 만들어내는 건물이다. 따라서
이는 영혼 내부에 존재하는 생각, 아이디어, 신념 체계가 만들어
지는 근원적 구조를 상징한다. 공장에서 만드는 것이 무엇인지는
이런 꿈의 중요한 특징이 되며 해석에 기본적인 실마리를 제공한
다. 당신이 그것에 어떤 의미를 부여하든 간에 이 신념 체계나 아
이디어가 대단한 영속성을 지녔다는 것을 기억하라.

Fair 축제일, 박람회, 장날

농업 사회에 기원을 둔 축제일은 즐거운 놀이와 우스운 짓거리를
공공연히 펼치는 날인데, 거기서 농부들은 각자의 성과를 자랑하

고 공동체가 함께 모여 이것을 축하한다. 따라서 꿈에 나오는 축제일에는 아주 현실적이며 세속적인 감수성이 있다. 축제일이나 박람회 같은 꿈은 느긋한 마음을 가지고 단순한 것으로부터 기쁨을 찾을 때임을 보여준다.

Fairy 요정

요정의 전통은 아주 오래되었으며 대부분의 신화에서 다양한 형태로 발견된다. 요정은 진화를 거듭했으며 오늘날의 대중매체에 완전히 자리 잡았다. 현대 어린이물에 등장하는 요정은 해롭지 않으며 도움을 준다고 여겨지는 아주 작은 마법적 존재다. 하지만 요정은 속임수를 쓰는 말썽꾸러기일 뿐 아니라 악의와 나쁜 의도로 가득 찬 존재에서 비롯되었다. 따라서 꿈에서 이런 존재가 나타나면, 그것의 구체적인 욕망이 무엇인지 주의 깊게 살펴봐야 한다.

꿈속의 요정은 해롭지 않아 보이지만 해를 끼칠 수 있는 생각이나 아이디어를 상징할 수 있다. 인생의 어딘가에서 자신이 마법적 사고의 희생양이 되고 있을지도 모른다.

Falcon 매

모든 새는 전달자의 본질을 간직하고 있는데, 그중에서도 매는 아주 특별한 치유를 선물한다. 사납고 강력한 이 새는 수많은 신화에서 풍요로운 역사를 전한다.

높이 나는 매의 유리한 시점은 선견지명을 소유한 것으로 간주된다. 꿈에서 매가 나타나면 대단히 높은 곳으로부터 인도를 받는 것을 뜻하며, 당신은 매의 시야를 통해 인생의 목표를 향해 갈 수 있게 된다. 매는 사냥이나 호전적 공격성을 상징하기도 하므로, 당신은 매에 의해 인도될 뿐 아니라 자신이 원하는 것을 추구할 힘을 얻는다.

Falling 추락, 낙하

이것은 통제의 상실에 대한 꿈이다. 추락은 가장 빈번하게 발생하는 꿈 이미지이며, 대부분의 사람은 이런 꿈을 꾼 경험이 있다. 추락은 아주 무서운 것이지만 진정한 위험은 추락 자체가 아니라 추락에 뒤따르는 갑작스러운 정지다. 따라서 이 상징에 포함된 진정한 두려움의 근원은 무슨 일이 일어날 것 같은데 그것에 대해 속수무책이라는 것이다.

추락 꿈에 담긴 깊은 의미는 힘든 상황에서 취할 수 있는 최고의 방법은 통제 불능의 상태에 자신을 맡기는 것뿐이라는 사실이다. 통제가 가능하지 않은 상황에서는 내려놓는 것만이 효과적인 선택일 수 있다. 추락이 나오는 대부분의 꿈은 착지하지 않는 것으로 끝남으로써 이 이미지를 상징적인 관점에서 승복(surrender)과 분명하게 연결시킨다. 또한 어떻게 착지하는지는 하강의 특성과 관련된다. 추락에 품위가 있을수록 좋은 결말이 예상된다. 꿈의 맥락에 따라 추락하는 방식을 살펴보면 중요한 세부적 해석을 얻을 수 있다. 뒤로 추락하면 가는 방향을 모르는 것을 나타낸다. 앞으로 추락하면 직면하는 것을 볼 수는 있지만 추락을 통제할 수 없는 것은 마찬가지다.

통제 불능의 상황에서 소용돌이치며 도는 것은 훨씬 더 심각한 상실을 의미한다. 꿈에서 경험하는 두려움의 정도는 얼마나 많은 무의식적 두려움이 억압되는지를 보여준다. 편안하게 받아들이는 느낌으로 추락하는 것은 통제하는 마음을 내려놓을 준비가 된 것을 나타낸다. 꿈에 나오는 추락은 자신의 현재 상황이나 발달 수준에 맞지 않게 삶의 영역에서 그 이상으로 나아간 것을 반성하는 것일 수도 있다.

Family 가족

꿈에 나오는 모든 사람은 꿈꾼 사람의 어떤 측면을 반영한다. 그가 자신이 아는 사람이라면 꿈은 현실의 관계를 반영하는 것일 수 있다. 하지만 역시 그런 꿈을 해석하는 최고의 방식은 그 사람이 당신의 성격 측면을 어떻게 반영하는지를 살펴보는 것이다.

이런 방식은 꿈에 나오는 사람이 가족의 일원일 때 시도하기가 가장 어렵다. 당신은 가족의 역학 관계 안에서 자신이 맡은 역할의 결과로서 현재의 당신이 되었다.

인생에서 성장하고 성숙함에 따라 우리의 정체성도 변화해간다. 만일 꿈에서 원(原)가족이 배경이나 등장인물로 나온다면, 이 꿈은 인생의 최초 몇십 년에 대한 것이기 때문에 당신의 본래 인격이나 정체성에 대해 말하는 것으로 해석할 수 있다.

Family Members 가족 구성원

꿈에 나오는 모든 사람은 자신의 성격 측면을 나타낸다. 이것은 가족 구성원에 대해서도 마찬가지다. 물론 이런 꿈은 실제 삶의 관계도 반영하고 있지만 말이다. 인생 최초의 관계는 원가족의 구성원들과 맺은 것이며, 남은 생애 동안 맺는 관계에는 이 근원적 역학 관계가 반영된다.

가족 구성원이 포함된 꿈을 해석할 때는 그 사람의 특성을 먼저 고려한 다음 자신이 그와 맺는 관계를 살펴보라. 가족 구성원들은 이런 특성에 토대를 둔 성격 측면으로 자신의 내부에서 살아간다. 부모는 권위에 대한 개인적인 감각을 드러내며, 형제자매는 실제 삶에서 자신이 지금과 다른 선택이나 행동을 하는 것을 나타낸다.

가족 구성원이 꿈에 나타나면 실제 삶의 상황이나 환경에서 그 사람이 구현하는 어떤 특성이 자신에게 요구되는지 스스로에게 물어보라.

Fan 선풍기, 팬

선풍기의 목적은 주변의 공기가 빨리 움직이게 함으로써 바람을 만들어내 주위의 온도를 식히는 것이다. 따라서 모든 종류의 팬은 열을 내리려는 욕구를 상징한다.

열은 말 그대로 온도일 수도 있지만 열정이나 분노의 열기일 수도 있다. 상반되는 상황이지만 공기를 움직이기 위해 팬을 사용하는 것은 불난 집에 부채질하는 것처럼 불꽃을 향해 산소의 흐름을 가속화해 오히려 열을 올릴 수도 있다. 손 선풍기는 유혹의 언어인 손짓을 확대해 열정을 올리거나 식히는 방식을 나타냄으로써 에로티시즘을 상징할 수도 있다.

Fangs 송곳니

동물계에는 송곳니가 달린 생물이 많은데, 송곳니의 용도는 대부분 먹잇감을 무는 것이다. 뱀이나 거미의 경우에는 독을 주입하는 기능이 더해진다. 인간의 견치(犬齒)는 동물의 송곳니처럼 간주되지는 않지만 뱀파이어 신화에서는 길게 뻗은 송곳니가 자신에게 필요한 피를 빨아 먹는 도구로 사용된다. 만일 꿈에서 어떤 동물이나 허구의 생명체, 다른 인간이 송곳니를 드러낸다면 이는 어떤 식으로든 지배당하거나 먹힐 수 있다는 두려움을 표현하는 것이다. 만일 자신이 송곳니를 드러내는 사람이라면 표현할 필요가 있는 무언가가 있는 것이거나 게걸스러운 식욕이 표현되고 있는 것이다. 만일 전자의 경우라면 자신의 열정을 높일 수 있는 방법을 찾아보는 게 좋다. 후자의 경우라면 자신의 말이나 행동으로 다른 사람을 다치게 하고 있다는 신호일 수 있다.

Farm 농장

농장은 대규모의 풍요로움으로 음식물을 생산하고 공급하는 것을 상징한다. 평온함과 단순함의 이미지를 지닌 농장은 오늘날의 문화와 역사가 망각하고 있는 대지와의 관계를 상기시킨다. 농장에서 일하는 것은 땅을 보다 깊이 일궈 자신의 필요를 충족시키는 책임 있는 행동을 가리킨다.

농장을 소유하는 것은 자신이나 다른 이들의 자기 돌봄에 대해 어떻게 책임지고 있는가를 나타낸다. 만일 자신이 심고 돌보는 것만 먹을 수 있다면 농장은 자신의 개인적 필요에 대해 책임을 지는지 혹은 지지 않는지, 그것을 어떻게 해결하고 있는지를 나타낸다. 농장에서 기르는 특정한 작물이 있다면 그것이 지닌 뉘

앙스를 해석에 덧붙여야 한다. 낙농은 감정적 문제, 모성적 관심, 어린아이에 대한 생각을 나타낸다.

동물을 도살하는 농장은 음식물 관리에 대한 근원적인 문제 제기를 한다. 도살이나 제물은 다른 것을 받아들이기 위해 어떤 것을 버림으로써 균형을 유지하는 것을 의미한다. 다양한 작업이 유기적으로 이뤄지는 농장은 자신의 필요를 충족시키기 위한 건강한 접근을 스스로에게 촉구하는 신호다.

Fart 방귀

의도하지 않은 실수로 숨겨진 수치심이나 당혹스러운 느낌을 표출하는 것으로 볼 수 있다. 만일 가스의 방출이 매우 크면 당신은 표현하기를 두려워해온 것에 대한 집착을 마침내 내려놓은 것이다. 만일 꿈에서 방귀를 참고 있었다면 드러낼 필요가 있음에도 자신이 그동안 드러내기를 원치 않았던 것이 있는지 돌아보라.

Fast Food 패스트푸드

모든 음식은 자신을 어떻게 돌보고 유지하며 자신의 필요를 충족시키는지를 나타낸다. 패스트푸드는 영양적으로 가치가 없으므로 이것이 나오는 꿈은 과연 자신을 스스로 잘 돌보고 있는지 묻는 것이다.

Fat 지방

우리의 문화에서는 지방이라고 하면 보통 매우 부정적인 개념이 자리 잡고 있지만 사실 지방은 필요한 것을 충족하기 위해 보호의 수준을 높이고 영양 공급의 양을 늘리는 것을 상징한다. 기본적으로 포유류의 신체가 결핍의 시기를 대비해 에너지로서 축적하는 게 지방이기 때문이다.

오늘날에는 지방과 더불어 비만에 대한 인식이 매우 부정적이다. 대부분의 현대인에게 뚱뚱한 것은 태만, 무책임 등을 연상시킨다. 대중매체 역시 적의에 가득 찬 시선으로 이런 연상을 강화한다. 지방과 비만에 대한 개인적 인식은 몸의 형태와 크기에 대한 각자의 경험과 견해에 따라 달라진다.

꿈에서 체중이 늘어나는 것은 정서적 스트레스로부터 자신을 보호하려는 무의식적 필요를 나타낸다. 이것은 자신과 외부 세계 사이에 보호 장벽을 칠 필요를 가리킬 수도 있다. 체중이 줄어드는 것은 오래된 방어의 허물을 벗는 것이지만 자원의 고갈을 나타내기도 한다. 결핍감이나 미래의 제약에 대한 두려움이 느껴지는 삶의 영역이 있는지 찾아보라.

Father 아버지

('Parents 부모' 참조)

Faucet 수도꼭지

수도꼭지는 문명, 편리, 풍요로운 삶을 상징하는 흐르는 물, 즉 수돗물과 접속하는 지점이다. 물은 감정적인 것을 상징하므로 수도꼭지는 감정의 물결이 좋은 쪽으로 흘러 어떤 결과를 얻을 수 있는 것을 나타낸다. 다시 말해 수도꼭지는 감정의 흐름과 접속해 그것을 통해 생산적이 될 수 있는 능력을 상징한다.

꿈에서 수도꼭지를 틀 수 없는 것은 자신을 유지하고 지속적인 생명력으로 충만하게 하며 끊임없이 새로 시작하기 위해 감정을 정화하는 방식에 불균형이 생긴 것을 의미한다.

Feather 깃털

깃털은 신성한 물체로 간주되는데, 그것은 날개라는 깃털의 본체 덕분이다. 깃털은 새의 날개에 필수적인 요소이므로 날 수 있는 힘을 연상시킨다. 꿈에서 깃털을 발견하는 것은 자신의 더 높은 열망을 떠올리는 것이다. 꿈에서 당신이 날개 형상으로 만든 의복이나 물건 같은 것을 가지고 있다면 열망하는 의식이 더 의미 있는 모습으로 표현된 것이다.

Feces 똥

('Defecation 배변' 참조)

Feet 발

발은 신체 가운데 대지와 가장 많이 접촉하는 부분이므로 현실에 토대를 두는 방식을 상징한다. 또한 발은 인생을 걸어가는 방향을 가리킨다. 발에 대한 꿈은 당신이 대지와 관계를 맺는 요소들과 아울러 당신의 안정감을 나타낸다.

발은 또한 당신이 지금 이 순간의 삶을 얼마나 잘 경험하고 있는지를 나타낸다. 왜냐하면 자신이 발 딛고 있는 바로 그곳이 삶을 경험하는 자리이기 때문이다.

Fence 울타리, 펜스

울타리는 우리가 세상에 세운 경계를 표시한다. 이 상징이 포함된 꿈은 자신이 현재 직면한 사안을 드러내는데, 왜냐하면 자신이 세운 경계든 다른 사람이 세운 경계든 자신 안의 경계에 대해 말하는 것이기 때문이다.

울타리의 크기와 재질은 해석에 질감을 덧붙인다. 물건이 관통할 수 없는 울타리일수록 경계가 강해진다. 꿈에서 자신이 울타리의 어느 편에 있는가도 해석을 하는 데 중요한 부분이다. 나무로 성기게 만든 울타리는 지나치게 노출된 것을 의미하는 반면, 높은 콘크리트 벽은 취약하다는 두려움 때문에 세상과의 관계를 차단한 것을 의미한다.

체인 링크 울타리가 끊어지면 자신을 보호할 능력이 취약하다는 뜻이다. 만일 울타리에 철조망이나 해로운 물질이 있다면, 경계를 이동하는 위험을 무릅쓴 결과를 나타낸다.

Ferris Wheel 대회전 관람차

회전목마처럼 대회전 관람차는 순간의 현실 도피와 인생의 기어를 올리려는 욕망을 상징한다. 그것의 특별한 본질은 더 높은 유리한 시점으로 올라가는 것이지만 한편으로는 반복적인 움직임이 진실된 실체를 제공하지 않는 것을 나타낸다. 만일 자신이 그런 탈것에 갇힌다면 의식을 확장하려는 노력은 하지 않은 채 더 많은 것을 보려는 욕망을 지닌 것을 의미한다. 대회전 관람차는 멀리서도 눈에 띄는 축제의 한 축으로서 즐거움이나 재미를 상징하기도 한다.

Ferry 페리호

페리호는 상징적 의미를 지니는 두 가지 특징을 가지고 있다. 첫 번째는 물을 횡단한다는 것인데, 이것은 우리가 감정적 영역을 통과해서 나아가도록 돕는 것을 의미한다. 두 번째는 그것이 운전자뿐만 아니라 자동차도 운송한다는 것이다.

차는 인생의 여정을 달리는 이동 수단을 뜻하므로 페리호는 다음에 탐험하기를 원하는 영역으로 가기 위한 감정적 우회를 상징한다.

Festival 축제

당신은 자신의 창조적 자원을 결집해서 공적인 차원의 노력을 인정받으려 한다. 축제는 대규모 인원이 특별한 목적을 갖고 모이는 것이다. 이것은 자신의 의식이 하나의 특별한 표현에 초점을 맞춘 것을 암시한다. 삶에서 축제란 영혼의 창조적 요소를 자극하면서 예술적이거나 생산적인 노력에 포커스를 맞춰 그것을 펼쳐 보이는 것을 의미한다. 꿈이 의미하는 것을 명확히 이해하기 위해서 축제의 주제를 살펴보라.

Fetus 태아

태아는 동물의 새끼가 어미의 몸 안에서 잉태된 것으로 생명 발달의 첫 단계라 할 수 있다. 이 단계에서 모든 생명체는 서로 닮았으므로 태아의 중요한 특징의 하나는 무엇이든 될 수 있는 무한한 가능성을 지닌다는 것이다. 따라서 태아는 아이디어, 방향성, 새로운 길, 미처 탄생되지 않은 관념 등을 상징한다. 유산된 태아는 자라나서 무엇이 되기 전에 중단된 아이디어를 가리킨다 ('Abortion 낙태, 임신중절' 참조).

Fight 싸움

싸움은 동일한 힘으로 정면 대치하는 남성적 원리의 문제 해결 방식이다. 이런 접근은 효과적일 수도 있고, 효과적이 아닐 수도 있다. 당신의 인생에서 항복하는 것이 나음에도 불구하고 싸우는 것이 있는지 살펴보라.

File Cabinet 문서 보관함, 파일 캐비닛

생각과 관념을 정리할 필요가 있다. 꿈에 나오는 문서 보관함의 상태는 이 필요가 얼마나 긴급한지를 보여준다. 꿈의 세부 사항은 삶의 어떤 영역이 상세하게 주목받아야 하는지를 알려준다.

Files 서류철, 파일

아이디어들을 합친 것을 상징하며, 하나의 특별한 원리로 조직화된 다양한 생각들을 나타낸다. 꿈에 나오는 파일은 특별한 아이디어를 위한 노력을 모아서 미래에 사용하기 위해 저장한 것을 가리킨다. 꿈에 나온 다른 요소들을 함께 고려해 삶의 어느 영역에서 이 같은 방식이 강조되고 있는지 살펴보라.

Filling (치아의) 충전재

충전재가 입에 넣어지는 꿈을 꾼다면 현실에서 뭔가 문제가 발생하는 것이다. 꿈속의 충전재는 헐거워지거나 기능이 제대로 발휘되지 못하는 것을 상징한다. 그런 꿈은 오래전의 문제가 되살아나 다시 한번 힘들게 하거나 불안정하게 만든다는 것을 의미하며, 특히 강하고 영향력 있는 목소리를 내지 못하는 것을 나타낸다.

Film 필름

이제는 과거의 유물이 된 필름은 창조적 표현과 순간 포착의 욕망을 새겨 넣는 물건이다. 무엇보다 필름은 디지털 매체에 의해 대체되었기 때문에, 상징으로서 필름의 본질은 포착된 이미지를 보기 전에 먼저 그것을 처리해야 한다는 생각을 나타낸다. 필름이 나오는 꿈은 발전하는 것을 지켜보는 동안 참을성 있게 기다릴 것을 요구한다.

Fingernails 손톱

손톱은 종종 관심을 끌기 위해 장식을 하기도 하지만 물어뜯기를 하면서 두려움을 표현하기도 한다. 어느 쪽이든 만일 손톱이 꿈에 나오면 설령 손가락에 보이는 창조적 표현이 손톱 물어뜯기의 증거라고 할지라도 장식이라는 특성이 덧붙는다.

Fingerprints 지문

지문은 손가락 끝의 독특한 패턴으로, 자신의 존재를 확실하게 추적할 수 있는 표식이 된다. 지문으로 인해 원하지 않는 곳에 자신의 표시를 남길 수도 있으며, 자신의 흔적이 다른 사람에 의해 인지된 것을 모를 수도 있다. 꿈에 지문이 나오는 것은 자신의 의식 속에서 조사되던 것이 서서히 모습을 드러내는 것일 수 있다.

Fingers 손가락

손은 몸에서 가장 창조적인 부분이며, 손가락은 그 창조성을 다양한 방식으로 발휘하는 디테일과 섬세한 조율 능력을 상징한다. 우리가 현실에서 경험하는 효율성은 손가락이 눈에 띄게 등장하는 꿈을 통해 표현된다. 각 손가락은 특정한 의미를 지닌다. 엄지손가락은 손재주와 일을 마무리하는 능력을 나타내며, 무언가를 가리키는 집게손가락은 비난과 선택을 의미한다. 가운뎃손가락은 경멸과 분노를 표현하고, 약손가락은 약속과 공동 작업을 의미한다. 새끼손가락은 의미심장함과 품위를 나타낸다.

Finish Line 결승선

경주의 끝에 있는 표시인 결승선이 꿈에 나오면 어떤 시기, 순환, 과정이 끝나는 순간에 매우 가까워진 것을 의미한다.

Fire 불

상황이 극적으로 변하고 있다. 타오르는 불은 모든 것을 파괴한다. 하지만 불은 자신이 태우는 것을 생명체의 구성 요소인 탄소로 되돌린다는 것을 기억하라. 불의 파괴가 절대적이기는 하지만 모든 변화가 그렇듯이 불은 다른 것이 창조되는 길을 연다.

작은 불이나 불꽃은 변화의 바람이 다가오는 것을 암시하는 반면, 통제할 수 없을 정도로 격렬하게 타오르는 불은 무섭게 압도하는 변화와 변형을 나타낸다. 꿈에서 타오르는 것이 무엇인지 돌아보면, 불 꿈이 반영하는 것이 무엇인지에 대한 실마리를 얻을 수 있다. 무엇이 불에 타는지가 가장 중요한 초점이다. 만일 그것이 당신에게 친근한 것이라면 그것이 상징하는 삶의 영역에서 중요한 변화가 일어난다.

자신의 집에 불이 나는 것은 개인적 정체성에 변형이 일어나는 것을, 공적인 건물에 불이 나는 것은 자신의 사회적 정체성에 변화가 생기는 것을 의미한다. 자신이 소유한 물체가 폭발한다면 그 분야에서 급진적 변화가 일어난다.

불은 본래 자원, 배려, 창의성의 손실을 가리킨다. 만일 누군가가 불 때문에 죽는다면 새로운 자아 감각이 등장하기 위해 자신의 어느 부분이 희생되고 있는지를 그 사람의 성격 측면을 통해 알 수 있다. 불의 규모와 그것에 대한 감정적 반응은 압도와 통제의 상실에 대한 정보를 알려준다. 통제할 수 없는 큰불은 오래된 인생의 풍경을 완전히 무너뜨리는 광범위한 변화를 나타낸다.

어딘가에 들어 있는 불은 변화가 감당할 만하며 의도적인 것이라는 사실을 말해주며, 야외에서 캠프파이어를 하는 것은 한정된 자원으로 큰 변화를 만들어내는 능력을 상징한다. 벽난로나 나무를 때는 스토브는 자신의 이익이나 즐거움을 위해 변화를 이용하는 것을 뜻한다. 불은 위험하고 폭력적이지만 정화의 힘이 있으며 재생이나 새로운 성장의 가능성을 만들어낸다. 꿈에 불이 나타나면 거대한 변화가 진행 중이며 자신에게 새로운 생명과 가능성을 가져다줄 미래가 다가오는 것을 암시하는 것일 수 있다 ('Flame 불꽃' 참조).

Fire Engine 소방차

불은 거대한 변화와 변형의 상징이다. 소방차는 상황이 너무 빨리 변화할 때 자신을 보호하기 위해 불러오는 의식의 일부이며, 당신은 감당할 수 있는 속도로 상황을 늦추기를 원한다.

Fire Escape 비상계단

불은 거대한 변화와 변형의 상징이다. 변화는 두려운 것이므로 우리는 종종 그것을 피한다. 비상계단은 지나치게 위험하거나 두려울 경우 그 상황에서 벗어나는 방법을 알고 있는 것을 암시한다. 꿈에 비상계단이 나올 때는 자신의 두려움이 정당한 것인지, 아니면 방향을 바꿔 다시 돌아가서 불가피한 변화에 직면하는 것이 옳은지 판단해야 한다.

Firefighter 소방관

소방관은 거대한 변화가 일어나고 있으며 그 변화가 저항하거나 통제할 수 없을 때 불러오는 원형적 인물이다. 이것은 혼란의 정도와 통제할 수 없는 감정을 다루는 의식의 일부다.

Firefly 반딧불이

반딧불이는 순식간에 지나가는 영감을 상징한다. 허공을 가로지르며 날아가는 이미지는 스쳐 지나가는 생각 같은 지적 능력을 가리킨다.

꿈속에서 반딧불이의 꼬리가 갑자기 반짝이는 모습을 보았다면 머릿속에서 순간적으로 떠올랐다가 바로 사라지는 아이디어같이 발견되지 않은 채 날아다니다가 갑자기 자신의 존재를 알리는 무언가가 있다는 증거다. 이 같은 꿈은 의식을 관통하는 무작위의 영감이 그대로 지나쳐버리지 않도록 세심한 주의를 기울이라는 신호다.

Fireplace 벽난로

불과 관련된 모든 상징은 변화와 변형을 나타낸다. 벽난로는 불의 힘을 효율적으로 활용하기 위해 그것을 담아두도록 고안한, 인간이 만든 물건이다. 불은 거대한 규모의 변화와 변형을 상징하지만 그것이 안전하고 지속적인 구조 안에 갇히면 그 힘은 효과적으로 활용 가능하며 집중할 수 있는 것이 된다.

불의 힘이 벽난로의 작은 창문 안에 갇혀 있으면 작고 아름다워 보이는 것 이상의 작용을 하지 않지만, 불에는 조금만 더 커지면 생명을 위협할 정도로 파괴적인 힘이 잠재되어 있다. 따라서 벽난로는 특별한 목표를 이루기 위해 커다란 힘을 통제하는 원리를 상징한다.

Fish 물고기

물고기는 무의식의 표면 아래를 떠다니는 생각을 말한다. 꿈에 나오는 물고기는 의식의 바로 밑에 도사리고 있어서 쉽게 알아차릴 정도로 가까이에 있지만 그것의 핵심에 닿기 위해선 애를 써야만 하는 생각과 감정을 가리킨다. 물고기가 다채롭고 아름다우면, 창조적인 표현을 할 수 있는 잠재력이 있는 것이다. 어항 속의 물고기는 자신이 이미 알아차린 무의식적 관념을 상징한다.

물고기를 어항에 담는 것은 무언가 조치를 취하는 것을 뜻하지만, 동시에 창조적 표현을 제한적인 회로 안에 가두는 것을 의미한다. 물 밖으로 나온 살아 있는 물고기는 격렬하게 반응하는데, 꿈에 이런 이미지가 나오면 취약한 표현의 구차함을 나타낸다. 물고기를 먹는 것은 자신의 관념이나 생각을 유용하게 사용하는 만족을 경험하는 것이다.

Fish Tank 어항, 수조

물고기는 감정과 무의식의 표면 아래를 떠다니는 상념을 의미한다. 어항은 무의식의 표면 아래에 있는 아름다운 상념들을 전시해놓은 것을 상징한다.

Fishing 낚시

꿈에 낚시가 나온다면 실제 낚시와는 완전히 다른 해석을 해야 한다. 꿈속에서 낚시를 하는 것은 특별한 욕망에 어울리는 아이디어를 찾는 것이다. 이를 위해서는 낚싯대와 미끼 같은 끌어당기기 위한 도구가 필요하고, 무엇보다 인내가 요구된다('Fish 물고기' 참조).

Fist 주먹

주먹은 호전적인 성향과 싸울 준비가 된 것을 상징한다. 주먹은 어떤 것에 대한 분노 반응을 뜻하며, 행동을 취하거나 보복을 할 준비가 된 것을 암시한다.

Five 다섯

만물의 토대를 상징하는 넷이라는 숫자 다음에 뒤따르는 것이 자유를 상징하는 다섯이다. 구조가 확고히 자리 잡고 나면 탐험을 위한 안전과 안정이 필요하다.

다섯은 풍부한 표현을 의미한다. 인간의 몸은 네 개의 팔다리에 머리를 합해 다섯으로 표현할 수 있다. 신체가 공간을 통해 돌아다니는 능력은 생기 넘치고 신나는 경험이다. 따라서 다섯은 자유, 즐거움, 희열을 상징한다. 다섯에는 자유의 부정적 측면인 방종이라는 뜻도 있다. 다섯의 이런 측면은 강박이나 탐닉 같은 위험한 결과를 불러올 수도 있다.

Flag 깃발

깃발은 그 자체가 상징이며 항상 국가, 주, 조직 같은 것을 가리킨다. 꿈에서 보이는 깃발은 그것의 성격에 따라 또 하나의 생각이나 느낌을 표현한다. 국가적 또는 정치적으로 보이거나 느껴지는 경우 이는 자신의 삶의 구조를 나타내는 것이다. 하얀 깃발은 자신에게 일어나는 일에 승복할 필요가 있는 것을 의미한다. 빨간

깃발은 종종 무시되곤 하는 경고를 뜻한다.

Flame 불꽃

불꽃은 불의 끝부분이며 하나에서 다른 것으로 번지는 불의 일부다. 초나 모든 불의 불꽃은 처음에는 쉽게 다룰 수 있는 것처럼 보이지만 그냥 내버려두면 크게 타오를 수 있다. 따라서 불꽃은 방심하면 큰 파괴를 불러올 수 있는 가능성을 의미한다('Fire 불' 참조).

Flamingo 홍학

홍학은 얕은 물에서 걷는 새이므로 감정과 무의식 바로 아래의 영역을 가리킨다. 홍학의 우아한 표정과 아름다운 분홍색은 무의식의 표면 아래서 태동하는 다른 차원의 세계를 부드러운 방식으로 알려준다. 홍학은 "무언가 여기 표면 아래 도사리고 있어"라고 말하며 어두운 장소에 아름답게 서 있는 것이다.

Flash Mob 번개 모임, 플래시 몹

현대에 새롭게 나타난 현상인 번개 모임은 혼돈으로부터 창조적 천재성이 발생하는 순간을 의미한다. 그것은 무작위의 생각들이 갑자기 하나의 장엄한 아이디어, 방향, 창조적 프로젝트로 융합되는 능력을 상징한다. 삶에서 이런 사건이 성공적으로 일어나기 위해서는 엄청난 양의 준비와 팀워크가 요구된다. 꿈에 나오는 번개 모임에 등장한 사람들은 자신의 의식 내부에 존재하는 개인적 생각이나 아이디어를 나타낸다. 이처럼 무작위로 기울어지는 생각이 자신이 표명하고 싶은 아이디어나 계획과 일치할 때 협력이나 조직화를 통해 놀라운 성취를 이뤄낼 수 있다.

Flashlight 손전등, 플래시

꿈에 나오는 모든 빛은 조명을 비춰 분명하게 보려는 욕망을 나타낸다. 손전등은 언제 어디서든 빛을 사용하기 위해 휴대할 수 있는 물건이다. 꿈에 나오는 손전등은 깊은 탐구가 임박한 것을 암시한다.

Flea Market 벼룩시장

중고품을 파는 사람이 모여 있는 벼룩시장 꿈은 오래된 것이 돈으로 거래될 수 있다는 생각과 더 이상 도움이 되지 않는 것을 내려놓음으로써 새로운 것을 위해 자리를 내준다는 생각이 담겨 있다.

Flies 파리

대부분의 곤충은 기저에 깔린 생각을 상징하며, 일반적으로 혐오스럽고 달갑지 않게 여기는 것들을 대변한다. 특히 파리는 병을 옮기며 흔히 대변과 부패를 연상시킨다. 이런 관점에서 파리는 역겨운 물질이 근처에 있을 가능성을 보여준다. 따라서 파리는 우리 곁에 있지 않기를 바라는 사물의 그림자 측면을 나타낸다.

Flight Attendant 승무원

비행기는 한 장소에서 탄 뒤에 완전히 다른 장소에서 내리기 때문에 갑작스러운 인생의 변화를 나타낸다. 승무원은 여행을 좀 더 편안하고 안전하도록 도와주는 역할을 하는 사람이다. 상징으로서 승무원은 힘든 변화를 통과하는 삶의 여정을 좀 더 편안하게 도와주는 자신의 일부다.

Flood 홍수

꿈에 나오는 물은 감정과 무의식을 상징한다. 홍수는 정서적 차원에서 압도당하는 파괴적인 경험을 뜻한다. 홍수는 아주 흔한 꿈 소재이며, 삶이 자신의 깊은 반응을 자극하는 감정적 경험을 제공할 때 나타난다.

Floor 바닥

바닥이나 바닥재와 관련된 꿈은 떠받쳐지는 느낌과 그에 대한 생각을 나타낸다. 바닥은 정체성의 상징적 기초다. 꿈에 나오는 집은 자신의 자아 감각을 드러낸다. 따라서 바닥은 우리가 개인으로서 존립하는 토대를 상징한다. 꿈에 나오는 바닥의 특징과 완전성은 지금 자신이 어떤 방식으로 현실에 기반을 두고 있다고 느끼는지를 말해준다. 구조적으로 완전하고 견고한 바닥은 정체성이 확고한 것을 의미한다. 어떤 형태로든 손상되거나 꺼진 바닥은 변화가 진행되는 것을 나타낸다.

Flower 꽃

꽃은 사랑과 미를 상징적으로 표현한다. 꽃은 또한 생식력과 함께 미래의 새로운 성장 가능성을 의미한다. 오늘날에는 많이 사라졌지만 한때 특별한 사랑의 메시지를 전하는 방식으로 활용되던 '꽃말'이 있다. 예를 들면 빨간 장미는 낭만적 사랑을 상징하며, 노란 장미는 플라토닉 러브를 상징한다. 하지만 꿈에 나타나는 특정한 꽃이 어떤 의미를 지니든 꽃은 일단 꺾이고 나면 시들고 쇠락하는 과정을 겪기 시작한다는 것을 기억하라. 사랑의 감정과 표현의 덧없는 본성을 전하면서 말이다.

Flying 비행, 날아오름

당신은 일상적인 삶 위로 상승해서 올라가고 있다. 또한 지상에 있는 어떤 것을 회피하고 있다. 비행은 흔한 꿈 이미지 가운데 하나이자 가장 기분 좋은 꿈 장면 중 하나라 할 수 있다. 어떤 문화에서든 비행은 지상에 있는 모든 것의 위로 올라가는 것을 상징한다. 이것은 보통 신나는 기분을 선사하기 때문에 긍정적 성향의 강렬한 감정을 나타낸다. 날아가는 꿈은 자유와 축복이라는 강렬한 감정을 불러오며, 더 높은 인식 상태로 이동하거나 영혼과 연결되는 것을 상징한다. 또한 보다 높고 유리한 시점을 제공하는 만큼 삶에 대해 높고 폭넓은 전망을 암시할 수도 있다.

하지만 한편으로는 무의식의 방어기제로 이런 꿈을 꿀 수도 있다는 사실을 간과해서는 안 된다. 이런 경우 갈등의 수면 위로 올라가 버린다거나 현실에 토대를 두지 않고 회피 또는 간과한 것이 있지 않은지 묻는 것일 수 있다.

Fog 안개

당신은 사고와 감정의 비현실적인 결합 때문에 사물을 분명하게 보는 데 어려움이 있다. 안개에 대한 흥미로운 사실은 공기와 물이라는 두 가지 상이한 성질이 혼합된 것이라는 점이다. 안개는 공기 중에서 일어나는 현상이지만, 습기가 많을 때만 존재하므로 물과 연관되는 감정의 의미를 지닌다. 공기와 물이라는 두 가지 요소가 만나 이뤄진 안개는 무의식적 사고와 숨은 감정이 뒤섞인 상태를 상징한다. 따라서 안개는 사고와 감정이 혼란스럽게 상호작용할 때 야기되는 무분별함으로 해석된다.

한편 안개는 시야를 차단해서 안전하게 항해하는 능력을 손상시킨다. 안개가 가득하면 수로든 육로든 그것을 통과해서 여행하는 사람에게 잠재적인 위험으로 작용한다. 꿈속에서 안개를 본다면 자신의 환경에서 이동할 때 속도를 늦추고 조심할 필요가 있음을 나타낸다. 안개가 꿈에 나오면 삶의 어떤 영역에서 정확하게 보이지 않는 부분이 있는지 숙고해보라.

Food 음식

음식이 나오는 꿈은 자양분, 자기 돌봄, 양육 등의 상태를 반영한다. 현실에서 먹는 것을 엄격하게 통제하는 사람이라면 음식을 통제의 관점에서 바라봐야 한다. 반대로 먹는 것 앞에서는 모든 것을 제치고 달려드는 성향이라면 음식을 탐닉의 관점에서 바라봐야 한다. 두 극단의 저울 위에 자신을 올려놓고 어느 쪽으로 기우는지 살펴보자.

만일 꿈에서 뭔가를 먹고 있다면 음식에 대한 자신의 관점을 결합시켜 해석해야 한다. 통제의 관점에서 본다면 음식 섭취의 상징적 의미는 보다 많은 배려가 필요하다는 것이다. 탐닉의 관점에서 본다면 자제가 필요하다는 의미이며, 발산해야 할 감정을 음식을 통해 입으로 털어 넣으려는 충동을 경고하는 것이다.

만일 굶주리는 꿈을 꾼다면 통제의 관점이 삶을 제약하거나 삶에 결핍을 불러오는 것이다. 이런 꿈은 자신이 지금 어떤 결핍을 겪고 있는지 살펴보라는 메시지를 전한다.

Football (미식)축구, 럭비

축구는 전쟁 행위를 대신하는 전략과 폭력의 게임으로, 특히 미식축구는 양편이 적으로부터 서로 영토를 탈환하려는 싸움에 몰두한다. 이 대중적인 게임은 이런 충동을 표현하는 일에 즐겁게 빠져드는 인간의 경쟁적 본성을 원초적인 차원에서 상징한다. 꿈에 축구가 등장하면 당신은 호전성과 경쟁심을 표현하는 사회적으로 용인되는 건강한 방법을 추구하고 있다.

Fork 포크

포크는 음식을 섭취하는 데에 도움이 되는 기구다. 식사는 자기 돌봄과 배려를 의미하는데, 포크는 무엇보다 이런 필요의 충족을 나타내는 상징이다. 특히 포크는 자기 돌봄을 위해 특별한 선택을 하고 효율성을 더하는 것을 의미한다.

Fountain 분수

즐거움과 격정의 감정이 통제된 상태로 표출되어 솟아오르는 것을 뜻한다. 꿈에서 물은 항상 감정과 관련되며, 분수는 아름다움과 즐거움을 위해 물의 흐름을 특별한 방식으로 조절하는 것이다. 분수가 클수록 다루는 감정이 많아진다.

공공적인 분수는 집 밖에서 자신의 감정적 표현을 통제하려는 욕망을 가리킨다. 집에서 발견되는 작은 분수는 동일한 의미를 지니되 그 규모가 작다고 보면 된다. 망가진 분수는 다른 사람들에게 쉽게 받아들여지도록 자신의 감정을 잘 표현하는 데 마음을 쓰는 것을 나타낸다.

분수가 보여주는 통제가 유쾌한지 아닌지에 따라 최선의 선택을 따르는 것인지, 감정적 분출의 혼란스러움을 회피하는 것인지 판단할 수 있다.

Four 넷

삼각형에 네 번째 꼭짓점을 더하면 사각형이 된다. 창조성을 상징하는 셋 다음에 오는 넷은 구조의 숫자다. 창조적 충동이 만족되고 나면 형태를 굳혀야 하는 순간이 오는데, 이것은 넷의 힘에 의해 이루어진다. 어떠한 무게도 지탱하는 놀라운 형태인 사각형은 셋의 창조적 에너지를 떠받치는 토대를 건설한다. 넷은 제조, 질서, 규율, 통제의 확립을 나타낸다. 이처럼 대단한 힘을 지닌 숫자지만 제약의 느낌과 규제의 개념을 낳을 수도 있다.

Four-Leaf Clover 네 잎 클로버

네 잎 클로버는 최고의 행운을 상징한다. 네 잎 클로버를 우연히 발견하면 엄청난 행운이 약속된다고 믿는 사람이 많다. 땅에서 네 잎 클로버를 발견하는 꿈을 꾼다면 부와 번영, 예상 밖의 수입을 늘리려는 욕망이 표현된 것이다.

Fox 여우

여우는 영리하며 약간 사기성이 있다. 여우가 꿈에 나타나면 전략과 융통성을 얻는다. 현재의 상황이 다소의 간계를 요구하는가? 여우는 재빠른 마음과 영리한 대응을 할 수 있는 능력으로 당신을 도울 것이다.

Frog 개구리

개구리에 대해서라면 어린 공주가 입맞춤을 해준 뒤 왕자로 변한 이야기를 빼놓을 수 없다. 이 이야기 구조의 본질은 가능성이다. 가능성은 받아들여질 경우 변화를 일으키는 강력한 힘이 된다. 하지만 실현되지 않은 가능성은 아무런 가치가 없다. 물과 육지의 양쪽에서 살아가는 개구리의 양서류 기질은 우리의 모습을 상징하기도 한다. 연못의 표면 아래 있을 때는 보이지 않지만 개구리는 언제든지 튀어나올 수 있다. 강렬한 감정적 반응이 무의식으로부터 예고 없이 튀어나올 수 있듯이 말이다.

Fruit 과일

땅 위의 풍요로운 생명력은 대지가 길러낸 다양한 먹거리를 통해 표현된다. 과일의 달콤함은 인생의 달콤함을 나타낸다. 과일이 나오는 꿈은 인생이 풍요로우며 번성하기를 바라는 마음을 보여준다. 꿈속의 과일은 계획, 아이디어, 비전을 수확하기 위해선 유리한 순간이 올 때까지 기다려야 하는 성숙의 시간이 필요함을 나타낸다. 만일 행동할 때까지 지나치게 오래 기다려야 한다면 노력의 결실을 얻지 못할 수도 있다.

Funeral 장례식

당신은 지금 중요한 변화와 변형의 과정을 통과하고 있다. 장례식은 죽은 자에게 초점이 맞춰져 있지만 그 절차는 산 자를 위한 것이다. 장례식은 가까운 사람의 죽음을 집단적 절차를 통해 처리하는 강렬한 의례인데, 이 절차를 통해 죽음을 사실로 받아들이고 자신들의 삶에서 망자 없는 새로운 장이 열리는 것을 인식하게 된다. 장례식장 꿈에서 죽은 자가 누구인가는 해석에서 중요한 의미를 지닌다. 그 사람은 자신에게 더 이상 도움이 되지 않아 희생된 자신의 성격 측면으로 해석해야 한다. 하지만 이 꿈에서는 단지 변화의 절반이 완성된 것이다. 왜냐하면 장례식은 죽음을 의미하는 것이지 죽음에 필연적으로 뒤따르는 재생을 의미하는 것은 아니기 때문이다.

장례식 꿈에서 자기가 참석한 장례식이 다름 아닌 자신의 장례식이라는 사실을 깨닫게 되는 경우가 종종 있다. 만일 이런 꿈을 꾼다면 보편적 차원의 변형이 일어나는 것이며 아주 큰 규모의 변화를 암시하는 것이다. 장례식 꿈에 대한 또 다른 해석은 현재의 삶에서 열정이나 생명력이 부족하다고 느끼는 것을 나타낸다는 것이다('Death 죽음' 참조).

Furniture 가구

방은 그 공간의 목적과 관련된 의식을 보여준다. 가구 역시 마찬가지다. 물건의 기능은 그것의 보편적 의미를 나타낸다. 가구는 특별한 욕망, 창조적 충동 등을 표현하는 자신의 능력을 상징한다. 창고에 있는 가구는 자신을 표현하는 방식의 변화가 멀지 않은 것을 의미한다. 오래되어 부서진 가구는 자신을 표현하는 방법을 업데이트할 필요를 나타낸다. 새 가구는 현실의 어떤 분야에서 새로운 방향을 향하게 되는 것을 가리킨다.

Gagging 구토

당신은 어떤 아이디어, 습관, 사고 패턴을 자신으로부터 제거하거나 몰아내려는 충동을 억누르고 있다. 당신의 환경에는 다룰 준비가 아직 되지 않은 많은 독소가 존재하며, 구토 반응은 인내가 거의 정점에 달한 것을 나타낸다. 구토는 자신에게 도움이 되지 않는 것을 자신으로부터 제거하는 과정을 상징한다. 구토는 이러한 충동과 함께 지금이 적절한 순간이 아니라는 느낌이 동시에 존재하는 것을 가리킨다. 구토가 나오는 꿈은 유쾌하거나 건강하지 않은 것이 드러날 것을 예고한다.

Galaxy 은하계

은하계는 우주 안에 존재하는 수많은 천체의 집단이며, 태양계는 은하계라는 거대한 집합체의 일부이다. 이 같은 광대한 시스템이 우주에 엄청나게 많다는 것을 현대인은 잘 알고 있다. 은하계 꿈은 이처럼 인생을 거대한 스케일로 바라보는 것이다. 이것은 실존적 현실에 대한 숙고일 수도 있고, 자신 앞에 펼쳐진 인생의 큰 그림에 대한 상징일 수도 있다.

Game Night 게임 나이트

장난스러운 분위기에서 경쟁을 즐기는 사회적 모임이 게임 나이트의 본질이다. 상징으로서 게임 나이트는 해롭지 않고 장난스러운 방식으로 경쟁해서 승리하려는 욕망을 표현한다. 꿈에 나오는 게임 나이트는 스트레스 요인의 축적과 건설적인 방식으로 그것을 해소하려는 욕망을 나타낸다.

Game Show 게임 쇼

대중매체의 주도로 기량과 운이 혼합된 체험을 즐기도록 만든 것이 게임 쇼의 본질이다. 시청자는 출연자의 체험과 그가 이길 가능성을 엿보며 대리 만족을 한다. 꿈에서 게임 쇼를 본다면 대리 만족 요소를 위주로 꿈을 해석해야 한다. 만일 꿈에서 당신이 게

임 쇼에 직접 참가했다면, 가능성 있는 승리를 거머쥐려는 욕망
이 표현된 것이다.

Gang 갱, 조폭

갱은 그들끼리 서로 돕는 의리와 공동체 의식으로 강하게 연대하
는 집단이다. 종종 갱이 연루된 범죄 행위가 일어나기 때문에 이
것이 상징하는 의미는 그림자 영역에서 의절된 성향을 반영한다.
꿈에 갱이 등장하면 현재 두렵게 느껴지는 게 무엇인지 생각해볼
필요가 있다. 자신이 의절당하거나 권리를 박탈당했다고 느낄 때
이런 꿈을 꿀 수 있다.

Garage 차고

차고는 앞으로 나아가는 인생 여정에서 일시적인 정류 지점을
상징한다. 차를 사용하지 않을 때 안전하게 보관하는 것이 차고
의 용도다. 차는 인생을 나아가는 방식을 상징한다. 꿈에서 차고
가 보이면 삶에서 앞으로 나아가거나 혹은 나아가지 않는 방식
이 표현된 것으로 볼 수 있다. 차고의 본질은 세상에 나아갈 준비
를 하는 것이다. 차고가 집에 속한 사적인 장소라면 상징적 감수
성을 고려해 그것을 사적인 삶에 적용해야 한다. 꿈에서 공적인
차고가 나오면 사회적인 사안을 반영해 해석하도록 한다. 꿈속에

서 이런 장면이 나올 때는 보통 많은 차가 보관되어 있는데, 그것은 당신이 추구할 수 있는 여러 가지 선택을 의미한다. 차를 차고에 넣을 수 없는 것은 인생의 어떤 영역에서 일시적으로 가로막힌 것을 상징한다. 자신이 어디로 향하려고 하는지, 여행을 위해 어떤 준비를 해야 하는지 스스로에게 물어보라.

Garbage 쓰레기

쓰레기는 일상생활의 폐기물이며 더 이상 가치가 없다고 여겨지는 것이다. 적절한 방식으로 그것을 버리지 않으면 혐오스러울 정도로 쌓여 부패하기 시작한다. 쓰레기는 더 이상 삶에 도움이 되지 않아 제거되거나 재활용되어야 하는 것을 상징한다. 꿈에 쓰레기가 쌓이는 것은 인생에서 폐기하거나 버려야 하는 것들이 쌓이는 것을 상징한다.

Garden 정원

풍요와 번영, 자기 돌봄과 배려의 구조를 만드는 능력에 대한 꿈이다. 정원은 한정된 영역에서 성장을 추구하는 신중하게 계획된 구조다. 아름다움을 위한 성장이든 소비를 위한 성장이든 그것은 창조성과 배려라는 여성적 원리를 나타낸다. 반면에 정원의 구조와 틀은 남성적 원리를 나타낸다.

정원은 창조 행위의 소우주다. 정원을 가꾸는 행위는 뜻깊은 평온과 안식을 선사하며, 열정적인 애호가들에게 즐거움을 안겨주는 일이다. 꿈에 나오는 정원, 정원의 상태, 그곳에서 하는 일은 삶의 다양한 영역과 그 안에서 효율적으로 발휘되는 자신의 능력을 가리킨다.

Gargoyle 괴물 석상

괴물 석상은 악을 물리칠 목적으로 큰 건물 외부에 설치한 악마나 무서운 이미지의 조각상이다. 괴물 석상은 무서운 외양을 지녔지만 궁극적으로는 우리를 보호하는 수호자다. 꿈에 괴물 석상을 본다면 두려움 때문에 자신을 지나치게 보호하고 있지 않은지, 현실을 직시하는 것을 꺼리는 게 아닌지 생각해보라.

Gas Chamber 가스실

가스실은 제도화된 살인이라는 상징적 요소를 지닌다. 꿈속에서 일어나는 살인은 의식을 변화시키려는 욕망을 의미한다. 죽음은 변화의 욕구를 상징하기 때문이다. 제도화가 상징하는 것은 이러한 변화와 희생의 추진이 개인보다 공동체에 도움이 되는 것을 가리킨다. 꿈에 보이는 가스실 이미지에는 강력한 죄책감이 표현되어 있다.

Gas Mask 방독면

방독면은 공기로 퍼지는 독에 대항하는 보호 기구다. 공기와 관련된 모든 것은 지적 능력이나 사고력의 세계와 관련된다. 독가스는 대기 중에 떠다니면서 해를 끼치는 사고, 아이디어, 의식을 상징하고, 방독면은 그런 생각들로 인한 해를 입지 않기 위해 필요한 보호를 나타낸다. 현재 자신을 둘러싼 환경에 독성이 있다고 생각하는지 자문해보라.

Gas Station 주유소

자동차는 인생의 여정을 헤쳐 나아가는 방법을 상징하며, 주유소는 이를 위해 연료를 충전하는 곳을 의미한다. 꿈에 주유소에서 일어나는 일은 자신이 원하는 곳으로 가는 것이 쉽거나 어려운 정도를 나타낸다. 당신은 인생에서 앞으로 나아가기 위해 자신을 충전할 필요가 있다.

Gasoline 휘발유

휘발유는 우리가 인생에서 앞으로 나아가기 위해 사용하는 이동 수단의 연료인 가연성 높은 물질이다. 휘발유의 상징적 의미는 그것의 연소성과 관련이 있지만 그것의 생산적 사용과 반드시 연관되는 것은 아니다. 엔진 내부의 가스는 동력으로 사용되는 움직임과 파워를 생산하는 힘을 상징한다. 엔진 외부의 가스는 주의해서 사용하지 않으면 위험한 결과를 초래하는 힘을 상징한다. 당신은 자신의 잠재력을 잘 사용하고 있는가, 아니면 그것을 잘 사용하지 못해서 예상치 않은 폭발을 불러올 위험에 처해 있는가?

Gate 대문

대문은 담으로 둘러싸인 곳으로 들어가는 구멍이다. 담이나 벽은 서로 다른 생각이나 의식을 분리하는 것을 나타낸다. 따라서 대문은 새로운 영역으로 들어가는 것을 상징한다. 꿈에서 대문이 잠겨 안으로 들어갈 수 없었다면 당신은 지금 중대한 기로에 처해 있을 수 있다. 자신이 닫힌 대문 안에 있다면 무언가를 열어 보이는 것을 지나친 노출이라고 생각하는 것이다. 부서진 대문은 경계를 만들어 자신을 보호하는 능력이 사라진 것을 의미한다.

Gay Sex 게이 섹스

꿈에 나오는 모든 성적 행위는 통합과 서로 다른 성격 측면의 결합을 상징한다. 게이 섹스의 경우 행동을 취하거나 공격하는 남성적 원리가 강조된다. 이성애적 남성이나 여성이 게이 섹스 꿈을 꾸는 것은 드물지 않으며, 이런 꿈이 반드시 성적 취향의 표현과 관련된 것은 아니다. 하지만 꿈꾼 사람 본인이 게이 남성의 정체성을 가졌다면 그런 꿈은 단어의 뜻 그대로 해석할 수 있다.

Gazelle 영양

영양은 민첩함과 갑자기 빠르고 우아하게 움직이는 동작으로 잘 알려져 있다. 꿈에 나온 영양은 즉각적이고 강력한 행동을 취하면서도 우아한 자태를 유지하는 능력을 선사한다. 영양이 꿈에 나타나면 당신은 신속한 행동을 취하면서도 평화로운 상태를 유지할 수 있다.

Gemstone 보석의 원석

('Stones 돌' 참조)

Genie (램프의 요정) 지니

램프의 요정 신화의 핵심은 누군가에게 자유를 준다면 그가 소원을 이루어준다는 것이다. 하지만 인생의 어려움을 이처럼 손쉽게 해결하는 방식에는 언제나 대가가 따른다. 대부분의 요정 이야기에는 마지막에 혼란과 파괴를 불러오는 요정이 등장한다. 요정이 나오는 꿈은 어떤 것을 이루기 위해 조직적인 노력을 하지는 않은 채 빠르고 즉각적인 변화를 이루려는 것을 암시한다. 결국 요정을 병에서 꺼내주는 것은 어려움을 불러오는 것일지도 모른다.

Ghost 귀신

당신은 과거의 생각, 관념, 인물의 기억이나 발자취에 대한 꿈을 꾸고 있다. 귀신은 죽은 후에 남겨진 인간 에너지의 자취가 물질 세계에 드러나는 것이다.

어떤 형이상학자는 끝나지 않은 사연이나 시기상조의 죽음 때문에 영혼이 이승에 갇혀 있다는 가설을 세운다. 때로는 살아 있는 사람이 알아차릴 수 있는 에너지의 전자기장과 충돌해서 귀신의 가능성을 탐구하는 과학자도 있다. 어느 쪽이든 간에 귀신은 그것을 불러일으킨 사건이나 인물이 사라지고 나서 오랜 시간이 지난 뒤에도 여전히 의식 속에 남아 있는 과거의 어떤 것을 상징한다. 여기에는 기억, 습관의 패턴, 집착이 포함된다.

만일 꿈에 나온 귀신이 당신이 아는 살아 있는 사람이라면, 그를 자신의 성격 측면으로 생각해 해석에 활용하라. 오래전에 결별했지만 여전히 자신의 행동이나 사고 패턴 속에 남아 있는 성향을 찾아볼 필요도 있다.

실제 삶에서 죽은 사람이 귀신으로 나타나는 것도 같은 방식으로 해석할 수 있지만, 이때는 긍정적이든 부정적이든 그가 당신에게 미친 영향을 가리키는 경우가 더 많다. 꿈에 귀신을 보는 것은 깊은 회한으로 남아 있는 과거의 선택과 행위를 만들어낸 자기 자신을 만나게 하는 것일 수 있다.

Giant 거인

거인은 유난히 거대한 인간이다. 그런 존재는 어떤 관념이 부풀려지거나 확장된 상태를 상징한다. 이런 꿈을 해석하려면 꿈에서 거인이 무엇을 하는지 살펴봐야 한다.

만일 꿈에 나오는 거인이 무섭다면 당신은 현실에서 필요 이상의 두려움을 느끼고 있는 것이다. 만일 꿈에 나오는 거인이 무척 자애롭다면 당신은 특별한 상황에 직면하기 위한 인격의 성장을 원한다고 볼 수 있다.

Gifts 선물

이것은 알려지지 않은 기쁨의 원천에 대한 꿈이다. 선물은 그것을 받을 만한 이유와 관계가 있지만, 선물을 주고받는 꿈은 그런 명분보다 당사자 간의 관계에 대해 많은 것을 말해준다. 만일 꿈에 선물 교환과 관련된 다른 사람이 등장한다면 그 사람을 당신에게 도움이 되는 성격 측면으로 해석하라. 꿈에서 선물을 주는 사람이거나 받는 사람이 자신일 경우 특히 더 그렇다.

선물 교환에는 기쁨이 가득해서 많은 사람이 기쁨을 선사하기 위해 다른 사람에게 선물을 준다. 만일 꿈에 이런 시각이 반영돼 있으면 자신의 삶에서 기쁨을 더할 필요가 있는 부분을 찾아보라. 만일 꿈에 나온 선물에 신비로운 요소가 있으면 아직 가치가 드러나지 않은 인생의 한 부분에서 자신에게 선물을 주는 것이다. 겉으로는 어려워 보이는 상황이 사실상 자신에게 주어지는 선물임을 무의식은 알고 있다. 꿈에 나오는 선물은 가치 있는 어떤 것이 조만간 모습을 드러낼 것을 예고하는 최초의 조짐이다.

Giraffe 기린

기린의 목은 자연에서 가장 특이하고 우아한 형상 가운데 하나다. 기린은 큰 키 덕분에 다른 동물은 먹을 수 없는 높은 곳의 풀을 뜯어 먹는다. 이 대목에서 기린의 치유력을 찾아볼 수 있다. 꿈에 기린이 등장하면 먹을 것과 배려를 얻을 수 있는 높은 곳으로 가는 길을 발견할 것이며, 더 높고 유리한 시점을 확보할 수 있을 것이다.

Girdle 거들

거들은 날씬한 실루엣을 만들기 위해 몸을 조여 몸매를 수정하도록 고안한 속옷이다. 거들은 불편하게 자신을 가두는 옷인 만큼 진실한 것보다 피상적인 것에 가치를 부여하는 것을 상징한다. 세상에 진실이 아닌 무언가를 내보이고 있지 않은가? 만일 그렇다면 꿈에 나오는 거들은 자신이 행하는 진실의 변형에 따르는 거북함을 드러낸다.

Glacier 빙산

빙산은 대지의 풍경 가운데 일부이므로 의식과 관련된다. 그것은 물로 만들어지기 때문에 물이 상징하는 정서적 감수성과 관계가 있다. 물이 언 것은 따뜻함과 연민의 부족을 암시한다. 빙산은 아주 천천히 움직이므로 "빙산의 속도로(at a glacial pace)"라는 표현 속에는 극도로 게으르다는 뜻이 들어 있다. 꿈에 나오는 빙산은 정서적인 온기를 제거함으로써 모든 과정을 늦추는 것을 의미한다. 자신이 차가운 태도로 바꾸었기 때문에 앞으로 나아가지 못하는 것이 있지 않은지 살펴보라. 아울러 인생의 변화가 아주 천천히 일어나고 있다는 것도 기억하라.

Glass 잔

('Cup 컵' 참조)

Glasses 안경

안경은 세상을 다른 방식으로 보는 것을 의미하기도 하고, 인생을 이해하는 방식을 업그레이드하는 것을 상징하기도 한다. 만일 꿈에서 자신의 안경을 잃어버렸다면 다른 관점을 찾아야 한다는 의미다. 깨진 안경은 이전에는 도움이 되었던 사물을 보는 방식이 더 이상 유용하지 않다는 뜻이다. 만일 실제로 안경을 쓰는 사람이라면 꿈속의 안경은 사물을 보는 개인적인 방식을 의미한다. 실제로는 안경을 쓰지 않는데 안경 쓰는 꿈을 꾼다면 자신의 관점을 수정할 필요가 있음을 가리킨다.

Gloves 장갑

장갑은 손을 보호하기도 하고 숨기기도 하므로 소질, 능력, 기술, 표현력을 나타낸다. 꿈속의 장갑은 신중하거나 책임감이 있으며, 도움을 주거나 제한한다는 의미를 지닌다. 장갑의 종류와 그것이 꿈에서 어떻게 나타나는가를 보면 해석의 실마리를 얻을 수 있다. 우리는 의사 표현을 할 때 말뿐만 아니라 손짓도 하므로 장갑이 나오는 꿈은 말을 넘어서는 의사소통을 의미한다.

장갑은 원하는 것을 얻기 위해 대화를 할 때 진실한 얼굴을 숨긴 채 다양한 가면을 쓰는 것을 상징하기도 한다. 꼭 맞는 섹시한 장갑은 미묘한 유혹을 암시하며, 작업용 장갑은 진실을 감추기 위해 애쓰고 있는 부분을 찾아내도록 돕는다.

레이스 달린 장갑은 얇은 막을 친 교묘한 의사소통이나 진정한 의미를 숨기는 것을 상징한다. 권투 장갑은 인생의 시련을 통해 투지가 끓어오르는 것을 가리킨다. 이것은 또한 지나친 조심성 때문에 자신의 의사소통을 제한하는 의미도 포함되는데, 권투 장갑 안에 있는 손은 싸울 준비가 되어 있지만 그다지 유연하거나

191

표현적이지 않기 때문이다.

벙어리장갑은 편안해지고 싶은 욕망을 암시하지만 마찬가지로 표현력이나 효율성의 부족을 나타낸다. 팔까지 올라오는 긴 장갑은 숨겨진 문제가 아주 많거나 가까운 곳에 유혹이 있는 것을 상징한다. 고무장갑은 기저에 깔린 취약한 메시지를 악의 있는 의사소통에 덧붙이는 것을 의미한다.

Glue 풀

풀은 부서진 것이나 영원히 결합되기를 바라는 것을 이어 붙이는 끈적이는 물질이다. 꿈에 나오는 풀은 어떤 것이 부서지거나 조각나서 수선하고 싶은 것을 암시한다. 그것은 또한 인생의 두 요소를 결합시키려는 욕망을 상징한다. 반대로 너무 오래 지속되기를 원치 않는 것이 당신에게 달라붙어 있을 수도 있다.

Gold 금

금은 지구상에서 가장 귀중한 원소다. 태양계 형성 초기에 금이 우주 공간에서 지구로 왔다는 이야기가 있다. 금은 물질적인 소유물이든 무정형의 관념이든 소유하기 위해 힘쓸 가치가 있는 가장 고귀한 사물을 상징한다. 하찮은 금속을 금으로 변화시키기 위해 엄청난 노력을 기울인 연금술에 관한 이야기를 많은 신화

속에서 찾아볼 수 있다. 이런 이야기의 저변에는 두려움, 의심, 결핍 같은 저급한 의식이 '의식의 금'에 해당하는 사랑으로 변할 수 있다는 믿음이 깔려 있다.

인생에서 당신이 가장 높은 가치를 부여하는 것은 무엇인가? 금이 상징하는 물질에 대한 추구가 당신에게 가장 좋은 것을 가져오는가 아니면 가장 나쁜 것을 가져오는가? 꿈에 금이라는 상징이 나오면 꿈의 맥락을 살펴서 이처럼 더 깊은 질문에 대한 해답을 구해야 한다.

Goldfish 금붕어

물고기는 의식의 표면 아래를 떠다니는 아이디어를 상징한다. 금붕어의 경우 단순한 형태의 아이디어가 훤히 들여다보이는 것을 말한다. 당신이 계속해서 염두에 두고 관심을 기울이는 흥미로운 아이디어가 있는가? 어쩌면 당신은 상상 속을 떠다니는 흥미진진한 생각을 상기하고 있을지도 모른다.

Golf 골프

골프는 돈과 시간의 풍요를 상징하는 게임이다. 여가, 휴식, 느린 속도로 움직이는 것들이 골프와 관련된다. 골프를 치는 꿈은 느긋한 여가의 감수성으로 인생을 즐기라고 말한다. 실제로 종종 골프를 치는 사람이라면 그런 꿈은 골프를 치는 일이 자신에게 안겨주는 느낌을 상기하는 것이다.

Google 구글

구글은 지식과 정보에 즉시 접속하는 능력을 상징한다. 즉 어떤 것을 알고자 하는 욕망이 드는 순간 거의 즉각적으로 성공적인 검색 결과에 도달하는 능력을 말한다. 꿈에서 구글 이미지를 본다면 인터넷에서 이런 작업을 하는 것 자체를 가리킬 수도 있고, 기대하는 것을 찾아 즉각적으로 성공적인 결과를 얻음을 암시하는 것일 수도 있다.

Gorilla 고릴라

꿈에 나오는 동물은 인간 본성의 본능적인 부분을 상징한다. 고릴라는 집단에서 가장 크고 힘센 우두머리 수컷이 이끄는 공동체 생활을 하는 동물이다. 따라서 꿈속의 고릴라는 당신이 리더십이나 지배와 관련한 투쟁에 참여하고 있다는 것을 나타낸다.

대중매체는 남성적이며 호전적인 행동이라는 집단적 관점을 강화하기 위해 가슴을 치는 고릴라의 이미지를 반복해 사용했다. 꿈에 나오는 고릴라는 무엇보다 경쟁 본능, 호전성, 지배 욕망이라는 시각에서 해석해야 한다. 화가 난 고릴라가 무시무시하게 감정을 폭발하는 것은 지도력을 확립하기 위해 의도적으로 과장된 행동을 하거나 안절부절하는 반응이라고 볼 수 있다. 꿈에 나오는 고릴라의 모습이 진정한 화인지 허울에 가까운 분노인지 살펴보라. 자신의 반응이 상황에 맞지 않게 과장된 것임을 나타낼 수도 있다.

우리에 갇힌 고릴라는 분노 조절 상태에 사로잡히게 만드는 근원적인 공격성과 어딘가에 감금된 듯한 느낌을 전한다. 탈주 중인 고릴라는 이전에 묻어둔 감정의 표출이 불러오는 불안한 결과를 나타낸다.

꿈에 고릴라와 마주치는 것은 자신의 공격적인 충동과 마주할 준비가 되었거나 자신의 삶에서 누군가의 분노 표출을 감당할 준비가 된 것을 가리킨다.

Graduation 졸업

졸업식은 무언가 끝맺음에 대한 상징일 뿐 아니라 졸업 자체에 대한 상징이다. 이것은 위대한 성취가 이루어진 것과 그것을 축하할 마음의 준비가 된 것을 가리킨다. 이 상징은 자신이 실제로 중요한 일을 해냈을 때 꿈에 나온다. 또한 다가올 성취의 느낌을 상기시켜줌으로써 어려운 프로젝트를 계속해서 수행하라는 동기 부여로 나타날 수도 있다.

Grain 곡식

곡식은 음식의 근본적인 원천이며, 사실상 문명이 번성할 수 있게 만든 물질이다. 곡식은 원형적으로 생명의 유지, 풍요, 번영과 관련된다.

Grandparents 조부모

가족 구성원 간의 상호작용, 즉 가족 역동성이 조부모 가운데 한 사람 또는 두 사람이 등장하는 꿈을 통해 표현된다. 두 분을 자신의 성격 측면으로 이해한 다음 그분들이 대표하는 세대 간의 가족 역동성을 살펴보라('Family Members 가족 구성원' 참조).

Grapes 포도

포도는 생산을 위해 막대한 양의 경작이 필요할 뿐 아니라 오래전부터 포도주를 빚어 대지의 풍요로운 부를 창출했기 때문에 부와 번영에 대한 최고의 상징이다. 꿈에 포도가 나오는 것은 꿈을 꾼 시점에 자신의 인생에 대해 풍요로운 느낌이 드는 것을 나타내는데, 이것을 분명하게 이해하기 위해선 꿈의 맥락을 살펴봐야 한다. 만일 자신이 포도를 경작하고 있다면 번영을 이루기 위해 필요한 일을 자진해서 수행하는 것을 뜻한다. 만일 자신이 포도를 먹는다면, 자신의 노동의 결실을 즐기는 것이다.

Grass 잔디

잔디는 통제된 방식으로 자라며, 마당이라는 형식을 통해 대지와 관계를 맺는다. 잔디는 자연과 관계를 맺으며 살아가는 것을 상징한다. 꿈에 나오는 잔디는 당신이 어디서나 현실에 토대를 두고 안전하게 살아가는 능력이 있는 것을 의미한다.

"다른 편의 잔디가 언제나 내 편의 잔디보다 파랗다(The grass is always greener)"라는 말처럼 꿈에 나오는 잔디는 가지고 있지 않은 것을 원하거나 다른 사람이 가진 것을 탐내는 마음을 가리키기도 한다.

Grave 무덤

더 이상 도움이 되지 않아 중단해버린 자신의 과거에 대한 숙고를 상징한다. 무덤의 존재는 죽음이 이미 일어난 것을 뜻한다. 만일 무덤 속에 있는 사람을 알고 있다면 자신의 어떤 측면을 숙고하고 있었는지에 대한 실마리를 얻을 수 있을 것이다.

어쩌면 당신은 자신의 과거와 연관된 어떤 사람이나 무언가를 애도하고 있을지도 모른다. 무덤과 관련된 부차적인 상징적 의미는 대중매체로부터 생겨나서 발전했는데, 묘지를 죽음과 관련된 모든 어두운 요소의 근거지로 인식하는 게 그것이다. 인간의 사체를 먹는 악귀, 마귀, 흡혈귀, 밤의 생명체들. 꿈에 이런 것들이 나

197

오는 것은 죽음에 대한 두려움을 나타내며, 자신이 그림자 영역
에 있다는 것을 말해준다.

Gray 회색

회색은 표현력이 거의 없는 색이다. 꿈에 나온 회색은 열정과 기
쁨의 부족을 표현한다. 회색은 또한 노화의 상징이며, 큰 기쁨이
과거에 속한 것임을 암시한다.

Green 녹색, 초록색

녹색은 진행(go)을 의미한다. 녹색은 사실 심장의 색인데, 밸런타
인데이에 심장을 빨간색으로 묘사하는 관행 때문에 잘 알지 못하
는 경향이 있다. 하지만 녹색은 스펙트럼의 중심 색이며, 녹색이
상징하는 심장은 육체적, 감정적으로 신체의 중심이다. 이것은
녹색을 사랑, 치유와 관련된 사안과 연결시킨다.

지구와 대자연(mother nature)의 사랑을 녹색으로 생각한다면
녹색의 의미를 보다 쉽게 이해할 수 있을 것이다. 꿈에서 녹색 불
이 켜질 때 현실의 교통신호와 같이 앞으로 간다면 앞을 향해 가
라는 심장의 신호를 따르는 것이다.

심장이 상처로 쓰라린 상황이라면 꿈속의 녹색은 질투의 위협을
상징하는 것으로 변화한다.

Groceries 식료품

식료품은 시장에서 집으로 가져오는 필수 품목이다. 상징으로서 식료품은 풍요와 번영의 무한한 공급을 의미한다. 꿈에 나오는 식료품과 당신의 관계는 필요한 것을 충족시키는 부분과 자신의 관계를 말해준다. 당신은 결핍 속에서 살고 있는가, 풍요 속에서 살고 있는가?

만일 꿈에서 쇼핑을 한다면 삶이 제공하는 배려와 음식물의 양을 늘리기를 적극적으로 원한다는 의미다. 꿈에서 식료품을 집으로 가져온다면 삶의 풍요를 받아들이는 데 훨씬 근접한 것으로 볼 수 있다. 하지만 꿈에서 식료품 중에 잘못된 것이 있었다면 자신에게 필요한 것을 제공하는 세상을 불신하는 것이다.

Gryphon 그리핀

이 전설적인 신화 속 동물은 사자 몸에 독수리 머리를 가졌다. 사자는 길짐승의 왕이고 독수리는 날짐승의 왕이므로, 양자가 결합한 그리핀은 동물 왕국 전체를 지배한다.

귀중한 보물의 원형적 수호자인 그리핀은 큰 위엄과 결합한 사나움을 지니고 있다. 또한 그리핀은 매우 강력한 토템인 만큼 이것이 꿈에 나타나면 강함, 리더십, 소유권 등을 얻을 수 있는 기회가 당신에게 다가올 수 있다.

Guard 경호원, 경비원

경호원은 보호하는 일이 직업인 원형적 인물이다. 경호원은 정부 기관부터 교도소에 이르기까지 다양한 곳에 존재하지만 위험과 폭력을 저지한다는 그들의 본질은 같다.

꿈속의 경호원은 자신의 성격 측면으로 해석해 외부 세계에서 닥쳐오는 위험을 느끼는 자신의 영혼의 일부로 볼 수 있다. 반면에 감옥의 경비원은 억제되어야 하는 폭력의 감정이 자신의 내부에 존재하는 것을 암시한다.

Guitar 기타

모든 악기는 창의성과 열정 그리고 이 두 가지를 표현해야 할 필요를 상징한다. 기타 연주자는 오늘날의 문화에서 무척 높이 평가되므로, 기타는 대부분의 악기보다 더 큰 상징적 힘을 지닌다. 굴곡이 많은 기타의 형태는 여성의 몸을 연상시키므로 꿈에서 기타를 연주하는 것은 강력한 성적 함의를 지닌다.

Gum 껌

껌은 입과 관련되므로, 꿈에서 껌이 나오면 효율적인 의사소통에 문제가 생긴 것이다. 껌은 분명한 발음이나 강력한 발성에 장애가 되므로 꿈에 나오는 껌은 자신을 정확하게 표현하는 데 문제가 있는 것을 나타낸다. 입속에 많은 양의 껌을 물고 있는 것은 흔히 경험하는 꿈인데, 자신의 말에 대한 확신을 갖지 못하고 심각하게 고민하는 것을 의미한다.

Gums 잇몸

잇몸은 치아와 직접 관계가 있으며, 잇몸의 건강은 몸에서 일어나고 있는 일을 반영한다. 치아는 상징적으로 안전과 관련되므로 잇몸은 자신을 얼마나 잘 배려하는지를 나타낸다. 꿈에서 잇몸이 아프거나 피를 흘리는 것은 자기 돌봄의 차원을 높이라고 말하는 것이다. 의사소통 면에도 동일한 해석을 적용할 수 있다.

Gun 총

총은 타인에게 힘을 행사하려는 욕망을 상징한다. 총을 가진 사람은 책임을 지는 사람이다. 남성적 원리를 대변하는 총은 남성 위주의 권력을 극단적인 방식으로 나타낸다. 남성적인 원리는 행동하는 능력이나 어떤 일을 발동시키는 능력을 의미한다. 총은 이런 식의 에너지를 대변하며 균형이나 견제가 부족한 격렬함을 동반한다. 총의 존재는 혼란스러운 상황에서 통제의 감각을 보여주지만 아울러 총이 지닌 예측 불허의 성격은 안정감의 붕괴와 치명적 위험을 암시한다.

총의 종류도 주의 깊게 고려되어야 한다. 왜냐하면 그것은 표출되는 힘의 정도를 나타내기 때문이다. 권총은 개인적인 힘 또는 개인적으로 사용 가능한 무언가를 가리킨다. 자동 화기처럼 화력이 큰 것은 사회적 힘을 표출하는 능력이 강한 것을 뜻하고, 꿈에서 총이 눈앞에 있는 것은 현재 그 힘의 소재가 가까이 있음을 나타낸다. 총을 소지한 것은 자신에게 소유권이 있음을 의미하지만 확신의 정도는 살펴볼 필요가 있다. 총구가 자신을 향했다면 자신의 성격 측면에 대해 경청하거나 주의를 기울여야 하는 것을 의미한다.

이런 꿈에서는 총을 꺼낸 것이 누군지 살펴봐야 한다. 무기를 휘두르는 것은 인생의 어느 영역에서 강력하게 보일 필요가 있음을 이야기하는 것이다. 숨겨지거나 드러나지 않는 총은 감지되기는 하지만 포착하기 어려운 힘을 암시한다.

Gym 체육관

체육관은 신체 단련, 건강, 힘을 키우는 일에 중점을 두는 장소다. 상징으로서 체육관은 남성적 원리에 현실적인 기반을 두며, 강해지는 것에 몰두하는 의식을 가리킨다. 꿈의 맥락에 따라 자신이 인생의 어느 분야에서 공들여 힘을 키우려 하는지 살펴보라.

Hair 머리카락

머리카락은 여성적 원리로서 미와 매력을 상징하기도 하지만 엄청난 힘의 비결이 머리카락에 숨어 있는 삼손의 신화처럼 남성적 원리인 힘과 권력을 상징하기도 한다. 삼손의 힘은 머리카락을 통해 여성적 원리와 남성적 원리가 통합해 생겨난 것이다.

머리카락과 관련된 또 하나의 특징은 부러움이다. 곱슬머리인 사람은 직모를 원하고, 직모인 사람은 곱슬머리를 원한다. 오늘날의 미용 기술은 놀라울 정도로 정교하게 머리카락을 변모시킬 수 있지만 머리카락은 여전히 부러움의 대상이 되곤 한다. 꿈에 나오는 머리카락의 색은 강력한 상징적 중요성을 지닌다. 페르소나를 변화시키려는 무의식적 욕망과 관련해서 색의 변화를 살펴보라. 금발은 가장 큰 부러움의 대상이지만 지성의 부족을 연상시킨다. 지적 능력은 흑갈색 머리 백인 여성의 영역이다. 빨간 머리는 열정이나 마법과 관련된다.

머리카락은 머리 위에 있으므로 의식적 생각과 무의식적 생각 두 가지를 모두 상징한다. 꿈에서 긴 머리를 보는 것은 아름다움을 완전하게 표현하려는 욕망을 나타낸다. 묶은 머리는 개인적 표현의 영역에서 제약을 받는 무의식적 감정을 반영한다.

머리카락이 잘리거나 빠지거나 급격히 변화하면 매력에 대한 관점이 달라지는 것이다. 가발은 본래 자신의 것이 아닌 표현 방식을 적극적으로 추구하는 욕망을 상징한다.

Haircut 머리 자르기, 헤어 컷

머리카락은 매력과 힘의 상징이므로 헤어 컷은 이를 위해 머리카락을 최선의 상태로 유지하려는 행위다. 만일 꿈에서 머리카락을 심하게 자르면 당신의 개인적 매력과 감각이 극적으로 감소할 수 있다. 하지만 이런 이미지는 진실성이 없는 교묘한 조작에 더 이상 의존하지 않음으로써 자신을 표현하는 방식을 극적으로 변화시키려는 욕망을 나타낼 수도 있다.

Hallway 복도

복도는 중요한 다른 방으로 가는 실내 구조의 일부다. 의식의 영역에서 복도는 내부의 과도기적 이행과 변화를 상징한다. 만일 꿈이 복도에서 일어나거나 복도가 인상 깊게 등장하면 당신은 아직 최종 목적지에 도착하지 않은 과정 중에 있는 것이다.

Hammer 망치

쇠로 만든 연장인 망치는 하나의 사물에 힘을 가해 다른 사물을 관통시키는 도구다. 꿈에 나온 망치가 의도대로 잘 사용된다면, 그것은 어떤 것을 구축하기 위해 사물을 효율적으로 결합시키는 것을 상징한다. 하지만 망치는 약간의 기교가 필요한 것을 완력으로 해결하려는 것을 의미할 수도 있다. 꿈의 맥락을 살펴서 이것을 어떻게 해석할지 결정하라.

Hammock 해먹

해먹은 보통 나무와 연결된 것이기 때문에 휴식과 자연으로 돌아가고자 하는 의식을 상징한다. 꿈에 나오는 해먹은 속세의 걱정을 내려놓고 대지와 함께하며 자연스럽게 휴식을 취하라는 메시지를 전한다.

Handcuffs 수갑

수갑은 보통 범죄 행위를 한 사람을 결박해 그의 움직임을 제한하기 위해 사용된다. 따라서 수갑은 제약이나 억압을 의미할 뿐 아니라 그런 제한으로 귀결된 자신의 행위와 선택의 결과를 상징하기도 한다. 수갑에는 묶는다는 행위의 에로틱한 이미지에서 비롯된 성적 유희용품으로서의 의미도 있다. 만일 후자에 관한 꿈을 꾸었다면 성적인 문제가 자신의 자유를 제약하는지 돌아볼 필요가 있다.

Hands 손

손에는 인간의 독보적 영역인 창조성과 표현의 엄청난 잠재력이 있다. 손은 상당한 양의 개인적 정보를 드러낸다. 어떤 사람의 손 모양과 상태는 그가 일상에서 손으로 무엇을 하는가를 고스란히 보여준다.

손에 지나치게 신경을 쓰거나 손을 숨기는 것은 개인적 표현에서 많은 통제를 하는 것을 나타낸다. 손을 과도하게 사용하는 것은 의사소통에서 지나친 겉치레를 함으로써 자신과 다른 사람 사이에 거리감이 생기는 것을 의미한다.

육체에서 분리된 손은 양심 없는 행동을 상징한다. 손으로 무언가를 만드는 행위는 그런 방식으로 인생을 살아가라는 것을 가리킨다. "손을 지저분하게 만드는(getting your hands dirty)"이라는 관용적 표현은 자신을 거리낌 없이 던져 거친 체험을 하는 것을 뜻한다.

Hanging 교수형

교수형은 두 개의 상징적 함의를 지닌다. 첫 번째는 죽음으로, 커다란 변화와 변형에 뒤따르는 희생을 나타낸다. 꿈속에서 교수형으로 죽는 사람은 새로운 것이 생겨나게 하기 위해 버리거나 내려놓아야 하는 자신의 일부를 상징한다. 두 번째로 교수형은 목과 관련되기 때문에 의사소통과 목소리의 문제가 상징적 의미에 포함된다. 꿈에서 교수형을 당하는 사람이 누구인지 살펴보라. 그 사람이 상징하는 자신의 성격 측면을 파악하면 그런 측면이 삶의 어느 영역에서 진실한 목소리를 내는 것을 가로막는지 알수 있다.

Harbor 항구

항구는 배가 큰 수로에 쉽게 접근할 수 있도록 연결해주는 자연적이거나 인공적인 육지의 일부다. 육지는 의식을 나타내며, 바다는 무의식을 나타낸다. 따라서 항구는 감정적 본성과 무의식의 탐구를 통해 자신에게 오는 것을 받아들이는 능력을 상징한다.

항구를 통해 다른 육지로부터 거대한 부와 자연 자원이 유입되기 때문에, 항구는 풍요를 강력하게 상징한다. 꿈에 나오는 항구의 상태는 인생이 당신에게 제공하는 풍요를 받아들일 준비가 얼마나 잘 되었는지 알려준다.

Hardware Store 철물점

철물은 인생에서 구조적이고 기계적인 요소를 상징하며, 상점은 삶을 효율적으로 운용하는 데 필요한 물건을 구입하는 장소의 의미를 지닌다.

철물점에서 구입한 도구와 물건은 건축 행위와 관련이 있으므로 꿈에서 철물점에 가는 것은 새로운 것을 건설하거나 효과적으로 기능하지 않는 것을 재건할 필요가 있음을 나타낸다. 자신의 인생에서 수리할 필요가 있는 게 무엇인지 돌아보라.

Harp 하프

하프는 지극히 가볍고 여린 느낌의 악기지만 모든 악기가 그렇듯이 열정적인 표현을 상징한다. 만일 하프가 꿈에 나오면 넘치는 열정으로 높은 소명을 추구하려는 마음이 표현된 것이다. 하프는 하늘과도·관련되므로 하프가 나오는 꿈은 영적인 상승을 의미할 수도 있다.

Harvest 추수, 수확기

추수는 노력의 결실을 거두고 이를 누리는 것인 만큼 가치 있는 것을 창조하는 노력을 상징한다. 만일 꿈에서 어떤 것을 추수한다면 풍요로운 시절을 즐기면서 과거의 노력을 보상받게 됨을 암시하는 것이다.

Hat 모자

머리는 생각과 아이디어의 상징적 근원이다. 모자는 머리를 장식하거나 보호한다. 따라서 모자는 특별한 생각과 아이디어를 상징하기도 하지만 그것을 넣어두려는 욕망을 상징하기도 한다.

모자는 장식이라는 관점에서 보면 내부의 아이디어를 외부로 표현하는 것을, 보호라는 관점에서 보면 그런 아이디어가 확고하게 자리 잡도록 돕는 것을 뜻한다. 다른 사람의 모자를 쓰는 것은 당신이 그 사람의 아이디어를 실행하려 한다는 것을 의미한다 ('Cap 캡, 야구 모자' 참조).

Haunted House 흉가

모든 집은 자아를 상징한다. 따라서 흉가는 뇌리를 떠나지 않는 과거의 회한 때문에 고통받는 자의식을 의미한다. 꿈에 흉가가 나왔다면 스스로 용서할 수 없는 잘못을 저지른 적이 있지 않은

지 한 번쯤 자문해보라.

Hawk 매

모든 새는 어떤 종류의 전달자이지만, 매의 강력한 힘은 무엇보다 유리한 시점에 있다. 매는 훌륭한 지력과 특출한 시력을 가졌다. 매의 위풍당당한 날개 길이는 멀리까지 볼 수 있는 높은 지점으로 올라갈 수 있게 해준다.

꿈에서 매가 찾아오면 당신은 이런 능력을 이용해서 시간과 공간을 가로질러 멀리 바라볼 수 있게 된다. 매는 메시지의 전달자이며 확신과 명료성을 가지고 새로운 방향을 찾아갈 수 있도록 도와준다.

Head 머리

머리는 두뇌가 있는 곳이므로 사고와 생각의 상징적 집이다. 머리가 나오는 꿈은 그 사람의 사고와 생각을 나타낸다. 꿈에 의미심장한 방식으로 머리가 나온다면 머릿속에 너무 많은 것이 들어 있으므로 지나치게 많은 생각을 중단하라는 뜻이다.

한편 머리는 얼굴의 집이기도 하다. 얼굴은 페르소나, 즉 세상에 자신을 드러내는 방식과 관련된다. 얼굴이 나오는 꿈은 스스로를 어떻게 인식하는지에 대한 생각을 드러낸다.

"누군가의 머리를 잘라내는(rip someone's head off)"이란 말은 엄청난 분노를 뜻하는 표현이다. 꿈에 몸에서 분리된 머리가 나온다면 이는 표출되지 않은 분노의 결과다.

Headlights 전조등

자동차를 비롯한 모든 이동 수단의 전조등은 밤에 나아갈 수 있도록 길을 비춘다. 이것은 보이지 않는 어둠 속을 볼 수 있는 능력을 상징한다. 어둠은 그림자 영역으로, 절연되거나 거부당하거나 또는 두려운 것과 관련된다. 전조등은 이런 심리적 장애에도 불구하고 인생길을 헤쳐나아갈 수 있도록 길을 비추는 것을 의미한다. 차량의 전조등은 생김새가 눈과 비슷하므로, 이것은 특별한 여정에서 앞으로 나아갈 수 있도록 어둠 속에서 '볼 수 있는' 능력을 상징한다.

Headstone 묘석

('Tombstone 묘비' 참조)

Heart 심장

존재의 중심인 심장은 살아가는 순간마다 생명력을 펌프질하는 책임을 맡고 있다. 심장은 생명과 열정의 상징이며 진정한 행복을 향해 천천히, 하지만 강력하게 움직이는 지성의 상징이다. 심장이 나오는 꿈은 말 그대로의 심장이든, 형태와 묘사를 통해 상징적으로 표현된 심장이든 지성에 대한 태도와 그것이 자신에게서 작동하는 방식을 표현한다.

밸런타인데이를 통해 강력한 상징으로 자리 잡은 하트 모양은 상대방에 대한 사랑과 헌신을 의미한다. 꿈에서 하트 모양을 본다면 자신의 감정을 알아주기를 바라는 충동을 경험할 수 있다. 부서진 심장은 과거의 상처를 치유하는 과정이 진행되는 것을 암시한다. 심상의 고통, 질병, 상처는 비탄이나 상실의 감정을 불러오는 힘겨운 변화를 가리킨다. 심장 이식은 변화가 너무 엄청나서 사랑을 기반으로 새롭게 출발해야 하는 것을 나타낸다.

Heart Attack 심장마비

다친 심장에 갑작스럽고 파괴적인 충격이 가해지는 것은 사랑을 경험하는 방식에서 일어나는 돌연한 변화와 변형을 의미한다. 심장마비는 위급하지 않은 가벼운 증상도 있지만 심하면 죽음까지도 불러올 수 있다.

심장이 가장 핵심적으로 상징하는 것은 사랑이다. 사랑이 너무나 오랫동안 원하는 대로 이루어지지 않을 때, 심장은 반란을 일으키고 자신을 공격할 수 있다. 이런 맥락에서 볼 때 사랑이라는 단어가 낭만적 애착의 감정만을 불러오는 것은 아니다. 사랑은 삶의 기본 토대가 된다. 따라서 분노, 원한, 질투, 상실감 같은 사랑과 대적하는 감정들은 심장에 충격을 줄 수 있다.

심장마비를 일으키는 요인은 문제가 발생하기 전까지는 눈에 띄지 않는다. 따라서 그런 꿈 이미지는 표면 아래서 오랫동안 무의식적 불만족이 지속된 것을 암시한다. 만일 꿈에서 심장마비를 경험한 사람이 자신이라면, 사랑이라는 게 삶의 어느 부분에서 자신을 깊게 괴롭히는지 살펴보라. 만일 꿈에서 희생자가 다른 사람이라면, 사랑 문제나 사랑의 부족 때문에 고통받는 자신의 성격 측면으로 살펴보라.

Heights 고도, 높이

당신은 객관성을 얻기 위해 더 높고 유리한 시점을 확보할 필요가 있다. 이처럼 더 높은 시점은 더 높은 차원의 의식을 제공한다. 시점이 더 높아져 유리해질수록 주변에 대한 관점도 더 넓어진다. 이것은 확장된 의식이라는 상징적 의미를 지닌다.

사고의 차원이 높아질수록 더 많은 깨달음을 얻게 된다. 이것은 확장된 의식과 유리한 선택 사이에 상관관계가 있기 때문이다. 단순하게 말하면 많이 볼수록 많이 알게 되고, 많이 알수록 선택할 수 있는 정보를 더 많이 얻을 수 있다. 하지만 주의할 점이 있다. 더 높은 차원의 의식을 선택하는 것은 막대한 책임감을 동반한다는 것이다. 만일 실족을 한다면 높이 올라간 만큼 멀리 떨어질 것이다. 여기서 가장 크게 고려할 문제는 높은 곳에서 떨어지는 두려움이 실제적인가, 상상에 불과한 것인가 하는 점이다. 평정심을 유지하는 한 위태로운 벼랑도 안전하다. 하지만 평정심을 유지하는 것은 정말 어려운 일이다. 이 상징을 이해하기 위한 열쇠는 상대성이다.

작은 건물의 지붕은 근처의 것들을 볼 수 있는 시점을 제공하며, 높은 건물의 옥상은 보다 넓은 세상을 볼 수 있는 시점을 제공한다. 높이 올라갈수록 의식의 차원이 높아지는데, 꿈에서 경험하는 그 높이가 어느 정도로 느껴졌는지에 따라 꿈 해석에 색을 더하게 된다.

Helicopter 헬리콥터

모든 차량이나 다른 이동 수단과 마찬가지로 꿈에 나오는 헬리콥터는 인생길의 이동을 상징한다. 헬리콥터는 위아래로 움직이고, 맴돌고, 지면 가까이에 머무르기도 하면서 신속하게 이동하는 능력을 지녔다. 이것 때문에 헬리콥터는 종종 아주 빠른 방식의 관측이나 단거리 운송에 사용된다.

꿈에 나오는 헬리콥터는 의식과 관련된 이런 능력, 즉 지형을 효율적으로 관측하는 능력과 한 장소에서 다른 장소로 쉽고 빠르게 점프하는 능력을 상징한다.

Hell 지옥

많은 사람이 지옥이라고 하면 인간이 행위에 대한 도그마에 따르지 않을 때 죽은 뒤에 가는 사후 세계라는 기독교적 신념을 떠올린다. 반면에 새로운 사상을 지닌 사람들에게 지옥이란 신성한 근원적 감각에서 분리되었다는 착각 속에서 살아갈 때 지상에서 겪는 삶의 경험으로 생각된다.

지옥에 대한 개인적 견해가 어떻든 간에 그것의 기저에 자리 잡은 것은 사랑이 단절되었다고 느낄 때 경험하는 분리와 고통이다. 그것은 따뜻함, 애정, 심지어 인정 같은 것을 받지 못한다고 느낄 때 경험하는 고통스러운 감정일 수 있다. 그런 상황에서 꾸는 지옥 꿈은 소외된 상태의 강력한 표현일 수 있다. 어떤 부분에서 안전하고 사랑받는다는 느낌에서 분리된 것 같은지 스스로에게 물어보라.

Helmet 헬멧

헬멧은 머리를 보호하는 도구다. 머리와 관계가 있기 때문에 상징적인 의미는 주로 생각이나 아이디어와 관련된다. 만일 꿈에 나오는 헬멧이 스포츠처럼 특별한 활동에 사용된다면 위험을 피할 수 있는 한도 내에서 더 많은 즐거움을 누리고 싶은 욕망이 있는 것이다. 헬멧의 존재가 정말 필요한 것인지 아니면 새로운 생각의 표현을 두려워하거나 주저하는 데서 나온 것인지 살펴봐야 한다.

Heroin 헤로인

마약인 헤로인은 즉각적이고 강력한 희열을 안겨주는 반면 심각한 금단현상과 치명적인 후유증을 낳는다. 상징으로서 헤로인은 부정적인 결과를 무릅쓰고 순간적인 쾌감을 위해 끝까지 가는 것을 의미한다.

헤로인은 또한 주기적으로 끝없이 계속되는 도피주의에 몰두하는 것을 상징한다. 어떤 것도 중독과 도피주의의 대상이 될 수 있다. 헤로인이 꿈에 나타난다면 현재 자신의 인생에서 이런 것에 빠져 있는 게 무엇인지 살펴보라.

Hidden Figure 숨은 인물

꿈에 나오는 숨은 인물은 아직 모습을 드러내지 않은 자신의 특성, 성격 측면 또는 다양한 능력을 말한다. 숨은 인물은 종종 무서운 존재로 여겨지지만, 그럼에도 불구하고 받아들여야만 하는 긍정적인 요소나 필요한 부분으로 간주할 수 있다.

Hidden Room 숨은 방

이것은 이전에는 알려지지 않았거나 숨겨졌던 자원에 대한 흔한 꿈이다. 모든 종류의 집이나 가정은 꿈꾼 이의 자의식을 나타낸다. 꿈에서 있는 줄 몰랐던 방을 발견한다면 전에는 알지 못했던 자신의 새로운 측면을 발견하는 것이다. 이것은 자신 안에 존재함에도 이전에는 유용하지 않았거나 알 수 없었지만 이제는 유용해진 새로운 사상, 자원, 힘으로 해석된다.

숨은 방에서 무엇을 발견하는가는 해석에서 중요하게 다뤄야 한다. 당신이 찾거나 발견하는 것은 이미 소유하고 있었지만 이제야 활용할 수 있게 된 자원을 상징하는 것으로 해석될 수 있다. 숨은 빙이 나오는 꿈이 모두 기분 좋은 것은 아니다. 어떤 것은 아주 불안한 것일 수도 있다. 만일 꿈이 그런 것이라면 당신의 영혼에서 자신을 괴롭히는 그림자 요소가 발견될 때 그것을 받아들이고 흡수하는 것이 통합을 용이하게 하는 데 결정적이라는 점을 기억하라. 만일 방이 갑자기 사라진다면 자신이 내면에서 발견했다고 확신한 자원이 기대했던 것만큼 충분히 완성된 것은 아니라고 생각하라. 발견의 느낌이 무엇이든 간에 이러한 이미지는 더 많은 것이 드러날 수 있다는 가능성의 구현이다.

Hieroglyphics 상형문자

이 상징적인 문자 언어는 현대의 언어와 매우 다르다. 따라서 상형문자는 이해하기가 매우 어려운 사고와 관념의 의사소통을 상징한다. 상형문자는 숭배되는 경향이 있으므로, 꿈에 상형문자가 나타나면 비밀주의에 기초한 감각으로 해독해야 하는 영적 본질을 지닌 정보를 상징한다. 코드를 풀어서 더 높은 지혜를 받아들이는 것은 자신에게 달려 있다.

High School 고등학교

자신의 의무에 대해 책임을 져야 하는 것을 나타내는 꿈이다. 고등학교는 사춘기에서 성인으로 가는 상징적 통과의례다. 이 이미지의 주된 상징적 의미는 자신의 인생에서 이 시기의 개인적 경험과 깊은 관계가 있다. 고등학교는 성인이 되어 선택하는 진로의 기초를 세우는 곳일 뿐 아니라 책임감과 성적 정체성에 관한 인생 수업을 받는 곳이다. 하지만 이 격동의 시절에 겪는 전반적인 경험은 개인에 따라 다양하며, 재미있고 즐거운 것부터 극심하게 고통스러운 것까지 폭넓게 걸쳐 있다.

고등학교와 관련된 꿈을 꾸는 것은 자신의 무의식이 이 시기에 뿌리를 둔 정서적 과제를 표현하는 것이다. 이 흔한 꿈은 종종 과제 수행의 불안과도 관계가 있다.

Hike 도보 여행, 하이킹

당신은 인적이 드물고 정상적인 궤도에서 벗어난 삶의 또 다른 한 편을 탐구하고 있다. 도보 여행을 하면 보통 때는 다니지 않던 장소를 걷게 된다. 꿈속에서 도보 여행을 하며 탐험하는 자연 풍경은 자신의 삶을 제약한다고 느끼는 것에서 벗어나고 싶어 하는 보다 심오하고 자연스러운 본성을 보여준다. 꿈에 나오는 도보 여행은 의무와 책임에서 벗어나려는 욕망을 표현한다.

Hill 언덕

당신은 지금 인생에서 좀 더 노력해야 한다고 느끼고 있다. 땅은 의식을 상징하므로, 언덕 위로 올라가면 자신을 짓누르거나 삶의 여정을 힘들게 하는 어려움을 느끼는 것이다. 언덕의 높이는 자신이 느끼는 압박감의 정도를 상징한다.

꿈에 보이는 언덕은 현재 직면한 어려움을 의미하지만 이것을 끝낸다면 모종의 성과를 거두고 매우 신나게 될 것이다. 힘겹게 언덕 꼭대기에 올라가 마침내 멋진 전망을 즐기며 아래로 신나게 내려가는 것처럼 말이다.

Hippo 하마

하마는 지구상에서 매우 큰 포유동물 가운데 하나이며, 돼지나

코끼리와 비슷해 보이지만 가장 가까운 동물 친척은 고래다. 하마는 물 근처에서 생활하며 낮 동안에는 대부분 물속에 잠겨 있다. 물속에 있는 하마의 모습은 의식의 표면 바로 아래에 자리하면서 특정한 감정에 빠져 있는 의식의 그림자 영역과 연관된다. 하마는 소심한 모습과 온순한 태도에도 불구하고 대단히 호전적이어서 인간을 덮칠 수도 있다. 꿈속의 하마는 언제라도 모습을 드러내 불시에 자신을 엄습할 수 있는 의식의 표면 바로 아래 도사린 강렬한 감정을 나타낸다.

Hockey 하키

모든 스포츠 경기는 인생 자체가 게임과 유사하다는 것을 상기시킨다. 하키는 빠른 속도와 폭력적인 특성이 있다. 만일 꿈에 하키가 나오면, 자신의 공격적인 성향을 평소보다 훨씬 자유롭게 허용하는 것을 의미한다. 한편으로는 다른 사람들의 이런 성향을 알아차리는 것을 뜻하기도 한다.

하키가 얼음 위에서 진행된다는 사실은 현재 당신 앞에 펼쳐지는 혼란스러우며 예측할 수 없는 게임을 계속하기 위해선 민첩성이 필요함을 가리킨다. 얼음은 얼어붙은 물이며, 물은 감정의 상징이다. 꿈에 나오는 하키는 차가워진 감정에도 불구하고 우아함을 유지하는 것을 나타낸다.

Hole 구멍

구멍은 어떤 것이 없어진 것을 암시한다. 물체에 생긴 말 그대로
의 구멍이든, 땅에 파인 구멍이든, 형이상학적 표현으로 가슴에
구멍이 났다고 말하는 것이든 모든 구멍 뒤에 있는 상징적 의미
는 어떤 것의 조각이 그것이 속한 곳에서 사라져서 날카로운 상
실감을 느끼는 것이다. 꿈의 맥락을 살펴 자신의 인생에서 이런
경험과 상처의 아픔을 겪고 있는 부분을 찾아보라.

Hologram 홀로그램

과거에는 공상과학소설의 산물이던 홀로그램이 오늘날에는 우
주의 구조를 설명하는 하나의 원리로 알려지게 되었다. 따라서
꿈에 나오는 홀로그램은 신비로운 기하학의 영역에 속하며, 영적
경험에 따른 더 높은 지혜와 연결시킨다. 꿈의 맥락을 살펴서 해
석을 위한 정보를 얻어내자. 홀로그램은 모든 각도에서 보는 것
을 허용하므로 꿈에 홀로그램이 나타나면 객관성을 제시하는 신
호가 된다.

Holy Grail 성배

성배는 기독교의 전통적 성물로, 예수가 최후의 만찬에서 사용한
고블릿(goblet) 잔에서 유래한다. 따라서 성배는 신성한 존재의

에너지를 담는 용기를 상징하는데, 이러한 이미지를 갖게 된 데는 잔 모양의 여성적 형태도 관계가 있다. 꿈에 나타난 성배는 강력한 영적 충동과 접속하게 되는 것을 암시한다. 만약 기독교인이라면 더 많은 의미를 지닐 것이다. 성배에는 인간은 신의 무한한 사랑을 담는 그릇이라는 생각도 들어 있다.

Homosexuality 동성애

상징적 관점에서 보는 동성애의 핵심은 여성적 원리와 남성적 원리 가운데 하나와 보다 강력하게 결합하는 것이다. 이것은 결코 성적인 것이 아니다. 남성적 원리는 행위와 관련되며, 여성적 원리는 존재와 관련된다.

동성애적 성향의 사람을 하나의 원형으로 보면, 자신의 자연스러운 일부로서 두 가지 원리 모두와 교감하는 능력을 가지고 있는 사람이라고 할 수 있다. 따라서 동성애가 나오는 꿈은 그런 것을 지향하며 더 높은 본성을 표현하는 것이다. 물론 성적 취향은 많은 사람에게 복잡한 문제이며, 이런 주제를 드러내는 꿈은 여러 차원에서 해석할 수 있다.

당신이 현실에서 동성애자가 아닌데 이런 꿈을 꾸었다면 자신의 성적 취향이나 편견을 살펴볼 필요가 있다. 꿈에 나온 인물이 동성애자라면 적극적인 행동 또는 우아한 직관으로 양자의 격차를 조율하는 자신의 성격 측면으로 해석해야 한다. 꿈의 내용이 불편했다면 당신은 성적 측면이든 아니든 자신의 남성성이나 여성성에 대해 불안한 심정을 가지고 있다는 신호다.

Honeycomb 벌집

이 복잡하고 공학적인 구조체는 궁극적으로 저장 공간이다. 따라서 상징으로서 벌집은 가치가 있거나 원하는 것을 지속적으로 확보하는 능력을 나타낸다. 보통 벌집에는 꿀이 보관되기 때문에, 상징적으로는 인생의 달콤한 맛을 보고자 하는 욕망의 의미가 있다.

Hood 후드, (옷에 달린) 모자

후드는 머리에 쓰는 것이기 때문에 상징으로서 의미는 생각이나 사고방식과 관계가 있다. 꿈에서 자신이 후드가 달린 옷을 입고 있다면 자신의 생각을 나타내는 것이고, 다른 사람이 그런 옷을 입고 있다면 자신의 성격 측면에서 생각을 표현하는 것이다. 후드는 결국 어떤 것을 숨기는 것이므로 자신이 어떤 생각이나 아이디어를 숨기거나 비밀로 하고 싶은지 살펴볼 필요가 있다.

신비롭거나 폭력적인 비밀 행동에 참여한 후드를 쓴 사람들에 대한 역사적 기록에서부터 후드 티셔츠를 입은 범죄자들을 연상시키는 현대적 이미지에 이르기까지 후드에는 위협적인 의미가 담겨 있을 수 있다. 당신은 무언가를 숨기려고 하는가?

Hoodie 후드 티셔츠

대중매체는 후드 티셔츠라고 하면 범죄 행위가 연상되는 현대적 이미지를 만들어냈다. 꿈에서 후드 티셔츠를 입은 사람을 보았다면 그는 못된 짓을 한다고 생각되는 자신의 성격 측면이다.

자신이 후드 티셔츠를 입은 것을 꿈에서 보았을 때도 같은 의미를 자신에게 그대로 적용할 수 있다. 하지만 이 상징을 해석할 때는 자신의 의심이 올바른 근거가 있는 것인지, 두려움이나 편견에 기인한 것은 아닌지 살펴볼 필요가 있다. 자신의 어떤 부분에서 의심이 가는지, 그 동기는 무엇인지를 면밀히 살펴보라.

Hook 고리

고리는 어떤 것을 걸어두는 데 사용되는 도구다. 따라서 고리는 외부의 아이디어를 매달 수 있는 의식 내부의 무엇인가를 상징한다. 다른 사람이 당신에게 제시하는 것을 받아들이기 위해서는 먼저 그것을 매달 수 있는 고리를 확보해야 한다. 그 아이디어가 긍정적인 것이든 부정적인 것이든, 도움이 되는 것이든 파괴적인 것이든 이것은 변함없는 진실이다.

꿈에서 고리에 매단 물건이나 고리가 보이면 고리에 매달린 것을 받아들일 용의가 있다는 뜻이다.

Horizon 지평선, 수평선, 시야

지평선은 제한적이고 유한할 뿐 아니라 탁 트이고 무한하다. 그것은 고정되지 않은 채 계속해서 변화하는 고정된 지점일 뿐 아니라 심지어 변함없이 유지되는 것처럼 보이기도 한다. 지평선은 무한한 동시에 유한한 자연의 경험을 상징하며, 경외심과 감탄을 불러일으킨다.

꿈에 나오는 지평선은 자신의 실존적 본성 안에 자리하는 무한하면서도 유한한 또 다른 차원을 상기시킨다. 지평선이 나오는 꿈은 자신의 본성의 좀 더 높은 차원을 돌아볼 것을 요구한다.

Horse 말

말은 궁극적인 힘의 상징이다. 마력(horsepower)이라는 용어가 엔진의 힘을 일컫는 단위로 사용될 정도다. 이 힘센 짐승에게 재갈을 물리면 엄청난 속도와 힘의 세계로 우리를 데려간다. 인생길에서 이동을 하기 위해 본능적인 에너지와 접속할 필요가 있을 때 말이라는 토템이 당신의 꿈을 방문한다.

Horseshoe 편자

먼 옛날 성 던스턴이 악마의 발굽에 신발을 신겼다고 한다. 이렇게 해서 악마를 쫓는 힘을 가진 부적인 편자가 만들어졌다. 편자에 대해 보다 현대적으로 고찰해보면, 편자는 말의 움직이는 능력을 보호하는 신발로서 땅과 편하게 접촉하도록 해주며, 말에게 채우는 다른 마구와 함께 말의 힘을 적절히 활용할 수 있도록 돕는다. 만일 꿈에 편자가 나오면 행운이나 신의 가호와 연결된다.

Hose 호스

호스는 여러 가지 목적을 위해 특별한 방향으로 물을 향하게 한다. 물은 언제나 감정과 느낌을 상징하므로, 호스는 자신에게 지속되는 것을 가장 유리한 방식으로 활용하는 능력을 상징한다.

Hospital 병원

치유와 건강 회복의 필요를 나타내는 꿈이다. 말 그대로의 실제 건강이든 상징적인 건강이든 말이다. 병원은 강력한 감정적 반응을 불러일으킨다. 병원에 대한 사람들의 연상에 불편함이 따르는 것은 치유의 장소인 병원이 불러오는 긍정적 결과에 부정적 느낌을 덧붙인다.

병원에 대한 흔한 반작용은 아이러니하게도 치유 과정에 대해 두려워하는 것이다. 치유는 변형이며, 중대한 변화를 향한 최초의 발걸음은 돌파에 앞선 와해다. 와해는 두려운 것이기 때문에 우리는 그것을 피하려 한다. 사람들이 현실에서 병원을 기피하는 것처럼 말이다. 환자를 치료하는 수술을 하려면 먼저 칼로 몸을 절개해서 상처를 내야 한다. 입원하는 사람이 모두 운 좋게 퇴원하는 것은 아니기 때문에 병원은 죽음과 죽어감의 두려움을 연상시킨다. 하지만 죽음에는 언제나 재생이 따른다는 것을 기억할 필요가 있다.

꿈에 병원에 있거나 병원 부근에 있는 것은 치료가 진행 중이거나 치료가 필요한 것을 가리킨다. 꿈속에서 자신이 환자라면 당신의 자아 감각은 중요한 변화를 겪고 있다. 자신이 병원 방문객이라면 치료를 통한 변화는 방문하는 사람으로 상징된 자신의 성격 측면이나 존재 방식으로 표현된다. 자신이 치료자의 역할을 맡았다면 꿈은 변화를 경험하는 삶의 영역에서 새로운 역할을 맡기 시작한 것을 보여준다. 꿈에서 경험한 두려움이나 혐오는 무의식적으로 경험하는 저항감이 어느 정도인지 알려준다.

만일 당신의 건강에 실제로 문제가 있다면 꿈속의 병원은 말 그대로의 병원이다. 이 경우 병원이 나오는 꿈은 자신의 몸에 대한 치료와 그에 따르는 작용이나 부작용을 수용하는 것에 대한 기저의 저항 심리를 보여준다.

Hot Spring 온천

자연 온천은 지표면 밑에 존재하는 지열 시스템으로 데워지는 지하 대수층과 땅의 구멍이 직결되어 뜨거운 물이 나오는 곳이다. 따라서 온천은 열정적인 본성과 아울러 의식의 표면 아래에서 끓어오르는 감정적 표현을 상징한다. 대부분의 경우 온천은 휴식과 건강을 위해 활용되므로 꿈에 온천을 본다는 것은 의식의 표면 아래에서 체계적으로 서서히 끓어올라 표출되는 감정을 허용할 때 얻어지는 이익을 가리키는 긍정적 상징이다.

Hot Tub 온수 욕조

꿈에 나오는 모든 물은 감정을 나타낸다. 온수 욕조는 따뜻하고 마음을 느긋하게 해주기 때문에 열정적이고 강렬한 감정을 누리는 호사를 허용하는 강력하고 유익한 경험을 상징한다.

Hotel 호텔

꿈에 나오는 자기 집 같은 모든 주택은 자아의 상징이다. 호텔이나 모텔같이 잠시 머무는 생활공간은 임시적으로 존재하는 자아를 나타낸다. 호텔이라는 상징은 변화가 진행 중이고, 자아 감각이 과도기에 있으며, 아직 집(home)에는 도착하지 않은 것을 의미한다. 이처럼 과도적인 성격을 고려해볼 때 이런 꿈은 진정한 정체성을 찾기 위해 일시적인 유예를 하는 것을 나타낸다고 볼수 있다. 꿈속의 거주지가 싸구려 모텔처럼 허물어져 가는 곳이라면 풍요로운 영역으로부터 하향 이동을 경험하고 있는 것이며, 호텔이 웅장하고 사치스럽다면 풍요를 증대시킬 준비를 하고 있는 것이다.

호텔 방은 가끔 성적 접촉이나 자살을 위해 이용되기도 하므로 성행위나 자살과도 연결된다. 호텔 방에서 섹스를 하는 꿈은 성적 표현이 포함된 자기 탐구를 가리킨다. 만일 호텔 방에서 자살하는 이미지가 꿈에 나온다면, 인생길에서 앞으로 나아가기 위해 자신의 어떤 부분에서 없애거나 희생시키는 게 필요할지 스스로에게 물어보라.

House 집

꿈에서 집은 자아 감각을 나타낸다. 집은 꿈꿀 무렵의 정체성을 정확하게 반영한다. 꿈에서 표현되는 정체성의 감각은 집의 성격에 곧바로 반영된다. 과거의 집이나 어린 시절의 집은 그곳에 살았던 시절에 생겨난 정체성을 나타낸다.

꿈속에서 상상한 집은 자신의 자아 감각을 나타내며, 그 집의 상징적 의미를 파악하기 위해선 꿈의 맥락을 살펴봐야 한다. 저택은 확대된 자아 감각인 반면, 작거나 퇴락한 집은 자존의 문제를 돌아볼 것을 요구한다. 건설되는 집은 구축되는 자아인 반면, 파괴되는 집은 자아의 해체 또는 재창조의 관점에서 해석된다. 모든 주거 공간에 같은 관점이 적용된다. 아파트에서부터 호텔까지, 아주 큰 집에서부터 돼지우리 같은 집까지 말이다.

Humming 허밍

노래하는 행위는 열정과 흥분의 표출을 상징한다. 허밍은 열정과 흥분 같은 욕망이 존재하지만 다소 억제되기 때문에 의식의 차원 바로 아래나 배경에서 덜 강렬한 형태로 표출된다. 허밍은 기쁨이 존재하는 것을 암시한다.

Hummingbird 벌새

모든 새는 전달자이며, 그중 벌새는 기쁨과 관련된 재능을 상징한다. 벌새는 어떤 곳이든 능숙하고 교묘하게 날아다니며 재주 좋게 꽃 속의 꿀을 빨아 먹는다. 꽃꿀인 넥타는 인생에서 맛볼 수 있는 가장 달콤한 것을 상징한다. 벌새가 꿈에서 나타나면 손쉽고 우아하게 기쁨을 얻는다는 징조다.

Hurricane 허리케인

허리케인은 바람과 비의 야생적이며 공포가 잠재된 결합이다. 바람은 광란 상태의 흥분된 감정이나 생각을 상징하며, 비 역시 감정적인 것에 젖어드는 것을 의미한다. 꿈에 허리케인이 등장하면 인생에서 어떤 사람이나 상황이 자신에게 막대한 양의 고통, 슬픔, 분노를 일으키는지 살펴보라. 이런 꿈은 현실에서 일어나는 의미심장하며 스트레스 많은 변화에 대한 반응이다.

Ice 얼음

물은 감정을 상징하는데 얼음은 얼어붙은 물이다. 따라서 얼음은 극적으로 달라진 감정을 상징한다. 차고 딱딱하다는 말은 유쾌한 감정을 불러일으키지 않는다. 물리학의 세계에서 얼음은 냉기를 더해서 만들어지는 것이 아니라 열기를 제거해서 만들어진다. 이것은 얼음이 존재하면 따뜻함이 손실되거나 사라지는 것을 의미한다. 또한 얼음은 무엇보다 그 위를 지나갈 때 위험할 수 있다. 꿈속의 얼어붙은 길은 감정적인 유연성의 부족이 인생 여정에 위험하게 작용하는 것을 상징한다.

Ice Cream 아이스크림

그리운 옛 맛의 극치인 아이스크림은 최고의 간식이며, 삶이 제공하는 보상과 달콤함에 대한 지금 이 순간의 욕망을 상징한다. 달콤한 음식에 대한 부정적 인식이나 체중 감량 때문에 아이스크림이 죄책감을 동반하는 즐거움으로 생각된다면, 아이스크림은 탐닉을 상징할 수도 있다.

Ice Skates 스케이트

얼음은 싸늘하게 얼어붙은 감정을 나타낸다. 따라서 얼음 위에서 스케이트를 타는 것은 온기나 열정이 없어도 잘 살아가는 능력을 상징한다. 또한 얼음은 아주 미끄럽고 단단하므로 스케이트는 아슬아슬한 상황에서 우아하게 움직이는 능력을 뜻한다. 여기에서 나온 말이 미묘한 문제를 다룬다는 의미의 "살얼음판 스케이팅 (skating on thin ice)"이라는 표현이다.

Iceberg 빙산

바다 밑에서 불쑥 튀어나오는 장애물인 빙산은 무의식을 항해하는 자신에게 어려움을 던지는 닫힌 감정이나 패턴을 상징한다. "빙산의 일각"이라는 말이 있는데, 이것은 문제나 어려움의 진정한 원인을 발견하기 위해서 깊이 있게 살펴봐야 하는 것을 의미한다.

Icing 당의

케이크나 간식 위를 덮은 달콤한 표면을 의미하는 당의는 어떤 상황에 추가된 이익을 상징한다. 여기에 딱 맞는 표현이 "금상첨화(the icing on the cake)"라는 말이다. 꿈에서 당의가 강력하게 등장한다면 당신은 지금 특별한 상황이 제공하는 선물을 기대하고 있는 것이다.

Identification 신분 증명

현대 문명에서 신분 증명을 소지하는 것은 일상생활의 일부다. 이런 이미지가 나오는 꿈은 자신의 정체성에 대한 감정이 표현된 것이다. 꿈에서 자신의 신분증을 잃어버리는 것은 일상을 이어가는 능력으로부터 단절된 감정을 나타낸다.

In-Laws 인척, 시부모나 장인 또는 장모

인척이 나오는 꿈은 당신이 그들과 맺는 관계에 의해 촉발된 실제 삶의 문제를 나타낸다. 하지만 그들을 자신의 성격 측면으로 이해함으로써 더 깊은 해석에 도달할 수 있다. 꿈에서 인척은 부모님과 유사하지만 배우자나 결혼 문제와 좀 더 관련된다('Family Members 가족 구성원' 참조).

Incest 근친상간

이것은 현실에서 매우 복잡한 문제이므로, 이런 꿈을 꾸면 몹시 당황스럽게 된다. 하지만 보편적 개념의 근친상간이 지닌 의미와 근친상간 꿈이 말해주는 것 사이에는 큰 차이가 있다.

근친상간 꿈은 중요한 치유의 과정이며 매우 어려운 경험을 처리하는 것이다. 이 불쾌한 행위가 꿈에 등장하는 것은 말 그대로의 의미가 아니라 상징적인 관점에서 이해해야 한다. 모든 성적인 경험은 통합의 상징이며 의식의 다른 요소들을 결합하는 것이다. 따라서 근친상간은 상대하는 사람이 예상 밖의 파트너일 때조차 강력하고 긍정적인 상징이다.

근친상간의 경우 관련된 사람은 가족 구성원이다. 따라서 통합되는 성격 측면은 가족적인 특징, 가치, 꿈에 등장한 사람의 실제 성격 등을 나타낸다.

Incubus 총각 귀신

총각 귀신은 꿈에만 특별 출연하는 신화적 생명체다. 총각 귀신은 이런 부류의 남성 버전이고, 희생자로부터 생명력을 빼앗아가는 유령이며 흔히 악몽에 출연한다. 만일 꿈에서 총각 귀신을 만났다면 삶의 어느 부분에서 어떤 남자나 여타의 경험이 열정과 힘을 빼앗아가는지 돌아보라('Succubus 처녀 귀신' 참조).

Infidelity 불륜, 간통

이것은 우회로를 통한 욕구 충족과 중대한 사안의 회피를 상징한다. 일차 관계에서 성적으로 충족될 수 없다는 것은 사실 있을 수 없는 일이다. 혼외정사나 파트너 아닌 상대와 애정 행각을 벌이는 것은 우회적인 방식으로 원초적인 욕구를 충족시키는 것인 동시에 기저의 문제를 회피하는 것이다. 따라서 이 이미지는 우회적 관계와 직면의 회피 두 가지를 동시에 상징한다.

만일 꿈에서 타인의 불륜을 발견하면 자신을 돌보는 것을 회피하는 삶의 영역이 있는지 찾아봐야 한다. 자신이 그런 관계를 맺는 꿈을 꾸었다면, 자신의 욕구를 충족시키는 데 조작적이거나 간접적인 징후가 있는지 삶의 정황을 살펴보는 게 필요하다.

누군가에게 잡히는 것은 변화를 가져오려는 무의식적 욕망을 반영하기 때문에 외도가 발각되는 꿈은 자신의 삶의 영역에서 변화를 추구하는 욕망을 나타낸다. 이런 꿈 이미지가 나타날 때는 책임의 문제를 적극적으로 돌아볼 필요가 있다. 삶에서 스스로의 행동에 책임지지 않으려는 부분이 존재하는지 살펴보라.

만일 꿈이 불륜 관계를 만드는 상세한 내용을 포함하고 있다면 욕망을 표현하고 드러내는 관점에서 자신이 얼마나 진실한지 돌아볼 필요가 있다. 당신은 삶의 어느 부분에서 진실하지 않은가? 당신은 자신의 욕구를 어떻게 배신하고 있는가?

한편 꿈에 나오는 이 이미지는 꿈꾼 사람의 결혼 상태가 어떻든 간에 현실의 성행위 문제와도 연관될 수 있다. 만일 실제로 애정 전선에 문제가 있거나 파트너에게 문제가 있다고 믿는다면 이 꿈은 말 그대로의 의미를 지닌다고 할 수 있다.

Infinity 무한대, 아득히 먼 곳

무한대의 원리는 다양한 형식을 취할 수 있는 특별한 부류의 꿈에 출현한다. 일반적으로 무한대의 꿈에는 극도로 크다고 느끼는 풍경과 무한소로 작다고 느끼는 풍경이 동시에 나온다. 이런 꿈은 삶의 신비를 깨닫기를 요구하는 영적인 호출이다.

Injection 주사

주사는 신체 시스템의 화학적 반응을 일으키기 위해 신체에 물질을 투여하는 것이다. 주사의 상징적 의미는 아주 적은 양의 무언가로 아주 큰 변화를 만들어내는 것이다. "무언가를 주사한다(to inject something into)"라는 표현은 열정이나 의도를 더해서 아이디어의 힘을 증대시키는 것을 말한다.

Insects 벌레

이 꿈은 충격적인 생각이나 숨겨진 두려움을 반영한다. 벌레는 대부분의 사람이 혐오하는 것이다. 벌레는 어떤 사람에게는 극도로 비합리적인 엄청난 두려움을 불러일으킨다.

모든 동물이 생각의 어떤 요소를 상징하듯이 꿈에 나오는 모든 벌레는 작지만 두려운 무의식적 생각을 상징한다. 정확한 해석을 위해 문제의 벌레에 대해 알아볼 필요가 있다. 벌레에 대해 약간의 지식을 습득하면 그것이 상징하는 것에 대한 해석을 얻어낼 수 있다. 예를 들면 벌은 정교한 의사소통을 통해 공동으로 꿀을 생산하는데, 이것은 엄청난 부지런함과 공동의 목적을 위해 모인 집단적 사고의 힘을 상징한다.

바퀴벌레는 핵폭발에도 살아남을 수 있을 만큼 생존력이 강한 것으로 정평이 나 있다. 따라서 바퀴벌레는 그림자 영역에서 살고 있는 소름 끼치는 생각의 지속력을 상징한다. 딱정벌레는 종이나 판지와 흡사한 물질을 만들어내는데, 이것은 작은 것을 처리함으로써 얻을 수 있는 강력한 변형을 상징한다. 수많은 벌레에 의해 만들어지는 비단은 사실상 그림자 영역에 뿌리를 둔 감탄할 만한 창조성을 지닌 힘이나 기운을 나타낸다.

날아다니는 벌레는 어두운 생각의 엄청난 활동성을 상징하고, 땅바닥을 기어 다니는 끈적끈적한 벌레는 오래 지속되는 영혼의 취약성을 가리킨다. 꿈에서 벌레가 등장하면 잠시 시간을 내서 그 벌레에 대한 세부 사항을 찾아보라. 이 과정에서 발견하는 것들이 무의식의 중요한 메시지를 찾아내는 방아쇠가 될지도 모른다.

Instrument 악기

모든 악기는 음악과 관련되며, 음악은 열정적인 표현과 고조된 창조성을 상징한다. 악기는 열정의 도구다. 만일 악기가 꿈에 나오면 그것은 창조적인 성과를 올려서 열정의 차원을 높이라는 뜻이다.

Intercourse 성관계

자신의 성격 측면들을 결합시키는 통합에 대한 꿈을 꾸고 있다. 성관계의 본질은 신체가 허용하는 한도 안에서 서로에게 접근하며 두 사람이 하나로 결합하는 것이다. 이런 사실은 통합이 성관계의 상징적 의미가 되도록 한다. 나아가 새로운 생명을 창조하는 열매를 맺게 될 가능성이 이런 의미를 더욱 강화한다.

당혹감, 수치심, 성적인 집착 같은 것에서 벗어날 수 있다면, 상징의 순도가 높아질 수 있다. 성관계와 관련해서 꿈에 등장하는 인물은 그 인물의 성격 측면을 통합하려는 무의식적 욕망을 표현한다. 만일 자신이 꿈에서 섹스를 하고 있다면 탐구의 초점은 꿈속의 파트너에게 맞춰진다. 그 사람이 나타내는 성격 측면은 자신의 무의식이 현재의 행동 차원으로 통합할 필요가 있다고 생각하는 특성이다. 이 특성은 실제 삶에서 그 사람이 누군지 알고 있을 때 쉽게 이해할 수 있다. 하지만 이것은 또한 그런 꿈을 받아들이기 힘들게 만드는 요인일 수도 있다. 동료, 가족 구성원, 지인처럼 정상적으로는 결코 그런 행위를 하지 않을 사람이나 심지어는 그런 생각조차 하지 않을 사람과 성관계를 하는 꿈도 흔하다. 이런 꿈과 관련해서는 자신의 성격 측면으로 살펴보면서 자신과 동일시하는 특성의 변형이라는 요소를 해석에 덧붙여야 한다. 이 과정에서 성관계란 말 그대로의 뜻이 아니며, 절대 구체적인 상황이라고 할 수 없다.

Internet 인터넷

인터넷의 등장은 우리가 세상과 상호작용하는 방식을 빠르게 변화시켰다. 사람들은 인터넷을 통해 뜻이 통하는 사람들과 상호작용할 수 있으며, 다수에 의해 공유된 생각이나 정보와 연결된다. 인터넷은 오늘날의 집단의식을 정확하게 상징한다.

인터넷이 진화한 속도는 두려울 정도이며, 인터넷은 그것의 원리를 이해하는 우리의 능력보다 훨씬 빠른 속도로 글로벌 문화를 창조했다. 인터넷이 눈에 띄는 이미지로 나오는 꿈은 수십 년에 걸쳐 발생한 압도적인 변화와 자신의 개인적 관계를 돌아볼 것을 요구한다. 현실에서는 인터넷을 잘 받아들이고 능숙한데 꿈에서는 단말기 작동을 시작하는 수준이라면, 단지 확대되고 가속화된 생각을 하고자 한다는 정도로 해석할 수 있다. 하지만 만일 당신이 현실에서 인터넷에 저항하는 사람인데 꿈에 이런 이미지가 나온다면 압도적이거나 지나치게 빨리 진행되는 삶의 영역이 있는지 돌아보라는 뜻이다. 이에 따르면 인터넷은 두려움이나 혼란스러운 사고를 상징적으로 표현하는 것이다. 만일 꿈에서 당신이 인터넷을 도구로 사용한다면 더 높은 차원의 기능이나 사고를 요구하는 삶을 추구하는 것이다.

Iron 다리미

다리미는 옷에서 주름을 제거한다. 주름은 가지런하지 않은 것을 상징한다. 따라서 다리미는 문제를 바로잡아 보다 정돈된 인생을 살아갈 수 있는 능력을 나타낸다.

Island 섬

육지는 의식을 나타내며 바다는 무의식을 상징한다. 섬은 감정적인 문제 때문에 다른 의식들로부터 분리되어 고립된 생각을 말한다. 꿈에 나오는 섬은 어려운 시기를 통과하고 있을 때 발생하는 고립감을 나타낸다.

Itch 가려움

의식의 표면 바로 아래 있는 것이 당신을 괴롭히고 있으며, 그것을 인식하라고 요청하고 있다. 가려움과 관련된 꿈의 해석이 어려운 것은 그것을 긁는 것이 좋은지 아닌지 알 수 없다는 사실 때문이다.

꿈속에서 느낀 가려움은 중독적인 성향이나 지속적인 두려움처럼 깊이 파고들 경우 통증이나 고통을 야기할 수 있는 기저에 깔린 생각을 상징한다. 이런 경우 어떤 것이 자신을 괴롭히며, 그 이유가 무엇인지 알아내기 위해 깊이 생각해볼 필요가 있다. 그에 대한 해결책이 의식의 표면 바로 아래 있을 수 있기 때문이다.

가려움의 근원이나 원인도 중요하게 살펴봐야 한다. 상처에서 발산되는 가려움은 치유 과정의 일부다. 이것은 최근에 겪은 감정적 갈등에 대한 억울함이나 입 밖에 내지도 않은 생각이 잠재적 상처를 남긴 것을 의미한다. 옻나무처럼 독을 퍼뜨리는 가려움은 만족감을 위해 마음의 문을 여는 순간 해로운 행동을 반복하게 만드는 힘겨운 충동에 빠지는 중독적 성향을 나타낸다. 생식기처럼 민감한 영역의 가려움은 사적이고 비밀스러우며 성적인 생각이나 욕망을 가리킨다.

Jack-in-the-Box (인형이 튀어나오는) 깜짝 장난감 상자

꿈에 나오는 이 장난감은 깜짝 놀라거나 삐걱거리는 사건으로 끝나고 마는 압력이 쌓이는 것을 암시한다. 인형이 튀어나오는 상자가 안겨주는 진짜 긴장감은 '설마'에 있는 것이 아니라 '언제냐'에 있다. 에너지가 갑작스럽게 분출할 것이라는 점은 모두가 확실히 알고 있다. 기대와 긴장이 생기는 것은 그것이 언제 튀어 오를지 모르기 때문이다. 꿈에 등장한 이 장난감의 상태를 살펴보면 더 많은 정보를 알아낼 수 있다. 만일 스프링이 팽팽히 감겨 있다면 더 많은 흥분을 느끼고 자신의 삶을 자극하려는 욕망이

가득한 것이다. 만일 그것이 망가졌다면 만족감을 지체시키거나 행동을 지연시키는 능력이 훼손되었음을 뜻한다.

Jackass 멍청이

('Donkey 당나귀' 참조)

Jacket 재킷

재킷은 추위로부터 몸을 보호하기 위해 만든 겉옷이다. 모든 옷은 개인의 자기표현 양식과 관련된다. 꿈에 나오는 재킷 역시 마찬가지인데, 종류에 따라 조금씩 다른 뉘앙스를 더한다. 콤비 상의는 번영이나 책임감을 상징하며, 파카는 삶의 가혹함으로부터 보호받는 것을 의미한다.

꿈에 나오는 재킷의 종류와 의미를 파악한 뒤에는 꿈의 맥락을 살펴보라. 찢어지거나 파손된 재킷은 취약하거나 보호받지 못하는 감정을 나타낸다. 어울리지 않는 재킷은 자신이 마음에 들지 않는다는 뜻이다. 재킷을 잃어버린 꿈은 재킷이 의미하는 도움을 일시적으로 받지 못하는 것을 암시한다.

Jackhammer 잭해머

이 엄청나게 시끄러운 파괴의 도구는 새로운 것을 건설하기 위해 매우 강한 물질을 부수는 역할을 한다. 따라서 잭해머는 새로운 습관, 아이디어, 인생관을 창조하기 위해 영원한 것처럼 보이던 과거의 구조를 큰 노력을 기울여서 부수는 것을 상징한다. 꿈에서 잭해머나 그것이 사용된 흔적이 눈에 띄면, 거대한 변화가 일어나고 있으며 그 변화의 의미는 과거로부터 비롯된 영원한 것처럼 보이던 것들의 제거임을 알려준다.

Jaguar 재규어

모든 고양이는 여성적인 힘을 상징한다. 고양이가 클수록 토템의 힘은 커진다. 재규어는 사자와 호랑이에 이어 세 번째로 큰 고양잇과 동물이므로 이들은 상징의 세계에서 그만큼의 확실한 비중을 차지한다.

재규어는 어떤 동물보다도 나무를 잘 타므로 이들이 지닌 토템의 힘은 잠행이나 어려운 지역을 교묘히 이동하는 것을 가리킨다. 여기서 어려운 지역은 삶의 어려움을 뜻한다.

Jail 유치장, 구치소

유치장은 교도소에 투옥되기 전에 재판을 기다리는 범죄자가 가는 곳이다. 사실상 죄가 없으면서도 유치장에 갇힐 수 있다. 유치장은 자유를 누리지 못하게 하는 강력한 통제와 제약을 상징한다. 만일 꿈의 배경이 유치장이라면 자신을 저지하는 상황이나 제한하는 신념이 있는지 돌아보라.

Janitor 관리인, 수위

관리인은 공간을 깨끗이 유지할 책임이 있는 낮은 지위의 고용인이다. 꿈에 나오는 관리인은 자신의 성격 측면을 나타낸다. 가장 단순하고 기본적인 차원에서 일하는 그는 자신이 창조한 높은 수준의 생각, 아이디어, 선택을 따라다니며 청소할 책임이 있는 존재다. 스스로에게 물어보자. 어떤 일을 행동에 옮기고 난 뒤에 마무리할 일이 남아 있지 않은가?

Jar 병

병의 목적은 특정한 물건을 오래 보존하기 위해 담아두는 것이다. 따라서 병은 물건의 본질을 포착해서 나중에 사용하기 위해 손에 닿도록 보존하는 능력을 상징한다. 무언가를 보존하는 것은 함유(含有)라는 여성적 원리를 상징한다.

Jaw 턱

턱은 음식이 소화가 잘되도록 만드는 역할을 하므로 궁극적으로 자기 돌봄과 배려의 원리가 담겨 있다. 하지만 꽉 닫힌 턱은 드러나지 않은 분노와 긴장을 강하게 의미한다. 만일 꿈에 자신의 턱이나 다른 사람의 턱이 나오면 거기에는 분노의 의미가 들어 있을 수 있다.

꿈속에서 누구의 턱이 눈에 띄는지 살펴보라. 낯선 인물의 턱이 등장한다면 그는 분노를 억제하고 있거나 혹은 드러내지 않은 분노를 품고 있는 자신의 성격 측면으로 볼 수 있다.

Jeans 진, 청바지

미국적 의상의 유니폼이 된 진은 원래 거친 일을 하기 위해 입던 옷이다. 오늘날 진은 캐주얼웨어의 대표 주자이므로, 청바지 등의 진 의상은 가벼운 마음을 갖고 편하게 활동하는 것을 상징한다. 꿈에서도 마찬가지로 무거운 마음을 털어버리거나 꿈이 의미하는 상황에서 편하게 처신할 필요가 있음을 나타낸다. 만일 꿈에 나오는 사람이 눈에 띄게 진을 입었다면 그 사람이 가리키는 자신의 일부가 긴장을 푸는 방법을 가르쳐주는 것이다.

Jeep 지프차

모든 이동 수단은 인생을 살아가며 이동하는 방식을 상징한다. 지프차는 자신의 선택에 대해 매우 단호하고 단순 명료하게 접근해야 하는 순간을 가리킨다.

Jester 어릿광대

놀기 좋아하고 장난기 있는 원형적 인물인 어릿광대는 심각한 문제로부터 머리를 식힐 필요가 있을 때 꿈에 나타난다.

Jesus/Buddha 예수/부처

당신은 지금 인간의 가장 높은 의식과 연결되는 원형적 성격 측면에 대한 꿈을 꾸고 있다. 꿈에 만나는 이들 신적 존재는 생각을 현실로 나타내는 능력을 발휘한다.

예수와 부처는 더할 나위 없이 신성한 사랑과 계시의 원리로 사셨던 비범한 스승이다. 물론 이런 표현을 두 분에게만 구사함으로써 이런 정신을 구현한 다른 예언자나 스승을 무시하는 것은 아니다. 하지만 이들 두 분은 그러한 신적 존재의 원형으로 다뤄질 필요가 있다. 두 분 가운데 한 분에 대한 꿈을 꾸는 것은 높은 차원의 자기 발견과 통합을 경험하는 것이다.

예수와 부처는 가장 높은 차원의 남성적 원리를 상징하는 전형적 예다. 이 남성적 원리는 특히 생각의 힘을 나타낸다. 두 신비주의자는 매우 다른 가르침을 통해 당신이 생각하고 믿는 바가 자신의 현실이 된다는 생각을 가르치셨다. 그분들은 때로는 힘겨운 인생길에서 사랑을 통해 축복을 경험하는 데 귀감이 되셨다. 꿈에 이 위대한 스승 가운데 한 분이 나오면, 당신은 고양된 의식과 자기 통합의 순간에 있는 것이다.

꿈에서 원형적 인물이 침묵하는 것은 흔한 일이다. 왜냐하면 그 인물의 존재만으로도 충분히 의미심장하기 때문이다. 만일 꿈에 말이나 메시지가 있으면, 그것을 마음에 새기면서 그 말을 그대로 따르라. 만일 그런 말이나 메시지가 없으면, 고양된 의식을 불러오는 희귀하고 강력한 메시지를 말없는 감사의 마음으로 받아들이는 것이 최선의 태도일 것이다.

Jet 제트기

제트기는 오늘날 인간에게 일상적 경험이 된 이동 수단 가운데 가장 빠른 것이다. 비행기는 한 장소에서 타서 매우 짧은 시간에 다른 먼 장소에 도착하기 때문에 중요한 변화나 변형을 나타낸다. 제트기는 이런 이동 수단 가운데서도 가장 빠른 것이므로 매우 신속한 변화가 임박했음을 알려준다.

Jewelry 장신구, 보석류

모든 장식은 자기표현을 의미한다. 그것에 덧붙여서 장신구는 풍요와 번영, 부를 끌어들이는 자신의 능력을 과시하는 욕망을 상징한다. 사람들은 종종 자신이 소유한 장신구에 높은 가치를 부여하므로 이것은 가치 있게 여기는 것을 상징한다. 장신구가 나오는 꿈의 맥락을 살펴보라. 꿈은 당신에게 자신이 가치를 두는 것이 무엇인지 알려줄 것이다.

Jewel 보석

보석은 지구상에서 매우 희귀한 물체로 만든 값비싼 물건이다. 따라서 그것은 부, 번영, 풍요 등 우리가 무척 귀하게 여기는 것에 대한 최고의 상징이다. 보석은 또한 신성한 것으로 여겨지므로 꿈에 보석을 보는 것은 영적인 열망을 나타낸다.

Jigsaw Puzzle 직소 퍼즐, 조각 그림 맞추기

직소 퍼즐의 본질은 아주 작은 조각들을 하나씩 살핀 다음 알맞게 합쳐서 전체의 이미지를 서서히 드러내는 것이다. 이것은 생각을 하나씩 검토해 분명한 의미를 드러내는 정신적 숙고를 상징한다. 현실에서 그런 과정에 몰두하고 있는 부분이 있다면 이 같은 상징이 꿈에 나타날 수 있다.

Joint 대마초

대마초 흡연은 일상적인 스트레스 요인, 특히 번뇌와 정신적 압박에서 벗어나려는 욕구를 상징한다. 꿈에 나오는 대마초는 원할 때면 언제든지 현실도피를 할 수 있는 능력을 나타낸다.

Journal 저널

저널은 내적인 사유와 개인적인 성찰을 상징한다. 꿈을 해석하는 일에 관심이 있는 사람은 자신의 꿈을 의식 속에서 일지 형식으로 기록하기 때문에 꿈에 나오는 저널과 꿈을 숙고해서 내적인 지혜를 얻는 것은 깊은 관계가 있다. 따라서 꿈속의 저널에서 일어나는 일은 자신의 내적이고 개인적인 표현을 직접적으로 반영한다.

Judge 판사

판사는 모든 것의 옳고 그름을 판별하는 전사 같은 존재의 원형이다. 판사와 관련된 꿈을 꿨을 때는 죄와 무죄의 개념을 떠올려 보고, 과거 자신의 특정한 행동이나 선택과 관련된 부분이 있는지 생각해볼 필요가 있다. 판사가 꿈에 나타나면 삶이 재판과 같다고 느끼고 있는 것이며, 어쩌면 혹독한 처벌을 받거나 혹은 형 집행 취소를 받는 일이 생길지도 모른다는 걸 암시한다.

Juice 즙, 주스

모든 것의 즙은 사물 자체의 액화된 본질이다. 과일이나 채소의 즙 역시 음식을 액체화한 것이며 모든 영양 성분을 포함한다. 따라서 즙은 모든 물질이나 구조에 존재하는 이익을 상징한다. 즙은 쉽게 소화되므로 꿈에 나오는 즙은 가치 있는 어떤 것을 자기 것으로 쉽게 소화시키려는 욕망을 나타낸다.

Jungle 정글

정글은 사람의 발길이 닿지 않는 이국적이고 낯선 영역을 상징한다. 정글은 식물이 빽빽이 자라서 일반적인 수단으로는 도저히 통과할 수 없는 땅이다. 열대기후에서만 발견되는 이 광대하고 습기 찬 서식지는 고립되고 신비로우며 현대인의 문명화된 정신과는 완전히 동떨어진 낯선 곳이다. 꿈에 나오는 정글은 그런 배경에 대한 낭만적인 시각을 제공한다.

꿈속의 정글 분위기가 경탄이나 황홀함을 불러일으키면 인생에서 새롭고 흥미로운 영역으로 발을 들여놓는 것이다. 정글은 색다른 경험에 대한 열망을 표현하는 이미지이며, 정글 꿈은 당신에게 인생에서 이국적인 체험을 해보기를 권하는 것이다.

정글은 사람이 살기에 매우 힘든 지역일 수 있다. 무서운 동물과 병을 옮기는 벌레 같은 것이 있기 때문에 그런 곳에 가면 위험에 처할 수도 있다. 만일 꿈이 그렇다면 실제 삶의 어떤 영역에서 고립감이나 이질적인 감정이 두려움과 스트레스를 불러오는지 돌아보라.

열대우림은 대지의 허파이며, 대기로 방출되는 산소의 대부분을 책임지고 있다. 우리는 이처럼 귀중한 자원을 계속해서 훼손함으로써 스스로를 위험으로 몰아넣는다. 열대우림 구하기의 옹호자든 아니든 간에 당신은 집단무의식을 통해 지구의 구석구석과 연결되어 있다. 꿈은 지구적으로든 개인적으로든 자원의 냉담한 파괴를 가리킬 수도 있다. 이러한 여러 측면을 고려해서 꿈을 해석하라.

Jury 배심원단

배심원단은 자신과 대등한 사람들로 구성되므로 꿈에 이런 사람들이 나오는 것은 자신의 사회적 정체성과 관련이 있다. 배심원단은 옳고 그름을 최종적으로 결정하는 사람들이기 때문에 꿈에 그런 이미지가 나오면 자신이 현실의 어떤 부분에서 심판받는다고 느끼는 것이다.

Kangaroo 캥거루

캥거루에 대해 잘 알려진 사실의 하나는 캥거루 암컷이 출생 후 오랫동안 자신의 주머니에 새끼를 넣고 다닌다는 것이다. 이에 따라 캥거루의 토템은 그들의 모성적 본능에 초점이 맞춰진다. 또한 뛰어올라 발차기를 할 수 있는 캥거루의 능력은 자기 돌봄의 영역에서 새로운 방향으로 나아가게 하는 갑작스러운 이동과 변화의 특성을 덧붙인다. 따라서 캥거루가 꿈에 나오면 당신은 자기 돌봄과 관련해 강력한 본능적 치유를 받게 되며, 이와 관련해 새로운 변화를 맞을 수도 있다.

Karaoke 노래방

노래하는 것이 노래방의 핵심이므로 상징으로서 노래방은 열정, 창의성, 표현의 충동 등을 의미한다. 하지만 표현을 노골적으로 한다는 의미에서 술에 취했다거나 가치 있는 재능을 부적절하게 낭비한다는 뜻도 포함된다. 만일 꿈에 노래방에서 노래를 하고 있다면 자기 회의와 어색함에서 벗어나려는 욕망이 표현된 것으로 볼 수 있다.

Kayak 카약

카약은 유속이 매우 빠를 때도 아주 능수능란하게 물에서 운항할 수 있는 이동 수단이다. 꿈에 나오는 물은 감정 상태를 나타내며, 카약은 신속하게 움직이는 감정이나 감정적 상황을 기술과 수완을 동원해서 잘 타고 넘어갈 수 있는 것을 가리킨다.

Key 열쇠

열쇠는 자물쇠를 여는 기구다. 상징의 세계에서 자물쇠는 수많은 문제, 어려움, 장애, 아직 이루지 못한 욕망을 나타낸다. 따라서 열쇠는 직면한 문제를 해결하기 위해 손에 넣어야 하는 것을 상징한다.

열쇠에 대한 대부분의 꿈은 잃어버린 열쇠를 찾는 것이거나 열어야 할 자물쇠가 무엇인지 모른 채 열쇠를 손에 들고 있는 것으로 나타난다. 삶은 계속되는 여정이며 올바른 자물쇠에 올바른 열쇠를 꽂아 문제를 해결할 수 있는 기회가 수없이 많이 찾아온다. 하지만 이는 또 다른 문제로 이어지는 새로운 과정의 시작일 뿐이다. 열쇠는 이처럼 오묘한 삶에서 효율적으로 살아가고 있음을 알려주는 최고의 상징이다.

Keyboard 키보드

키보드는 손가락을 능수능란한 의사소통 도구로 변화시킨다. 손가락은 재주와 창의성을 가리키며, 모든 단어는 의사소통 영역에 있다. 키보드는 인터넷이라는 광대한 세계에서 일어나는 모든 것과 접속할 수 있게 한다. 따라서 꿈에서 키보드에 초점을 맞춘 모든 것은 손가락을 통해 광대한 세상과 접속하는 것을 나타낸다. 망가지거나 기능이 발휘되지 않는 키보드는 세상과 연결하는 것이 효율적이지 않다는 느낌이 표현된 것이다.

Kidnap 납치, 유괴

납치범은 아이를 데려가서 붙잡아둔 채 몸값을 요구한다. 아이는 순진함이나 가능성처럼 귀중하고 가치 있는 것의 상징이 된다. 몸값은 이런 특성이 물질적인 가치를 위해 희생당하는 것을 나타낸다. 목표 달성을 위해 자신의 가치를 낮춰야 한다고 느낄 때 이런 꿈을 꿀 수 있다. 만일 당신이 아이를 둔 부모라면 이런 꿈은 부모로서 자녀에 대한 불안을 반영하는 것일 수도 있다.

Killer Whale 범고래, 식인 고래

당신은 바닷속의 범고래처럼 의식의 깊은 곳에서 어슴푸레하게 잔뜩 부풀어 오른 무언가와 접속하고 있다. 꿈에서 범고래의 특성이 발견된다면 의식의 표면 아래 깊은 곳에 자리하고 있지만 당신을 찾아오거나 당신이 찾아가서 도움을 얻을 수 없는 두려움과 만나고 있다는 것이다('Whale 고래' 참조).

King 왕

원형적 인물인 왕이 꿈에 나오면 권력에 대한 최고의 감각을 나타낸다. 이것은 당신이 현실에서 내리는 선택을 지배하는 자신의 높은 본성의 일부다. 꿈에 나오는 이 등장인물을 둘러싼 느낌을 살펴보라. 당신은 자신의 인생을 자비로운 통치자로서 다스리고 있는가, 아니면 잔인한 폭군으로서 다스리고 있는가?

Kiss 키스, 입맞춤

꿈에 나오는 키스는 원하는 것이든, 필요한 것이든, 진행 중인 것이든 항상 의사소통과 관련된다. 키스는 자극이 되므로, 키스 꿈은 자신의 의사소통 스타일에 특정한 방식을 통합하는 새로운 자극이 필요함을 나타낸다.

꿈에서 키스하는 사람이 누구인지 살펴보라. 만일 키스하는 사람이 자신이라면 당신이 키스하는 대상은 불러올 필요가 있는 자신의 성격 측면을 가리킨다. 만일 그 사람이 현실에서 당신의 애정의 대상이라면 이는 자신의 느낌을 고백하고 싶은 욕망을 가리킨다. 만일 꿈에서 키스하는 두 사람을 당신이 지켜본다면 두 사람의 특성을 살펴보고, 그 두 가지 특징이 융합할 경우 어떤 의사소통이 이뤄질지 생각해보라.

Kitchen 부엌

가정에서 돌봄의 중심인 부엌은 자아의 심장을 상징한다. 이곳은 가족을 먹여 살리고 공동체를 이루는 장소이며, 파티를 할 때 사람들이 모여드는 곳이다. 또한 부엌은 엄마와 가족 구조로 표현되는 여성적 원리의 상징적 영역이다.

부엌은 음식을 저장하고 요리를 하는 곳이므로 꿈속의 부엌에도 당신의 영혼을 위한 상징적 음식이 자리하고 있다. 당신이 자신의 영적인 음식 준비를 어떻게 하는지 꿈이 알려줄 것이다. 만일 현실의 가족, 엄마, 부엌이 꿈에 나오는 이상과 다르면 당신의 개인적 패러다임을 참작해서 꿈을 해석해야 한다. 예를 들면 폭력적 상호작용이 많이 일어나는 가족의 경우 그런 일의 대부분이 부엌에서 일어나기 때문에 부엌 꿈을 해석할 때 이런 부분도 고려해야 한다.

꿈에 나오는 행동은 배려, 자기 돌봄, 치유의 사안에 대한 현재 자신의 내적 관점을 보여준다. 등장하는 모든 사람은 탐구 과정의 핵심 요소들이다. 만일 그들이 당신이 아는 사람이라면 자신의 성격 측면으로 보고 그들의 특성을 자신의 해석에 통합하라. 만일 꿈에 나오는 사람이 당신이 모르는 사람이라면 꿈에서 그들에 대해 기억나는 것을 찾아보라. 주로 부엌에서 일어나는 꿈은 자신의 마음 중심에 대한 대략적인 상태를 알려준다. 이것을 통해서 당신이 건강하게 자기를 돌보고 있는지, 아니면 어떤 조정이 필요한지 살펴보라.

Kite 연

연은 날리는 사람이 밑에서 잘 잡아줄 때만 효과적으로 날 수 있다. 높이 치솟는 것을 상징하는 연은 위쪽뿐만 아니라 아래쪽으로도 범위를 확장한다. 하늘과 관련된 모든 것은 높은 차원의 사고, 지적인 능력, 영적인 열망을 상징한다. 연은 땅과 굳게 연결되어 있기만 하면 위로 치솟을 수 있는 높은 차원의 의식을 상징한다.

Kitten 새끼 고양이

고양이는 조건 없는 사랑의 여성적 원리를 상징한다. 새끼 고양이는 이 에너지를 가장 순수하게 표현한다. 새끼 고양이 꿈을 반복해서 꾸는 것은 흔한 일이며, 이런 꿈은 꿈꾼 사람에게 사랑과 위로를 선물한다. 새끼 고양이는 사랑과 친밀함에 대한 미성숙한 접근을 상징할 수도 있는데, 이때 고양이가 독립적으로 홀로 다닌다면 이는 두려움과 저항을 나타내는 것이다.

Knife 칼

칼은 손의 확장인 날카로운 날을 이용해 원하는 대로 자를 수 있게 만든 도구다. 호전성과 보호를 의미하는 강력한 남성적 상징이며, 현명하게 사용할 경우 창조적 능력을 의미하는 손 기술을 확장할 수 있다. 꿈에 칼이 나오면 위협적이고 두려울 뿐 아니라 더 이상 도움이 되지 않는 것을 자신에게서 잘라낼 필요가 있음을 암시한다.

Knight 기사

기사는 전사의 원형이라 할 수 있다. 전사는 세계를 옳고 그름의 두 진영으로 나눈다. 그는 순수한 이들의 수호자이며, 잘못된 일이 생겼을 때 이를 바로잡기 위해 소환된다.

Knot 매듭

매듭으로 묶인 것은 이질적인 요소들이 하나로 묶인 것을 나타낸다. 어떤 경우에는 긍정적인 구조물이지만 다른 경우에는 혼란과 혼동을 초래하는 것일 수도 있다. 꿈에 매듭이 보이면 복잡하게 얽힌 인생의 문제를 풀어야 한다.

Koala Bear 코알라

코알라는 극도로 느리고 온순한 동물이므로 차분한 에너지를 나타낸다. 꿈에 코알라가 나오면 차분한 평정심과 만사를 느긋하게 만드는 힘을 제공받는다.

Komodo Dragon 코모도왕도마뱀

강한 생존 본능이 이 희귀한 동물의 가장 큰 특징이다. 꿈에 나오는 파충류는 생명에 대한 원초적 반응이나 숨을 쉬고 신체를 조절하는 기본적 기능을 상징한다. 코모도왕도마뱀이 꿈에 나타나면 자신의 본능을 신뢰해야 한다.

Koran 코란

이슬람의 성스러운 텍스트인 코란은 신의 말씀을 의미한다. 코란의 시는 영적 원리에 따라 살았던 인생의 아름다운 표현이다. 실제로 코란이 자신의 종교적 신념이라면 꿈속에 나타난 신의 말씀은 그대로 받아들여야 한다. 만일 그런 것이 아니라면 당신은 근본적인 영적 원리에 관한 꿈을 꾸고 있다.

Label 라벨

라벨은 그것이 설명하는 것에 대한 통찰력을 제공하고 그 물건의 구조를 알려준다. 따라서 라벨을 통해 우리는 무언가를 이해할 수 있다. 꿈에 나오는 라벨은 그것의 필요성이나 그것이 없을 때 받는 충격을 나타낸다.

꿈에 라벨이 나오면 당신은 어떤 것을 더 많이 이해하기를 원하는 것이다. 만일 읽을 수 없는 라벨이 있다면 그것은 알 수 없는 무언가를 작동시켜야 하는 것을 암시한다.

Laboratory 실험실

실험실은 지식 발달이 이뤄지거나 알지 못했던 매우 중요한 것을 발견하는 곳이다. 꿈의 배경으로 등장하는 실험실은 대개 건강이나 병과 관련되어 있는데, 이것은 자신의 인생에 대해 더 많은 정보를 얻으려는 욕망을 나타낸다. 당신은 어떤 것의 핵심에 도달하기 위해 과학적이고 체계적인 관점으로 사물에 접근하고 있다.

Labyrinth 미로

본질적으로 미로는 혼란스럽고 종잡을 수 없는 구조물이다. 상징으로서 미로는 어떤 것의 핵심을 찾아가는 여행을 의미하는데, 이는 완전히 길을 잃어 결국 되돌아 나올 수밖에 없는 복잡한 길로 이뤄진 여행이다. 미로는 이 같은 상징으로서 수많은 영적이고 종교적인 장소에서 바닥에 새겨 넣은 패턴으로 발견된다. 그것이 자유로운 형태의 신비롭고 희미한 미로이든 내면 여행의 아름다운 상징이든 꿈에 나오는 미로의 해석은 동일하다. 당신에게는 혼란이 일어날 수 있으며 당신은 지금 방향 전환이 임박한 내적 자아의 깊은 탐구에 몰두하고 있다.

Lace 레이스

이 상징이 표현하는 것은 섬세한 복잡성이다. 레이스는 테크닉이라는 남성적 원리와 인내와 창의성이라는 여성적 원리의 아름다운 조합이다. 꿈에 나오는 레이스는 당신이 본성의 이러한 두 측면과 만나는 것을 상징하며 정말 아름다운 어떤 것을 창안하고 있음을 암시한다.

Ladder 사다리

당신은 위태로운 이행에 대한 꿈을 꾸고 있으며, 더 높고 좋은 위치로 올라가려고 하지만 도움의 손길이 없다고 느낀다. 사다리는 더 높고 좋은 위치로 올라가는 효율적이지만 불안정한 수단이다. 한 곳에서 다른 곳으로 이동하는 것은 하나의 영역에서 다른 영역으로 이행하는 것을 상징한다. 사다리는 높은 곳으로 이동하는 데 사용하는 도구이므로, 다른 영역으로 이행하고자 하는 목표를 달성하는 능력을 상징한다. 꿈에 사다리가 나오는 것은 어떤 목표를 달성하거나 주목이 필요한 삶의 영역으로 이행하는 것이 임박한 것을 의미한다.

사다리의 사용이 필요하지만 그것을 무시하거나 사용할 수 없는 꿈은 인생의 목표를 달성하기 위해 필요한 것을 놓치고 있다는 뜻이다. 망가진 사다리는 목표를 달성하는 데 필요한 단계를 따르지 않는 것을 가리키며, 불안정한 사다리는 중심을 잡으며 조심스럽게 한 걸음씩 인생길을 밟아 올라가라는 것을 의미한다.

Ladybug 무당벌레

길상의 상징인 무당벌레는 부활이나 재생을 의미한다. 꿈에 무당벌레가 나타나면 행운이 찾아온다.

Lake 호수

꿈에 나오는 물은 당신의 감정 상태를 나타낸다. 호수에는 처음 봐서는 알 수 없는 상당한 분량과 깊이의 물이 있지만 탐사할 수 없을 만큼 깊지는 않다. 잔잔한 물의 덩어리인 호수는 자신의 감정을 나타내며, 지속성과 안락함의 가능성을 드러낸다.

꿈에서 호수의 안쪽이나 주변에서 일어나는 일은 꿈꿀 무렵의 감정이나 감정적 문제를 반영한다. 호수의 크기, 호수 안에 있는 물의 움직임 등을 살펴 어떤 종류의 의식이 표출되고 있는지에 대한 실마리를 찾아보라.

Lamb 어린양

아기 양인 만큼 무구(無垢)함을 상징한다('Sheep 양' 참조).

Lamp 램프, 등불

모든 빛은 아이디어의 상징이며, 사물을 분명하게 볼 수 있는 능력을 의미한다. 램프는 특정한 것에 초점을 맞추기 위해 좁은 구역을 비추도록 만든 도구로, 적은 양의 빛을 발한다. 램프는 들고 다닐 수 있기 때문에 탐구하거나 강조할 필요가 있는 부분에 의식의 초점을 맞추는 능력을 상징한다. 꿈에 나오는 램프는 자신의 삶의 영역을 분명하게 볼 수 있는 능력을 나타낸다.

Land 육지

우리에게는 의식과 무의식의 두 영역이 있다. 지구도 마찬가지로 육지와 바다로 양분되어 있는데, 육지는 의식에 해당된다. 우리가 보거나 쉽게 인식할 수 있는 모든 것은 마음의 육지와 같다. 따라서 꿈에 나오는 육지의 형태는 자신의 의식 일부를 돌아보거나 인간의 천부적 능력에 따라 인식되는 자아를 의미한다. 육지는 또한 숨겨지지 않고 드러나 있으며 자기 탐구에 사용될 수 있는 자신의 일부를 상징한다.

꿈이 제시하는 것을 좀 더 깊이 이해하기 위해선 꿈에 나오는 육지를 살펴봐야 한다. 높은 지역과 산은 높은 의식의 토대 위에 자리한 생각과 숙고를 의미한다. 이는 시선을 위로 향해서 쳐다볼 때만 탐구될 수 있는 의식의 영역이다. 깊은 정글도 마찬가지로 의식에 속하지만 숨겨진 본성에 더 가깝다. 물에 의해 분리된 협곡이나 땅덩어리는 분리되고 구분되었거나 통합될 필요가 있는 사고 과정이나 패턴을 가리킨다.

Language 언어

만일 자신이 알지 못하거나 꿈 세상에서 창조된 언어가 등장한다면, 그것은 아직 해독하거나 이해할 수 없는 무의식의 메시지를 상징한다. 현재 사용하는 언어 외에 다른 언어를 할 줄 아는 사람이 다른 언어로 꿈을 꾼다면, 인생에서 지금 놓여 있는 자리와 꿈에서 나온 다른 언어가 과거부터 자신에게 의미가 있었다는 것을 나타낸다. 단어들은 모든 생각과 실재의 토대다.

이해할 수 없는 단어가 꿈에 등장하는 경우 무의식이 규칙을 바꿈으로써 정보를 교묘히 은폐하는 것이다. 의미심장함의 정도를 파악하기 위해선 꿈의 맥락을 살펴봐야 한다. 이때 무의식에 의해 표현되는 정보와 의미를 알 수 없는 것에 대한 감정적 반응 두 가지 모두를 살펴야 한다.

음성과 억양을 통해 꿈속의 언어를 이해할 수 있다면, 그 언어의 문화와 자신의 관계를 꿈의 해석에 적용하라. 꿈에서 들은 언어가 현실에 있지 않은 가짜이더라도 특정한 단어, 음성, 구절을 기억할 수 있다면 이것들을 소리 내어 발음해보아 자신이 아는 단어들과 유사점을 찾아보라. 꿈에 등장하는 난센스 문구와 운율상이나 발음상의 연결을 찾아낼 수도 있다. 겉으로 드러난 말 그대로의 의미에 구애받지 말라.

만일 꿈에서 어떤 사람이 당신에게 말을 건다면, 그 메시지는 깊은 무의식으로부터 나오는 것이다. 만일 자신이 스스로에게 외국어로 말한다면, 새로운 정보가 이미 자신의 일부로 통합된 것이다. 제시되는 정보를 이해하고 활용하려면 많은 탐구를 해야 할 것이다.

Lap 무릎

무릎은 무릎 자체를 의미하는 동시에 어떤 물건이나 사람을 올려놓을 자리를 만드는 특별한 자세를 의미한다. 어떤 사람의 무릎에 앉거나 어떤 사람을 무릎에 앉히는 것은 친밀한 관계를 표현한다. 따라서 꿈에 무릎이 등장하는 것은 자신이 맺고 있는 관계를 친밀함과 돌봄의 관점에서 살펴보라는 뜻이다.

어떤 물건이나 사람을 무릎에 올려놓는 것은 그 물건이나 사람을 소중히 여긴다는 의미다. 당신이 어떤 사람의 무릎에 앉는 것은 어떤 식으로든 위로받으려는 욕망을 나타낸다. 배려와 돌봄을 필요로 하거나 그런 것을 당신에게 제공할 수 있는 자신의 성격 측면으로 그 사람의 상징적 의미를 살펴보라.

Laptop 랩톱, 휴대용 컴퓨터

랩톱은 완전히 독립적이며 휴대할 수 있는 물품으로서 컴퓨터의 효능을 제공한다. 컴퓨터는 대단히 세련된 차원의 정신적 조직화, 사고, 기억을 상징한다. 또한 컴퓨터는 두뇌를 재현하는 상징적인 물건이다('Computer 컴퓨터' 참조).

Laryngitis 후두염

목소리는 인간의 모든 표현과 의사소통의 중심이다. 상징으로서 후두염은 목소리를 잃는 것을 의미하며, 힘과 확신을 가지고 자신을 표현할 능력이 없거나 결과가 제한되는 것을 뜻한다.

후두염이 나오는 꿈은 자신의 목소리를 잃게 된 결과를 돌아보는 것이다. 만일 꿈에 나오는 사람이 후두염에 걸렸다면 그 사람이 가리키는 성격 측면을 살펴보라. 이것이 당신의 목소리로 표현하지 못하는 특성이다. 후두염은 일시적인 상태이므로, 꿈이 표현하는 제약은 결국 사라질 것이다.

Laughter 웃음

웃음은 기쁨의 표현이므로 이것에는 기쁨의 원리가 작동한다. 웃음이 등장하는 꿈은 더 많은 기쁨에 대한 욕망을 표현한다. 만일 꿈에서 어떤 사람이 웃고 있으면 그 사람이 나타내는 자아의 성격 측면을 살펴보고, 그것을 기쁨이 상징하는 것과 연결하여 해석하라.

이 상징의 그림자 측면은 다른 사람들이 자신을 비웃고 있다는 느낌에 따른 당혹감이다. 만일 현실에서 수치심으로 고통받고 있다면, 이런 꿈은 당신이 그것을 처리하도록 도울 것이다.

Laundry 세탁

세탁은 청소와 정화를 의미한다. 대부분 세탁을 하는 것은 옷인데, 옷을 빤다는 것은 보호, 자기표현, 묵은 에너지와 가까운 과거의 일들을 정기적으로 씻어낼 필요 등을 나타낸다.

Lava 용암

용암은 지각의 표면 아래에서 나오는 녹은 암석이다. 따라서 그것은 완전히 새로운 육지를 가리키며, 순수한 가능성을 상징한다. 육지는 의식을 뜻하므로 용암은 막 드러나기 시작하는 전의식(前意識)을 의미하는데, 날것이기 때문에 아직은 위험하다. 용암이 나오는 꿈은 가끔씩 인생을 발전시키는 원초적 재발견의 과정으로 당신을 인도하기도 한다.

Lawn 잔디밭

집은 자아의 상징이며, 잔디밭은 공적인 페르소나, 건강과 성장, 풍요, 번영에 대한 개인의 관계를 상징하는 집 주변의 땅이다. 잔디밭의 상태는 꿈꾼 시점의 이런 현실을 반영한다('Grass 잔디' 참조).

Lawyer 변호사

변호사는 세부 사항, 구조, 좌뇌적 조직화를 다룬다. 꿈에 나오는 변호사는 자아의 성격 측면으로서 혼란스러운 인생에서 특정한 사안에 대해 인식할 필요가 있을 때 소환되는 자신의 인격 중 일부다.

Leak 유출, 누출

유출은 구조적 통합성이 망가져서 액체나 가스를 담을 능력이 발휘되지 못하고 흘러나오는 것이다. 그에 따라 원래 담겨 있던 물질이 조금씩 줄어든다. 유출의 근원은 발견하기 어려우며, 근본적으로 수리하지 않으면 계속되어 피해가 점점 커진다.

상징으로서 유출은 열정, 생명력, 에너지, 물질 같은 가치를 지닌 본질을 서서히 잃어가는 것을 가리킨다. 집요하게 괴롭히는 사람이나 상황이 당신의 감각을 약화시키는 부분이 있는지, 자신의 인생을 돌아보라.

Leash 가죽끈

가죽끈은 연결과 통제를 상징한다. 가죽끈을 쥔 사람이 그 책임자다. 만일 꿈에서 가죽끈을 쥐고 있다면 당신은 통제의 문제를 탐구하고 있다. 가죽끈을 들고 있는 존재가 누군지 살펴보고, 해석에 그가 상징하는 의미를 덧붙여라. 가죽끈에 묶인 개는 사랑이나 충성을 통제하려는 시도를 나타낸다. 가죽끈에 묶인 사람은 자아의 성격 측면으로 표현되는 특성에 고삐를 당기는 시도를 상징한다. 만일 자신이 가죽끈에 묶여 있다면 다른 사람, 제도, 자신의 삶에 대한 통제에 항복하거나 굴복해야 한다는 뜻이다.

Leaves 나뭇잎

식물은 나뭇잎을 통해 호흡하며, 나뭇잎에서 햇빛을 받아 에너지로 바꾼다. 따라서 나뭇잎은 대지가 끊임없이 생명을 이어가는 것과 관련된 힘과 풍요를 상징한다. 꿈에 나오는 나뭇잎의 상태와 구조를 살펴보라. 나뭇잎은 생명을 유지하는 능력을 상징하며, 그러한 생명력이 당신에게는 어떻게 발휘되는지를 나타낸다. 나뭇잎이 떨어져서 색이 변하며 썩고 있다면, 그것은 생명이 순환하는 과정을 보여주는 것이다. 그러나 어떤 식으로든 제 기능을 발휘하지 못하는 나뭇잎은 자신의 이익을 위해서 에너지를 적절하게 생산적으로 사용하는 능력에 장애가 생긴 것을 나타낸다.

Ledge 선반, 선반처럼 튀어나온 바위 턱

건물의 높은 곳에 튀어나온 턱이나 자연에서 발견되는 좁고 선반처럼 생긴 바위 턱은 지나갈 수는 있지만 추락할 위험이 있는 모순된 성격을 갖고 있다. 선반이 지닌 상징적 의미는 이러한 위태로움이다. "선반 위에(on the ledge)"라는 표현은 위태로운 위치에 있어 심한 스트레스를 받고 있으며, 점점 그렇게 되는 위험에 처해 있다는 뜻이다. 꿈에 나오는 선반은 인생의 무대에서 이런 상태에 처한 것을 가리킨다. 삶의 특정한 어느 위치에서 그것을 유지할 능력이 바닥나 벼랑 끝에 있지 않은지 돌아보라.

Leeches 거머리

거머리는 포유동물의 피를 빨아먹는 벌레인 만큼 무언가를 빨아먹는 능력을 연상시킨다. '거머리(leech)'라는 단어 자체가 액체를 서서히 빨아들이는 것을 의미하며, 이에 따라 거머리는 열정, 에너지, 생명력이 서서히 체계적으로 사라지는 것을 상징한다. 거머리는 감정을 의미하는 물속에서 주로 살기 때문에 거머리가 상징하는 것에는 감정적인 의미가 포함되어 있다.

Legs 다리

다리는 기본적으로 서는 것과 걷는 것을 위해 작동한다. 이에 따라 다리는 혼자 힘으로 일어서고, 어떤 것에 대해 태도를 취하고, 다른 사람의 권리를 지지하는 것 등을 상징한다.
움직이는 기능의 관점에서 보면 다리는 인생을 살아가는 방식이나 자신의 뜻대로 실천하는 힘과 효율성을 가리킨다. 꿈에서 자신의 다리나 다른 사람의 다리에 무슨 일이 일어나는지 살펴보고, 여기서 발견되는 특성을 다리가 상징하는 기본 개념에 적용하라.

부러진 다리는 언젠가는 치유되겠지만 인생에서 강력하게 전진할 수 없는 시기임을 암시한다. 너무 약해서 지탱할 수 없는 다리는 자신에게 필요한 토대를 제공할 수 없음을 뜻한다.

Leopard 표범

고양잇과 동물은 여성적 원리의 힘을 상징한다. 고양이가 클수록 토템의 힘은 커진다. 재규어나 퓨마 같은 동물의 표범 무늬는 이 동물 토템의 아름다움과 관능을 상징한다.

표범이 민첩하게 나무에 올라가는 것은 이들의 상징적 의미를 의식의 높은 차원으로 확장시킨다. 고양잇과 동물이 꿈에 나타나면 자신 내부에 잠재되어 있는 포식 동물다운 본성이 소환된다는 것을 의미한다.

Lesbian Sex 레즈비언 섹스

이것은 여성적 원리에 기반한 자아의 성격 측면이 통합하는 것을 나타낸다. 꿈에 나오는 모든 성적 행위는 통합의 과정이나 인격의 다른 측면을 결합시키는 것을 상징한다.

레즈비언 섹스의 경우 돌봄, 관리, 창의성 같은 여성적 원리가 강조된다. 따라서 삶에서 이런 에너지에 집중할 때 이성애자 여성도 레즈비언 섹스 꿈을 꾸는 일이 흔하다. 임신한 여성이 다른 여성과 섹스를 하는 꿈도 종종 보고된다. 만일 꿈꾼 사람이 레즈비언의 정체성을 가진 여성이라면 이런 꿈은 성관계의 관점에서 탐구해야 한다.

레즈비언 섹스 장면을 보는 것은 실제 많은 이성애자 남성이 마음속에 품고 있는 성적 판타지다. 하지만 남성이 꿈에서 그런 장면을 본다면, 이런 이미지는 여성적 원리를 내적 성격 측면에서 통합하는 것으로 봐야 한다. 인격이 성숙해지면서 자신의 여성적 본성과 접촉하는 것은 모든 남성에게 자연스러운 발전의 과정이다. 자신 내부의 창의성, 수용성, 배려하는 성격, 감수성과 접속해 이를 자신의 일부로 통합하는 것이야말로 인격적으로 성숙한 남성이 거쳐가는 길이기 때문이다.

Letter 편지

이 한물간 의사소통 형식은 의식의 한 영역에서 다른 영역으로 운송되는 관념의 상징적 표현이다. 이런 꿈은 당신에게 더 느리고 제한된 방식으로 자신을 표현해보라고 말한다.

Levitation 공중 부양

몸이 떠 있는 것은 중력으로부터의 단절을 의미한다. 중력은 수치심, 좌절 그 외에 자신을 짓누르거나 인생에서 자유롭게 움직이지 못하게 하는 것들을 상징한다. 공중 부양은 이런 중력으로부터 자유를 얻는 신비주의적 요소가 가미된 영적 능력을 의미한다. 이런 꿈은 고조된 영적 탐구나 인식의 순간을 가리킨다.

Library 도서관

지식의 세계가 당신을 호출한다. 만일 자신의 본성이 이런 영역과 관계 맺기를 원한다면, 당신은 세상의 모든 지혜와 관계 맺을 능력을 내면에 간직하고 있는 것이다. 도서관에서 일어나는 꿈은 높은 차원의 정보를 얻을 수 있는 자신의 의식을 표현한다. 이런 꿈은 자신이 구하는 답을 발견하기 위해 더 많은 정보를 찾고 조사를 하라고 말한다.

Life Jacket 구명조끼

구명조끼는 물에 뜨게 해주어 생명을 구할 수 있게 한다. 물은 감정을 상징하므로 물에 빠져 구명조끼가 필요한 것은 압도적인 감정이 자신에게 큰 두려움이나 불편함을 일으키는 것을 암시한다. 따라서 꿈에 나오는 구명조끼는 무언가에 압도당하지만 해를 입

지 않을 수 있는 능력을 상징한다. 결국 구명조끼가 나오는 꿈은
어려운 감정적 경험을 견디는 동안 자신을 안전하게 유지하는 것
을 나타낸다. 만일 꿈에서 다른 사람이 구명조끼를 입었다면 그
사람이 자신의 어떤 성격 측면을 나타내는지 살펴보라. 왜냐하면
바로 그 성격 측면이 지금 당신을 물에 떠 있게 하는 특성이기 때
문이다.

Light 빛

빛은 일반적으로 생명 자체, 사람들이 신이나 신성한 것이라고
부르는 창조적 힘을 상징한다. 유대 기독교 교리에 따르면 창조
신화에 최초로 등장한 것은 빛이었다고 한다. 많은 꿈이 이런 의
미를 상징하는 빛의 존재를 통해 인간이 염원하는 영적 감수성을
표현한다. 만일 꿈에 빛이 보이면 자신의 영적 본성을 표출하는
것이다.

빛은 또한 자신과 스스로의 삶에 대해 의식적으로 인식하는 능력
을 나타낸다. 이에 따라 빛은 과거에는 어둠 속에 있었지만 이제
는 밝은 곳으로 나온 자신의 확장된 인식을 가리킨다.

Light Bulb 백열전구

백열전구 하면 곧바로 새롭고 눈부신 아이디어의 이미지가 떠오

른다. 오늘날 대중매체에서 그런 이미지를 고착시켰다. 따라서 꿈에 나오는 백열전구는 새로운 생각으로 고무되는 자신의 능력을 상징한다. 만일 전구가 잘 작동해서 빛이 난다면, 자신의 생각이 그렇게 효력을 얻는 것을 의미한다. 만일 전구가 망가지거나 타버리거나 어떤 식으로든 작동하지 못한다면, 영감이나 지혜로부터 단절되는 순간을 경험하게 된다.

Light Switch 조명 스위치

당신은 창조력에 접속해 성공을 확신하면서 그 힘과 자유자재로 연결되는 꿈을 꾸는 것이다. 스위치를 돌리는 것은 변화가 필요함을 나타낸다. 대부분의 스위치는 어떤 것을 시작하거나 중단하는 것을 선택하는 구조로 이뤄져 있다.

우리는 조명 스위치가 갑자기 차단당하지 않고 언제든 작동할 거라는 기대 속에서 살아간다. 이 상징이 꿈에 등장하면 그것은 원하는 결과를 가져오는 우리의 능력에 대한 신뢰와 믿음을 암시한다. 빛은 창조의 힘을 나타낸다. 빛 에너지에 접속해 그것을 켜고 끄는 것이 스위치가 상징하는 본질이다.

스위치를 켜는 것은 내적인 창조력을 촉발시킬 필요가 있음을 나타내며, 스위치를 끄는 것은 진행되는 과정을 중단하고 휴식을 취해야 함을 뜻한다. 불을 끄는 것은 어떤 것을 있는 그대로 보지 않으려고 하는 것을 의미할 수도 있다. 작동하는 스위치는 자신의 통제 감각이 온전한 것을 의미하는 반면, 작동하지 않는 스위치는 인생의 어느 영역이 자신이 원하는 대로 되지 않는 것을 의미한다. 스위치의 안전도 중요하다. 노출된 전선은 자신의 창조성에 접속할 때 위험이나 불확실성이 있는 것을 의미한다.

Lighthouse 등대

당신은 혼란스러운 과정을 통과하던 중에 마침내 길 안내를 받게 되었고, 자신이 어디로 가는지 분명히 알지는 못하지만 최소한 정서적인 안정감을 얻고 있다. 등대는 보통 해안선에 자리 잡으며, 등대가 아니라면 볼 수 없었을 풍경을 시야에 들어오게 해준다. 등대는 여행자들에게 안개가 끼어 있는 위험한 지역을 운항할 수 있도록 돕는 시청각적 신호를 보낸다.

이 상징의 핵심에 도달하려면 등대가 어디에 놓여 있는지부터 이야기를 시작해야 한다. 바다는 인간 영혼의 깊은 감정적 무의식을 상징하며, 육지는 우리의 인식 내부에 존재하는 의식을 의미한다. 해안선은 두 가지 다른 풍경이 만나는 장소다. 육지와 바다는 정말로 많이 다르기 때문에 그 사이의 경계선은 낯설 뿐 아니라 위험한 장소일 수도 있다. 이런 사실은 해안선에도 적용되는데, 육지와 바다가 이곳에서 만나기 때문이다. 상징의 세계에서

양분된 요소는 극적이거나 폭력적인 방식으로 상호작용한다. 해안가에 자리한 등대는 이처럼 위험한 지역에서 당신을 안전하게 지켜준다.

Lightning 번개

서로 다른 방향으로 갈라져서 정면충돌하는 생각에서 비롯된 갑작스러운 인식이나 깨달음을 통해 우리는 영감을 얻는다. 번개가 어떻게 형성되는지 살펴보라. 두꺼운 구름이 양전하와 음전하를 저장한다. 양전하는 구름 꼭대기에 모이고, 음전하는 바닥으로 떨어진다. 이것들이 적절한 기상 조건에 따라 압축될 때, 반대되는 것들의 반작용이 격렬한 전하로 폭발한다.

번개는 극심하게 반대되는 견해가 충돌할 때 생겨나는 인식의 섬광을 상징한다. 서로 모순되는 견해는 결국 이를 통해 상쇄된다. 하지만 중요한 것은 그런 일이 없었다면 발견하지 못했을 새로운 관점이 드러나는 것이다.

꿈에서 번개를 경험할 때의 반응도 해석의 열쇠를 제공한다. 만일 그것이 해롭거나 위험하게 느껴진다면 꿈은 그림자 영역을 반영하는 것이다. 이것은 지식이나 정보를 얻는 데 따르는 두려움을 가리킬 수도 있다. "모르는 게 약이다"라는 속담처럼 말이다. 최선의 선택임을 알면서도 마음으로 저항하는 부분이 있는지 살

펴보라. 만일 번개의 아름다움이 즐겁게 느껴진다면 당신의 무의
식은 지평선이나 지평선 너머에서 불현듯 새로운 인식이 등장하
는 것에 감사하고 있는 것이다.

Lingerie 란제리

란제리는 자기표현의 범주에 들어가는 옷 종류 중 하나다. 이 옷
이 상징하는 의미에는 속옷이라는 사실과 관련된 암시가 포함되
어 있다. 해석의 마지막 단계에서는 란제리의 에로틱한 성격을
염두에 두어야 한다.

꿈에 란제리를 입는 것은 자신의 인생에서 친밀함과 관능을 높
이고자 하는 것을 의미한다. 남성이든 여성이든 마찬가지겠지만,
특히 꿈속에서 란제리를 입은 남성이라면 성적인 측면에서 부드
럽고 여성적일 뿐 아니라 도착적인 성향도 있을 수 있다는 표현
이 된다.

Lion 사자

정글의 왕 사자는 고양이의 일종이므로 여성적 원리를 구현한다.
사자라는 장엄한 동물은 용기, 단호함, 리더십, 권력을 상징한다.
사자가 꿈에 나오면 동물 토템의 세계에서 가장 강렬한 힘의 축
복을 받는 것이다.

Lips 입술

당신은 의사소통과 친밀함 그리고 이런 삶의 요소를 통제하는 능력에 대한 꿈을 꾸는 것이다. 입술은 의사소통과 친밀한 교환에 관한 관능적인 수호자다. 입술은 돌봄의 관점에서 몸으로 들어오는 것을 통제하는 최초의 장치이며, 의사소통의 관점에서 몸으로부터 나가는 것을 통제하는 최후의 장치다.

입술의 색은 파란색에서 빨간색에 걸쳐 있으며, 전자는 온기의 부족을 나타내고, 후자는 생명을 주는 피, 즉 열정이 가득 찬 것을 의미한다. 입술이 파랗게 변하는 것은 저체온증에 이르는 신호로 아주 위험한 이미지다. 만일 꿈에서 입술의 색이 눈에 띄면 이런 내용을 고려해 살펴봐야 한다.

당신은 자신의 의사소통에 대해 그리고 다른 사람들과 친밀함을 나누는 것에 대해 어느 정도의 통제력을 발휘하는가? 꿈에 보인 입술 색이 이것을 드러낸다. 이 상징의 본질은 친밀한 관계인데, 그것이 말을 통한 세상과의 관계든 키스를 통한 다른 사람과의 관계든 마찬가지다. 현실에서의 키스처럼 꿈속에서도 두 입술의 만남은 액체가 암시하는 의미가 섞인다.

꿈에서 두 입술이 만나는 것은 의사소통과 아울러 그것을 흡수하려는 욕망을 암시한다. 느슨하게 벌어진 입술은 분별없이 흘러가는 의사소통을 의미하는 반면, 지나치게 오므린 입술은 억누름을 나타낸다. 이때 이 억제가 필요한 것인지 두려움이나 저항에 따른 것인지 판단해야 한다.

Lipstick 립스틱

입과 관련된 모든 것은 의사소통과 연결된다. 입을 강조하는 립스틱은 여기에 성적인 의미를 덧붙인다. 여성에게 립스틱은 목소리의 힘과 지시에 주목할 필요성을 가리킨다. 남성에게 립스틱은 말할 필요가 있다고 느끼는 것을 누그러뜨리고 여성적인 접근을 할 필요성을 나타낸다. 만일 꿈에서 어떤 사람이 눈에 띄는 방식으로 립스틱을 칠하고 있다면, 그 사람의 성격 측면이 당신에게 무언가를 전달하는 것이다.

Living Room 거실

집은 자아를 상징한다. 집 안에 있는 방은 각각 특별히 다른 자아를 의미하며, 거실은 공유된 경험을 뜻한다. 거실은 다른 방에 비해 공적인 성격을 지니며 자신과 연결된 사람들과 접촉하는 자신의 일부를 상징한다.

Lizard 도마뱀

도마뱀은 우리를 가장 기본적인 원초적 본능과 연결시킨다. 파충류의 뇌는 기본적인 충동을 통제하는 인간 뇌의 일부다. 꿈 세상에 등장한 도마뱀이 선사하는 치유의 힘은 적응력과 생존력이다.

Lobby 로비

건축물의 로비는 건물의 메인 룸으로 들어가기에 앞선 대기실이다. 따라서 로비는 들어오는 것에 대해 대비하는 장소로서 상징적 의미를 지닌다. 보다 자세한 해석을 위해선 로비의 형태를 살펴봐야 한다. 예를 들어 극장 로비는 사무실 건물의 로비와 다르게 해석해야 한다. 건물에 대해 당신이 무엇을 연상하든 간에 로비에서 어떤 일이 일어나는 꿈은 그 건물이 제공하는 것에서 이익을 얻기 전에 잠재적으로 취해야 할 다른 단계가 있음을 나타낸다.

Lobster 바닷가재

수중 생물인 바닷가재가 등장하는 꿈은 깊은 무의식과 관계가 있다. 바닷가재는 일생 동안 계속해서 자라며 손상된 다리를 재생할 수 있다. 따라서 바닷가재 토템의 힘은 영적인 재생과 지속적인 자기 탐구를 통해 지혜가 계속 자라는 것을 상징한다. 꿈에 바닷가재가 나타나면, 당신은 아주 깊은 차원에서 사물을 보게 되며 무의식의 표면 아래 있는 것을 탐험하게 된다.

Lock 자물쇠

자물쇠는 어떤 것으로 들어갈 수 없게 만드는 물건이다. 꿈에 나오는 자물쇠가 상징하는 것은 어딘가에 열쇠를 가진 사람이 있다는 암시다. 꿈에서 자물쇠를 본다면 자신에게 알려지지 않은 것이나 자신이 접속할 수 없는 것이 존재하는 것을 의미한다. 다방면에 걸친 해석을 위해 자물쇠가 어떤 종류이며 자물쇠를 열지 못하게 하는 것이 무엇인지 살펴보라. 꿈속의 자물쇠는 원하는 것을 얻으려는 욕망이 좌절된 것을 상징하기도 한다. 만일 꿈에서 자신이 자물쇠 반대편에 있고 자물쇠가 망가져 있다면, 자신이 안전하지 않다고 느끼는 불안한 심리로부터 벗어날 수 있음을 암시한다.

Locker Room 탈의실

탈의실은 스포츠 경기 또는 신체 단련을 준비하거나 그것을 마친 후 돌아온 것을 의미한다. 탈의실 이미지에는 벌거벗음에 따른 취약함이 존재한다. 꿈에 나오는 탈의실을 배경으로 어떤 일이 일어나기 전인지 후인지 살펴보라. 만일 전이라면 당신은 앞으로 일어날 어려움에 대비하고 있다. 만일 후라면 당신은 만만치 않은 분투와 노력에서 벗어나는 중이다. 탈의실과 관련된 학창 시절의 연상도 해석에서 고려되어야 한다.

Lollipop 막대 사탕

당신은 인생에서 달콤한 것을 추구하는데, 이것은 막대 사탕을 먹던 시절처럼 매우 천진한 감정으로 되돌아가는 것을 의미할 수 있다. 입은 자기표현과 관련이 있으므로 꿈에 막대 사탕을 먹고 있었다면 자신이 현재 구사하는 것보다 부드럽고 온화한 의사소통 스타일을 원하는 것을 뜻한다.

Lost Objects 분실물

분실물에 관한 꿈은 부족함이나 제약에 대한 집착을 가리킨다. 중요한 것이나 찾을 수 없는 것을 찾아 헤매는 감정은 무척 힘든 것이다. 상징의 세계에서 이것은 대부분의 사람이 공감하는 깊은 두려움에 접근한다. 누구나 살아가면서 때때로 겪게 되는 두려움으로, 찾을 수 없는 가치에 대한 추구가 바로 그것이다.

잃어버린 분실물을 찾는 꿈은 그런 두려움을 직면하기에 앞서 다음 날 깨어나서 최고의 정신적 균형을 이룬 일상생활을 꾸려가도록 하기 위해 스트레스를 내려놓도록 돕는 꿈이다. 이것이 그런 꿈이 되풀이되는 이유다. 만일 정기적으로 이런 꿈을 꾼다면, 그것은 자신의 무의식이 일상생활의 압박감을 효율적으로 처리하기 위해 선택한 방법인 것이다. 맨 먼저 꿈속에서 자신이 찾는 것이 무엇인지 살펴보라. 이 물건에 대해 개인적으로 어떤 연상을 하는지 파악하면 현재 자신이 찾아낼 수 없는 것이 무엇인지 알수 있다. 확신이 서지 않으면 자신에게 물어보라. '이것은 무엇을하는 것이며, 무엇을 위한 것인가?' 예를 들어 열쇠는 자신의 삶의 다양한 구획에 대한 접속을 나타낸다. 지갑은 당신을 풍요나자신의 필요를 충족시킬 능력과 연결시킨다. 자신이 그것에 부과하는 의미의 관점에서 개인적이고 특정한 것들을 살펴보라. 만일당신이 찾는 특정한 것이 없거나 자신이 무엇을 잃어버렸는지 알수 없다면, 꿈은 자신의 삶에 적절하게 대비하지 못한 채 부유하는 감각을 나타내는 것이다.

당신이 무언가를 찾는 장소가 어디인지는 그에 따르는 의미의 그림자 영역이 된다. 자신의 집은 개인적인 자아 감각을 의미하며, 다른 장소도 해석에 활용 가능한 나름의 의미가 있다. 무언가를 잃어버렸다고 느끼는 장소가 어디인지는, 자신을 불완전하다고여기게 만드는 게 어떤 영역인지를 알려준다.

Luggage 여행 가방, 수하물, 짐

여행 가방은 어느 장소에서든 생활할 수 있도록 원하는 물건을나르는 데 사용하는 물건이다. 여행 가방은 주어진 상황에 필요한 다양한 일상 도구를 얻는 능력을 상징한다.

인생이라는 여행에서 짊어지고 가는 짐을 생각할 때 강력하게 연상되는 것이 있는데, 치유되지 않은 과거의 상처가 현재의 인간 관계에 무의식적으로 지장을 초래한다는 게 그것이다. 꿈이 여행 가방을 효율적인 삶의 도구로 여기는지, 아니면 친밀함의 영역에 아직도 남아 있는 마음의 짐으로 여기는지 판단하기 위해선 꿈의 느낌을 자세히 살펴봐야 한다('Bag 가방, 봉지' 참조).

Lynx 스라소니

모든 고양이는 여성적 원리의 힘을 상징한다. 고양이가 클수록 토템의 힘도 커진다. 이 중간 크기의 고양이는 무엇보다 빛나는 눈이 가장 큰 특징이다. 따라서 이들이 선사하는 치유의 힘은 시력이나 시야와 관련된다. 꿈에 스라소니가 나타나면 선명하게 보는 안목과 뛰어난 시력을 갖춰 은밀하게 돌아다닐 수 있는 능력을 부여받는다.

Machete 마체테

마체테는 두꺼운 덤불이나 관목을 자르기 위해 고안한, 큰 칼처럼 생긴 도구다. 마체테를 사용해 잘라내는 웃자란 식물은 인생의 손쉬운 진전을 가로막는 뒤얽힌 사고와 생각을 상징한다. 따라서 마체테는 자신의 길을 가로막는 낡은 습관적 사고방식을 제거하는 능력을 상징한다. 꿈에 나오는 이 이미지는 흔히 그것을 휘두르는 등장인물이 위험하거나 무서운 사람으로 나타난다. 하지만 이 도구를 들고 있는 무서운 인물은 그런 두려움에 맞서서 새로운 길을 낼 수 있도록 당신을 돕는 것으로 볼 수 있다.

Machine Gun 기관총

기관총의 특별함은 연속적으로 빠르고 격렬하게 되풀이해서 총을 쏘는 능력에 있다. 표적에 닿는 탄환은 폭력적인 관통의 이미지를 갖는데, 이것은 어떤 주장을 타인에게 공격적으로 납득시키거나 반대로 다른 사람의 아이디어, 사고, 표현에 의해 공격당하는 것을 의미한다.

기관총은 자동화된 반복을 통해 전반적인 감수성을 다른 차원으로 이동시킨다. 만일 기관총이 꿈에 나타나면 총을 쏘는 것을 통해 연상되는 분노나 응징 같은 감정이 한층 고조된다.

Magazine 잡지

잡지는 오늘날의 대중문화와 관계가 있다. 잡지의 종류에 따라 상징하는 의미가 다른데, 어떤 잡지는 특정한 삶의 영역과 그에 따르는 감수성을 중점적으로 다룬다. 실제 삶에서 잡지를 대하는 자신의 관점도 꿈의 해석에서 고려되어야 한다. 일반적으로 잡지는 해롭지 않은 현실도피를 나타낸다.

Maggots 구더기

구더기는 역겨움이나 부패를 상징하는 파리의 애벌레로 부패하는 살을 먹고 산다. 구더기는 역겨운 이미지만이 아니라 신비한 의미도 지니고 있는 매우 고전적인 상징이다. 구더기의 존재에는 어떤 암시가 있는데, 그것은 최근에 어떤 것이 죽었다는 것이다. 죽음은 변형과 변화를 의미하므로 구더기는 최근에 변화가 발생한 것을 암시한다. 구더기는 육신을 미래의 생명을 지원하는 영양분으로 전환하는 과정에서 중요한 역할을 한다. 만일 구더기 꿈을 꾸었다면, 당신은 과거에 발생한 변화로부터 벗어나는 과정에 있는 것이다.

Magic 마법

당신은 자신의 필요를 충족시키기 위해 주의를 딴 데로 돌리거나 조작에 의존하고 있다. 이것은 자신의 에너지를 긍정적으로 사용하는 것일 수도 있고 아닐 수도 있는데, 그것은 오직 당신이 결정한다.

마법적 술수의 핵심은 주의를 돌려서 그것을 연기하는 사람의 진짜 의도를 숨기는 것이다. 여기에는 필요를 충족시킨다는 이점도 있지만 결국은 가식적인 것에 불과하다. 꿈에서 마법적 술수를 연기하는 사람이 누구인지는 해석에서 중요한 차이를 낳는다. 그가 자신이라면 진정한 동기를 스스로 숨길 필요가 있음을 가리킨다. 만일 다른 사람이라면 당신은 인생의 특정한 선택에 의해 기만당하고 있다.

Magic Carpet 마법의 양탄자

램프의 요정 지니의 주요 물품인 마법의 양탄자는 물론 마법의 힘을 의미한다. 마법적 사고는 인생의 현실적이고 어려운 상황에 대한 방어나 희망의 선물일 수 있다. 꿈에 나오는 마법의 양탄자가 희망을 주는 영적 신념을 더하라는 의미인지, 아니면 현실의 중요한 어떤 것을 회피한다는 의미인지 살펴볼 필요가 있다.

Magician 마법사

당신은 설명되지 않거나 기대되지 않는 것을 드러내는 자신의 능력과 접속하고 있다. 마법사는 인간의 마음속에 존재하는 주요한 원형 가운데 하나다. 원형으로서 마법사는 원하는 것을 창조하기 위해 신성한 힘으로 강한 의지를 발휘하는 사람을 상징한다. 하지만 원형적 인물로서의 마법사와 오락 분야에 종사하는 무대 마법사의 대중화된 이미지 사이에는 차이가 있다. 현대의 엔터테이너 마법사는 불가능한 것을 실행하는 요술쟁이다. 우리는 그가 하는 일에 속임수가 있는 것을 알면서도 경이로움에 빠진다. 이런 부류의 마법사가 의미하는 것은 조작의 개념이다.

Magnet 자석

자석이 상징하는 것은 매우 매력적인데, 바로 강력하게 끌어당기는 힘이 있다는 것이다. 꿈에 자석이 나오면 자신이 원하는 것을 자신에게 끌어오겠다는 생각을 하는 것이다. 때때로 자석은 사물을 끌어오는 힘을 통해 원치 않는 것을 가져올 수도 있다. 꿈의 맥락을 살펴 자석이 자신에게 이롭게 작용하는지 그렇지 않은지 살펴보라.

Magnifying Glass 돋보기

돋보기는 작은 것을 크게 보이도록 함으로써 사물을 면밀하게 관찰할 수 있게 만든다. 이것은 어떤 것을 깊은 차원에서 살펴보려는 욕망을 상징한다.

Maid 가정부, 하녀

가정부는 청소와 가사일을 책임지는 사람이다. 가정부 역시 자신의 성격 측면으로 살펴볼 필요가 있다. 꿈속에 나타난 가정부는 어질러져 있거나 청소할 필요가 있다고 느끼는 생각과 감정의 영역에서 사물을 정돈하거나 청소하는 자신의 일부로 볼 수 있다.

Mail 우편물

이 꿈에는 당신이 소식 듣기를 학수고대하는 모든 종류의 의사소통이 포함될 수 있다. 이메일의 등장 이래 일반 우편물에 대한 우리의 문화는 엄청나게 변화했다. 오늘날에 일반 우편이란 너무나 느리게 여겨져서 "달팽이 우편물(snail mail)"이라고 불릴 정도다. 우편물에 대한 현재의 인식은 많이 변했지만, 우편물의 기원과 그것이 세상에 미친 영향은 여전히 많은 것을 상징한다. 우편물을 통한 양자 사이의 의사소통은 지적 능력 및 추론이나 의사 결정의 내적 과정을 의미한다. 우편물의 느린 속도와 실물을 주고받는 특징은 기대의 감수성을 덧붙이고, 생각을 글로 옮기는 것은 표현된 생각의 영속성을 나타낸다.

꿈에 나오는 우편물은 원하는 정도보다 느린 의사소통을 상징한다. 스팸 메일은 두려움이나 마음속 험담과 유사하며, 거기에는 중요한 편지 같은 것이 원치 않는 목록의 파일로 취급되어 사라져버릴 위험성도 존재한다. 우편물에 관한 꿈은 명료함을 위해 중요하지 않은 것들을 뒤져야 할 필요를 나타낼 수도 있다. 대다수의 우편물에는 청구서가 포함되므로 지불해야 할 대가가 명시된 통지서가 부과되는 것을 상징하기도 한다.

Mail Carrier 우편배달부

당신은 중요한 의사소통과 연결되는 꿈을 꾸고 있다. 사실 우편배달부는 머지않아 집단의식에서 사라질 상징이다. 컴퓨터와 현대 테크놀로지가 기준이 됨으로써 우편물이 집으로 배달되는 것은 외부 세계와 연결을 맺는 부차적인 방식이 되었기 때문이다. 하지만 우리는 여전히 어떤 사람이 거주지로 찾아와서 어느 정도의 흥미와 중요성을 지닌 품목을 전달하는 시대에 살고 있다.

꿈에 나오는 우편배달부는 자아의 성격 측면으로서 삶의 큰 영역과는 연결되었지만 인격의 핵심에서는 분리된 자신의 일부를 가리킨다. "몹시 화를 내는(going postal)"이라는 말은 압도적인 스트레스와 연결된 폭력적인 분출과 동의어가 되었다. 만일 꿈이 어둡거나 그늘진 부분이 있다면 우편배달부는 자극적인 것이 폭발되기를 기다리며 암류하는 폭력적인 감정의 성격 측면으로 해석되어야 한다.

꿈에서 우편배달부가 배달하는 것이 무엇인지는 해석의 또 다른 단서를 제공한다. 무의식이 당신에게 전달하려는 새로운 정보가 무엇일지 생각해보라.

Makeup 화장

화장은 공적인 페르소나와 자신이 실제로 가지고 있는 것보다 더 많은 아름다움의 환상을 창조하는 것을 의미한다. 꿈 이미지로서 화장을 통해 표현되는 것에는 거짓됨의 요소가 있으며, 표면 아래에 진실을 감춘 얼굴을 세상에 내놓으려는 욕망도 있다. 꿈 전체의 맥락에서 화장과 함께 무슨 일이 일어나는지를 살펴보는 것도 해석에 도움이 된다.

화장을 하는 것은 진실한 것을 거짓된 표현으로 은폐하는 것이며, 화장을 지우는 것은 자신을 세상에 드러내는 진실한 방식을 원하는 것이다.

Mall 쇼핑몰

무척 흔한 꿈의 배경이다. 쇼핑몰은 다양한 소매상점이 입점해 있는 장소이므로 한편으로는 풍요, 번영, 자유 등을 상징하지만, 다른 한편으로는 교양 부족이라는 이미지도 갖고 있다. 수많은 선택이 존재한다는 점은 쇼핑몰을 규정짓는 또 하나의 강력한 상징이다. 쇼핑몰에서 꿈이 펼쳐지면 풍요와 번영에 대한 자신의 선택을 추구하는 것을 의미하지만, 이것은 영적인 풍요가 아닌 부를 추구하는 사회적 압박과 관계가 있다.

Mammogram 유방 엑스선 사진, 유방 조영상

유방은 여성적 원리의 돌봄이나 모성적 본능과 관련되며, 때로는 성적 취향이나 에로티시즘과도 관계가 있다. 유방 엑스선 사진은 유방의 건강을 점검하고 이 부분의 상태를 확인하는 것이므로, 유방이 상징하는 것들에 대해 어떤 태도를 취하는지 내면의 견해를 묻는 것으로 볼 수 있다.

Manatee 바다소, 해우

바다소는 포유동물로서 그것이 상징하는 것은 의식과 관계가 있지만, 한편으로는 수상 동물이므로 바다가 상징하는 무의식과도 관계가 있다. 바다소는 결국 무의식적인 영역에 대한 의식적인 탐구를 허용하는 토템이다.

비록 몸집은 크지만 바다소는 유순한 성품과 우아한 동작이 특징인 동물이다. 따라서 꿈속에 나타난 바다소는 평화와 순복의 원리로 소통한다. 바다소가 당신의 꿈을 방문할 때, 당신은 평정의 치유를 선물로 받는다.

Mandala 만다라

만다라는 인류학자들이 지구상의 거의 모든 고대 문화에서 발견한 세상에서 가장 오래된 상징의 하나다. 만다라는 원(圓)을 뜻하는데, 원 안에서 네 부분으로 나뉘어 동일한 패턴이 반복되는 게 기본 형태다. 이는 지구의 구면과도 관계가 있으며, 통일과 총체성을 보여주는 최고의 상징이다.

꿈에 만다라가 나오면 영적인 본성을 지닌 고양된 경험을 하는 것이다. 이런 꿈은 당신의 영적 발달에서 새로운 통합과 전체성이 중요해지는 순간이 임박했음을 나타낸다.

Manicure 매니큐어

매니큐어는 손톱에 초점을 맞춘다. 손가락은 창의력과 재능으로 할 수 있는 일을 나타낸다. 매니큐어가 나오는 꿈에는 이러한 능력을 인정받으려는 것과 생산적인 사람으로 인정받고자 하는 뜻이 담겨 있다. 또한 매니큐어는 풍요와 스트레스 완화를 연상시키므로, 매니큐어 꿈은 여유로운 마음으로 긴장을 풀어야 한다는 메시지를 전한다.

Map 지도

지도는 어떤 지역을 찾아갈 수 있도록 그 지역을 상세히 묘사한 것이다. 상징으로서 지도는 원하는 곳으로 가는 데 필요한 안내를 의미한다. 대부분의 지도는 육지를 다루기 때문에 의식을 횡단하는 것에 초점이 맞춰지며, 거기에는 이전에 가보지 않았던 곳으로 간다는 암시가 들어 있다. 자기 탐구를 위해 긴 여행을 하려고 할 때 지도가 꿈에 나오는 것은 자신을 돕는 알 수 없는 힘에 의해 안내를 받는다는 신호다.

Marching 행진

행진은 분리된 개체들이 모여서 호흡을 맞추고 한마음으로 조화를 이루는 것이다. 꿈에서 사람들이 행진하는 모습은 많은 사람이 생각이나 아이디어를 말하는 것을 의미한다. 따라서 꿈속의 행진은 혼란스럽고 뒤죽박죽인 생각을 하나의 집중적인 아이디어로 만드는 합의와 조율의 상징이다. 해석의 세부 사항을 파악하기 위해 행진하는 것이 누구인지, 행진이 일어나는 배경이 어디인지 살펴보라.

Market 시장

시장은 일상적인 생활용품, 특히 음식 품목에 초점을 맞춰서 자신에게 필요한 것을 얻을 수 있는 장소다. 시장은 또한 대지에서 유래한 풍요를 상징한다. 꿈에 나오는 시장은 거기서 구할 수 있는 것과 받을 준비가 된 것을 보여주는 자신의 의식 속에 있는 장소다. 시장 꿈은 이런 개념을 전반적인 주제로 삼으며, 당신은 꿈에서 일어나는 일과 배경에 나오는 인물을 활용해서 이 원리에 대한 자신의 현재 상태를 짐작할 수 있다.

Marriage 결혼

당신은 자신의 성격 측면들을 통합할 필요가 있다. 결혼은 두 개의 에너지를 협력과 조화의 세 번째 형태로 결합시키는 것이다. 결혼은 한때는 분리된 것으로 경험했지만 이제는 통합적인 것으로 받아들이는 습관, 양식, 사고 과정, 신념 체계를 상징한다. 만일 당신이 결혼 당사자 가운데 한 사람이면, 꿈에 등장하는 배우자는 현재 자신에게 요청되는 성격 측면을 나타낸다.

Mask 마스크

마스크는 진짜 얼굴은 덮은 채 페르소나의 특별한 형식을 세상에 제시한다. 이것은 인간이 자신의 진실한 면모를 드러내지 않은 채 세상에 보여주는 가면을 의미한다. 꿈에 나오는 마스크는 외부에 보이는 모습과 가면 뒤에 숨겨진 진정한 정체성 사이의 분리를 강렬하게 상징한다. 꿈에 나온 마스크를 살펴보라. 그것이 어떤 모습인지 알 수 있다면, 꿈을 꾸는 시점에 자신이 보여주려는 게 무엇인지 파악할 수 있다. 만일 꿈에서 마스크를 벗는다면 당신은 매우 진실한 자기표현 방식을 찾아가게 될 것이다.

Massacre(s) 학살

당신은 개인적인 이념 면에서 막대한 변화를 경험하는 꿈을 꾸고 있다. 학살은 하나의 세력에 의해 수많은 죽음이 초래되는 엄청난 규모의 사건이다. 모든 죽음은 항상 재생의 전조이기 때문에 학살은 변화와 변형을 강력하게 상징한다.

떼죽음도 다른 죽음과 마찬가지로 해석할 수 있는데, 다만 변화가 너무 커서 새로운 것의 재생에 길을 내주기 위해 오래된 것이 대규모로 소멸하는 것을 의미한다. 자신의 삶에서 비정상적으로 규모가 큰 변화나 이동의 흔적이 있는지 살펴보면 이런 꿈을 꾸도록 자극한 일을 찾아낼 수 있을 것이다. 꿈에 나오는 사람은 자신에게 내재된 인격의 일부를 상징하기 때문에 수많은 죽음은 아주 많은 낡은 생각이나 양식이 영원히 사라지는 것을 뜻한다.

Massage 마사지

마사지는 근육의 상처를 치유할 뿐 아니라 스트레스를 완화하는 수단이다. 이 이미지의 핵심에는 긴장을 푼다는 의미가 들어 있으며, 꿈에서는 스트레스에서 벗어나기 위해 깊이 파고들어야 한다는 것을 나타낸다. 누군가에게 자신의 벗은 몸을 만지도록 하는 일에는 관능적인 요소가 들어 있으므로, 이것은 자신의 관능적인 본성을 자극할 필요가 있다는 뜻으로도 해석된다.

Mastectomy 유방 절제술

유방은 여성적 원리의 돌봄이나 모성적 본능과 관련되며, 관능이나 에로티시즘과도 연관될 수 있다. 유방 절제술은 암 같은 병이 발견되었을 때 근본적인 대처 방법으로 한쪽 또는 양쪽 유방을 수술로 완전히 제거하는 것이다. 이것은 여성적 힘의 치명적인 상실을 상징한다. 만일 당신이나 당신이 아는 사람이 실제 유방암에 걸렸다면 이런 꿈은 말 그대로의 의미가 있을 것이다.

Masturbation 마스터베이션, 자위

당신은 육체적인 힘부터 창조성이나 관능에 이르기까지 자기표현을 자극하려고 한다. 관능이 포함된 이미지는 복잡한 의미를 지닐 수 있으므로 기본적인 부분들로 쪼개서 상징적인 의미에 따라 해석을 시도하는 것이 바람직하다.

마스터베이션은 특별한 목적을 가지고 행하는데, 그것은 바로 오르가슴을 유도하는 것이다. 이때 오르가슴은 두 가지 기능을 한다. 하나는 스트레스를 완화하면서 즐기는 것이며, 다른 하나는 자신의 성적 취향에 부합하는 인물을 연상해 욕구를 만족시키는 것이다.

꿈속의 마스터베이션을 해석할 때는 자신의 성생활의 현재 상태와 성적 취향에 대한 스스로의 관점이 중요하다. 만일 다른 사람이 관련되어 있다면 그 사람을 자신의 성격 측면으로 간주하라. 어떤 사람이 마스터베이션하는 것을 보거나 당신이 어떤 사람에게 마스터베이션을 해준다면, 그 사람의 특성은 꿈꾼 시점의 자신의 성적 취향이 표현된 것이다. 어떤 사람이 당신에게 마스터베이션을 해준다고 해도 마찬가지다. 하지만 이 경우에는 자신의 성적 반응을 자극하려고 하는 자아의 성격 측면을 나타낸다.

자신의 성적 취향과 무관하게 그 사람의 성별도 살펴봐야 한다. 남성은 행동하는 남성적 원리를 나타내는 반면, 여성은 수용적인 여성적 원리를 의미한다.

인간의 성적 충동에는 창조적 본능 같은 힘이 내재돼 있다. 하지만 창조적인 자기표현을 위해서 반드시 성적인 것에서 출발해야 하는 것은 아니며, 무조건적으로 그런 생각에 따라 꿈에 나오는 마스터베이션을 해석하는 것도 옳지는 않다. 삶의 어느 영역에서 당신이 열정을 불러일으키길 원하는지 먼저 생각해보는 게 좋다.

Match 성냥

성냥은 불의 잠재력을 가지고 있으므로, 바로 거기에 상징적 의미가 들어 있다. 성냥의 존재는 불을 밝히려는 욕망과 의도를 상징하며, 불은 변화와 변형을 나타낸다. 성냥이 꿈에 나오면, 가까운 미래에 변화가 일어난다는 메시지다.

Math 수학

수학은 우주의 언어다. 우리가 사는 세상을 이루는 모든 요소는 수학적 등식으로 표현할 수 있다. 수학은 분석적이고 좌뇌적인 사고를 상징한다. 꿈에 나오는 수학은 인생을 살아가는 데 도움을 얻기 위해 논리적인 사고가 필요하다는 평범한 의미일 수도

있지만, 다른 한편으로는 신성한 기하학의 꿈처럼 심오한 것일
수도 있다. 후자의 꿈이라면 당신은 존재 자체를 돌아보고 있다.
꿈의 전체 맥락에 따라 어느 쪽에 해당하는지 판단해야 한다.

Measurement 측량

측량을 하는 것은 정확하고 정밀하게 무언가를 하려고 계획하는
것이다. 준비를 잘하는 것이 무척 중요할 때가 있으며, 꿈에 이런
행위가 나오는 것은 지금이 바로 그때라는 뜻이다. "두 번 측량하
고, 단번에 잘라라(Measure twice, cut once)"라는 속담이 바로 이
런 상황을 가리키는 말이다.

Meat 고기

단백질 위주로 식사하는 문화에서 고기는 주식이다. 이것이 상징
하는 의미는 고기가 기본적 차원의 자양분이라는 것이다. 만일
고기가 나오는 꿈을 꾸었다면 강해지기 위해서 섭취해야 할 것이
있다는 의미이며, 그것은 아이디어나 계획, 인생의 새로운 방향
일 수 있다.

꿈에 나오는 고기의 상태도 중요하다. 날고기는 자신의 목적을
강력하게 실현하기 위해 할 일이 남은 것을 가리키며, 썩은 고기
는 기회가 지나가버린 것을 의미한다. 만일 현실에서 싫어하는

고기가 있다면, 이러한 개인적 취향도 꿈의 해석에서 고려되어야
한다.

Mechanic 정비공

꿈에 나오는 모든 사람은 자신의 성격 측면이다. 정비공은 당신
의 차를 제대로 유지해서 잘 달리게 할 책임이 있는 사람이며, 자
동차는 당신이 인생길에서 효과적으로 이동하는 것을 상징한다.
따라서 꿈에 나오는 정비공은 인생을 살아가면서 발생하는 문제
와 어려움을 다루기 위해 필요한 자신의 일부다.

Medicine Man/Woman 주술사, 치료 주술사

주술사는 자아의 성격 측면을 드러내는 또 하나의 원형이다. 그
들은 자신의 인격 중 일부인데, 아주 높거나 고양된 차원에서 특
히 그렇다.

주술사의 가장 큰 특징은 지혜와 치유력을 지닌다는 것이다. 큰
변화에 직면할 필요가 있거나 심오한 차원의 치유가 필요할 때
주술사의 원형을 소환한다. 그들은 어떤 일이 일어나기도 전에
변화를 감지하는 자신의 일부로, 고양된 차원의 직관과 활기 넘
치는 감성을 가지고 있는 샤먼적 인물이다. 만일 이런 인물이 꿈
에 나오면 당신은 아주 높은 영적 차원에서 고양된 경험을 하고

있는 것이다. 주술사가 남성이라면 당신은 행동을 하는 남성적 원리와 연결된다. 반대로 주술사가 여성인 경우에는 고요함과 수용성이라는 여성적 원리와 연관된다.

Meeting 회의

회의는 비지니스 세계의 일용할 양식이다. 이것은 통합된 방향을 만들어내기 위해 의식이나 아이디어를 모으는 것을 상징한다. 꿈에서 회의에 참석하는 모든 사람은 어떤 목표나 목적을 달성하기 위해 집단적으로 요구되는 자신의 성격 측면으로 해석해야 한다. 이것은 합리적인 사고를 상징하며, 계획하고 일정을 잡고 조직화하고 움직임을 수행하는 자신의 본성을 불러오는 것이다.

Menstruation 월경, 생리

생리 혈은 여성적 원리의 힘을 표현하는데, 이는 생명을 창조하는 힘이 인간성의 여성적 측면에 존재하기 때문이다. 이에 따라 생리 혈은 가장 근본적인 차원에서 창조력을 상징한다. 하지만 월경과 함께 표현되는 감정에는 슬픔도 있는데, 그것은 젊은 여성의 주기적인 하혈이 실현되지 못한 생식력의 증거이기 때문이다. 따라서 당신은 실현되지 못한 성취나 표현되지 못한 창조성을 애석해하는 꿈을 꾸고 있을지도 모른다.

Mermaid 인어

인어는 여성의 상반신과 물고기의 하반신으로 이뤄진 신화적 생물이다. 따라서 인어는 무의식이나 감정과 연결된 여성적 원리를 구현하는 원형적 인물이다.

오늘날의 대중매체에서 인어는 사랑스럽고 묘한 매력이 있는 것으로 변형되었다. 하지만 본래 인어는 어두운 기원을 가지고 있으며 사악함, 죽음, 유혹을 연상시킨다.

인어가 나오는 꿈은 영적으로 고양된 것을 의미한다. 하지만 꿈 해석을 할 때는 밝으면서도 어두운 인어의 성격을 염두에 두어야 한다. 어느 쪽이든 인어와 관련된 꿈은 당신을 영적인 본성과 연결시킨다.

Microphone 마이크

마이크의 주된 용도는 목소리를 증폭시키는 것이다. 목소리는 자기표현적 힘의 중심이다. 꿈에 나오는 마이크는 확신의 힘을 높이려는 욕망, 자신이 원하는 것을 분명하게 말할 수 있는 능력, 말로 명령하는 방법을 터득해서 휘두르는 권력을 상징한다.

만일 꿈에 나오는 마이크가 적절하게 기능하지 않는다면, 당신은 자신의 목소리가 타인에게 제대로 전달될 수 있도록 무언가를 조정해야 한다.

Microwave 전자레인지

전자레인지는 분자 활동을 가속화시켜 열이 방출되도록 한다. 열은 에너지의 증가, 열정, 변화, 힘을 상징한다.

꿈에 나오는 전자레인지는 자연스러운 속도보다 훨씬 빠르게 일이 일어나게 하려는 욕망을 나타낸다. 이런 방식은 이로울 수도 있고 이롭지 않을 수도 있으므로, 꿈에 전자레인지가 나오면 일의 자연스러운 흐름을 무시하는 것이 초래하는 결과가 어떨지를 생각해봐야 한다.

Military 군대

군대와 관련된 모든 것은 전사 원형의 후광 아래 존재한다. 전사는 세상을 옳고 그름, 흑과 백으로 나눈다. 그리고 이에 따라 그들의 가치를 목숨 걸고 지킨다. 군대는 인간 의식의 강력한 측면이며, 꿈에 나오는 군대와 관련된 모든 것은 이 심오한 힘을 나타낸다. 군대가 상징하는 것으로는 획일화, 경직성을 비롯해 융통성 없음, 상상력 부재 등을 들 수 있다.

Milk 우유

포유동물이 만들어내는 이 음료는 특히 유아와 어린아이에게 먹거리의 원천이다. 우유는 여성적 원리에 따른 영양과 돌봄의 최고 상징이며, 모성적인 본능을 돌아보게 한다. 모유라는 말에는 우리를 위로하며 살아 있게 하는 힘이 들어 있다.

Mine 광산

광산은 본질적으로 어떤 원료를 구축하기 위해 아주 깊이 판 지하 터널이다. 땅은 의식과 관계가 있으며, 광산은 표면 아래를 팔 때 얻을 수 있는 것을 상징한다. 만일 광산의 생산물이 무엇인지 안다면 해석에 그 특성을 덧붙일 수 있다. 광산에는 엄청난 위험이 존재하며, 광산은 갑작스러운 비극이 일어날 수 있는 장소다. 이 같은 사실이 때로는 자기 탐구와 관련된 두려움을 가리킬 수도 있다.

Mine Shaft 갱도, 수직 갱도

광산은 원료가 발견되고 개발되는 표면 아래의 장소이고, 갱도는 광산의 아래쪽에 도달하기 위한 관문이다. 표면 위에서 볼 때 갱도는 발굴이 이미 시작되었으며 이용할 수 있는 것에 대한 접근이 확립된 증거다.

갱도는 흔한 꿈 이미지이며, 숨겨진 이익을 거둬들이기 위해 의식의 표면 아래 있는 어둡고 두려운 장소를 찾아갈 필요가 있는 것을 암시한다. 만일 꿈속의 갱도가 폐기된 것으로 보인다면, 당신은 이미 얻은 통찰이나 인식을 다시 구하고 있는 것이므로 오늘의 의문에 대한 답을 얻기 위해선 지난날의 지혜를 돌아볼 필요가 있다.

Minister 성직자, 목사

성직자는 종교 지도자이며, 꿈에 나오는 성직자는 자신의 성격 측면이다. 순수하게 원형적인 시각에서 볼 때 성직자는 영적인 실천에 다가서는 인물이다. 하지만 꿈에 나오는 이런 인물을 해석할 때는 종교에 대한 개인적 견해와 그에 대한 인생 경험을 고려해야 한다.

Mirror 거울

거울이 나오는 꿈에는 거울에 비춰지는 자신의 모습에 대해 다시 생각해보라는 뜻이 담겨 있다. 우리가 의식에서 경험하는 것은 내적 신념에 따라 자신에게 반사되므로, 꿈에 거울이 눈에 띄게 등장하면 이 패러다임 자체를 심사숙고하는 것이다. 거울은 감정을 당혹스럽게 만들거나 혼란스럽게 만들 수 있다.

거울이 비추는 모든 것은 뒤집어져 있으며, 이런 이미지는 실제로는 존재하지 않는 실재감을 제공한다. 거울은 이미지를 정확히 반영하지만 이미지 그 자체는 아니다. 이는 원인과 결과의 원리와 비슷하다. 우리는 거울을 사물의 현재 상태를 살펴보는 도구로 사용한다. 거울에 비친 모습 가운데 마음에 들지 않는 것을 변화시키고자 할 때 거울 자체를 바꾸기보다 거울에 비치는 물체를 바꾸는 데에 공을 들인다.

꿈에서 거울에 비치는 사람이나 사물은 무의식이 보는 것이다. 거울 이미지가 당신의 자기 투시에 부합하는지 살펴보라. 거울을 정면으로 바라볼 때 자신의 모습이 편안하게 느껴진다면 당신의 자기 평가는 정직하고 현실적이다. 만일 눈에 들어오는 것이 상태가 나빠 보인다면, 이는 자신의 진실하지 않은 부분을 돌아보는 것이다. 이것은 다른 사람들로부터 자신을 교묘하게 은폐하거나 다른 사람들이 어떻게 보는지에 신경을 쓰는 것을 의미한다. 거울의 상태도 살펴봐야 한다. 예를 들어 거울을 깨뜨리면 그것을 깨뜨린 사람에게 끔찍한 일이 일어난다는 속설이 있기 때문에 깨진 거울은 불길한 느낌을 불러온다.

자신이 세상에 투사하는 이미지를 사적으로 관찰하도록 고안한 손거울은 자신을 은밀하게 힐끗 살피는 것이다. 전신 거울은 현재 삶의 전모를 들여다볼 필요가 있음을 나타낸다. 다른 사람의 거울은 자신의 개인적 자아 감각이 다른 사람의 가치나 인식에 따라 결정된다는 뜻이다. 거울은 백설공주 이야기에 나오는 사악한 여왕의 마술 거울처럼 상황의 진실을 보여주는 마술적 특질을 지닐 수도 있다. 뜻깊은 진실을 알아내기 위해선 꿈의 주제를 살펴보는 게 필요하다.

Miscarriage 유산

임신은 새로운 아이디어나 계획, 방향, 또는 가까운 시일 내에 잉태하게 될 무언가를 창조하는 것을 상징한다. 이런 의미로 보면 유산은 다시 시작하기 위해 방향 전환을 하는 것을 의미할 따름이다. 유산에 관한 꿈에는 감정적 의미가 들어 있을 수 있지만 실질적인 의미는 새로운 것을 창조하기 위해 빈자리를 만드는 것을 뜻한다.

Mistress 정부

다양한 문화에서 주요한 주제로 등장하는 '다른 여자'는 남자가 자신의 성적인 필요를 충족하기 위해 결혼 서약을 위반하는 것을 뜻한다. 해석적인 관점에서 보면 이것은 기본적인 인간 경험에 소용되는 파트너십을 위해 고안한 우회적 통로다.

만일 꿈에 나타난 어떤 사람이 실제 삶에서 자신이나 다른 사람의 정부라면 그 사람은 자신의 성격 측면에 해당된다. 또한 이 경우 감정적 위험 없이 단순한 친밀함을 누리고 싶은 욕망이 표현된 것이다.

Model 모델

모델은 심미적 아름다움을 구현하는 존재이므로 대중이 열망하는 이상을 상징한다. 하지만 모델 이미지에는 이런 이상에 대한 거짓된 동일시가 존재하기도 하므로, 꿈을 해석할 때는 아름다움에 대한 개인적 관점과 매력에 대한 자신만의 감수성을 고려해야 한다. 꿈에 나오는 모델은 자신의 성격 측면으로서 당신이 열망하는 아름다움의 이상을 가리키지만, 그런 열망이 이루어질 수 없다는 생각과 곧바로 연결되기도 한다.

Mold 곰팡이

곰팡이는 특정 온도에 오랫동안 방치된 음식에 어떤 조건이 주어질 때 모습을 드러내는 균류다. 집이나 건물에 상당한 유독성을 드러내기도 하는 곰팡이는 본질적으로 반갑지 않은 것이기 때문에 혐오감이나 부패를 상징한다. 또한 곰팡이가 나타나는 것은 청결 문제를 오랫동안 무시했다는 것을 의미한다. 꿈속에서 곰팡이를 본다면 현실에서 오랫동안 무시했던 문제가 결국 어떤 영향을 미쳤는지 돌아볼 필요가 있다.

Monastery 수도원

수도원은 도피와 함께 지극한 영적 헌신을 하는 장소다. 꿈에서

이 배경이 등장하면 영적 헌신과 자기반성을 특별히 증대시키게
된다.

Money 돈

돈이 나오는 꿈은 풍요, 힘, 자유를 나타낸다. 꿈에서 돈은 내적
자원을 상징한다. 개인적 가치, 힘, 어떤 일을 일어나게 하는 능력
이 돈으로 표현된다. 많은 돈은 성취와 실현의 욕망이 무의식적
으로 충족된 것을 의미한다. 현실에서 재정적 상태가 어떻든 간
에 꿈에서는 자신이 무한한 풍요를 누리고 있거나 절대적인 결핍
에 빠져 있다고 느낄 수 있다.

인생에서 돈은 사실상 상징적인 것이기 때문에 꿈 세상에서 그것
은 모든 형태의 풍요를 대변한다. 꿈에 돈이 등장하면 내적인 부
를 새삼스럽게 실감하는 것에서부터 새로운 관계, 직업, 바라는
일의 실현 같은 외적인 확장에 이르기까지 온갖 욕망의 획득을
나타낸다. 스펙트럼의 반대 측면에서 꿈에 나오는 돈은 현실에서
경험하는 결핍의 감정을 가리킬 수도 있다.

소원 성취 꿈이나 보상 꿈에서처럼 돈과 관련된 것은 제약의 느
낌에 균형을 맞추는 것일 수도 있다. 위조된 돈은 거짓되거나 진
실하지 않은 풍요를 나타낸다. 이것은 진짜처럼 보이지만 수상한
의도로 만들어진 것이다. 꿈에서 이것은 당신이나 어떤 사람이

자신을 실제보다 크게 보이려고 애쓰는 것을 나타낸다. 현재 상황의 여러 측면을 돌아보라. 자신이 감당할 수 있는 것보다 큰 대가를 치러야 하는 상황이 존재하는가? 이것은 물질적인 조건과 감정적인 조건 모두가 해당된다.

꿈에 나오는 돈의 양이나 돈의 부족은 필요한 물품이 많거나 적은 정도를 보여준다. 이것은 영적일 수도 있고 정서적일 수도 있으며 육체적일 수도 있다. 당신은 자신이 얼마나 풍요롭다고 느끼고 있는가?

Monkey 원숭이

꿈에 나오는 동물은 인생에 대한 본능적인 접근을 상징한다. 원숭이가 꿈에 나타나면 마음을 내려놓지 못하는 끈질긴 사고방식에 사로잡혀 있는 것이다. '네 등 위의 원숭이(Monkey on Your Back)'와 '멍키 마인드(Monkey Mind: 시끄럽고 집중을 못하는 마음가짐)'라는 노래 제목에서 의미하는 원숭이 역시 이런 꿈이 가리키는 내용과 유사하다.

원숭이는 또한 뛰어난 암기력으로 행동을 모방하지만 자신이 하는 선택의 의미에 대해 진정한 이해가 없는 것을 뜻하기도 한다. 토착 부족민들은 원숭이 토템을 통해 호기심이나 장난기 많은 에너지를 치유의 힘으로 얻는다.

Monument 기념물, 기념비적 건축물

위대한 역사적 기념물은 모두 문화적 위대성을 집단적으로 표현한 것이다. 자유의 여신상, 에펠탑, 타지마할, 피라미드 같은 건축물은 모두 자신들의 문화에서 중요성을 부여하는 것에 기념비를 세운 예들이다. 이것은 문명의 시초부터 만들어졌다.

엄청난 힘과 기술을 표현한 이 같은 기념물은 한 사회의 성취를 기념하는 것이며, 대중이 그들의 성취에 대해 자부심을 느끼고 안전하게 보호받는다고 여기게 만든다. 또한 자신들이 역사와 연결되었다고 느끼게 하는 위대성을 집단적으로 투사한다. 이런 기념물을 만나는 꿈은 매우 거대한 방식으로 자신의 흔적을 세상에 남기라고 요구한다.

Moon (Moonlight) 달 (달빛)

달이나 달빛이 나오는 꿈은 생명 에너지의 여성적 측면을 보여준다. 달은 지구에 엄청난 에너지를 발산하는 만큼 이것은 매우 강력한 상징이다. 남성적 에너지를 상징하는 태양의 천생배필인 달은 삶의 여성적 측면을 상징한다.

달의 주요한 본질은 지속적인 변화 가능성이다. 이런 관점에서 달은 덧없는 인생과 인간이 경험하는 모든 사이클을 대변한다. 만일 꿈에서 달이 눈에 띄는 역할을 맡고 있다면 변화가 임박했다는 전제하에 꿈 해석을 해야 한다. 꿈에 달이 어떻게 보이는가에 따라 해석에 차이가 생겨난다. 꿈에 달이 하늘 풍경에서 보인다면 당신은 감정적인 힘의 근원을 보는 것이다. 그리고 꿈에서 달빛이 지구 위에 떨어지듯 달 자체만 빛나고 있다면 달을 통한 마법의 결과나 영향에 대한 꿈을 꾼 것이다. 달에서 어떤 일이 일어나는 꿈을 꾸었다면 이는 무의식의 영역을 방문한 것이다. 그런 꿈은 보이지 않는 삶의 측면이 보이는 측면에 어떤 영향을 미치는지를 탐색해 정교하게 촬영한 것으로 해석할 수 있다.

달은 인생의 감정적 측면을 상징한다. 이것은 인생의 썰물과 밀물에 반응하는 것을 포함해 변화하는 모든 것에 해당한다. 꿈에 달이 나오면 놀랄 만큼 아주 폭넓은 해석이 뒤따른다는 것을 고려해야 한다. 이는 인류가 달에 대해 규정한 의문의 여지없는 보편성에 기인하는 것이다.

Moose 무스, 말코손바닥사슴, 엘크

위풍당당하고 강력한 무스는 절제를 가르쳐준다. 고요한 자태를 뽐내지 않는 무스란 거의 본 적이 없겠지만, 사실 그들은 엄청나게 잔혹한 힘을 지니고 있다. 그들은 절제된 힘과 공격성의 상징이다. 그들의 몸집은 엄청나지만 동작에는 기품이 있다. 이러한 모순은 토템으로서의 무스가 지닌 치유의 핵심이다. 무스가 꿈에 나타나면 물리적인 폭력을 표출하는 대신 잠재력을 행사하는 거대한 힘의 차원으로 초대된 것이다.

Morning 아침

24시간의 순환에서 낮의 시간은 행동하는 남성적 원리를 나타낸다. 아침은 하루의 시작이므로 현실의 프로젝트와 새로운 방향성에 시동을 거는 움직임과 관계가 있다. 삶에서 새로운 순환이 시작되고 있거나 새로운 프로젝트, 관계, 행동의 과정에 접근하고 있을 때, 아침을 배경으로 하는 꿈을 꿀 수 있다.

Mosque 모스크

매우 관습적인 방식으로 자신의 영적 본성과 접속하는 꿈이다. 교회, 절, 모스크는 종교적 공동체 생활의 중심이다. 꿈에 나오는 집이 그렇듯이 모든 건물은 현재의 자아를 나타낸다. 따라서 모든 경배의 장소는 궁극적으로 영성이나 종교와 자신의 관계를 보여준다. 인생에서 영성이나 종교와 관련된 문제는 특히 논쟁적일 수 있기 때문에 모스크의 보편적 의미와 조직화된 종교에 대해 품고 있는 개인적 감정을 명확하게 구별할 필요가 있다. 만일 모스크가 당신이 일상적으로 경배하는 장소가 아니라면, 종교적 신념의 차이보다 유사점을 돌아봐야 한다.

Mosquito 모기

날아다니는 곤충은 사고와 이성의 세계를 나타낸다. 해충인 모기는 성가실 뿐 아니라 해로운 사고방식을 상징한다. 현실에서 모기는 병을 옮기므로, 이것은 원치 않는 사고방식이 큰 해악을 끼칠 수 있는 가능성을 암시한다. 만일 그런 생각이 머릿속에 자리잡아 자신을 부정적 생각으로 감염시킨다면 말이다('Insects 곤충' 참조).

Moth 나방

나방은 나비와 유사하지만 나비와 달리 밤의 생물이라는 점이 다르다. 따라서 나비와 같은 상징적 의미의 그림자 측면을 나타낸다('Butterfly 나비' 참조).

Mother 어머니

('Parents 부모' 참조)

Mother Mary/Quan Yin 성모마리아/관음보살

성모마리아와 관음보살은 모두 사랑과 연민을 통한 치유를 상징하는 원형적 성격 측면으로 해석할 수 있다. 사랑의 힘을 나타내는 많은 원형적 표현이 있지만, 대부분 이들로부터 비롯되었다.

왜냐하면 이들은 인류 역사에서 가장 널리 공인된 거룩한 용서를 상징하기 때문이다.

꿈 해석에서 이들은 상징적 원형으로 다뤄야 하며, 이들이 꿈에 등장하면 차원 높은 자기 발견과 통합이 찾아온다. 예수의 어머니 마리아와 자비와 연민의 불교 여신 관음보살은 가장 높은 단계로 진화한 여성적 원리를 구현한다. 특히 이들은 사랑과 수용의 힘을 강력하게 발휘한다. 많은 사람이 이들을 관용과 조건 없는 사랑을 베푸는 존재로서 경배한다.

자신들을 의지하는 자들에게 이들이 내어주는 것은 정확히 같다. 바로 조건 없는 사랑과 용서다. 인간이 직면하는 가장 어려운 시련 가운데 하나가 용서를 하는 것이며, 특히 자신을 용서하는 것은 매우 어렵다. 섬김의 길을 택한 사람들이 끊임없이 얻으려고 애쓰는 것이기는 하지만, 인간의 마음이 조건 없는 사랑에 도달하기란 무엇보다 어렵다.

어떤 모습으로든 이 성스러운 어머니의 원형이 나타나면, 이들은 수치심과 원한에서 벗어나 사랑과 자비를 통해서만 찾아오는 치유를 향해 나아가도록 당신을 도울 것이다. 꿈에 이 위대한 분들이 나타나면, 의식과 자기 통합을 상승시키는 깨달음을 얻을 수 있다. 꿈에서 원형적 인물이 침묵하는 것은 흔한 일이다. 하지만 그들의 존재만으로도 꿈의 효과를 얻을 수 있다. 만일 꿈에서 말이나 메시지가 제시되면, 그것을 마음에 새기고 말 그대로 따르도록 하라. 하지만 설령 그렇지 않다 하더라도, 그런 꿈을 되새기는 최선의 태도는 그처럼 강력하게 상승된 의식을 꿈을 통해 선물로 받는 것을 고요한 마음으로 감사하는 것이다('Quan Yin 관음보살' 참조).

Motorcycle 오토바이

이동 수단은 인생을 살아가며 이동하는 방식을 상징한다. 오토바이는 일상적으로 사회적이고 공동체적인 경험을 하며 이동한다는 점에서 자동차와 비슷하다. 하지만 오토바이에는 속도, 힘, 흥분의 요소가 부가된다. 삶에서 이런 부분을 갈망할 때 오토바이 꿈을 꾼다.

Mountain 산

산은 인생에서 극복해야 하는 도전이나 장애를 상징한다. 이것은 새로운 아이디어, 생각, 선택과 관계가 있다. 산은 대립하는 운동의 벡터가 서로 밀쳐서 위로 치솟아 올라 새로운 땅덩어리를 만들 때 형성된다. 따라서 산은 갈등과 대립으로부터 솟아올라 새롭게 형성된 전망 좋은 지점을 상징한다. 지구 표면의 변화는 최초에는 내면의 가연성 핵에서 시작된다. 이것은 깊은 무의식의 낮은 지점에서부터 시작해 인생에 대해 더 많은 것을 볼 수 있는 높은 지점을 새롭게 건설하도록 하는 열정, 공격성, 마찰을 일으키는 감정을 나타낸다.

Mountain Lion 퓨마

고양잇과 동물은 여성적 원리의 힘을 상징한다. 고양이가 클수록 토템의 힘도 커진다. 퓨마는 큰 고양잇과 동물 중에서는 작은 편에 속하며, 이들이 발견되는 지역에 관해 연상되는 것은 퓨마를 의식의 높은 영역을 가로지르는 능력과 연결시킨다.

Mouse 생쥐

생쥐는 아주 작은 동물이므로 "몹시 겁이 많은(timid as a mouse)"이라는 말처럼 겁이 많은 감정을 상징한다. 생쥐는 대개 벽 뒤에 숨어 있기 때문에 숨겨져 있지만 들리는 생각, 비유적으로 말하면 표면 아래나 무대 뒤에서 긁어대는 듯한 생각을 상징한다.

Movie 영화

자신이 창조한 인생이 이 꿈에서 펼쳐진다. 영화라는 상징은 현실을 통제해야 할 필요와 관련되며 기억이나 욕망과도 연관된다. 오늘날의 문화에 깊이 뿌리 내린 영화는 현실과 구별되는 경험으로 보기가 어렵게 되었다. 심지어 역사적 사건을 현실과 다른 관점에서 실제처럼 그려내 영화 속 현실을 실제 현실과 혼동하게 만들 정도다.

연구에 따르면 영화의 이미지를 보고 자극받은 두뇌의 부분은 현실에서 겪은 사건에 의해 활성화된 두뇌의 부분과 유사하다고 한다. 이런 사실은 현실과 환상의 경계를 놀라울 정도로 흐릿하게 만든다. 영화와 꿈은 크게 다르지 않다. 실제로 꿈 자체가 영화 같은 느낌이 들었다고 말하는 경우가 많다. 영화로 만들어진 내용은 인간의 상상력 속에서 현실이 된다. 정말이라고 믿기 어려운 이야기도 영화라는 마술 속에서는 가능한 것이 된다.

영화는 인간의 열정적 욕망을 살아 움직이게 만드는 믿기 어려운 시도를 상징한다. 꿈에서 영화의 상징적 의미를 해석할 때 가장 먼저 주목해야 할 점은 영화가 욕망의 어떤 측면을 다루고 있는가 하는 것이다. 하나는 환상을 현실로 보여주는 것이며, 다른 하나는 역사를 원하는 모습으로 재구성하는 것이다. 어느 쪽이든 꿈에 나오는 영화는 현실이 인식되는 방식에 대해 더 많은 통제력을 행사하려는 욕망을 나타낸다.

삶의 어느 부분이 비현실적으로 느껴지는지 자신에게 물어보라. 현실이 비현실로 느껴지는 것은 현실이 자신이 원하는 것과 다르기 때문이다.

Moving 이사

정체성과 의식의 변화가 임박했다. 집은 자아 감각과 가장 강하게 연결되어 있으며, 이사를 하는 꿈은 커다란 변화가 임박했음을 알려준다. 이런 변화에는 혼돈이 존재하므로 이사 꿈은 모든 것이 분해되었다고 느껴질 정도로 빠르고 강렬한 변화가 일어나는 것을 가리킨다. 하지만 이것은 단지 과정일 뿐이며, 결국에는 모든 것이 다시 정돈될 것이다.

Mug 머그잔

머그잔은 보통 따뜻한 음료와 관계가 있는데, 이것은 위로의 의미를 지닌다. 꿈에 나오는 머그잔은 돌봄을 원하는 욕망을 나타낸다. 많은 사람이 머그잔을 보면 커피를 연상하므로 머그잔의 이미지는 자극이 필요한 것을 상징할 수도 있다.

Muscles 근육

근육은 힘, 권력, 성적인 남성성을 상징한다. 근육은 종종 지나치게 과장되어 남성적 특성이 과도하게 강조될 때 나타나는 부정적 이미지를 상징하기도 한다. 꿈에서 자신이 눈에 띄는 근육조직을 가지고 있다면 어떤 행위에 엄청난 노력을 기울인다는 증거다. 꿈에 나오는 사람이 두드러진 근육질이라면 그 사람을 자신의 성격 측면으로 활용해 자신의 영역에 힘과 권력을 추가하라.

Music 음악

음악이 나오는 꿈은 생명의 기본적 구조만이 아니라 깊은 열정의
표현과도 연결된다. 음악은 더할 나위 없이 수학적이다. 이것은
음악을 완전히 보편적인 것으로 만든다. 음악은 인류가 사용할 수
있는 가장 고귀한 창조적 표현 형식이자 인류 고유의 보편적인 의
사소통 방식이다. 우리 사회가 음악이나 음악가에게 부여하는 권
위와 음악이 사람들에게 미치는 영향력이 이것을 입증한다.

역사상 모든 문화에서 음악은 사람들이 기쁨을 통해 하나로 연결
될 수 있는 가능성을 창조했다. 음악은 인간이 황홀경을 공유함
으로써 이런 감정 안에서 하나가 되게 하는 힘을 지녔을 뿐 아니
라 동식물에게도 강한 영향력을 행사하는 것으로 알려졌다.

음악이 꿈에 나오면 실제 삶에서 자발적인 자기표현을 허용하는
영역이 있는지 살펴보라. 만일 꿈에서 음악을 듣고 있으면, 인생
에 대한 깊이 있고 즐거운 느낌을 향해 자신을 열어놓으라는 무
의식의 메시지를 받는 것이다. 꿈에 나오는 음악의 즐거움은 지
적인 이해 너머에 존재하는 직관적이며 감성적인 본성을 나타낸
다. 만일 꿈에서 음악을 연주한다면 당신은 지금 창조적 시도가
무성하게 자라고 있는 삶의 영역을 돌아보는 중이다. 꿈에서 배

경음악이 의미 있는 역할을 한다면, 이는 의식의 차원으로 모습을 드러내는 미묘한 감정적 과제가 제시되는 것이다.

음악이 영화의 메시지에 정서적 깊이를 부여하듯이 음악은 꿈의 메시지를 강조한다. 다만 음악의 힘을 잘못 사용할 경우 조작적이 될 수 있다는 사실을 유념해야 한다. 이럴 경우 자신의 진실하지 않은 감정이 삶에 영향을 미칠 수 있다. 이것은 자신의 상황이 감정적인 접근보다 실용적인 접근을 통해 보다 효과적으로 다뤄질 수 있다는 사실을 극적인 형식으로 보여준다.

Nails 못

건축과 건설에 주로 사용되는 못은 모든 구조의 분리된 조각을 결합시키는 최고의 도구다. 못은 이질적인 부분을 결합하기 위한 것이며, 상징적 의미도 여기에 있다.

꿈에서 못을 보거나 사용하는 것은 자신이 건설하는 것을 강하고 통합성 있게 결합하는 것을 의미한다. 당신이 건설하는 것은 의식의 새로운 아이디어를 나타내며, 못은 그것이 적절한 형식을 갖추도록 해준다.

Naked 벌거벗은

당신은 취약성에 대한 꿈을 꾸고 있으며, 어떤 특별한 상황 때문에 자신이 노출되었다고 느낀다. 이것은 많은 사람이 경험하는 가장 흔한 꿈 이미지 가운데 하나다. 취약하거나 준비되지 않은 상태에서 삶에 노출되는 것에 대해 모든 사람이 지닌 두려움을 표현한다.

우리 문화에서 보통 사람은 벌거벗은 상태가 편안하지 않다. 벌거벗은 자아를 덮으려는 우리의 성향을 고려해볼 때, 벌거벗은 것을 통해 삶에 노출되었다는 느낌을 드러내는 것은 자연스러운 꿈의 표현이다. 꿈에 어디서 벌거벗고 있는지, 누구 앞에서 벌거벗고 있는지 살펴보면 해석의 실마리를 얻을 수 있다.

Navel 배꼽

배꼽은 우리의 근원과 최초로 연결된 곳이다. 배꼽을 통해 우리는 미처 필요를 느끼지도 못할 정도로 신속하게 모든 것을 공급받았다. 배꼽은 모성적인 보호를 받으려는 욕망과도 연결된다. 배꼽이 나오는 꿈에서는 이러한 원초적 감수성을 경험하게 된다. 배꼽은 또한 감정적인 중심이며 본능이나 사물에 대한 직감과 연결된다. 배꼽에 관한 꿈을 해석할 때는 꿈의 전체 맥락을 살펴 이런 이미지에 담긴 의미가 무엇인지 이해해야 한다.

Nazi 나치

사실상 강력한 원형적 이미지이지만 그것을 통해 연상되는 엄청 난 부정적 감정 때문에 이해하기가 쉽지 않다. 나치 이데올로기 는 인종적 순혈성, 지독성, 말살을 내포한다. 만일 나치 인물에 관 한 꿈을 꾼다면 이는 체계화된 증오를 대변하는 그림자 영역의 인물을 다루는 것이다.

그림자 영역을 해석할 때는 심지어 가장 개탄스러운 악의 측면이 라 하더라도 이를 포함한 모든 것이 자신의 내면에 존재하는 것 으로 받아들이는 것이 중요하다. 꿈에 나오는 이런 이미지는 아 무리 용서할 수 없는 것이라도 자신의 일부로 받아들일 것을 요 구한다.

Neck 목

목은 목소리의 근원지이므로 이 부분이 포함된 꿈 이미지는 삶에 서 자신을 어떻게 표현하고 있는지를 상징적으로 표현한다. 목에 대한 모든 불편함은 의사소통의 실패와 자신의 목소리에 확신하 지 못하는 어려움을 나타낸다. 꿈에서 목을 강조하고, 장식하고, 주의를 끄는 것은 확신의 가치를 받아들이고 자신이 말하고 싶은 것을 지키려는 것이다.

Necklace 목걸이

목 주변에 걸치는 장식인 목걸이는 목소리를 상징하며, 목소리를 통해 자신의 진실을 얼마나 잘 말할 수 있고, 자신이 말하는 것을 얼마나 확고하게 주장할 수 있는지를 강조한다. 목걸이에 관한 꿈은 이러한 의식의 영역에 초점을 맞춘다. 꿈속에서 목걸이와 관련해 일어나는 일은 자신의 목소리와 개인적 감수성을 표현하는 것이다.

Needle 바늘

바늘의 주된 용도는 바느질용 바늘이든 의학적 용도의 주삿바늘이든 눈에 보이지 않게 관통하는 것이다. 따라서 바늘은 존재의 증거를 남기지 않으면서 어떤 것의 표면 아래를 관통하는 아주 정교한 방식을 상징한다. 꿈에서 바늘은 이러한 필요를 가리킨다. 바늘의 종류는 꿈의 해석에서 중요한 의미를 지닌다. 약물을 주입하기 위해 사용하는 바늘은 이전에 파괴적인 일이 일어났지만 근본적인 행동에 흔적을 남기지 않는 것을 암시한다.

Nephew 조카

조카는 부모의 감정을 갖되 책임감이 필요 없는 존재이기에 당신이 곁을 떠나도 되는 아이와 같다. 만일 현실에서 자신에게 조카가 있다면 이 꿈은 그의 특성을 자신의 성격 측면으로 반영해 자신에게 내재되어 있는 그 특성을 돌아보라고 말하는 것이다.

Nest 둥지

둥지의 주된 목적은 새끼를 낳고 키우는 것이다. 많은 동물이 이것을 위해 둥지를 만든다. 꿈에 나오는 둥지의 의미는 어떤 것이 막 탄생했거나 탄생하려는 것이다. 둥지에서 탄생하는 동물은 자신의 본성과 관계가 있다. 왜냐하면 모든 동물은 자신의 본성과 연결되기 때문이다.

Net 그물

그물은 물과 물고기의 경우처럼 일부는 통과시키고 일부는 모으는 구조다. 따라서 이것은 자신이 원하는 것과 필요하지 않은 것을 분별하는 것을 상징한다. 그물로 무엇을 움켜잡는지 그리고 그물이 무엇을 잡기 위해 만든 것인지는 해석에서 중요한 부분이다. 꿈에 나오는 이런 이미지는 소중한 대상을 붙잡으려는 의도를 나타낸다.

Newspaper 신문

갈수록 비중이 줄어들기는 하지만, 신문은 개인이 특정 시기의 중요한 사건과 접속하는 도관이다. 상징으로서 신문은 자신이 속한 공동체와 자신의 사회적 경험에 대해 얼마나 잘 알고 있는지를 말해준다. 꿈에 등장한 신문은 자신이 사는 세상에 대해 좀 더 알려는 욕망을 나타낸다.

Niece 조카딸

('Nephew 조카' 참조)

Nightmare 악몽

스트레스나 두려움에 직면했을 때 정서적이고 심리적인 균형과 평형상태를 유지하도록 도와주는 중요한 꿈이다. 악몽은 무서운 것이며, 잠에서 깨워 두려움 속에 남아 있게 하는 인상적인 꿈이다. 악몽에는 기저의 신경학적 원인이 있겠지만 한편으로 생각하면 이것은 그저 흔한 꿈일 따름이다. 누구나 그런 꿈을 꾼 경험이 있을 것이다.

악몽의 신경학적 구조에 대해서는 최근에 발표된 많은 이론이 있는데, 그중에서 어떤 것은 스트레스와 심리적인 균형에 초점을 맞춘 것도 있다. 하지만 이런 이론들은 정작 많은 사람이 원하는 질문에 대해서는 답을 알려주지 않는데, 그것은 무엇이 악몽을 불러오는가 하는 것이다. 물론 이 질문에 대한 답은 무엇이 악몽을 불러오는지 우리는 여전히 정말 모른다는 것이다. 우리가 알고 있는 것은 악몽의 빈도와 그것의 강도에 영향을 줄 수 있는 약이 있다는 것 정도다. 잠들기 전에 붉은 고기나 기름진 음식을 먹는 행위가 악몽을 불러온다는 근거 없는 속설도 있다. 심지어 잠잘 때 특정하게 눕는 방향이 나쁜 꿈을 꾸게 한다고 믿는 사람도 있다. 하지만 이런 것들은 과학적으로 입증된 사실이 아닐뿐더러 여러 해에 걸쳐 수천 개의 꿈을 분석한 필자의 경험에도 맞지 않는다. 악몽은 쉽게 잊히지 않으며, 악몽이 남긴 감정적 반작용은 즐거운 꿈이 남기는 좋은 기억보다 훨씬 오랫동안 우리의 의식에 남아 있다.

악몽을 기억하는 탁월한 능력은 종종 그것에 쉽사리 빠져들게 만든다. 게다가 사람들은 악몽이 불러오는 불편함 때문에 가끔씩 그것이 무슨 뜻인지 알기 위해 아주 많은 신경을 쓰게 된다. 만일 꿈이 정말로 무의식에서 올라오는 메시지라면, 악몽은 모습을 드러내는 그 그림자에 주의를 기울이라고 무의식이 우리에게 말을 건네는 하나의 방식으로 볼 수 있다. 악몽은 언제든 배워야 할 중요한 것이 있음을 말해준다.

Nighttime 밤 시간

밤 시간은 하루의 여성적 측면이다. 밤은 어둡기 때문에 밤에 일어나는 꿈은 그림자 영역에 뿌리를 두고 있으며 본성의 숨겨진 측면을 나타낸다.

Nine 아홉

십진법의 마지막 수인 아홉은 완성과 끝을 나타낸다. 모든 것에 끝이 있는 것은 필연적으로 새로운 시작이 뒤따르게 하기 위함이다. 아홉은 변화가 일어나면서 낡은 것이 새로운 것으로 바뀌는 존재의 순환을 구현한다. 이것의 그림자 영역은 죽음의 두려움과 종말에 뒤따르는 변화에 대한 저항이다.

Nipples 유두, 젖꼭지

유두는 모유를 통해 자양분을 얻을 수 있게 하는 관문이다. 유두는 또한 성감대이기도 하다. 꿈에서 이것은 이런 기본적인 의미 가운데 하나 또는 둘 모두를 가리킨다. 유두가 꿈에 나오면 모성적 본능이나 돌봄의 감정을 경험하게 된다. 만일 남자의 유두가 나오는 꿈을 꾸었다면 삶의 어떤 영역에 여성적 원리를 도입할 필요가 있음을 뜻한다.

Noose 올가미

올가미는 산소 공급을 차단하고 목을 망가뜨려 생명을 끝내도록 고안한 치명적 매듭이다. 올가미를 매는 부분은 주로 목인데, 목은 목소리와 연관되어 자신이 말하고자 하는 것에 대해 확고한 태도를 취하는 것을 상징한다. 꿈에 나오는 올가미는 진실을 말하는 것이나 혹은 그렇게 하지 못하는 것에 강력한 결과가 뒤따르는 것을 암시한다. 꿈의 전체 맥락이나 자신의 개인적 습관을 고려해 어느 쪽의 의미에 해당하는지를 파악해야 할 것이다.

Nose 코

코는 가장 원시적인 감각이며 파충류의 뇌라고 불리는 후각과 관계가 있다. 냄새는 본래 원초적이며 자신의 환경에 대해 알아차리는 기본적 능력을 상징한다. 따라서 꿈에 나오는 코는 삶에서 자신이 처한 위치를 감지하는 능력과 관계가 있다.

코는 또한 다른 사람의 일에 지나치게 관심을 기울이는 사람을 가리키는 "참견하기 좋아하는(nosy)"이라는 말처럼, 타인의 일에 과도하게 관여한다는 것을 나타낸다. 꿈에서 코의 이미지가 나오면 다른 사람이 자신을 향해, 혹은 자신이 스스로를 향해 경계를 넘는 것을 의미한다.

Numbers 수, 숫자

숫자 꿈을 꾼다는 것은 자신의 구조적 사고를 활용해서 모든 실재의 구성 요소를 인식하고 있음을 뜻한다. 수학과 수는 인생의 이면이 구성되는 방식을 보여준다. 지구, 달, 행성의 움직임은 본래 기하학적이다. 음악은 곡조로 표현된 수학일 따름이며, 디지털 기술은 다양한 데이터를 수의 배열로 환원한 다음, 다시 그것을 원래의 형태로 변환한 것이다.

물질적 현상을 묘사하기 위해 열 개의 수가 창조되었는데, 열 가지 수의 다양한 배열을 통해 중력에서부터 빛의 속도, 사소하게는 집 주소에 이르기까지 모든 것을 표현할 수 있다. 꿈에 숫자가 나타나면, 이면에 숨겨진 풍부한 상징적 의미를 살펴봐야 한다. 숫자가 나오는 꿈의 의미를 파악할 때 수비학의 기본적 내용을 활용하면 도움이 된다. 만일 하나 이상의 숫자가 포함되면 모든 숫자의 값을 더해서 최종적인 수를 산출하라. 예를 들어 주소가 메인스트리스 115번지라면 하나 더하기 하나 더하기 다섯을 해서 일곱을 얻을 수 있다.

수의 연속적 배열에 대한 원형적 해석을 기반으로 한 우아한 발전이 있는데, 이것은 여행으로도 비유된다. 우리는 무한성으로부터 홀로 여행을 시작하고(하나), 상대편과 상대성을 발견하며(둘), 창조성을 발명하고(셋), 토대를 건설하며(넷), 자유를 표현하고(다섯), 다른 사람과 파트너를 맺으며(여섯), 영성을 발견하기 위해 내면으로 들어가고(일곱), 외부 세계의 보상을 표현하고 즐기며(여덟), 마침내 마지막에 도달한다(아홉)는 게 바로 그것이다. 이들 각각의 수는 개별적인 항목에서 자세하게 설명된다.

Numbness 마비

모든 감각에는 정보가 있다. 감각이 없는 것은 어떤 상황의 위험에 대해 비언어적 의사소통을 차단하는 것이다. 당신은 고통스러운 느낌을 마비시킴으로써 그것을 차단하고 있을지도 모른다. 고통을 차단하는 것은 매우 어려운 상황을 견디는 좋은 방법일 수 있는데, 이 경우에는 좋은 방법일 수도 있고 아닐 수도 있다. 자신이 마비되었다고 느끼는 부분이 어디인지 살펴보고, 만일 그 부분이 마비되지 않았다면 어떻게 느낄지 스스로에게 물어보라.

Nun 수녀

수녀는 영적 원리에 따라 극도의 헌신을 하는 원형적 인물이다. 비록 이 이미지에 대한 여러 가지 연상 때문에 수녀가 이런 헌신의 부정적 측면으로 묘사되기도 하지만 말이다. 게다가 대중매체로 인해 이 상징은 진지한 존경에서부터 익살스러운 불경(不敬)에 이르기까지 다양한 의미의 색조를 띠게 되었다.

가톨릭계 학교에서 성장한 사람들에게는 체벌과 관련해서 수녀의 이미지가 엄한 규율의 강력한 연상으로 남아 있는 경우가 많다. 가톨릭 학교 시스템을 경험한 사람들은 수녀의 권위적 혹독함에 대한 혐오를 지니고 있기 때문에 수녀를 영적 관계에 대한 장애를 대변하는 지나친 엄격함과 연결시킨다. 때로는 수녀가 코미디에서 이상한 습관이 강조되는 인물로 등장했기 때문에 이런 이미지로 인해 우스꽝스러운 놀림감의 대상이 되기도 했다. 하지만 수녀는 예수의 상징적 신부이자 유례가 없을 정도로 차원 높은 헌신을 상징한다. 이런 관점에서 보면 꿈에 나오는 수녀는 자아의 성격 측면으로, 신념을 위해 많은 것을 기꺼이 희생하는 자신 내면의 헌신적 본성을 의미한다고 볼 수 있다.

Nurse 간호사

간호사는 병이나 상처를 돌봐주는 사람이다. 꿈에 나오는 간호사는 자아의 성격 측면으로, 많은 돌봄이 필요할 때 불러오는 자신의 인격 중 일부다. 간호사 꿈을 꾼다면 당신은 내면의 관리인과 강력한 관계를 구축할 필요가 있다.

Oasis 오아시스

사막에서 희귀한 물이 있는 지역인 오아시스는 거대한 불모지에 극소로 존재하는 자양분을 상징한다. 만일 꿈에 오아시스가 나타나면 자신이 인생에서 극단적인 결핍감을 느끼는 부분이 어디인지 살펴보라.

오아시스는 어려운 시기를 돌파하기 위해 인생 여정에서 몹시 필요로 하는 무언가가 갑자기 나타나는 것을 암시한다. 이것은 사랑, 돈, 돌봄 또는 휴식일 수도 있다.

Obelisk 오벨리스크

오벨리스크는 남성적 원리의 힘을 나타내는 영적 물체인 남근을 상징한다. 꿈에 오벨리스크가 나오면, 당신은 이 힘을 얻기 위해 에너지를 불러오고 있는 것으로 볼 수 있다.

Obesity 비만

자신이 뚱뚱해진 꿈을 꾼다면, 당신은 삶의 어느 영역에서 탐닉의 결과에 직면하게 될 것이다. 만일 현실에서 과체중의 문제가 있다면, 이런 꿈은 말 그대로의 의미를 지닌다. 지나친 체지방은 심각한 문제를 지닌 과보호와 회피를 상징적으로 표현한다.

Obstacles 장애물

꿈에서 당신을 방해하는 것은 현실에서 앞으로 나아가는 것에 대한 상징적 차단이다. 이것은 가장 빈번한 꿈 이미지 가운데 하나이며, 그것과 관련된 말 그대로의 의미를 지닌다.

우리는 삶에서 종종 존재하는 곳으로부터 존재하기를 원하는 곳으로 나아가기 위해 넘어야 하는 장애물과 마주 치는 것을 경험한다. 이것은 하루하루의 투쟁이다. 꿈은 우리가 이 특별한 도전에 직면할 때 좌절감과 절망감에 맞서 균형을 잡도록 도와주는데, 이것은 아주 보편적인 인간 경험이다.

장애물과 관련된 꿈을 해석할 때 주목해야 할 두 가지 요소가 있다. 하나는 장애를 유발하는 것이 무엇인가를 찾는 것이며, 다른 하나는 몸의 어느 부분이나 어느 유형의 움직임이 차단당하는지 살피는 것이다. 둘 가운데 더 중요한 것은 어떻게 차단당하는가 하는 것이다. 만일 발이나 다리와 관련된다면 이것은 인생을 통해 이동하는 방식과 관계가 있다.

발은 우리가 선택하는 방향으로 인도하므로 만일 당신이 걸을 수 없다면 꿈은 새로운 선택을 할 수 없거나 원하는 토대 위에서 확고한 기반을 발견할 수 없는 것으로 나타낸다. 만일 다리가 눈에 띄게 가로막힌다면 당신의 방향성은 분명하겠지만 앞으로 나아가는 능력이 가로막히는 것이다.

팔이 그물망, 거미줄, 밧줄과 충돌하는 경우에는 능력의 문제가 작용할 공산이 크다. 만일 꿈이 그런 경우라면 삶에서 자신의 효율성, 힘, 창조력이 차단당하는 부분이 있다. 이런 꿈에는 얼굴에 대한 장애물이 나오는 경우가 있는데, 이때는 보고 듣는 능력이나 목소리를 효율적으로 사용하는 능력이 가로막힌다.

이런 꿈을 꾸면 필요한 만큼 표현적이지 못한 상황이 있는지 살펴보라. 다른 중요한 요소는 무엇이 장애를 일으키는가 하는 것이다. 꿈에서 흔히 발생하는 장애는 그물, 흘러내리는 모래, 끈적거리는 바닥, 구멍 뚫린 땅, 무거운 다리나 발이다. 만일 자신을 가로막는 것과 관련해서 연상되는 것이 있다면, 그것을 해석에 덧붙여라.

Ocean 바다

바다는 무의식을 상징한다. 바다는 지구에서 아주 큰 존재인데, 육지는 지구 전체 표면의 4분의 1을 덮고 있으며 바다는 4분의 3에 달한다. 하지만 바다의 깊이까지 고려해보면 무의식의 아래쪽 세계에 대해 신비로운 감정을 가지게 될 것이다.

꿈에 바다가 나타나면 그 순간 당신은 무의식의 영역에 있는 것이다. 모든 물은 상징적으로 자신의 감정이나 정서적 본성과 관련된다. 물이 바다처럼 광대할 때, 그런 꿈은 표현되는 정서적 물질의 압도적인 양을 나타낸다.

Octopus 문어

문어는 유연성과 적응력의 최고의 상징이다. 여기에 무의식의 영역에서 교묘히 이동하는 능력을 덧붙여야 한다. 문어의 서식지는 바다이며 바다는 무의식의 상징적 배경으로, 우리를 의식의 표면 아래 있는 것과 연결시키기 때문이다.

꿈에 문어가 나타난다면 당신의 숨겨진 본성의 깊이를 탐구하는 강력한 치유의 힘을 제공할 것이다.

Office 사무실

사무실이라는 배경은 작업, 구조, 스케줄, 엄격함, 좌뇌가 중심이 되는 일의 장소다. 만일 꿈이 사무실에서 진행되면, 그 꿈은 자신의 의식 안에 존재하는 이런 부분에 대해 말할 것이다. 또한 꿈속의 사무실에서 일어나는 일은 자신의 본성 중 이런 측면에 주목할 필요가 있음을 보여준다.

만일 당신이 현실에서 사무실에서 일한다면, 그런 꿈은 상징적이라기보다 말 그대로의 의미를 지닐 것이다. 이것은 많은 사람이 지속적으로 경험하는 아주 흔한 스트레스 꿈이다.

Oil 석유

석유는 먼 과거 언젠가는 식물이었다. 석유는 땅속 깊은 곳에서 생겨나며, 고대의 태양에너지를 간직한다. 석유는 오늘날의 사회에 연료를 공급하는 일에서부터 기계를 가동시키는 데 필요한 윤활유를 제공하는 일에 이르기까지 엄청나게 많이 활용된다. 상징으로서 석유는 아주 강력한 방법으로 작용하는 토대가 되는 수많은 것과 관련된다.

석유는 부와 재물의 상징이며 풍요의 척도다. 하지만 석유가 연료로 사용되면서 환경에 좋지 않은 영향을 크게 미친다는 사실은 풍요의 어두운 측면을 상징한다.

Oil Spill 기름 유출

기름은 부, 풍요, 권력, 사용되거나 유출될 때 엄청난 결과를 초래하는 재물의 비축을 상징한다. 반대로 기름 유출은 풍요의 부정적 형태인 반(反)영웅적 상황을 대변하기도 한다. 기름이 유출되면 환경을 오염시킬 수 있는 치명적 위험을 절감하게 된다. 꿈에 나오는 기름 유출은 부, 풍요, 권력에 대한 자신의 진정한 관점을 재고해보라고 말한다.

Old 늙은, 노인

지혜나 인도(guidance)와 연결된 원형적 성격 측면과 접속하는 꿈이다. 현명한 노인과 그의 아내인 노파는 인간의 지혜를 대표하는 원형으로서 융 심리학의 주인공이다. 이것은 지구별에 사는 인간이 공유하는 성격 측면이며, 우리를 내면의 인도와 고귀한 사상으로 연결시킨다.

자신의 실수를 통해 무언가 배울 수 있어야만 이 강력한 에너지와 접속할 수 있다. 그것은 나이를 먹어야만 찾아오는 것이며, 젊을 때는 구할 수 없는 통찰력과 연관된 특성이다. 당신이 실제로 알고 있는 노인도 지혜를 대변할 수는 있지만, 꿈에 등장하는 모든 사람에 대한 해석은 자신이 실제로 경험한 그 사람의 특성을 통해서 구해야 한다.

노인이나 노파가 원형적인 방식으로 등장할 때 그들은 당신에게 직접 알려지지 않은 인물이며, 통찰력과 지혜 또는 선물을 제공한다. 이 원형적 성격 측면은 많은 사람이 통합을 향한 내면 여행에서 마주치는 최초의 인물이다. 그것은 모든 사람이 각자의 내면에서 이 원형과 접속함으로써 나이를 먹으면서 찾아오는 지혜와 만나기 때문이다.

Olympics 올림픽

올림픽은 건강한 운동 경기의 경쟁을 통해 지배와 우세를 위한 전쟁의 호전성을 대체하는 기회다. 상징으로서 올림픽은 이처럼 어두운 인간적 특성의 최고 형태다. 만일 올림픽에 참가하는 꿈을 꾸었다면, 당신은 자신을 호전적이고 경쟁적으로 만드는 인생의 영역에서 더 나은 길을 택하려고 애쓰는 것이다.

One 하나

하나는 시작을 상징하며 존재의 출발점이다. 인간적인 관점에서 그것은 나 혼자를 의미한다. 하나라는 숫자는 행동이 취해지기 전의 관념이다. 그래서 그것은 가능성과 아직 일어나지 않은 일을 상징한다.

하나의 에너지에는 사실상 혼자서는 어떤 것도 할 수 없는 무능력에 따르는 한계가 있다. 하지만 그것은 또한 움직임에 선행하는 고요함이나 욕망의 구축을 의미한다. 하나는 여행의 시작이며 아주 즐거운 에너지다. 하지만 그림자 영역의 측면에서 그것은 고독과 고립의 어려움을 불러올 수 있다.

Onions 양파

양파는 두 가지 특성으로 유명하다. 눈물이 나게 하는 성질과 구조를 형성하는 여러 층이 그것이다. 양파 꿈을 꾸는 것은 내재하는 두 가지 의미 가운데 하나 혹은 둘 모두를 가리킨다.

꿈에 양파가 나온다면 당신은 순전히 진심은 아닌 많은 감정적 표현을 하고 있는 것이다. 다른 한편으로 양파 꿈은 문제의 핵심에 도달하기 위해 하나씩 천천히 체계적인 과정을 거쳐야 하는 것을 상징하기도 한다.

Operation 수술

수술 절차는 기능 부전을 바로잡고 적절하게 작용하지 않는 것을 제거하거나 작용이 멈춘 것을 대체하기 위해 행하는 치유의 작업이다. 상징으로서 수술은 삶에서 두려우면서도 심각한 일이 급속히 퍼지는 것을 의미하며, 아울러 상당한 위험마저 수반하는 치유와 변형이 진행된다는 증거다.

Oral Sex 구강성교, 오럴 섹스

이런 이미지의 꿈은 언어적 특성에 권력과 의사소통 사안을 통합한 것이다. 성적인 꿈은 실현되지 못한 욕망을 표현하는 것이며, 나름의 상징적 의미를 지닌다.

꿈속의 섹스는 분리된 존재 방식 또는 성격 측면을 결합하거나 통합하려는 욕망을 상징한다. 이 특별한 행위를 입으로 하는 방식은 의사소통이 자신이 추구하는 영역임을 의미한다. 만일 남근을 입으로 만족시키고 있다면, 자신의 화법이 보다 공격적인 능력을 갖춰야 함을 깨닫는 것이다.

여성의 생식기를 입으로 만족시키는 것은 자신의 수용적이고 감성적이며 창조적인 성격이 인정받고 받아들여지기를 원하는 것이다. 능동적인 태도는 수동적인 태도보다 한 차원 높은 절실함을 나타낸다. 새로운 의사소통 문제가 지속될 경우, 능동적인 태도로 오럴 섹스를 하는 꿈은 과정의 끝을 나타내는 반면, 수동적인 태도로 임하는 꿈은 과정의 시작을 나타낸다.

당신의 섹스 상대가 어떤 인물인지는 이 사안에 대한 분명한 해답을 준다. 현실에서는 섹스를 하지 않을 사람과 상대하는 꿈을 꾸는 경우가 매우 많은데, 많은 사람이 이런 경험을 하며 혼란스러워하거나 심지어는 충격을 받는다. 하지만 무의식의 차원에서 섹스는 결합의 상징적 표현일 뿐이다. 따라서 의식의 차원에서 그것에 사회적이거나 개인적인 오명을 씌울 필요가 없는 것이다. 만일 꿈속에서 상대한 사람이 당신이 알고 있는 인물이라면, 그의 성격 측면을 활용해서 자신의 의사소통 영역으로 통합하려는 것이 어떤 측면인지 파악할 수 있다. 만일 그가 당신이 모르는 인물이라면, 해석에 활용할 수 있는 여러 가지 다른 정보들을 찾아보라.

Orange 주황

주황은 변화와 변형을 대변한다. 또한 친밀함과 변형이라는 여성적 원리에 따른 성적 취향을 표현한다. 주황은 창조성과 가장 관계가 깊은 색이다.

Oranges 오렌지

과일은 본질적으로 씨앗이며, 그것을 먹여 살리는 데 필요한 자양분과 함께 새로운 것을 창조하는 잠재력을 지닌다. 오렌지는 한때 거대한 부를 소유한 자들만 구할 수 있는 왕족의 과일로 여겨졌기 때문에 달콤함과 더불어 풍요를 상징한다.

오늘날의 오렌지는 비타민 C가 풍부해서 건강과 활력을 가져오는 과일로 여겨진다. 오렌지가 나오는 꿈에서는 이런 의미가 표현된다.

Orbs 구체, 구(球)

인간의 눈을 교묘히 피해가는 구형의 빛이 카메라에 포착되어 희미한 구체로 나타나는 경우가 있는데, 이는 사진술과 함께 현대에 등장한 현상이다. 많은 사람이 이런 구체를 다른 차원에서 온 에너지의 증거로 간주한다.

꿈에서 보는 빛의 구체는 신비하고 설명할 수 없는 것의 증거가 강력하게 재현된 것이며, 엄청난 중요성을 지닌 영적 상징이 나타난 것을 뜻한다.

Orchestra 오케스트라

오케스트라는 다양한 악기를 연주하는 음악가 집단인데, 이들은 각자 다른 것을 연주하지만 하나의 공통된 열정의 표현으로 연결된다. 오케스트라의 상징적 의미는 매우 강력하며 높은 차원으로 분출되는 인간 감정의 표현인 음악과 가장 깊은 관계가 있다. 또한 오케스트라는 많은 다른 생각을 하나의 집중적인 의도로 정렬하는 힘을 나타낸다.

Organ 오르간

모든 악기는 깊은 감정을 열정적으로 표현하는 것이다. 오르간은 종교음악을 가장 많이 연상시키는 강력한 소리를 창조하므로, 꿈에 나오는 오르간은 조직화된 종교에 대한 자신의 견해를 반영한다.

Organs 장기(臟器), 내장, 인체의 기관

신체의 장기는 생명력을 처리하는 시스템의 일부다. 만일 자신의 장기에 관한 꿈을 꾼다면 해석의 깊이를 확보하기 위해 그것의 기능을 살펴보라. 그리고 이와 관련해 인생의 도전에 대응하면서 일상적인 기능을 얼마나 잘 처리하고 있는가를 숙고해보자.

Orgasm 오르가슴

오르가슴은 신경전달물질의 방출과 근육의 수축을 통해 막대한 양의 쾌감을 자극하는 두뇌와 신경계 복합체 활동의 폭발이다. 흥미로운 것은 오르가슴의 순간에 행동의 통제를 지배하는 두뇌의 중심이 완전히 정지한다는 것인데, 이것은 삶이 제공하는 축복과 즐거움에 대한 완전하고 순전한 굴복을 의미한다.

오르가슴에 의해 제시되는 것은 이처럼 극적인 차원의 축복이다. 하지만 오르가슴이 나오는 대부분의 꿈은 종종 수면 상태에서 오르가슴을 느끼는 형태로 나타나며, 그것에 도달할 수 없는 생리적 경험과 관계가 있다. 꿈 상태에서 느끼는 수면 오르가슴은 신체가 스트레스 해소와 성적인 표출을 위한 자연스러운 구조와 접속하는 방법이며, 이런 경험을 창조하는 에로틱한 꿈을 발생시키는 것은 생리적인 필요성이다.

많은 남자가 원하는 오르가슴에 도달하지 못하는 성적인 꿈에 대해 말하는데, 이것 역시 생리적인 것을 의미하는 동시에 성행위와 무관한 열정이나 자기표현과 관련해 삶에서 성취할 수 없는 차원의 축복과 황홀경을 나타낸다.

신경과학은 섹스, 자극, 오르가슴이 두뇌에서 어떻게 작용하는지에 대한 많은 이해를 제공하지만, 이 현상의 실제적인 이유와 존재는 신비로 남아 있으며 여기에는 이것이 꿈 상태에서 존재하는 것도 포함된다.

Orgy 주지육림

많은 섹스 꿈이 생리적인 자극에서 비롯된다. 하지만 그 내용은 여전히 상징적으로 해석될 수 있다. 꿈에 나오는 모든 섹스 행위는 다양한 특성을 자신의 표현 능력으로 통합하고 흡수하려는 욕망을 나타낸다.

주지육림은 여러 가지 표현 양식을 하나의 의식으로 통합하려는 욕망이며, 이것은 다양한 아이디어나 생각을 감지해 조직화된 욕망의 구축과 어울리게 조율하는 것과 같다. 따라서 이런 꿈은 성적인 요소와 상관없는 것이며, 열정적인 표현에 대한 요구를 충족시키기 위해 보다 많은 자원과 기술을 요구하는 것이 무엇인지 자신의 삶에서 찾아야 한다는 메시지를 전한다. 개인적 성적 취향과 관련된 주지육림은 모험을 하거나 새로운 것을 시도하려는 생각을 반영한다.

Origami 종이접기

종이접기는 복잡한 체계를 거쳐 아름다운 최종 결과를 만들어낸다. 종이는 생각이나 아이디어가 잠재적인 형식에 머물러 있는 것을 상징한다. 종이접기에서 여러 번 복잡하게 접힌 부분은 궁극적인 목표를 달성하기 위해 필요한 다양하고 정밀한 사고의 전환과 마음의 변화를 나타낸다.

Orphan 고아

우리의 정체성과 자아 감각은 거의 전적으로 부모의 양육을 통해 이루어진다. 부모와 관계를 맺지 않으면 정체성의 감각이 단절된다. 이것은 황폐한 것일 수도 있고 자유로운 것일 수도 있는데, 꿈의 느낌은 당신에게 좀 더 자세한 것을 보여준다.

꿈에 나오는 고아는 부모로부터 교육받는 규범과는 무관한 아이디어, 선택, 행위, 양식을 상징한다. 부모가 돌아가셔서 고아가 되었을 때 그런 이미지가 꿈에 나오면, 그런 일이 일어난 후에 두려움이나 비탄을 처리하는 것과 관계가 있다.

Ostrich 타조

타조는 숨을 때 모래에 머리를 묻는 것으로 알려져 있는데, 이것은 사실상 근거 없는 이야기다. 타조가 꿈에 모습을 드러내면 자신이 거부하거나 회피하는 삶의 영역이 있는지 살펴보라.

Otter 수달

수달은 기쁨과 농담을 상징하는 동물이다. 또한 물에 사는 동물인 수달은 여성적 원리를 나타낸다. 수달은 감정과 무의식의 영역인 물에서 놀기 때문에 꿈에 나타나는 수달은 우리에게 온전하게 감정적인 삶을 향해 가벼운 마음으로 다가가서 한껏 즐기며 살아가라고 조언한다.

Outer Space 외계

태양계와 그 너머는 우리의 의식을 상징하며, 외계는 우리가 인식할 수 있지만 친밀함이나 명료성으로 완전히 인지할 수는 없는 상태로 우리의 영혼이 멀리 도달하는 지점을 상징한다. 외계에서 일어나는 꿈은 자신의 인간성의 더 높은 개념에 대해 숙고하는 존재론적 의미를 지닌다.

Outlet 콘센트, 전기 코드 구멍

콘센트는 건물 구조 내에서 전기의 지속적 흐름과 접속하는 구조다. 콘센트에 플러그를 꽂음으로써 전류가 흐르게 되는데, 전류는 창조적 원천을 상징하고 콘센트는 그런 힘과 연결할 수 있는 능력을 의미한다.

Ovaries 난소

여성의 생식기관은 생명을 창조하는 힘의 상징적 표현이다. 꿈에 나오는 난소는 이런 창조적 힘과 관계가 있다. 만일 당신이 여성이라면 이런 꿈은 말 그대로 생식 주기와 자신의 관계를 나타낼 수도 있다.

Oven 오븐

오븐은 요리를 하고 빵을 구울 수 있는 열의 원천이다. 열은 언제나 상징적으로 변화나 변형과 연결되며, 음식은 배려와 자기 돌봄을 나타낸다. 꿈에 나오는 오븐의 상태는 변화하고 변형하면서 기본적인 차원에서 자신을 돌보는 능력과 자신의 관계를 반영한다.

Owl 부엉이

자신의 지혜의 그림자 측면과 접속하는 꿈이다. 부엉이는 어둠

속을 응시하면서 사냥하는 우수한 능력을 지닌 야행성 동물이다. 이것은 부엉이를 인간 본성의 어둡고 숨겨진 측면과 상징적으로 연결시킨다. 부엉이는 인간의 눈에는 보이지 않는 길을 찾도록 우리를 도와준다. 부엉이는 오랫동안 직관이나 신비주의를 연상시켰으며, 어떤 전통에서는 사건의 전조로 여겨지기도 했다. 부엉이는 위대한 치유의 힘을 전달하므로 만일 부엉이가 꿈에 당신에게 오면 커다란 경외심을 가질 필요가 있다.

Pacifier 고무젖꼭지

고무젖꼭지는 젖을 빤다고 속여서 아이를 진정시키는 젖꼭지의 대체물이다. 상징으로서 젖꼭지는 자아의 짜증 난 측면을 달래려는 충동을 가리킨다. 꿈에서 젖꼭지를 사용하는 것이 누구인지 살펴보면, 영혼의 어느 부분이 자신에게 소리를 지르는지에 대한 실마리를 얻을 것이다. 만일 꿈에서 고무젖꼭지를 찾으려고 애쓰거나 그것이 기능을 제대로 발휘하지 못하면, 당신은 가라앉힐 필요가 있는 스트레스에 대한 꿈을 꾸고 있는 것이다. 이 상징이 의미하는 것의 일부는 고무젖꼭지가 사실상 효과가 없다는 것과 관계가 있는데, 이것은 실제로는 존재하지 않는 것이 존재한다는 일시적인 환상을 제공한다. 따라서 꿈에 나오는 고무젖꼭지는 자신의 의도를 뒷받침할 진정한 힘도 없이 어떤 것을 창조하려는 것을 상징한다. 만일 당신이 고무젖꼭지를 사용할 연령의 아이를 둔 부모라면 이 꿈은 말 그대로의 의미일 수도 있다.

Package 꾸러미, 패키지

꾸러미의 진정한 중요성은 그 속에 무엇이 들어 있는가 하는 것인데, 처음에는 이것을 알 수가 없다. 따라서 이 상징의 핵심에는 모종의 가능성에 대한 흥분과 신비가 들어 있다. 만일 꿈에 나오는 꾸러미가 당신을 위해 의도된 것이라면, 그것은 새로운 것의 획득이나 당신이 받고 있는 것이 유익할 수 있다는 기대를 나타낸다. 꿈의 느낌을 살펴보라. 꾸러미 속에 들어 있는 것에 대해 두려움이나 불안한 예감이 든다면, 그것은 어느 정도의 비관주의나 두려움에 근거한 생각을 표현한다.

Packing 짐 싸기

짐 싸기는 아직 일어나지 않은 미래의 일을 준비하는 것이다. 이것은 많은 사람이 자주 반복해서 꾸는 꿈이다. 만일 당신이 이런 꿈을 꾸었다면 자신이 옳으니까 결과를 얻을 수 있다고 여기면서도 근본적으로는 통제할 수 없는 것을 통제하려는 것에 대한 불안감을 드러낸 것이다. 반복되는 꿈이 아니어도 같은 의미가 적용되겠지만, 이것은 불안감을 불러오는 특별한 삶의 경험과 연결된다. 당신은 아주 많은 준비를 하고 나서 결과에는 손을 놓아야 할 수도 있다.

Pageant 가장행렬

가장행렬은 많은 사람이 독특하게 꾸민 자신의 모습을 경쟁심을 가지고 보여주는 문화적 행위다. 자신의 능력이 면밀하게 검토된 다음 객관화된다고 느낄 때 가장행렬의 꿈을 꿀 수 있다. 가장행렬은 흔히 개인이 지닌 가치의 피상적 측면과 관련되기 때문에, 이런 꿈은 인생이 자신의 전모를 보여주지 않는다는 감정의 표출일 수도 있다.

Paint 페인트

당신은 과거를 덮고 새롭게 시작함으로써 인생의 어떤 면을 변화시키려는 욕망에 대한 꿈을 꾸고 있다. 만일 꿈에 보이는 페인트가 예술적인 성격을 지닌 것이라면 표현되는 충동은 창조적인 욕망과 연결된다. 페인트는 이런 형태의 개조를 실행하는 물질이다. 상징적으로 페인트는 표현적인 본성을 지닌 변화의 원료로 간주된다. 당신이 이 규정하기 어려운 액체에 대해 행사하는 통제는 현재의 창조적 자원을 얼마나 효율적으로 활용하고 있는지를 보여준다. 더 많은 통제에 접근할수록 당신의 표현성은 향상되어 자신이 원하는 의도를 좀 더 효율적으로 나타낼 수 있다.

Painting 도색, 페인트칠

도색 행위는 생기와 활기를 되찾게 하는 창조적인 표현이다. 표면을 도색하는 것은 많은 것을 가능하게 한다. 무엇보다 그것은 칠하는 표면 위의 것이 보이지 않게 가려준다. 검은 캔버스라 해도 활기 있게 만들 수 있으며, 낡은 이미지를 새로운 이미지로 덮을 수 있다. 건물이나 방을 신선한 색으로 바꿀 수 있고, 낡고 우중충한 것을 밝은 페인트로 덮어 깨끗하게 단장할 수도 있다. 이런 방식으로 도색은 낡고 활력이 부족한 것을 덮어씌워 새롭고 활기찬 모습을 드러내는 것을 상징한다. 자기 집의 방을 칠하는 꿈은 그 방의 상징적 의미에 맞춰 해석해야 한다. 집의 외부는 세상에 보여주는 자신의 부분인 페르소나와 관련된다.

Palace 궁전

궁전은 왕족이나 국가수반의 집이고, 꿈에 나오는 모든 집은 자아 감각을 상징한다. 따라서 궁전이 나오는 꿈은 자신이 구현하는 가장 고귀하고 출세 지향적이며 영화로운 자아 감각의 꿈이다. 꿈의 전체 맥락과 등장인물, 일어나는 사건 등을 살펴보며 자신이 원하는 풍요로움이 무엇인지 알아보자.

Panda 판다

판다는 풍요와 번영의 강력한 상징이다. 판다가 먹는 대나무 역시 오랫동안 복과 행운의 상징이었다. 판다는 대나무를 천천히 끝없이 먹는데, 이것은 판다를 끝없는 번영의 개념과 연결시킨다. 또한 이 아름답고 사랑스러운 동물은 연민과 인내를 상징하기도 한다. 판다가 꿈에 찾아오면 이 같은 에너지를 갖고 있는 매우 강력한 토템에게 인도된다.

Pants 바지

바지의 상징성은 신체 보호 및 자기표현과 관련된다. 현대사회에서는 그 상징성이 희미해지기는 했지만 원형적 의미에서 바지는 여전히 남성성의 상징이다. 꿈에 바지를 입는 것은 단호한 행동으로 일을 성사시키는 능력에 집중하고 있는 것을 뜻한다. 예부터 "바지를 입은(wearing the pants)"이라는 표현은 권력을 지닌 인물을 가리키는 것이었고, 이것은 꿈에도 반영된다. 해석에는 바지의 상태, 스타일, 색, 그 밖의 요소도 고려되어야 한다.

Paparazzi 파파라치

파파라치는 사진을 찍는 선택에 대한 개인적 의사나 요구와 상관없이 종종 바람직하지 않은 상황을 임의로 포착해서 유명 인사의 사진을 찍는다. 따라서 그들은 감시와 사생활의 박탈을 의미한다. 파파라치가 나타나는 꿈은 사생활을 빼앗기고 비밀리에 간직하고 싶은 일이 세상에 드러나는 상황에 처했다는 느낌이 반영된 것이다.

Paper 종이

종이는 의사소통의 내용, 창조적 표현, 계획의 수립, 아이디어 등을 적어두어 영원성을 부여하는 것을 상징한다. 종이에 무언가를 적는 것은 자신의 생각을 명확하게 하기 위해서다. 또한 종이에 적은 것을 읽는 것은 지식 기반의 본질적 부분인 새로운 아이디어를 흡수하려는 시도다. 종잇장을 접는 것은 어떤 것을 숨기거나 혹은 더 잘 다룰 수 있도록 정보의 조각들로 나누는 것이다. 종이접기나 오리기처럼 종이를 가지고 특별한 작업을 하는 것은 통념에 저항하는 방식의 창조적 성향을 나타낸다.

백지는 분명하지 않거나 아직은 전달하고 싶지 않은 의사소통을 의미한다. 차곡차곡 쌓인 종이는 어떤 식으로든 문서화해야 한다는 생각이나 느낌이 자신을 압도하는 것이다.

사업 분야에서 행동을 취하기에 앞서 전략적 계획을 말하면서 "종이 위에서 좋아 보인다(look good on paper)"라고 말하는 경우가 있다. 이는 서류상으로는 좋아 보이지만 실제로는 잘 모르겠다는 표현으로, 영속적인 인쇄 자료에 앞서 비영속적인 실제에 주목하는 것이다.

Parachute 낙하산

낙하산은 공기저항을 이용해서 물체가 지면으로 떨어지는 속도를 늦추는 기구다. 추락은 통제 불능 상태를 상징하며, 낙하산은 통제할 수 없는 것에 안전하게 승복할 수 있도록 하는 안전장치를 의미한다.

Parade 퍼레이드

꿈속의 퍼레이드는 인생의 기념할 만한 순간을 상징하는 동시에 중단할 수 없이 앞으로 계속 나갈 수밖에 없는 상황을 의미한다. 꿈에서 퍼레이드가 지나가는 것을 지켜보는 경우도 있는데, 이것은 수동적이거나 소극적인 자아를 나타낸다. 혹은 퍼레이드에 휩쓸리듯 합류해서 흐름에 이끌려갈 수도 있다. 어떤 상황이든 퍼레이드 꿈은 자신에게 환호와 공적인 인정을 가져다주는 상징으로 해석된다.

Paralyzed 마비된

많은 꿈이 마비 상태에서 이뤄진다. 꿈은 수면 중 뇌에서 일어나는 생리적 현상의 일종으로, 렘수면 동안 뇌가 신체를 마비시킨다. 렘수면 동안에는 두뇌 활동이 활발해져 신체가 마비되지 않으면 깨어 있는 것처럼 움직일 것이기 때문이다. 마비가 충분히 강력하지 않으면 자면서 몸짓이나 말을 할 수 있고, 심한 경우 잠결에 걸어 다니는 것 같은 수면 장애가 일어날 수도 있다.

의식이 돌아오기 직전에 마비가 풀리는데, 이 과정이 적절히 이뤄지지 않으면 신체가 여전히 마비되어 있음에도 잠에서 깨어난 듯한 느낌이 들 수 있다. 이럴 때는 의식이 있는 것 같지만 여전히 꿈을 꾸는 상태이기 때문에 몸을 움직일 수가 없고, 무서운 악몽을 꾼다. 가위 눌림이나 야경증으로 알려진 게 바로 이런 증상이다. 특히 야경증은 어린아이에게 더 흔하며 부기맨이나 침대 밑 괴물의 근원이다. 이런 상태에 빠지면 평소에는 의식으로부터 은폐되었던 것을 인식할 수 있는 에너지가 생기면서 감수성이 고조된다. 이럴 때 방에 무언가가 있는 것 같은 느낌과 마비되었다는 공포가 더해져 알 수 없는 존재가 해를 입히려 한다는 착각을 하게 된다. 그러나 이것이 진실은 아니므로, 마음을 써서 이러한 경험을 가볍고 아름다운 것으로 변화시킬 수 있다.

마비가 되는 꿈 역시 두려움을 동반한다는 차원에서 이런 현상과 유사하지만 이는 무의식을 반영하는 해석 가능한 꿈으로서 구별될 필요가 있다. 만일 아주 복잡한 꿈의 일부로서 마비가 되는 꿈을 꾼다면, 그것은 자신을 저지해서 분명한 행동을 취하지 못하게 하는 삶의 어떤 요소를 상징한다.

Parents 부모

우리는 모두 내적인 권위 감각과 연결되어 있는데, 이는 부모에 의한 결과물로서 자신의 모습이 만들어짐으로써 부모와 계속 연결되어 있다는 것을 뜻한다.

부모의 목소리는 인격의 일부로서 우리 안에 깊이 새겨져 있다. 이것은 자아 형성기에 부모가 반복적으로 행사하던 영향력과 관련된다. 만일 부모가 전하는 주된 메시지가 비난하거나 금지하는 것이었다면, 그들은 부정적인 억압과 통제의 내적 독백으로서 우리 내면에 존재하게 된다.

부모가 지지하고 사랑하는 메시지를 주로 안겨주었을 경우에는 반대 개념의 내적 독백이 마찬가지로 적용된다. 대부분의 부모는 긍정적인 것과 부정적인 것이 혼합된 메시지를 제공한다. 때로는 부모가 준 선물보다 그들이 던진 어려움이 더 크게 작용해 힘겨운 인생을 살아가는 경우도 있다. 이럴 때는 진심에서 우러나는 용서가 필요하겠지만 그에 앞서 분노와 원한의 감정을 먼저 다루는 것이 좋다.

만일 부모와 상호작용하는 꿈을 꾸었다면, 그 내용은 자신이 이런 과정의 어느 위치에 있는가에 대한 실마리를 던져줄 것이다. 부모와 자신의 구체적인 관계에 대해 알려주는 꿈을 꾼다면, 자신은 과연 어떤 부모인지 돌아보는 것이 중요하다.

Park 공원

공원은 현대 생활의 흔적을 가리고 자연 풍경의 환상을 충족하기 위해 인위적으로 조성한 것이다. 공원 꿈은 자신의 의식 중 일부를 깨끗하고 오염되지 않은 자연 상태로 유지하려는 욕망을 나타낸다.

상징의 세계에서 공원은 스트레스나 두려움, 의심, 물질적인 것에 대한 관심으로부터 자유롭고 여유로운 것을 나타낸다. 공원에서 일어나는 꿈은 자연과 보다 가까이 연결됨으로써 사랑과도 연결되는 자신을 발견하게 해준다.

Parking Lot 주차장

차와 그것의 움직임은 일상의 토대 위에서 인생을 살아가며 앞으로 나아가는 방식을 나타낸다. 따라서 주차장은 갇혔다는 감정 또는 앞으로 나아가기에 앞서 무언가를 처리하기 위해 일시적으로 중단하는 것을 상징한다.

어느 시점에서든 꿈에 주차장이 보이면, 이것을 꿈 전체의 주제를 바라보는 렌즈로 사용하라. 주차장 꿈은 삶의 여정을 재개하기에 앞서 어떤 문제를 처리하는 동안 일종의 보류 상태에 있음을 암시한다.

Parrot 앵무새

모든 새는 무언가를 전달하는 존재인데, 특히 앵무새는 듣는 것만 반복해서 전달하는 새라는 특성을 지니고 있다. 만일 이 동물이 꿈에 나타나면 당신은 독창성 부족에 대해 지적받거나 자신의 독창적 목소리를 찾으라는 조언을 들을 수 있다.

Party 파티

파티는 축하의 모임이다. 꿈에 나오는 모든 사람은 당신 의식의 일부이며, 파티에 참석한 모든 사람은 어떤 것을 축하하거나 속박에서 벗어나 즐길 순간이라는 생각에 동의하는 자신의 마음으로 해석된다.

특별한 삶의 이정표를 알리려는 목적으로 파티를 여는 경우가 많은데, 만일 이런 꿈을 꾼다면 자신의 성취를 돌아보라고 상기시키는 것이다.

Passport 여권

여권은 가장 중요한 신분 증명서이자 낯선 땅으로 가는 통로를
열어주는 여행권이다. 꿈에 나오는 상징으로서 여권은 자신의 의
식을 안전지대(comfort zone) 너머의 영역으로 확장하는 의지를
나타낸다. 이런 꿈은 삶의 지평을 보다 흥미진진한 것으로 확장
하려는 욕망과도 연결된다.

꿈에 여권을 잃어버리는 것은 자신의 인생에서 더 많은 것을 성
취하거나 창조적인 방식으로 문제를 해결하는 능력에 한계가 있
다고 느끼는 것이다.

Path 길

길은 앞서 많은 사람이 다녔기 때문에 돌아다니는 게 분명해진
것이다. 길은 이전에 다른 사람들이 했던 선택을 따르는 당신의
발걸음을 상징한다. 자연 그대로이거나 외딴길일수록 꿈은 특별
하거나 이례적인 영역을 나타낸다. 꿈에 나오는 길과 길을 따라
가는 움직임은 인생을 살아가는 개인의 여정을 상징한다.

Paycheck 지불 수표, 급료, 봉급으로 받는 수표

대부분의 사람에게 지불 수표는 번영과 풍요를 보장하는 상징이
다. 수표는 자신의 필요가 충족될 것이라는 예감을 나타낸다. 꿈

에 나오는 지불 수표와 관련된 모든 것에는 이 렌즈를 통해 해석의 초점을 맞춰야 한다. 만일 꿈에 지불 수표를 찾을 수 없다면 자신의 안전이 위협받고 있다고 느끼는 것이다. 손상된 지불 수표도 이런 위협을 뜻하는데, 비교적 최근에 일어난 사건을 반영한다. 지불 수표를 찾는 것은 안정적인 새로운 원천을 발견하는 것이다.

Peacock 공작

공작의 수컷은 아름다운 깃털로 유명한데, 이것은 그들에게 자랑스러운 명성을 부여한다. 따라서 이 멋진 새는 자신의 성취를 자랑스러워하는 느낌을 상징적으로 표현한다. 꿈속에 공작새가 나오는 것은 자신에 대해 그런 느낌을 가진다는 뜻이거나 지나치게 자존심이 강하다는 지적일 수 있다. 꿈의 맥락과 느낌을 살펴서 어느 쪽인지 판단하라.

Peacock Feather 공작 깃털

수컷 공작의 아름다운 깃털은 자연의 왕국에서 가장 경이로운 색을 가지고 있어서 오랫동안 왕족을 상징하거나 엄청난 풍요를 연상시켰다. 공작 깃털은 행운과 번영을 불러오는 강력한 토템으로 간주된다.

Pearl 진주

인류가 수천 년 동안 귀중하게 여겨온 진주는 자극 물질을 감싸는 보호층이 쌓여 석회화된, 조개의 산물이다. 진주라는 상징의 핵심에는 이 아름다운 물체를 창조하기 위해 존재해야 하는 모래 알이 있다. 진주는 어려운 상황이 경이로운 이익을 창출하는 것을 나타낸다.

Pebble 조약돌

조약돌은 일반적으로 바위라고 불릴 수 있는 것의 가장 작은 형태다. 바위는 대지의 기억을 품고 있는 자연물이며, 상징적으로 과거와 연결된다.

조약돌은 꿈의 맥락에 따라 자극을 주는 물체일 수도 있고, 장식물일 수도 있다. 신발 안에 조약돌이 들어 있는 꿈을 꾸었다면 당신은 버려지기를 원하는 오래된 생각이나 경험을 지닌 것이다. 만일 꿈속에서 조약돌로 정원이나 자연을 장식한다면 과거의 경험을 건강하고 유용한 방식으로 기념하는 것이다.

Pen 펜

모든 쓰기 도구는 자기표현의 행위와 관련된다. 펜은 지난 시대의 느린 의사소통 형식을 상기시키는 철 지난 물건이다. 꿈에 나온 펜은 지울 수 없는 흔적을 남긴, 돌이킬 수 없는 생각의 표현을 가리킨다.

Pencil 연필

변덕스럽거나 일시적인 의사소통에 대한 꿈이다. 연필은 의사소통의 과제가 있음을 상징한다. 연필이 지울 수 있는 도구라는 사실은 일시적이라는 요소에 확신의 부족이라는 요소를 덧붙인다. 연필에 가해지는 압력에 변화를 주면 다양한 회색의 색조를 만들어낼 수 있는데, 이것은 연필이라는 상징으로 제시된 의사소통에 미묘함과 구조적 의미를 부여한다. 만일 잘못을 수정하기 위해 연필을 사용한다면, 자신의 원래 의도에 부합하지 않는 것을 돌이키려는 욕망이 표현된 것이다.

삶에서 분명하고 정확하게 하려고 애쓰는 부분이 있는지 살펴보라. 또한 최근의 의사소통이 진실한 것이었는지 돌아보라. 연필로 한 진술이라면 하지 말았어야 한다고 생각되는 것을 지울 수 있을 것이다.

Penis 남근

남근은 행위와 동작이라는 남성적 원리의 궁극적 상징이다. 이것은 원초적 생산성을 표현할 뿐 아니라 성적인 함의도 지닌다. 여성이 남근이 달린 꿈을 꾸었다면 원형적 차원에서 내면의 남성성과 깊이 연결된다. 남성의 경우에도 이런 꿈은 같은 해석이 적용되지만 원형적인 의미를 지닌 것은 아니다.

Pentagram 펜타그램, 오각 별, 별 모양

펜타그램은 크게 오해되는 상징이다. 이것은 기독교에 뿌리를 두었지만, 대중매체에서는 오컬트의 사악한 면과 관련해서 이와 정반대의 의미로 사용되는 경우가 많다.

펜타그램의 순수한 의미는 오감이나 신체의 경험과 관련된다. 초기 기독교에서 이것은 예수가 고통당한 다섯 군데의 상처를 의미했다. 타로에서 펜타그램은 돈이나 번영을 의미한다. 펜타그램이라는 기하학적 이미지가 등장하는 꿈은 이런 의미가 표현된 것으로 볼 수 있다.

Performing on Stage 무대 공연

무대 공연 이미지를 꿈에서 보는 것은 무의식 속에서 지금 자신이 공적으로 감시받는다고 느끼는 것이다. 이것은 흔히 반복되는 꿈인데, 자신이 노출되었다고 느끼는 불안감과 기준에 미치는 공연을 하고 있는가에 대한 두려움을 담고 있다. 여기서 미묘하게 판단해야 할 대목은 자신의 취약성이 고조된 느낌 때문에 무대 위에 오른 것인지, 아니면 자신의 길을 '연기(acting)'함으로써 진실한 감정을 숨기기 위해 무대에 오른 것인지의 여부다.

자신의 상황과 관련해서 꿈의 타이밍을 살펴봄으로써 당시에 자신에게 던져진 사안에 대해 정말로 준비가 된 것인지 돌아볼 필요가 있다. 이것을 철저하게 살펴봄으로써 자신이 인생의 시련에 직면할 능력이 없다고 느끼는지, 아니면 자신이 최고의 능력을 발휘해 공연할 준비가 되었다고 느끼는지 판단할 수 있다. 고도로 양식화된 공연은 어떤 면에서는 진실하지 않은 것을 나타낼 수도 있다. 반대로 이것은 강력한 창조적 독창성을 보여줄 수도 있다.

자신의 대사를 잊어버리는 것은 자신이 맡은 역할에 불편함을 느끼거나 다른 사람들에게 칭찬받기 위해 거짓된 페르소나를 택한 것을 의미한다. 인생은 때로는 공연과 같다. 이런 꿈에 대한 당신의 감정은 지금 이 순간 자신이 얼마나 잘 연기하고 있다고 느끼는지를 알려준다.

Phone 전화

전화는 집단의식의 상징이며 세상에 있는 다른 사람들과 즉시 연결하는 능력을 대변한다. 일반전화는 빠른 속도로 과거의 물건이 되고 있는 만큼 만일 꿈에 이런 전화가 나오면 자신의 의사소통

스타일이 시대에 뒤떨어진 방식이라는 사실을 알려주는 메시지일 수 있다.

Phosphorescence 인광(燐光), 발광성, 푸른빛

인광은 빛이 만들어내는 너무나 아름다운 효과로, 바닷속을 환히 비추는 발광성의 조류로 인한 빛이 대표적이다. 동물계에서 이 현상은 주로 빛을 발하는 물속 생물이나 반딧불에 의해 생겨난다. 무의식은 어둠의 영역으로 간주되며, 이 실제 같지 않은 빛은 정상적으로는 받아들일 수 없는 것을 알아보는 신비한 능력을 나타낸다. 꿈에서 이것은 마음의 그늘진 구석을 밝히는 영적 존재를 의미한다.

Piano 피아노

당신의 창조적 잠재력이 표현되고 있다. 피아노는 창조적 표현의 여성적 이미지이다. 꿈속에 나온 피아노는 그 자체로 창조적 잠재력을 나타낸다. 이 잠재력이 발휘되려면 누군가의 주목을 받아야 한다. 피아노로 표현하는 음악은 '젓가락 행진곡'에서부터 쇼팽에 이르기까지 다양하기 때문에, 이것의 상징적 의미는 숙달과도 관계가 있다. 누구든지 건반을 두드려 피아노 소리가 나게 할 수는 있지만 숙련된 사람만이 멋진 연주를 할 수 있다. 음악은 감동과 기쁨의 감정을 불러일으키는 마법이며, 피아노는 폭발되기를 참을성 있게 기다리며 겨울잠을 자는 잠재력을 나타낸다.

꿈에 피아노를 보고 그것을 연주하기를 원했다면 내면의 창조적 표현과 접속하려는 욕망이 드러난 것이다. 꿈에서 피아노를 치는 것은 기쁨의 시절이 피어나는 것을 의미한다.

Picnic 소풍

휴식과 도피의 상징인 소풍은 자연의 목가적 경험을 자양분이나 자기 돌봄과 연결시킨다. 흔히 낭만적으로 표현되는 꿈속의 소풍은 이와 관련된 사람이나 요소들이 인생에 더해지기를 바라는 욕망을 나타낸다.

Picture Frame 액자

이 이미지는 과거의 기억과 관련되며, 감정을 분별하려는 욕망을 나타낸다. 사진을 둘러싼 프레임은 그것을 완성한다. 우리는 사랑하는 사람과 찍은 지난 순간의 사진을 통해 자신의 일부를 반영하는 이미지를 발견할 수 있다. 사진은 무언가를 표현하는 것이 아니라 사물의 그 자체를 반영하는 것이며, 종종 환상과 투사로 가득 차 있다. 포착된 순간에 머물러 있는 분위기는 그 순간에 대한 감정을 설명하는 데 아주 중요하다. 이것은 우리가 그 순간을 이해하기 위해 그것을 어떻게 마음속 프레임에 넣는가를 보여준다. 만일 꿈에서 액자가 눈에 띄는 이미지로 등장한다면, 당신은 지금 프레임 속 사진으로 나타난 문제를 다루고 있는 것이다. 프레임은 사진 속에 나온 사람이나 상황에 대한 설명, 정당화, 한계를 나타낸다.

Piercing 피어싱

피어싱은 고통스러운 과정을 거쳐 완성되는 장식이다. 피어싱은 피부를 찢는 것을 상기시키는데, 이는 이 특별한 자기표현에 내재한 메시지의 일부이며, 젊은이들이나 비주류 하위문화에 대한 견해를 밝히는 것이기도 하다. 만일 당신이 현실에서 피어싱을 한 사람이라면, 꿈에 나오는 이런 이미지는 개인적 세계관의 반영일 따름이다. 하지만 만일 이런 모습이 자신이 편하게 받아들이는 것이 아니라면, 피어싱한 신체의 부분이 가리키는 메시지에 주목해야 한다. 혀는 목소리나 자신이 말하고 싶은 것을 나타낸다. 배꼽은 직감이나 본능을 의미한다. 귀는 자신에게 제시되는 메시지에 주의를 기울일 필요가 있다는 것을 암시한다.

Pig 돼지

돼지는 실제로 아주 깔끔한 동물이다. 하지만 대중매체와 문학은 돼지를 폭식이나 탐욕과 동의어로 만들었다. 돼지가 나오는 꿈은 삶의 어떤 분야에서 탐닉에 빠져 있다는 것을 보여준다.

Pills 알약

마음이나 분위기를 즉시 바꾸는 능력이 알약이나 기타 다른 약이 나오는 꿈에서 표현된다. 조제약은 두뇌가 신체의 상태를 바꾸는 화학물질을 만들어내게 하거나 억제하도록 하는 화합물이다. 만일 꿈에서 알약을 먹으면, 변형되거나 상대적으로 쉬워지기를 원하는 삶의 영역이 있을 것이다.

남용은 어려움에서 벗어나는 쉬운 길을 찾으려는 극단적인 방법이나 탐닉의 문제를 가리킨다. 만일 현실에서 건강에 문제가 있다면 꿈에 나오는 약은 건강해지려는 욕망이 그대로 표현된 것이다. 꿈에서 먹는 약이 무슨 종류인지 모르거나 어떤 작용을 할지 모른다는 것은 주목해야 하는 상황에 접근하는 방식이 무지하거나 순진한 것을 가리킨다.

약의 특수한 작용도 고려해야 한다. 예를 들면 진통제는 어려운 일에서 벗어나려는 욕망을 나타낸다. 항생제는 어둡고 원치 않는 생각에 대한 반작용을 의미한다. 항우울제는 불쾌한 감정의 회피를 드러낸다. 향정신성 약은 자신의 감정이 통제될 수 없거나 사고 패턴이 혼란스럽다고 느끼는 것을 말한다.

Pink 분홍

분홍색은 빨강과 하양이 섞여서 만들어진다. 빨강은 차크라의 첫 번째 색이며, 가시광선 스펙트럼에서 가장 느린 진동의 색이다. 빨강은 안정과 토대 그리고 아주 기본적인 차원에서 자신의 필요를 충족시키려는 욕망을 의미하며, 하양은 순수와 영적인 승화를 상징한다. 이런 성질들이 결합하면 사랑의 감각으로 귀결된다. 분홍은 소녀다움이나 여성적인 것도 연상시킨다. 분홍색이 눈에 띄는 이미지로 나오는 꿈을 해석할 때는 이런 것들이 고려되어야 한다.

Pipe 파이프

파이프는 그 안에 흐르는 보이지 않는 액체를 위한 도관이다. 따라서 이것은 흘러가거나 수월하게 이동하는 능력을 상징한다. 대부분의 파이프는 물의 이동을 연상시키므로 느낌이나 감정을 상징한다. 꿈에 나오는 파이프는 감정적 표현과 유동성에 대한 자신의 체계를 반영한다. 또한 파이프는 담배나 마리화나를 주입하는 도구이므로 흡연자가 떠올릴 수 있는 휴식과 위안을 상징한다.

Plastic Surgery 성형수술

몸의 형태를 변형하는 것은 자신을 세상에 내보이는 방식을 통제하는 것과 유사하다. 이러한 변형이 외과적으로 이루어질 때 귀결되는 변화는 조작적이며 부자연스러운 것이다. 성형수술은 흔히 이전보다 매력적이고 호감이 가며 나아 보이기 위해 선택된다. 다른 사람과의 관계에서 자신이 얼마나 진실한지 스스로에게 물어보라. 이런 꿈은 자신이 느끼는 것과 계획하는 것의 균형이 깨진 것을 가리키기도 한다.

Platypus 오리너구리

오리너구리는 오리의 부리와 포유류의 몸을 가진 이상한 동물로, 알을 낳는 유일한 포유류다. 따라서 오리너구리는 완전한 독창성을 상징한다.

오리너구리는 반수생의 동물이지만, 물속에서 눈을 감으며 근육 수축에 의해 발생하는 복잡한 전기 자극 시스템을 이용해서 이동한다. 이것은 오리너구리를 직관이나 인도의 힘과 연결시킨다. 또한 오리너구리는 투시력과 심령 현상을 지닌 동물 토템이다. 꿈에 오리너구리가 나타나면 자신의 직관과 타고난 인도력의 시스템을 따르게 된다.

Playground 운동장

어린아이들이 뛰노는 놀이의 장소인 운동장은 기쁨의 표출을 상징한다. 꿈이 운동장에서 펼쳐지면 자신의 본성이 이런 부분과 접속하게 된다. 꿈속의 운동장이 어린 시절 뛰놀던 곳이라면 자신이 경험한 특별한 방식을 통해 어떤 상황에 유쾌하게 접근하는 것을 의미한다.

Playing Cards 카드놀이

카드가 나오는 꿈은 인생의 작동 방식과 그 구조에 대한 이해를 담고 있는 패턴이나 순열을 가지고 노는 것을 말한다. 카드에는 번호가 매겨져 있고 짝이 있는데, 이런 것들을 가지고 놂으로써 무한에 가까운 가능성이 생겨난다. 이것은 인생 자체에 대한 비유다. 따라서 꿈속에서 카드놀이를 하는 것은 인생이라는 게임에서 보다 능숙해지기 위한 연습 게임을 하는 것을 의미한다.

Pointing 손가락질

손가락질을 하면 특별히 주목을 원하는 물체나 방향을 가리키게 된다. 이 순간 다음에 어디로 갈지가 명확해진다. 꿈에 나오는 사람이 어떤 것을 가리키면, 그 사람이 가리키는 것과 그 사람이 자신의 성격 측면으로 제시하는 것을 살펴봐야 한다. 꿈의 전체 맥락을 고려해 자신이 특별한 주의를 기울여야 하는 것이 무엇인지 찾아보라.

Poison 독

독은 병을 일으키는 것부터 죽음에 이르게 하는 것에까지 몸에 들어가서 위험해지거나 해로운 반응을 일으키는 모든 것을 의미한다. 상징으로서 독은 해로운 작용을 하는 생각, 아이디어, 말, 행동을 나타낸다.

꿈에 나온 독의 이미지는 자신의 내부에 두면 결국 안전하지 않은 것이 최근에 자신의 의식으로 들어온 것을 의미한다. 의식 내부에서 독이 되는 생각이 생겨나는 것은 쉽게 일어나는 일이며, 반드시 외부의 영향 때문만은 아닐 수도 있다. 이런 꿈에는 자신의 이익에 반하는 해로운 생각에 대한 해독제를 찾으라는 뜻이 담겨 있다.

Poker 포커

승산과 기량의 게임인 포커는 그 핵심에 허세라는 개념, 즉 '포커 페이스(poker face)'가 있다. 여기에는 자신의 진정한 의도를 숨긴다는 의미가 있다.

포커 게임은 대단한 인내와 전략적인 기다림이 요구된다. 만일 포커 게임이 꿈에 나오면 원하는 것을 얻기 위해 자신이 정말로 제공해야 하는 것을 숨기는 방법을 찾아보라.

Police 경찰

경찰은 결국 세상을 옳고 그름의 두 진영으로 나누는 전사의 원형이다. 그들에 대한 이미지는 사회적으로 용인되는 행위가 무엇인지 판단하는 것과 관계가 있으며, 자신의 내적인 권위 감각과도 관련이 있다. 꿈에 경찰이 나오는 것은 당신이 어떤 선택이나 생각을 해로움과 이로움의 관점에서 저울질한다는 뜻이다. 만일 꿈에서 경찰이 당신과 직접 상호작용한다면 자신의 선택에 대해 꿈이 말하는 것이 무엇인지 살펴보라.

Pond 연못

모든 물은 자신의 감정적 경험과 관련된다. 연못은 자연환경의 일부이므로, 특히 감정적 본성과 관계가 있다. 연못은 작고 다루기 쉬우므로 목가적이며 감수성을 잘 다루는 자신의 감정을 상태를 나타낸다.

Pool 수영장

('Swimming Pool 수영장' 참조).

Pop Quiz 쪽지 시험

당신은 예기치 않은 방식으로 지식, 경험, 지혜에 대하여 간단한 시험을 보고 있다('Taking a Test 시험 보기', 'Exams 시험' 참조).

Porch 현관

상징으로서의 집은 꿈꿀 당시의 자아 감각을 반영한다. 현관은 집의 외부에 있지만 여전히 집과 연결된다. 이에 따라 현관은 정체성을 유지하면서도 사회적인 방식으로 그것을 다른 사람들과 공유하는 것을 가리킨다. 이 상호의존적인 감수성은 집의 현관이 나오는 꿈에 반영되므로, 현관의 상태와 모습은 자아 감각을 유지하면서도 세상과 상호작용하는 방식을 나타낸다.

Porn 포르노

포르노는 성적 취향의 과장된 표현이며 진짜가 아니라 가식이다. 꿈에서 그것은 성생활의 음란한 측면을 과대평가하는 것 또는 그런 경험과 친밀한 감정적 측면을 기피하는 것을 나타낸다.

Posture 자세

자세는 인생 전반에서 움직임의 토대가 되며, 기저에 있는 기분이나 무의식을 정확히 반영한다. 꿈에서 특별히 좋은 자세나 곧은 척추를 본다면 당신은 깊은 행복의 감정을 표현하고 있는 것이다. 이것은 또한 인생을 살아가는 데에서 전인적인 접근을 도외시한 것에 대한 보상일 수도 있다.

나쁜 자세는 의식으로 통제할 수 없는 어떤 것이 자신을 완전히 내팽개친다는 단서일 수 있다. 자신의 라이프스타일의 토대를 점검할 때다.

Power Lines 송전선

송전선은 전력을 거의 모든 곳으로 보내면서 문명 세계를 누비고 다닌다. 따라서 송전선은 언제든지 접속해서 얻을 수 있는 창조적 힘에 대한 생각을 표현한다. 또한 송전선은 의사소통 기술을 통한 즉각적인 연결을 상징한다. 꿈에 송전선이 나온다면 언제든지 접속할 수 있는 동력에 연결된 것이며, 송전선이 고장 나 있으면 자신의 근원으로부터 일시적 단절을 경험하는 것이다.

Power Plant 발전소

발전소는 어떤 원료를 사용할 수 있는 힘으로 전환시킨다. 발전소는 이런 일을 할 수 있는 당신의 능력을 상징하며, 이것은 인간이 마스터할 수 있는 능력에 속한다. 꿈에 나오는 발전소의 이미지는 힘, 에너지, 자원에 대한 당신의 현재 상태를 보여준다. 발전소는 큰 규모의 공동체에 의해 사용되므로 꿈에 나오는 발전소는 다른 사람들에게 의지하는 당신의 삶의 에너지를 반영한다. 이런 꿈은 자신의 에너지를 어디에서 얻는지 돌아보라는 메시지를 전한다.

Pregnancy 임신

당신은 새로운 아이디어, 계획, 인생의 방향을 수립하고 있다. 임신은 지평선 위에 새로운 것이 나타난 것을 의미한다. 모든 아이디어, 방향 전환, 물질적 변화는 마음속 아이디어의 자궁에서 창조되는 것이다. 우리가 인생에서 창조하는 모든 것은 먼저 새로운 생각의 불꽃으로 감지된다.

임신하는 꿈은 이러한 창조적 과정과 강력하게 연결된다. 자신이나 자신의 삶의 어떤 것이 극적으로 변화하려고 한다는 사실을 기억하라. 임신하는 꿈은 여성에게만 한정되지 않는다. 남성들도 자신에게 의미 있는 일이 탄생하려고 할 때 그런 꿈을 꾸며, 이것은 꿈 세상에서 부성이 불시에 방문할 때 일어나는 인생의 극적인 변화를 나타낸다. 원치 않는 임신을 한 것이 알려지며 수치심이나 두려움을 느끼는 꿈은 자신의 변화가 다른 사람들에게 어떻게 받아들여질지 불안하다는 뜻이다.

출산이 다가오는 꿈은 새로운 변화가 다가옴을 암시한다. 자신이 아닌 다른 어떤 사람이 임신한 것을 꿈에 보았다면 그 사람은 변화를 겪는 자신의 성격 측면이다. 만일 꿈에서 임신했다는 말을 듣는다면 수정란이 되었을 순간을 기점으로 자신의 인생에서 어떤 일이 진행되었는지를 돌아보라. 예를 들어 꿈에서 임신 7개월이라면 현재를 기준으로 7개월 전을 돌아보며 그 순간 인생에서 새로운 모습을 드러낸 것이 무엇인지 살펴보라.

Present 선물
('Gifts 선물' 참조)

Press 언론, 신문과 잡지
오늘날 언론이 대변하는 신념이 변화하고 있다. 편견 없는 사실을 객관적으로 제시하는 힘을 지닌 언론이 사생활의 조작적인 침해와 통제된 정보의 전파에 자리를 내주었다. 문화가 이처럼 서서히 변모했기 때문에, 언론에 대한 이미지는 나이에 따라 달라질 수 있다. 당신이 어떤 입장을 취하든 간에 언론은 사적인 생활보다 공적인 생활과 더 관련되며, 자신이 선택한 모든 일이 공적인 결과를 가져온다는 생각과도 연결된다.

Priest 성직자
영적 원리에 대한 극진한 헌신을 나타내는 원형적 성격 측면이다. 대중매체에 넘쳐나는 성직자의 이미지는 그들을 영적 헌신의 보편적인 상징으로 만들었다. 또한 대중매체의 영향으로 인해 이 상징은 큰 존경에서부터 우스꽝스러움, 심지어 강렬한 혐오에 이르기까지 수많은 어두운 이미지가 만들어졌다. 따라서 성직자에 대한 개인적 연상은 성직자가 나오는 꿈의 해석에서 중요한 역할을 한다.

긍정적인 스펙트럼으로 보면 성직자는 신의 상징적 재현이며 오늘날의 문화에서 비할 데 없는 헌신을 의미한다. 이런 관점에서 꿈에 나오는 성직자는 자신의 신념을 위해 많은 것을 기꺼이 희생하는 헌신적인 영적 본성과 관련된다.

한편 최근 가톨릭 사제들이 부도덕한 성적 행위와 관련되어 심각한 논쟁에 휘말리며 성직자에 대한 부정적 인식을 심어준 면도 꿈 해석에서 피해갈 수 없는 점이다. 금욕의 강화된 역할 또한 이 상징을 해석하는 데 중요한 역할을 한다. 만일 꿈에서 성직자가 눈에 띄는 역할을 한다면 성적 취향이나 성적 표현, 성적 자유에 대한 메시지를 전하는 것일 수도 있다.

Prison 감옥

잘못된 선택은 특정한 방식으로 신체를 구속하는 결과를 낳을 수 있다. 다시 말해 법을 어기면 감옥에 간다. 범죄행위에 연루되어 감옥에 간다는 것은 사람, 장소, 사건에 꼼짝없이 엮이는 것을 의미한다. 여기에서 나온 말이 "실형을 받은 것처럼(like a jail sentence)"
이라는 표현으로, 감당할 수 없는 의무를 지는 것을 뜻한다.

교도소(jail)와 감옥은 비슷한 느낌을 주기는 하지만 차이가 있
다. 특히 꿈이 분명히 둘 가운데 한 곳에서 일어나면 말이다. 교도
소는 범죄를 저질렀다고 의심받거나 범죄가 덜 심각할 때 가는
곳이다. 감옥은 훨씬 심각한 범죄를 저지른 기결수들이 그 대가
를 치르기 위해 가는 곳이다. 이런 차이가 꿈에서 분명히 드러날
경우 교도소는 일시적인 구속의 형태인 것을 감안하라. 감옥은
매우 심각한 문제가 표출되는 것을 가리킨다.

감옥의 상징적 의미의 핵심에는 그곳에 가기 전에 당신이 저지른
일이 존재한다. 교도소에 가는 것으로 귀결되는 충동적인 선택은
당시에는 좋은 생각이었지만 나중에는 자신의 삶에서 자유와 평
화를 사라지게 만드는 사건이 된다. 꿈에서 이런 장소가 눈에 띄
게 나오면, 과거에 한 결정으로 인해 지금도 곤란한 상황을 모면
할 수 없는 대목이 있는지 살펴보라.

Prostitute 매춘부

물질적 이익을 위해 친밀하거나 개인적인 것을 판다는 느낌이 반
영된 꿈이다. 흔히 "돈으로 사랑을 살 수 없다"라고 하지만 돈으
로 섹스를 살 수는 있으며, 이것은 사랑과 친밀함의 대체물이 될

수 있다. 매춘이 문제가 되는 것은 몸이라는 개인적인 것을 파는 것과 돈으로 섹스를 연기하는 것을 비판적으로 보기 때문이다. 이런 관점은 매춘을 무척 비인간적인 것으로 만든다.

만일 매춘부가 된 꿈을 꾸었다면 당신은 현실에서 어려움을 돌파하기 위해 무언가를 팔거나 쉽고 편한 방법을 택하고 있는 것이며, 꿈에서 매춘부를 고용한다면 스스로를 하찮게 여기는 마음을 돌아보고 있는 것이다. 꿈에 주변에서 매춘이 벌어진다면 그에 대한 자신의 감정을 돌아보라. 만일 비판이나 두려움 속에 있다면 자신이 어떤 사람이나 상황을 다루는 방식에 진실성이 부족하다고 생각하는 것이다.

꿈에서 자신이 매춘에 대해 개방적인 태도를 보였다면 자신에 대한 판단에 세심한 평가가 필요한 것은 아닌지, 그것이 너무 가혹한 것은 아닌지, 자신의 선택에 대해 더 많은 재량권을 부여하는 것이 낫지 않을지 돌아볼 필요가 있다. 자신의 신념이 어떠하든 간에 매춘은 수치스러운 뒤끝을 남긴다는 것이 이 상징의 본질이다. 당신이 누리는 자유가 혹시 어떤 대가를 치를 만한 것이 아닌지 돌아보라.

Public Speaking 공개 연설

대규모로 의사소통을 하는 꿈이며, 자신의 말을 더 큰 방식으로 세상에 퍼뜨리는 부담에 대한 꿈이다. 공적으로 말하는 것은 대부분의 사람에게 힘든 일이다. 어떤 사람에게는 그 부담이 너무 커서 생각만 해도 두려움에 사로잡히게 만든다.

이 상징에는 말하는 행위에 대한 문자 그대로의 의미가 들어 있기 때문에 이런 행위가 나오는 꿈은 자연스럽게 당신이 의사소통 때문에 곤란을 겪는 것을 나타낸다. 공적으로 말하는 사람은 대개 어떤 면에서든 권력을 지닌 인물이다. 따라서 이런 이미지의 꿈은 자신이 권력을 지녔거나 자신의 권력이 시험대에 올라 있는 것을 표현한다. 꿈에서 자신이 연설을 하는 사람이라면 특히 그럴 것이다.

꿈속에서 만일 자신이 청중이고 다른 사람이 말하고 있다면 그 사람을 자신의 성격 측면으로 이해해야 한다. 그리고 자신 내면의 어느 부분에서 스스로에게 하고 싶은 말이 있는지 살펴볼 필요가 있다. 힘이나 권력에 대한 자신의 욕망이 꿈에서 무의식을 통해 스스로에게 말하는 것일 수도 있다.

Pumpkin (서양)호박

호박은 추수가 다가온 것을 떠올리게 하는 계절 과일이다. 호박과 핼러윈 사이에는 강력한 연상이 있어서 이것이 꿈에 반영될 수 있다. 또한 신데렐라 이야기에서는 호박이 마차로 변신하는

데, 이는 마음속 욕망이 마법으로 실현된 것이다. 호박이 나오는 꿈에서는 이 같은 이미지가 표현된다.

Puppet 꼭두각시

꼭두각시는 꼭두각시 장인의 명령에 따르도록 조종되는 인간의 모형(figure)이다. 따라서 꼭두각시는 진정성이 없거나 진실하지 않는 선택이 강요되는 것을 상징한다. 만일 당신이 꿈에서 인형을 조종하는 사람이라면 자신의 필요를 충족시키기 위해 조작을 하는 것이 있는지 살펴보라.

Puppy 강아지

개는 조건 없는 사랑, 충성심, 억제할 수 없는 사랑의 남성적 원리를 상징한다. 이러한 에너지가 활기차게 표현된 게 강아지의 이미지다. 강아지는 또한 사랑과 친밀함에 대한 미성숙한 접근을 나타내며, 여기서는 표현되는 사랑의 진정성보다 열정이 더 큰 의미를 지닌다.

Purple 보라색

('Violet 보라색' 참조)

Purse 지갑, 손가방, 핸드백

꿈에 나온 이 이미지는 일상생활을 위한 도구에 접속하는 것을 의미한다. 이 상징에서 중요한 핵심은 그 안에 무엇을 넣고 다니는가에 있다. 그것이 지갑이든 파우치든 서류 가방이든 핸드백이든 개인적으로 들고 다니는 케이스는 빠른 속도로 돌아가는 오늘날에 반드시 필요한 것이 되었다. 손가방은 밖으로 나갈 때 필요한 중요한 아이템들, 예를 들어 지갑이나 운전면허, 신용카드, 신분을 나타내는 여타의 물건을 휴대하는 데 필수적이다. 따라서 그런 것들은 일상에서 삶의 도구로 생각되는 물건들을 강력하게 연상시킨다. 특히 핸드백이나 파우치에는 일반적으로 여성이 들고 다니며 수시로 몸단장을 하는 물품이 다수 들어 있다. 이것은 핸드백을 여성적 원리와 연결시킨다. 지갑에서 발견되는 품목은 자기 돌봄이나 배려를 나타낸다. 만일 꿈에 지갑을 잃어버려서 찾고 있었다면, 삶에서 일시적인 장애를 겪고 있는 것으로 볼 수 있다.

Pyramid 피라미드

피라미드는 거대한 영적 함의를 지닌 고대 문명의 유물이다. 피라미드는 사고나 생각이 고양되며 고대 문명적인 원리와 연결되는 것을 나타낸다. 피라미드 꿈을 꾸는 것은 영적 탐구에 비의적인 형식을 추구하라는 의미다.

Quan Yin 관음보살

여성적 원리의 여신인 관음보살은 온갖 절망의 외침에 귀를 기울인다. 그녀는 연민의 화신이며, 기독교의 성모마리아와도 유사하다. 만일 이 원형적 인물이 꿈에 등장하면, 당신은 사랑과 연민에 대한 고양된 영감을 체험하고 있다('Mother Mary/Quan Yin 성모마리아/관음보살'을 참조하라).

Quarry 채석장

채석장은 암석, 광물, 금속 등 지표면 바로 아래서 얻을 수 있는 풍성한 자원을 채취하기 위해 만들어진다. 육지는 의식을 상징하므로 이것들은 가치 있는 것을 얻기 위해 사물의 표면 아래를 살펴볼 때 얻을 수 있는 것을 상징한다. 암석은 또한 기억이나 과거를 의미하므로 채석장이 나오는 꿈에 대한 가장 중요한 해석은 자신의 삶에서 일어났던 일을 숙고하는 것의 가치다. 때로는 이 과정에서 도를 넘을 수도 있음을 주의해야 한다. 채석장 꿈은 앞으로 나아가야 함에도 불구하고 과거에 사로잡혀 과거사만 파헤치는 데에 따르는 해악을 경계하라는 사인일 수도 있다.

Quartet 사중주

사중주는 인간의 목소리든 악기의 소리든 네 가지 다른 소리를 합칠 때 창조되는 음악을 가리킨다. 수비학에서 넷이라는 수는 구조와 토대를 가리키고, 음악은 열정적인 표현을 나타낸다. 종합해서 말하면 꿈에 나오는 사중주는 삶에서 열정적인 표현을 위한 토대가 만들어진 것을 알려준다.

Quartz 석영

수정은 진동하는 주파수를 증가시키는 힘이 있으며, 석영은 수정의 구조를 지닌 광물 가운데 가장 흔하고 어디에서나 볼 수 있는 것이다. 현실에서 이들을 사용한다면 수정이나 석영에 관한 꿈은 그런 에너지를 불러올 필요를 나타낸다. 만일 당신이 그것의 특성에 덜 익숙한 사람이라면, 꿈에 나오는 석영이나 수정은 비의적인 관념을 탐구하라고 말하는 것이다('Stones 돌', 'Boulders/ Rocks 바위/암석' 참조).

Queen 여왕

타로에서 여왕은 지위, 직관, 창조성, 권력을 상징한다. 이 이미지가 꿈에 등장하면 이러한 상징이 제공하는 원형적 힘과 연결된다. 여왕은 또한 모성적 본능의 차원 높은 표현일 수 있다. 꿈에 왕족이 나오면 자비심의 문제가 연관되며, 왕족의 권력이 자애롭게 사용될 경우 그것은 개인의 힘을 증대시킨다. 하지만 여왕처럼 행동하는 인물이 등장하는 꿈은 이것이 균형을 잃고 남용되는 것을 가리킨다. 여왕 꿈은 자신이 삶에서 권력을 얼마나 잘 행사하는지 돌아보는 꿈이라 할 수 있다.

Quicksand 유사(流沙), 헤어나기 힘든 위험한 상황

자신이 허황되다고 느끼는 당혹감과 관련된 부분의 장애를 상징한다. 유사는 바람이나 물에 의해 흘러내리는 모래로, 물이 잘 흡수되지 않는 모래와 물의 위험한 조합으로 이뤄진다. 물은 언제나 감정을 상징하며, 유사는 자신이 거기에 빠진 사실을 발견하기 전에는 감지할 수 없는 것을 의미한다. 따라서 꿈의 해석은 처음에는 위험을 몰랐다가 위험에 빠진 것을 갑자기 발견하고 나서 놀라는 감정을 반영해야 한다.

Quilt 퀼트

퀼트는 따스함과 편안함을 위해 만든 수공예품이며, 흔히 내 집 같은 연상을 불러일으킨다. 퀼트가 꿈에 나타나면 이런 물건이 불러오는 안전함과 안정감을 얻을 수 있다. 만일 당신의 삶에서 퀼트가 특별한 연상을 불러일으키는 물건이라면 그 연상을 해석에 덧붙여라.

Quiz 퀴즈

퀴즈는 당신이 숙달하도록 요구받는 지식을 테스트하는 미니 시험이다. 삶은 종종 우리에게 방금 얻은 지혜를 토대로 한걸음 나가서 수행하라고 등을 떠민다. 꿈에 나오는 퀴즈는 최근 얻은 지식을 토대로 삶에서 이를 수행하는 것을 의미한다('Exams 시험', 'Pop Quizs 쪽지 시험', 'Taking a Test 시험 보기' 참조).

Rabbi 랍비

유대 공동체의 영적 지도자인 랍비가 꿈에 나오면 종교, 믿음, 신념과 연결된다. 꿈에 나오는 모든 사람은 자신의 일부이므로, 랍비는 영성의 문제와 관련된 자신의 인격 중 일부다.

자신이 실제로 유대인이라면, 꿈에 나오는 유대인은 자신의 성격 측면으로서 단어에 담긴 의미 그대로 개인적 신앙을 나타낸다. 자신이 유대인이 아닌데 꿈에서 유대인을 본다면, 신념이나 신에 대한 자신의 일상적 사고의 이면을 보는 경험을 하고 있는 것이다.

Rabbit 토끼

행운과 풍요의 상징인 토끼가 꿈에 나오면 엄청난 행운을 의미한다. 토끼는 전통적으로 다산의 생식력을 연상시키며, 끝없는 번영의 개념과 자연스럽게 연결된다. 토끼 발은 행운의 토템으로서 몸에 지니는 상징적 아이템으로도 많이 활용된다. 중국 점성술에서는 토끼가 평화롭고 호감을 주는 동물의 원형으로 등장한다. 토끼가 꿈에 나오면 이런 특성이 표현된다고 볼 수 있다.

Raccoon 너구리

너구리는 가면처럼 보이는 얼굴 무늬에 근거해 변장이나 비밀을 상징한다. 너구리는 야행성 동물이며 장난기가 많은데, 이런 특징도 변장이나 비밀 같은 이미지를 더욱 증대시킨다. 꿈에 너구리가 등장하면 자신이 인생에서 가면을 쓰고 있는 것은 아닌지, 어떤 상황에서 자신의 진정성을 솔직히 드러낼 수 있는지 살펴볼 필요가 있다.

Race Car 경주용 자동차

자동차는 사회적이고 공동체적인 삶 속에서 인생의 길을 나아가는 것을 상징한다. 경주용 자동차는 굉장한 속도를 내는 강한 힘을 가지고 있으며 능수능란한 조작이 요구된다. 자동차 꿈은 더 빨리 나아가려는 욕망을 보여준다. 만일 자신의 인생이 이미 빠른 속도로 나아가고 있는데 꿈에 경주용 자동차가 나온다면 지금 일어나는 일을 처리하는 데 필요한 지원을 얻을 수도 있다.

Race Track 경주 트랙

경주용 자동차가 인생의 속도를 내는 것을 의미한다면, 경주 트랙은 당신이 매우 빨리 움직이지만 사실상 되는 것이 없는 것을 나타낸다.

Radiator 라디에이터, 방열기

꿈에 나오는 상징으로서 실내 난방 기구인 라디에이터는 인생을 활기 있게 만들려는 욕망을 나타낸다. 실내 라디에이터가 발산하는 열기는 감정의 고조, 열정의 상승, 욕망의 증가 등을 가리킨다. 하지만 자동차의 라디에이터는 조금 다른 의미를 지닌다. 이런 꿈에는 효율적으로 달리기 위해서는 열기를 가라앉히고 차분해질 필요가 있다는 뜻이 담겨 있다.

Radio 라디오

라디오는 공중에서 눈에 보이지 않는 파장을 끌어와 음악이나 뉴스로 변환시킨다. 특정 방송에 귀를 기울이는 모든 사람이 같은 프로그램을 듣기 때문에 라디오는 집단의식의 작동을 상징적으로 표현한다. 꿈에 나오는 라디오는 집단적 사고나 사회적 동의를 의미한다. 다이얼을 돌려 선택할 수 있는 방송이 많은 만큼 라디오 꿈은 당신에게 지금이 채널을 바꿀 때가 아닌지 묻는 것일 수도 있다.

Railing 철책, 난간

철책은 공간이 열려 있어서 추락의 위험이 있을 때 보호와 안전을 위해 설치한다. 추락의 두려움은 위험을 막는 통제와 그것의 유지가 깨졌을 때 나타난다. 꿈에 나오는 상징으로서 철책은 위험을 감수하면서도 안전을 유지하기 위한 고정된 보호물을 가리킨다. 만일 꿈에서 철책이 망가졌다면 불안함과 두려움을 느끼는 감정이 표현된 것이다. 철책을 붙잡고 있는 것은 필요 이상의 두려움을 나타낸다.

Railroad 철로

철로는 문명, 상업, 문화를 극적으로 확장해 세계를 결합시킨 위대한 평등론자(leveler)다. 이제는 구식이 되기는 했지만 이것은 여전히 의식의 다양한 부분이 결합하는 것을 상징한다. 꿈에 나오는 여행은 인생에서 변화나 변형이 일어나는 것을 의미한다.

철로 여행처럼 느린 여행의 꿈은 다른 가능성을 고려하고자 하는 심리가 있음을 암시한다. 꿈에 나오는 철로는 낡은 사고방식을 상징할 수도 있다.

Rain 비

비는 눈물이 떨어지는 것과 닮은 기상 현상이며, 물은 언제나 감정을 상징한다. 따라서 꿈에 나오는 비는 감정적 표현을 나타내는데, 특히 감정이 자유롭게 흐르도록 허용하는 것을 의미한다. 비는 먼지를 씻어내고 공기를 깨끗이 하므로 정화를 상징하기도 한다. 궁극적으로 꿈속에서 내리는 비는 정서적 치유가 일어나는 것을 뜻한다.

비의 특성뿐 아니라 그것에 대한 반응은 해석에 많은 정보를 제공한다. 밝고 가벼운 비는 감정적인 반응을 불러오는 사소한 혼란을 가리키며, 허리케인처럼 억수같이 쏟아지는 비는 강렬한 감정의 암류가 표출되는 것을 의미한다.

꿈에 나오는 빗줄기의 세기는 무의식이 표현하는 감정의 강도를 드러낸다. 꿈에서 비에 반응하는 방식은 감정에 대한 자신의 저항감의 정도를 말해준다. 만약 기습적인 폭우를 피하려 한다면, 그 시도가 강할수록 감정 표현의 자연스러운 흐름을 피하는 것으로 볼 수 있다.

Rainbow 무지개

무지개는 지상에서 발견되는 가장 마법적인 현상 가운데 하나다. 희망, 풍요, 좋은 일이 일어난다는 약속이 무지개의 상징에 들어 있다. 이런 상징들은 우리가 무지개를 볼 때 생겨나는 정서적 반응에서 비롯된다. 무지개는 숨이 멎을 듯 벅찬 느낌이 들게 하며 감정을 고취시킨다. 따라서 무지개는 대부분 긍정적 이미지로 받아들여진다. 역사적으로나 문화적으로 무지개의 상징적 의미에 관한 두 가지 중요한 기원이 있다.

구약성서에서 신은 다시는 인간을 멸망시키지 않겠다는 약속으로 무지개를 보냈는데, 이것은 미래에 대한 약속이라는 주제의 기원이다. 켈트족에게는 무지개의 끝에 황금 단지가 놓여 있다고 믿는 전통이 있었는데, 그것은 무지개의 상징을 풍요의 추구와 연결시킨다. 하지만 이러한 전통적 해석에는 어두운 의미가 따른다는 것을 염두에 두어야 한다.

전자의 해석은 파괴가 휩쓸고 지나간 것을 암시하며, 후자의 해석은 우리가 무지개를 향해 이동하면 그것도 함께 이동하기 때문에 사실상 그 끝에 도달할 수 없다는 역설을 포함하고 있다. 하지만 또한 위의 두 가지 해석은 무지개에 가장 강력한 상징적 요소인 희망을 불어넣는다.

무지개의 물질적 구성은 아름다운 상징으로 가득하다. 스펙트럼의 모든 색을 품고 있는 무지개는 장엄할 뿐 아니라 고도의 영적인 표현으로 전체성의 감각을 나타낸다. 무지개는 태양과 비가 동시에 존재할 때 모습을 드러낸다. 비와 태양, 슬픔과 기쁨을 동시에 경험하는 것은 의식과 지혜의 진정한 사인(sign)이다.

Rainforest 우림, 열대우림

지구의 폐와 심장인 우림은 대기를 생명의 집으로 만드는 산소의 발상지다. 지구는 육지에 해당하는 의식과 바다에 해당하는 무의식이 결합된 자아를 상징한다. 또한 지구의 우림은 이 행성의 상징적 허파다.

열대우림에 관한 꿈은 사실상 원형적인 것이며, 생명의 숨결이 어떻게 자신을 통해 살아 움직이는가에 대한 고양된 생각과 자신을 연결시킨다. 만일 실제로 열대우림 같은 자연에 특별한 관심을 갖고 있는 사람이라면 이 꿈은 그에 대한 행동주의 의식이 반영된 것일 수도 있다.

Ramp 경사로

경사로는 높이 있는 곳에 도달하기 어려울 때 그곳에 접근할 수 있도록 돕는다. 따라서 경사로의 상징적 의미는 특별한 목적지나 목표에 도달하기 위해 편의와 도움을 제공하는 것이다. 경사로가 꿈에 나오면 당신을 위한 쉬운 길이 마련된다는 뜻이다.

Rape 강간

현실에서 이것의 혐오스러운 이미지 때문에 강간에 대한 연상은 매우 부정적이지만, 꿈에 나오는 강간은 긍정적인 의미를 상징한다. 섹스는 궁극적으로 통합을 의미하며 다양한 자아의 성격 측면을 결합시킨다. 행위가 강압적이고 폭력적일 때조차 상징의 세계에서는 이것이 사실이다.

강간은 폭력적인 행위이며 동의를 받지 않은 행위를 의미하지만 이것이 꿈에 등장하면 매우 다른 해석을 할 수 있다. 꿈에 강간처럼 가증스러운 것이 나올 때, 이 꿈은 상징적이며 말 그대로의 의미를 지니지 않는다는 사실을 상기하는 것이 중요하다. 꿈속의 강간은 현실의 강간과 다르다.

꿈속의 강간은 자신의 영혼에서 일어나는 통합이 급작스럽고 두렵게 경험되고 있어서 그 상징적 표현이 극적으로 나타나는 것을 의미할 따름이다. 무의식은 주의를 끌기 위해 흔히 악몽이나 무서운 꿈으로 나타난다. 만일 꿈에서 자신이 강간을 당했다면, 강간을 한 사람이 누구인지 살펴보라. 그가 아는 사람이라면 그를 자아의 성격 측면으로 활용해 자신의 인격 중 어느 부분이 반영된 것인지 파악해 해석하도록 한다. 만일 꿈에서 모르는 사람에게 강간을 당했다면, 이런 꿈은 표면 아래서 진행되고 있어서 아직은 분명하지 않은 강력한 변화의 조짐으로 생각하라.

꿈에서 도움이 될 만한 통찰력을 얻을 수 없는 경우에는 앞으로 나타날 꿈이 당신에게 어떤 변화가 일어나고 있는지를 알려줄 것이다. 강간을 목격하는 꿈을 꿨다면 자신의 인격 중 어느 측면들이 서로 불화하는지 알기 위해 내면을 들여다봐야 한다. 왜냐하면 그 측면들은 결국 통합되어 전체를 이룰 것이기 때문이다. 강간범은 인정받기를 원하는 자신의 일부이며, 희생자는 통합을 받아들여야 하지만 그 과정에 저항할 수도 있는 자신의 일부다. 만일 꿈속에서 자신이 강간범이었다면, 희생자를 당신이 제압하고 싶은 자신의 일부를 상징하는 성격 측면으로 간주하라.

강간 판타지는 많은 사람에게 흔한 것이며, 적절한 방식으로 다뤄지면 아주 에로틱하고 만족스러울 수 있다. 만일 강간 꿈이 에로틱하다면 의식의 통합은 훨씬 덜 성취적이며, 단순히 쾌락에 대한 기대가 꿈의 근원일 수도 있다.

Rapids 여울

여울은 어떤 식으로든 강이 좁아질 때 만들어진다. 작은 공간에 많은 흐름이 강요되며 세차게 몰려드는 물은 높은 강도의 에너지를 창조한다. 꿈에 나오는 물은 당신의 감정을 나타내며, 강은 흘러가는 감정을 나타낸다. 이에 따라 여울은 자신의 삶에서 감정의 강도가 높아지는 것을 가리키는데, 여기에는 스스로에 대한 내면의 감정뿐만 아니라 잠재적 위험에 대한 두려움이나 압박감 같은 외부 요인으로 인한 감정까지 덧붙여진다.

Rash 발진

발진은 표면 아래 존재하는 어떤 것의 상태가 좋지 않다는 증거다. 따라서 발진은 눈에 보이지 않는 무언가가 갈등을 초래하는 것을 상징한다. 어떤 자극이 당신을 괴롭히고 있으며, 이것은 당신이 알아차리는 것보다 외부 세계에 드러나는 게 더 많다. 어떤 것이 당신을 화나게 만들고 있는가?

Rat 쥐

쥐는 지나치게 번식해서 파괴와 질병을 불러오는 해로운 동물이다. 인류 역사에서 쥐는 페스트의 매개체로 가차 없는 비난을 받았다. 쥐를 제대로 처리하지 않은 결과 무고한 사람들이 죽은 이야기가 신화 등을 통해 전해진다. 도시에서 쥐를 박멸한 공로의 대가를 받지 못하자 아이들을 죽음으로 몰고 간 〈하멜른의 피리 부는 사나이〉도 그런 이야기 중 하나다.

쥐는 하수도, 지하실, 어두운 구석에서 발견된다. 이것은 꿈에 나오는 쥐를 진실이 아니기를 바라거나 차라리 눈길을 주지 않으려는 자신의 그림자 영역으로 확대시킨다. 꿈에 어떤 방식으로든 쥐가 나타나면 의식의 표면 아래에 탐구해야 할 것이 있다.

Razor Blades 면도날

면도날은 작지만 예리한 금속 도구다. 작은 크기와 아주 깊이 베는 능력은 날카로운 말로 누군가의 감정에 깊은 상처를 주는 것이나 갑작스러운 행동으로 악의 없는 순간에 경고도 없이 해를 입히는 것을 상징한다. 만일 면도날이 꿈에 나타나면, 당신은 누군가로부터 상처를 입거나 그럴 의도가 없어도 누군가에게 상처를 입히는 위험한 인물이 될 수 있다.

Reality Show 리얼리티 쇼

새로운 매체인 텔레비전이 어느새 우리의 세상을 지배하게 되었다. 이러한 텔레비전 속에서 펼쳐지는 리얼리티 쇼는 참가자들이 대본 없이 실제 상황에 등장하는 쇼다. 하지만 이 형식의 중심에는 어떤 목적을 위해 조작되고 강조되며 편집된다는 사실이 존재한다. 꿈에 리얼리티 쇼가 나오는 것은 자신이 무언가를 조작하고 있거나, 어떤 상황을 지나치게 극적으로 만들고 있거나, 어떤 사건에 의해 자신의 삶이 조작되고 있는 것을 암시한다. 만일 리얼리티 쇼에서 본 어떤 사람에 대한 꿈을 꾸었다면 자신의 삶과 텔레비전 쇼를 지나치게 동일시하는 것이다.

Rearview Mirror 백미러

앞을 향해 차를 몰 때 백미러 덕분에 주기적으로 뒤를 살펴볼 수 있다. 따라서 백미러는 방금 지나온 장소를 확인한 덕분에 앞으로 가는 장소에 더 주의를 기울일 수 있는 것을 상징한다. 과거에 대해 지나친 관심을 기울이는 것이 미래를 향해 나아가는 능력을 분산시킬 때 꿈에 백미러가 나타날 수 있다. 망가진 백미러는 가고 있는 장소를 판단하는 자신의 능력이 과거의 교훈에서 배우는 면은 부족한 것을 가리킨다.

Red 빨간색

스펙트럼의 첫 번째 색인 빨간색은 안전, 토대, 공격, 열정을 상징한다. 정신적 힘의 중심점을 이르는 차크라에서 빨간색의 에너지는 척추의 맨 아랫부분과 연결된다. 흔히 열정의 색으로 여겨지는 빨간색은 남성적 원리의 공격성이나 성적 표현을 의미한다. 우리는 빨간불에서 멈춰 서 자동차의 위험을 피함으로써 안전을 확보한다. 피는 생명력의 본질이므로 빨간색은 신체에 토대를 둔 것을 나타낸다('Colors 색' 참조).

Red Carpet 레드 카펫

레드 카펫은 지위가 상승한 인물을 위해 특별히 마련된 길을 상징한다. 레드 카펫이 꿈에 나타날 때는 두 가지 함의가 있다. 첫 번째는 특별한 사건이 일어나는 것을 뜻하고, 두 번째는 소수의 사람에게만 주어진 통로의 독점을 의미한다. 이 상징은 꿈에서 열망의 감정을 나타낼 수도 있다. 만일 꿈에서 다른 사람이 레드 카펫을 밟는 것을 목격한다면 그 사람은 당신이 위대한 일을 열망하도록 돕는 자신의 성격 측면이다. 꿈에 이런 이미지가 나오면 자신의 인생에서 특수한 능력이나 특별한 성취를 인정받고 싶은 열망을 보여주는 것이다.

Refrigerator 냉장고

냉장고의 주된 목적은 안에 들어 있는 유기물이 신선하게 오래 보존될 수 있도록 작은 공간을 차가운 온도로 유지하는 것이다. 찬 것은 열정이나 화를 낮추는 것을 상징하므로, 냉장고는 자신이 어떤 것을 표출하는 정도를 줄임으로써 그것을 오랫동안 유지하는 것을 가리킨다. 꿈에 나오는 냉장고의 의미는 자신이 원하는 것을 보존하는 것이다. 그러므로 냉장고 안에 무엇이 들었는가와 냉장고의 상태에 특히 주의를 기울여라. 두 가지는 꿈의 해석에 단서를 제공할 것이다.

Rehearsal 리허설

다가오는 공연의 준비 과정인 리허설은 미래에 제시할 것을 미리 완성하는 것이다. 리허설 꿈은 미래의 순간에 최선의 발걸음을 내딛기 위해 최선을 다해서 준비하려는 욕망을 보여준다. 꿈에 리허설에서 일어나는 일은 당신이 자신의 의식에서 창조되고 있는 것을 어떻게 느끼는지와 관련된다. 꿈의 전체 맥락을 고려해 당신이 인생의 어느 영역에 공을 들이고 있으며, 그 과정이 어떻게 진행되는지 살펴보라.

Reporter 리포터

리포터의 일은 어떤 사건 이면의 진실을 파악하고 그것을 세상에 알리는 것이다. 자신의 성격 측면인 리포터는 자신의 삶에서 진행되는 일을 돌아보면서 데이터를 모으고 객관적 감각을 유지하는 목격자다.

Reptile 파충류

파충류의 뇌는 지구상의 모든 동물이 공유하는 것이다. 이것은 호흡이나 생존 본능 같은 기본적인 기능을 지배한다. 꿈에 파충류가 나오면 이와 같은 삶의 기본적 요소와 연관된다. 파충류 중에도 어떤 동물이 꿈에 나오느냐에 따라 관련된 의미가 첨가되겠지만, 파충류가 꿈에 나오면 우선 기본적인 본능의 보편적 의미가 작동한다.

Reservoir 저수지

꿈에 나오는 물은 본성의 감정적 측면을 상징한다. 저수지는 인간이 만든 구조로 삶에 필요한 자양분을 저장한다는 의미가 있다. 꿈에 저수지가 나오면 인간성의 자연스러운 부분인 감정적 표현의 중요성을 떠올리는 것이다.

Resort 리조트

리조트는 판에 박힌 일상에서 벗어나 휴식을 취하기 위해 가는 장소다. 리조트에서 일어나는 꿈은 일상의 고충에서 벗어날 필요가 있음을 보여준다. 또한 스트레스가 높을 수 있으므로 이를 완화해야 한다는 메시지를 전한다.

Restaurant 식당

식당에서 일어나는 꿈은 자기 돌봄과 풍요의 축하를 나타낸다. 음식과 관련된 모든 이미지는 돌봄이나 배려를 의미한다. 특히 식당에 이런 의미가 강하게 적용되는데, 왜냐하면 기다림을 통해 서비스를 받는 의례가 자기 돌봄의 의미를 더하기 때문이다. 외식 비용은 집에서 음식을 준비하는 비용보다 많이 든다. 식당에서 누리는 식사의 질은 풍요와 그것을 알아차리는 능력 둘 다를 보여준다. 훌륭한 식사는 풍요를 누릴 자격이 있다는 생각에 따라 필요한 것을 얻기 위해 세심한 주의를 기울이는 것을 나타낸다. 반면에 먹을 수 없는 음식을 제공받는 꿈은 이 부분에 균형이 깨진 것을 암시한다. 만일 독이 든 음식처럼 우려할 만한 것이 나오면, 자신의 태도를 세심하게 돌아볼 필요가 있다.

Resurrection 부활

부활이라는 신념은 일단 종교적 상징으로 인식되지만, 심리의 한 원형으로서 심층 심리학에서 커다란 중요성을 지닌다. 다시 태어나기 위해 어떤 것이 죽는다는 개념은 개인의 삶에서 큰 성장과 변화를 허용하는 의식 사이클의 일부다. 주제나 상징으로서 부활은 거대한 변화의 시간이 다가오는 것을 가리킨다. 자신의 삶에서 다시 태어나는 새로운 길을 위해 죽어가는 것이 있는지 살펴보라.

Revolution 혁명

갑자기 폭동처럼 일어나는 변화는 혁명적인 것으로 받아들여진다. 하지만 그런 폭동의 씨앗은 피할 수 없는 추동력이 터져 나와 변화를 요구하기 이전에 구체제에 대한 불평불만의 형태로 이미 오랜 시간에 걸쳐 뿌려진 것이다. 이것은 영혼 내부에서 내적인 변화가 일어나는 것을 의미하며, 극적인 순간을 위해 습관이나 양식의 변화가 준비된 것을 상징한다. 혁명이 등장하는 꿈은 자신의 삶에서 그런 변화가 일어나는 것을 의미한다.

Rhino 코뿔소

코뿔소가 상징하는 주요한 의미는 사물이 보이는 대로가 아니라는 것이다. 코뿔소는 몸집이 크고 매우 천천히 움직이지만 돌진할 때는 시속 48km까지 달릴 수 있다. 코뿔소는 굉장히 공격적일 수도 있지만 대체로 온순하다. 따라서 코뿔소는 모든 것이 보이는 대로가 아니라는 것을 상기시킨다. 만일 꿈에 코뿔소가 나오면 당신은 인생의 모순을 받아들이게 된다.

Ribbon 리본

리본은 다채롭고 장난스러운 방식으로 주의를 끌기 위해 만든 표식이다. 꿈에 나오는 리본은 특별한 것을 강조하려는 욕망을 나타낸다. 리본이 고정된 장소에서 상세한 해석에 도움이 되는 느낌이 발견되는지 살펴보라. 머리에 단 리본은 매력적으로 보이려는 욕망을 의미한다. 선물에 붙인 리본은 자신이 세상에 내놓는 것을 활기찬 방식으로 눈에 띄게 하려는 의도를 보여준다.

Ring 반지

반지의 둥근 형태는 인생의 한 부분에서 지속성을 구현하는 것을 상징한다. 약혼반지나 결혼반지는 다른 사람과 파트너를 맺는 선택에 적용되는 완전함과 지속성을 상징한다. 따라서 반지는 장기적인 약속을 상징한다.

꿈에서 이것은 반드시 관계를 맺는 사람에 대한 것만은 아닐 수도 있으며, 아이디어나 계획, 신념 체계 또는 다른 무언가에 대한 약속일 수도 있다. 만일 반지를 잃어버리거나 도둑맞거나 혹은 반지가 망가진다면, 자신의 굳건함을 어떤 방식으로든 의심하는 것이다.

Rip 찢다, 찢어짐

찢는 것은 천이나 종이 등으로 만든 것의 온전함을 부수는 것이다. 이 상징은 어떤 것이 구조의 손실 때문에 깨지거나 쓸모없어진 것을 뜻한다. 꿈에서 무언가가 이미 찢어졌다면 문제가 되는 일이 과거에 발생한 것이다.

어떤 것을 찢고 있는 꿈을 꾼 경우에는 사물을 망가뜨리는 분노의 문제가 존재한다. 만일 꿈에서 찢는 사람이 다른 사람이라면 그를 자신의 성격 측면으로 간주해 그가 찢고 있는 것을 살펴보라. 이 이미지가 의미하는 것을 이해하는 데 도움이 될 것이다.

Ritual 의례, 의식

의례는 심오한 의도로 가득 채워진 행위이며, 종종 그 안에 있는 것과 그 자체를 상징한다. 만일 꿈에 의례적인 감수성이 내포돼 있으면 자신의 본성의 영적 측면과 신비롭게 느껴지는 삶의 영역에 의탁하라는 뜻이다. 의례적인 배경이 나오는 꿈은 어둡거나 무섭게 느껴지는데, 이것은 자신이 선뜻 이해하지 못하는 것에 압도되는 감정이 반영되기 때문이다.

River 강

물이 나오는 모든 꿈은 감정과 접속한다. 강의 본질적 의미는 감정의 표현이나 정서적 흐름과 관련된다. 강은 자신의 내면에 있는 것들을 무의식적인 모든 것을 상징하는 바다로 서서히 흘려보낸다. 강물은 의식적인 자각을 자유자재로 가로질러 흐르는 감정을 상징하며, 최후의 신비한 근원으로 돌아가는 여행을 한다. 꿈에 나오는 강의 유속은 이런 이미지로 표현되는 정서적 차원의 직접적인 지표다.

유속은 개울물처럼 졸졸 흐르는 것부터 댐에서 폭포수처럼 쏟아져 내리는 것까지 다양하며, 각각 그 이미지에 따른 정서적, 감정적 상태를 나타낸다. 물의 양도 천차만별이다. 마르고 척박한 강바닥은 표현 부족과 감정적 콘텐츠의 절실한 필요를 나타낸다. 홍수에 의해 압도되는 강은 삶의 안전성이 위협받거나 인생이 위험하다고 느껴지는 상황을 가리킨다. 댐처럼 강을 가로막는 장애는 감정적인 차단을 드러낸다.

Road 도로

꿈에 나오는 도로는 인생의 여정을 상징한다. 우리의 인생길은 과거의 선택과 현재의 상황, 앞날에 대한 결단에 의해 만들어진다. 꿈에 나오는 도로 이미지는 현재의 인생을 보여준다. 이것은 인생 여정에서 지금 이 순간 어디 있는지와 어떻게 느끼는지를 보여주는 스냅사진이다. 고립된 길이 보이는 꿈은 사생활이나 개인적 사안을 나타내며, 공적인 도로와 폭이 넓은 길이 등장하는 꿈은 사회적 사안을 드러낸다.

Roadkill 로드킬

꿈에서 자동차에 치여 죽은 동물을 발견하는 것은 폭력적인 행동이 이미 일어난 것을 의미한다. 따라서 죽은 동물은 자신의 삶에서 너무 빨리 움직인 결과로 희생된 순수한 감정을 반영한다. 만

일 죽은 것이 무슨 동물인지 알 수 있다면 부가적인 의미를 밝혀
내기 위해 그 동물에 대해 살펴보는 게 필요하다.

Robots 로봇

당신은 생명력을 빼앗아가는 생산성의 끝없는 쳇바퀴와 정서가
메마른 활동에 갇혀 있다. 로봇은 인간의 기능을 복제하도록 고
안된 비인간적 실재다. 로봇 꿈을 꾸는 것은 성취에 대한 감정적
반응과 자신의 관계를 보여준다. 자신의 삶에서 무의식적인 방식
으로 작동해서 활력과 기쁨을 빼앗아가는 영역이 있는지 스스로
에게 물어보라.

Roller Coaster 롤러코스터

꿈속의 롤러코스터는 인생의 기복을 상징한다. 흔히 인생 자체를
롤러코스터 타기에 비유하곤 한다. 인생이 그렇듯이 이렇게 극단
적인 것은 신나는 동시에 두려운 것이다. 놀이공원의 다른 탈것
과 마찬가지로 롤러코스터는 놀라게 하는 비틀림이나 급격한 전
환이 있다는 걸 알면서도 사람들은 이를 경험하기 위해 선택한
다. 꿈에서 만일 이런 선택에 저항을 한다면 앞으로 일어나는 일
이 두려운 것일 수 있다. 반대로 이 선택을 환영한다면 엄청난 환
희가 있을 수 있다.

꿈에서 자신이 연속체의 어느 위치에 있는가는 현실의 기복과 자신의 관계를 말해준다. 롤러코스터는 인생의 큰 어려움, 즉 속도와 방향의 갑작스러운 변화를 상징한다. 이처럼 급격한 변화는 어떤 변화가 임박했을 때 우리가 기대하는 삶의 리듬이라 할 수 있다. 이런 상징이 포함된 꿈을 꾸는 것은 삶이 현재 또는 미래에 자신을 높은 곳으로 집어던지거나 깊은 곳으로 곤두박질치게 할 수 있음을 말해준다.

자신의 인생이 롤러코스터를 타는 것 같다면, 그것은 인생에서 주어지는 모든 가능성을 통해 이익을 얻는 길을 선택한 것이다. 마음속에서 원하는, 빛나는 그 무언가를 창조할 수 있는 것은 힘든 기복을 거칠 때 가능한 것이기 때문이다.

Roller Skates 롤러스케이트

롤러스케이트는 인생의 이동에 속도를 내주며, 이동하는 방식에 즐거운 재미의 요소를 덧붙인다. 만일 꿈에 롤러스케이트가 등장하면 현재 진행하고 있는 자신의 일을 좀 더 빨리, 좀 더 유연하게 진행하라는 신호다.

꿈에서 당신이 스케이트를 멋지게 타지 못한다면, 이런 꿈은 삶의 여러 부분에서 충분히 속도를 내지 못하기 때문에 균형을 잃은 것을 표현한다.

Roof 지붕

지붕은 건물의 꼭대기다. 따라서 지붕은 해당 건물이 상징하는 의식적인 생각과 관련된다. 지붕이 좋은 상태가 아니라면 대부분은 외부의 영향을 받아 손상된 것이다. 만일 꿈이 이렇다면 자신의 생각을 방해하는 다른 사람의 생각으로부터 보호받지 못하는 것을 의미한다.

꿈에서 지붕 위에 서 있다면 당신은 상황에 대한 가장 높은 차원의 사고와 연결됨으로써 더 높은 유리한 시점을 확보하고 있다. 하지만 이처럼 높고 유리한 시점은 강력한 힘을 발휘할 수 있는 장소이기는 하지만 추락할 수 있는 자리이기도 하다. 지붕에서 추락하는 꿈은 비전을 가지는 것의 위험성을 가리킨다. 꿈속의 지붕이 황폐하다면 당신의 생각은 정렬되지 않거나 온전하지 않은 것이다.

Rooster 수탉

모든 새는 전달자인데, 특히 수탉은 특별한 메시지를 가져온다. 수탉의 울음은 하루가 시작되는 것을 알린다. 수탉이 꿈에 나오면 새로운 순환이 시작되는 것이며, 당신은 이 사실에 주의를 기울이고 있는 것이다. 중국 점성술에서 수탉은 현실적이며 지략이 풍부하지만 자만이 가득해서 거드름을 피우는 캐릭터의 원형이다. 꿈에 나오는 수탉은 당신을 이런 특성과 연결시킨다.

Rope 밧줄

밧줄은 주변에서 자원을 확보해 자신의 삶에서 다양하게 활용할 수 있는 가능성을 가리킨다. 밧줄은 많은 일을 가능하게 하는 멋진 도구다. 가장 일반적인 용도는 분리된 물건들을 묶는 것이다. 상징의 세계에서 밧줄은 생각과 감정의 파편들을 묶을 수 있는 도구다. 밧줄은 또한 혼란스러운 상황을 통제할 수 있는 가능성을 상징한다.

꿈에서 밧줄이 무슨 일을 하는가를 보면 깊은 의미를 알 수 있다. 밧줄이 어떻게 매듭지어졌는가에 주목하라. 왜냐하면 매듭은 원하는 만큼의 효과를 거두지 못한 일을 통제하려 했던 과거의 흔적이기 때문이다. 모든 매듭은 필요한 만큼의 노력을 기울이면 풀릴 수도 있는 것을 기억하라.

Roses 장미

모든 꽃 중에서도 장미는 낭만적인 사랑과 가장 직접적으로 연결된다. 또한 꽃은 열정적인 표현, 용서받기를 원함, 기쁨의 존재와 필요를 상징한다. 꽃은 그런 모든 것의 찰나적 성격과도 관련된다. 왜냐하면 꽃은 금세 시들고 오래지 않아 지기 때문이다.

장미의 색도 의미를 지니는데, 빨간 장미는 사랑하는 사람에게 바치는 것이고, 하얀 장미는 높은 경지의 순수한 사랑을 의미하며, 노란 장미는 우정의 플라토닉 러브를 나타낸다. 만일 꿈에서 가시가 눈에 띄면, 사랑이나 친밀한 감정을 다루는 데 어려움을 느끼고 있는 것이다. 꽃봉오리가 싱싱할수록 상징이 가리키는 약속은 희망적이다. 시든 장미는 사라진 사랑을 의미한다.

Rug 깔개, 러그

깔개는 발이 바닥을 기분 좋게 밟도록 만들고, 밑에 있는 바닥을 보호하며, 공간에는 아름다움과 감각적인 인테리어를 제공한다. 깔개는 공간적으로 대지에 기반을 둔다는 느낌과 아울러 풍요와 번영의 의미를 부여한다.

깔개의 모양은 풍요에 대해 당신이 지닌 신념을 표현하며, 낡고 해진 깔개는 자신의 생각이 구식인 것을 나타낸다. 새롭고 아름다운 깔개는 번영과 호사의 새로운 비전을 향해 발을 내딛는 것을 뜻한다.

Running 달리기

달리기는 발걸음에 최대한 속도를 내어 앞을 향해 나가는 것이다. 따라서 인생에서 빠른 속도로 나가려는 욕망을 상징한다. 체력 단련이나 운동과 관련이 있는 달리기라면 자기 돌봄의 의미도 있다. 달리기는 쫓기는 악몽에도 흔히 등장한다. 더 빨리 나아가려는 욕망인지, 아니면 다른 상징을 나타내는 것인지 이해하려면 꿈의 전체 맥락을 살펴야 한다('Slow Motion 슬로모션' 참조).

Sacrifice 희생

많은 고대 문화에서 신성한 것에 대한 헌신을 보여주기 위해 생명의 의례적 희생을 이용했다. 이러한 희생 안에 숨겨진 본질은 교환이다. 이는 원하는 것을 얻기 위해 희생을 통해 낡은 존재 방식을 버린다는 의미에서 죽음이 발생하면 새로운 것이 탄생한다는 꿈 해석의 원리와 일맥상통한다. 이 원리는 굉장한 설득력을 지니고 있으므로, 만일 희생이 꿈에 등장하면 자신의 영혼 깊은 곳에서 변화가 진행되는 것으로 해석해야 한다. 따라서 희생에 관한 꿈을 꾼다면 자신에게 더 이상 도움이 되지 않는 것이 새로운 것을 만들어내기 위해 희생되고 있는 것으로 볼 수 있다.

Safari 사파리 여행

사파리 여행은 아프리카 평원이 제공하는 에너지에 개인을 노출시키는 서구 문화의 도전이다. 따라서 이것은 낯선 영역에 자신을 노출시키기 위해 그곳을 횡단하는 도전을 상징한다. 그것은 자신의 현재 라이프스타일에 대한 새롭거나 이국적인 접근이다. 사파리 여행의 매력은 그 과정에 등장하는 동물들을 관람하는 데 있는 만큼 이런 꿈은 동물의 왕국이 보여주는 자신의 본능적 성향이나 영적 파워와 접속하는 것을 의미한다.

Safe 금고

금고는 소중하게 여기는 것을 도둑맞을 염려가 없도록 안전하게 보관하기 위해 만든 철통같은 구조의 보관 장치다. 상징으로서 금고는 자신이 소중하게 여기는 것을 보호하고 자신의 방어 감각을 높이려는 욕망을 나타낸다. 다른 사람이 자신에게서 훔쳐갈 것 같은 것을 금고에 넣고 잠가두는데, 보관하려는 것은 물질적인 것뿐만 아니라 사랑부터 의견이나 생각, 상징적 차원에 이르는 것까지 다양하다. 당신이 독한 마음으로 지키지 않으면 다른 사람들에게 빼앗길 것 같아 두려워하는 것은 무엇인가?

Salesperson 판매원, 세일즈맨

판매원은 당신이 물건을 사려고 할 때 도와주는 사람이다. 자신의 성격 측면으로서 보면, 판매원은 자신이 고려하고 있는 선택을 정당화하고 그에 맞는 논거를 만들기 위해 만들어낸 자신의 인격 중 일부다.

사실 판매원이 고객의 최상의 이익만을 염두에 두는 것은 아니므로 판매원의 의도가 신뢰할 만한 것인지 판단하는 게 중요하다. 이를 파악하기 위해서는 판매원이 나오는 꿈의 전체 맥락을 살펴봐야 한다. 자신에게 도움이 되지 않는 선택을 하도록 자신을 설득하는 것이 아닌지 생각해보자.

Salon 살롱

살롱은 높은 문화적 소양을 지닌 집주인이 사람들을 이끌어가며 모임을 펼치는 장소로, 참석한 사람들의 의식을 고양시키고 영감을 불어넣는다. 미용 산업에서도 이 개념을 채택해 살롱이라는 단어를 종종 사용한다. 이런 의미의 살롱에는 자신의 외모를 가꾸려는 사람들이 모여든다.

꿈에 나오는 살롱은 미와 화려함에 대한 집단적 의식과 타인에게 어떻게 보여야 하는가에 대한 사회적 견해를 따르려는 욕망을 나타낸다.

Sand 모래

모래는 육지의 일부이므로 의식적인 마음과 관련된다. 이런 관점에서 보면 모래를 구성하는 작은 입자들은 한순간에 마음을 차지하는 많은 생각을 의미한다. 또한 모래는 내적인 견고함이 부족해서 구조적으로 지탱하기가 어렵기 때문에 변하기 쉬운 토대의 위험성을 상징하기도 한다.

모래에 관한 꿈은 현재 당신의 삶의 구조를 이루는 토대가 얼마나 견고한지 묻는 것이다. 모래는 해변의 주요 성분이며, 해변은 육지가 상징하는 의식과 바다가 상징하는 무의식이 만나는 곳이다. 해변은 끊임없이 풍경이 변화하는 가변성이 있으며, 모래가 나오는 꿈은 이런 불안정한 구조를 나타낸다.

Sandals 샌들

신발은 어떤 방식으로 현실에 토대를 두고 있는지, 어떤 방향으로 이동하고 있는지, 어떤 방법으로 가고자 하는 곳을 향해 가는지를 보여준다. 샌들은 노력하지 않는 태평스러움의 극치다. 샌들의 열린 구조는 자유를 누리려는 욕망을 상징한다.

Sandstorm 모래 폭풍

모래는 의식의 편린들을 상징하며, 모래 폭풍은 지나치게 많은 혼란스러운 생각이 초래하는 부정적인 결과를 의미한다. 바람이 상징하는 것은 지적 능력과 관련된다. 이들이 균형을 잃은 채 결합하면 덫에 걸렸다는 느낌이 들면서 확신을 가지고 앞으로 나아갈 수 없게 된다.

모래 폭풍은 모래라는 작은 조각들로 이뤄진 땅과 바람의 힘을 결합시킨다. 바람은 생각이 어떤 방향으로 강력하게 향할 때 발생하는 것으로 볼 수 있고, 모래는 의미 없는 사소한 생각들을 뜻한다. 따라서 이들이 결합돼 만들어진 모래 폭풍은 방향성을 가진 광적인 생각에 자극을 받으면 맹목적이고 파괴적이 될 수 있다는 것을 나타낸다.

Santa Claus 산타클로스

이 원형적 인물은 마술적 힘을 지닌 사랑에 대한 천진한 믿음을 보여준다. 크리스마스는 동지와 함께 오는데, 동지는 북반구에서 낮이 가장 짧은 때다. 이처럼 한 해 가운데 가장 어두운 시절에 우리는 나무에 봄을 상징하는 열매를 장식하고 크리스마스를 기념한다.

산타클로스는 신화적 토대 위에 존재하는 아이콘이다. 산타클로스는 온갖 어둠을 초월하는 사랑의 마술적 힘을 상징한다. 사람들이 산타클로스에 대한 믿음을 일단 버리고 나면 마법을 다시

완전히 믿는 것은 정말 어렵기 때문에 이 힘은 어린 시절의 천진
함을 떠올린다.

많은 부모가 자녀에게 좋은 행동을 유도하기 위해 착한 아이들에
게는 산타클로스가 선물을 가져다준다는 약속을 써먹는다. 이것
은 산타 할아버지는 아이들이 착한 일을 하는지 나쁜 일을 하는
지 모두 알고 있다고 말하는 유명한 노래에 의해 대중화되었다.
겉보기에는 매혹적이지만 산타가 모든 것을 안다는 것은 거짓말
이기 때문에 아이들에게 이런 종류의 두려움을 심어주는 행위 이
면의 생각은 기만적이며 비판받을 만하다. 산타클로스 꿈을 꾼다
면 자신의 행동이 좋았는지 나빴는지 그 결과에 지나친 관심을
기울이는 것은 아닌지 돌아볼 필요가 있다.

Satellite 위성

인류가 우주 밖으로 진출했기 때문에 우리의 의식도 확장해서 지
구 궤도를 도는 물체까지 포함하게 되었다. 위성은 어쩌면 지구
인의 집단의식 중 일부라고 볼 수 있다. 위성이 지구와의 의사소
통에 사용된다는 사실이 이 같은 해석을 뒷받침해준다. 꿈에 위
성이 나오면 이처럼 확장된 집단적 의식으로 해석할 수 있다. 꿈
의 전체 맥락을 살펴보면 개인적 삶의 어느 부분이 지구적 관념
에 영향받고 있는지를 알 수 있을 것이다.

Satellite Dish 위성 접시, 위성방송 수신 안테나

지상에 있는 이 물체는 당신의 집을 지구적 의식을 통해 얻을 수 있는 새로운 정보와 연결시킨다. 위성 접시는 세상 전체와 연결되는 개인의 능력을 상징한다. 위성 접시를 통해 들어오는 정보는 주로 오락에 초점이 맞춰져 있기 때문에 여기에는 도피주의의 요소가 들어 있다.

Saw 톱

톱은 주로 특정한 구조를 만들기 위해 나무를 자르는 데 사용된다. 톱은 어떤 생각, 아이디어, 의식의 형태를 변화시키는 능력을 상징한다. 이런 도구는 매우 건설적으로 이용될 수 있지만 잘못 사용하면 위험할 수도 있다. 꿈을 살펴서 어느 방향으로 해석할지 결정하라.

Scaffolding (공사장의) 비계, 발판

이 옥외의 구조는 어떤 건물의 수리가 필요할 때 건물 옆에 나란히 세워진다. 이러한 이미지가 꿈에 나오면 직접적인 증거가 보이지 않아도 삶에 변화와 변형이 일어나는 것을 암시한다. 이때 비계가 암시하는 변화는 확실히 자신의 삶이 이전과 다르게 향상되는 것을 의미한다.

Scarf 스카프

스카프는 목 주위에 두르는 것이기 때문에 의사소통이나 목소리와 관련된다. 스카프의 기능 가운데 하나는 추위로부터 목을 보호하는 것이므로 꿈에 스카프가 나오면 비판이나 경멸의 표현을 저지할 필요가 있음을 나타낸다.

장식적인 관점에서 보면 스카프는 말하는 방법에서 표현적이고 자유로워질 필요가 있다는 것을 강조한다. 스카프가 나오는 꿈을 해석할 때 스카프로 머리와 얼굴을 감싸는 것은 겸손이라는 종교적 함의를 지닐 수도 있다.

Scars 흉터

흉터는 이미 경험한 과거의 변형이나 변화의 증거이며, 그 고통은 아직 완전히 치유되지 않았거나 잊히지 않았음을 의미한다. 꿈에 흉터가 보인다면, 그것은 언제나 손상을 주거나 영향을 미치는 과거의 사건과 관련된다. 꿈에 보이는 상처가 특이한 것이라면 의도적인 것이나 수술 같은 치료와 관련된 것이다.

고통스럽게 자리하지만 현재는 무시하는 것이 나은 과거의 기억을 가리켜 보통 '감정적 상처'라는 용어를 사용한다. 사연이 무엇이든 간에 현재 상처가 존재하는 것은 과거에 강력한 침해가 있었던 것을 의미한다.

School 학교

학교는 배움과 지적인 추구가 향상되는 장소다. 꿈에서 학교는 지혜가 성장하고 확장될 필요를 나타낸다. 가장 흔히 반복되는 꿈 이미지는 어린 시절의 학교로 돌아가는 것인데, 이런 꿈은 책임감이나 자신이 아는 것에 대해 책임을 져야 하는 두려움을 상징한다. 만일 어린 시절로 돌아가는 꿈이 아니라면 학교는 배워야 할 인생의 교훈이 있다는 것을 말해준다.

School Bus 스쿨버스

학생들을 학교로 데려다주고 데려오는 스쿨버스라는 이동 수단은 배움이나 의식의 확장에 대한 접속을 상징한다. 만일 꿈에서 스쿨버스를 타고 있다면 당신은 새로운 것을 배우는 도중에 있는 것이다.

Scorpion 전갈

전갈이 상징하는 것은 죽음과 재생의 원리다. 별자리 점성술의 황도십이궁에서 전갈자리는 다른 존재를 죽일 수 있는 유일한 원형이므로 전갈은 죽음과 재생, 비술, 인생의 신비한 영역을 의미한다. 전갈 토템은 상황을 변형시키고 위대한 변화를 창조하는 능력을 나타낸다.

Scrubs 수술복

대중매체에서 의학 드라마가 급증하면서 수술복의 시각적 이미지는 오늘날 일상 언어의 일부가 되었다. 수술복은 치유와 관련된 자신의 성격 측면을 상징한다. 만일 꿈에서 수술복을 입고 있다면 그 의미 그대로 신체적 건강이든 형이상학적 건강이든 새로운 차원에서 자신의 건강에 대해 통달하게 됨을 뜻한다.

Scuba Diving 스쿠버다이빙

바다는 깊은 무의식을 상징한다. 수면 아래로 뛰어들 준비가 되어 있다면 무의식의 바닷속에서 무언가 얻을 수 있는 게 있을 것이다. 스쿠버다이빙은 보통은 숨겨져 보이지 않지만 자기 탐구의 다양한 수단을 통해 무의식을 탐구하는 것을 상징한다.

Sculpture 조각

조각은 삼차원의 예술로 전방위에서 볼 수 있는 게 특징이다. 예술 작품은 창조적 표현을 상징하며, 모든 방향에서 그것을 볼 수 있다는 것은 이런 부분을 이해하는 커다란 능력을 의미한다. 만일 꿈에 나오는 조각이 인간의 형상이라면, 그것은 한계나 제약의 느낌을 드러내는 것으로 하나의 형식에 갇힌 표현이라는 의미가 들어 있다.

Sea Lion 바다사자

장난기 많은 바다사자는 쉽게 뛰어들었다가 금세 나올 수 있는 무의식을 상징한다. 이 물속 포유동물은 인생을 너무 무겁게 받아들이지 말고 필요하다면 더 깊은 곳으로 들어가라고 일러준다. 또한 만일 당신이 그러기로 마음먹는다면 이 여행을 편안한 마음으로 즐길 수 있다는 것을 상기시킨다. 바다사자는 무겁게 집중하는 대신 우아하고 유쾌하며 색다른 감정으로 들어갔다 나오는 가볍고 민첩한 능력을 선물한다.

Sea Monster 바다 괴물

바다 괴물은 완전히 신화적 존재이며, 믿기 어려운 이야기를 꾸며내는 옛날 뱃사람들에 의해 창조되었다. 깊은 바다에 사는 모든 생물은 무의식의 산물이다. 그리고 바다 괴물을 포함한 모든 범주의 신화적 동물은 스스로 창조한 잔뜩 부풀린 두려움을 표현한다.

Seagull 갈매기

갈매기는 무의식과 의식이 만나는 상징적 영역인 해안선의 수호전령이다. 따라서 갈매기는 중요한 정보가 밝혀질 거라는 메시지를 전해준다.

Seatbelt 안전벨트

자동차는 자신이 인생길을 따라 어떻게 이동하는지를 말해준다. 안전벨트는 차 안에 있기 때문에 차의 상징적 의미와 연결된다. 신체를 구속하는 안전벨트는 안전을 증대시켜주는데, 이것은 인생 여정에서 마주치는 어려움과 장애에 맞서 자신을 보호하는 것을 상징한다.

Security Camera 감시 카메라

감시 카메라에 내재된 본질은 일어나는 일을 포착하는 신중함이다. 감시 카메라의 존재는 보통은 숨겨지고 조심스러워하거나 무시된다. 그런 가운데 감시 카메라는 사람들이 기록으로 남길 생각이 없는 사건들을 포착한다.

꿈에 나오는 감시 카메라는 자신이 한 일이 감시당하거나 비판받을 가능성이 있는 것을 나타낸다. 감시 카메라는 양심의 가책과도 느슨하게 연결된다. 자신이 감시당한다는 느낌이 들면 어떤 일은 하기도 하고, 혹은 안 하기도 할 것이기 때문이다. 이런 꿈은 삶의 어느 부분에서 사생활이 침해당하는 것을 나타내기도 한다.

Seed 씨앗

씨앗은 잠재력과 가능성을 나타내는 강력한 상징 가운데 하나다.

매우 작고 평범한 것으로부터 강한 생명력이 살아나 눈부시게 모습을 드러낸다. 씨앗 자체는 그다지 인상적이지 않다. 그러나 적절한 환경에 놓아두면 기적이 일어난다.

씨앗의 가장 의미심장한 면은 그것의 특이성에 있다. 각 종류의 씨앗은 단지 하나의 종으로 발현된다. 만일 순무 씨앗을 심으면 당근이 자라기를 기대할 수 없다. 모든 씨앗은 이에 대한 본능적인 의식이 있다. 씨앗은 적절한 조건에 놓여 있는 것을 알게 되면 자신이 무엇이며, 무엇을 해야 할지 알게 된다.

씨앗의 보편적 의미는 잠재력이지만 이어서 그것은 발달과 자립성으로 그 의미가 변화한다. 자신이 뿌린 씨앗이 잘 자라는지 보기 위해 매일 땅을 파헤친다면 정원이 무성해지기를 기대할 수 없다. 씨앗의 내면에 천부적으로 존재하는 힘을 발휘하기 위해선 씨앗을 홀로 내버려두어야 한다. 따라서 씨앗은 다가올 가능성을 위한 인내를 상징하기도 한다.

Seizure 발작

발작이 나오는 꿈은 심신을 쇠약하게 만드는 극심한 혼란을 표현한다. 발작은 두뇌와 신경 시스템의 세포가 통제할 수 없을 정도로 순식간에 불타기 시작하는 신경학적 현상이다. 발작에는 다양한 원인이 있지만 종종 위험한 결과를 낳기도 한다.

상징적인 차원에서 두뇌를 포함한 모든 것은 우리가 어떻게 생각하는가와 관련된다. 발작의 혼란스러운 면은 극도로 당황스럽고 복잡한 생각을 의미한다. 혹시 혼란, 혼돈 또는 두려움으로 고통받고 있지 않은가? 만일 꿈에서 발작을 일으키는 사람이 자신이라면 깊은 차원의 혼란이 일어나 자신에게 상처를 입히는 게 무엇인지 살펴보라. 꿈에서 발작을 일으키는 희쟁자가 다른 사람이라면 혼란으로 고통받는 자신의 성격 측면으로 그 사람을 활용하라.

Semen 정액

정액은 남성이 생식 행위를 통해 자신의 정자를 전달하기 위해 몸에서 방출하는 액체다. 정액이 상징하는 것의 핵심은 남성적 원리의 창조성이다. 한편으로는 정력이나 힘과 연결시키는 많은 성적이고 색정적인 함의를 갖고 있다. 꿈의 전체 맥락과 당신의 성별이 꿈에 나온 이미지를 해석하기 위한 요소가 될 것이다.

Seminar 세미나

세미나는 특별한 정보나 지식을 퍼뜨리기 위해 고안한 모임이다. 꿈에 나오는 세미나는 인생 경험에 대한 자신의 이해를 퍼뜨리는 것을 의미한다. 세미나의 유형이나 내용을 알면 해석에 도움이 될 것이다.

Sentencing 선고

선고는 어떤 일에 따른 결과를 의미한다. 꿈에서는 자신의 선택에 책임을 요구하는 가까운 과거의 경험을 나타낸다.

Sequins 스팽글

매력적인 장식인 스팽글은 다소 천박하게 여겨지는 활기찬 효과를 만들어내는 빛나는 반사체다. 스팽글을 옷에 붙이는 것은 피상적인 표현으로 주목받으려는 욕망을 보여준다.

Serial Killer 연쇄살인범

연쇄살인범은 반복해서 살인을 저지르며 내달린다. 꿈에서 죽음은 새로운 것에 자리를 내주기 위해 더 이상 도움이 되지 않는 것을 버리는 희생의 행위다. 꿈속의 살인은 이러한 변화가 어느 정도 선택에 의한 것임을 의미한다. 비록 그림자 속에서 살고 있기는 하지만 영혼의 연쇄살인범은 결국 장기간에 걸친 성장과 확장의 일부가 되는 유익한 원형이다. 이런 이미지가 꿈에 나오면 굉장히 무섭지만 그것이 표현하는 보편적 원리의 렌즈를 통해 해석해야 한다.

Seven 일곱

일곱은 동반자 관계의 개념을 지닌 여섯 다음으로 오는 숫자다.

꿈에 일곱이라는 숫자를 본다면 당신은 외부 세계의 일을 모두 끝내고 고차원적인 경험을 하기 위한 준비를 마친 것이다. 일곱은 영성과 높은 차원의 사고를 상징하는데, 이것은 인간으로서 기본적인 필요가 충족되고 난 뒤에 가능하다.

꿈에서 숫자 일곱을 본 당신은 매우 신비로운 방식으로 자신의 실존에 대해 자유롭게 숙고하고 있다. 일곱이라는 수의 개념에는 명상과 내면의 인간성에 대한 숙고가 포함돼 있기 때문이다. 이것은 사고, 사색, 신비주의, 기도, 신앙, 심리학, 인생을 높은 차원에서 이해하는 모든 노력을 포괄한다.

일곱은 또한 일주일의 일곱 날이나 지옥에 떨어지는 일곱 가지 큰 죄, 온음계의 일곱 음표 등을 통해 우리에게 아주 친숙한 숫자다. 일곱에 내포된 그림자 영역은 천상에서 길을 잃어 지상의 생명과 관계를 잃는 것이다.

Sewer 하수관, 수채통

하수관은 쓰레기를 수거하기 위해 고안된 지하의 구조물이다. 따라서 하수관은 원하지 않는 물질을 쉽사리 제거해서 보이지 않게 하려는 욕망을 상징한다. 하수관은 주로 표면 아래 있고 흔히 역겨운 것으로 여겨지는 삶의 요소와 관련되므로 이것은 그림자 영역의 상징이다. 만일 꿈이 하수관에서 발생하면 영혼의 취약한 부분을 탐구하며 절연한 부분을 돌아보는 것이다. 이런 꿈은 자신이 보고 싶지 않은 것에서 벗어나려는 욕망을 반영한다. 혹은 하수관을 통해 눈에 띄지 않게 이동할 수 있는 것처럼 자신의 영혼 속 취약한 이면을 다루고자 하는 것일 수도 있다.

Sewing 바느질

바느질은 작고 섬세하면서도 강한 바늘땀으로 천을 결합시킨다. 바느질은 아이디어와 선택에 필요한 정확성과 의식의 확장을 상징한다. 당신이 하는 일에 아무리 큰 비전이 있다 하더라도 아주 조금씩 밟아가는 걸음 없이는 아무것도 결합시킬 수 없을 것이다. 모든 종류의 바느질은 이런 의미를 지닌다. 만일 꿈에서 기계로 바느질하고 있었다면 자신이 하는 일에 더 많은 통제력과 물리력, 순응성이 존재하는 것이다. 손바느질은 엄청난 개인성을 표현하며, 자신이 창조하는 세부 사항에 더 많은 주의를 기울여야 하는 것을 나타낸다.

Sex 섹스

섹스는 아마도 꿈에서 가장 오해되는 상징이겠지만 이것은 궁극적으로 관계와 통합을 나타낸다. 섹스가 꿈에 나타나면 정확한 해석에 도달하기 위해서 섹스와 섹슈얼리티에 대한 개인적 반응을 배제해야만 한다. 꿈에서 성행위와 관련된 인물이 불러온 생각과 감정에서 벗어나는 것은 해석의 과정에서 아주 중요하다. 이것은 많은 사람에게 쉽지 않은 일이다.

꿈에 나오는 섹스는 많은 사람에게 큰 관심사일 수 있다. 즐겁고 에로틱한 섹스 꿈도 있지만 훨씬 많은 섹스 꿈이 꿈에 나온 성행위의 내용이나 파트너 때문에 불쾌한 것으로 기억된다. 하지만 일단 상징 언어를 통해 살펴보고 나면 섹스가 아주 많은 것을 말해주어 본래의 효과와 부담에서 벗어나게 된다. 꿈에서 두 사람이 섹스를 하면, 그들은 최소한 어떤 차원에서는 최대한 가까워지려고 노력하는 것이다.

성행위는 두 개의 분리된 에너지가 하나로 통합되려고 애쓰는 것을 상징한다. 따라서 섹스는 통합의 과정을 말한다. 만일 당신이 섹스에 관해 떠오르는 개인적 투사와 꿈에 나오는 성행위 자체에서 벗어날 수 있다면 어색함이나 수치심의 수면 위로 해석의 의미가 떠오를 것이다. 때로는 받아들이기 어렵겠지만 이와 같은 사실은 근친상간이나 불법 행위가 포함된 섹스처럼 사회적 금기를 지닌 성적 접촉에 관한 꿈에도 적용된다.

꿈에서 당신과 성행위를 하는 사람은 인격으로 통합될 필요가 있다고 무의식이 말해주는 자신의 성격 측면을 나타낸다. 만일 당신이 성행위를 지켜보고 있다면 자신의 성격 측면이 섹스를 하는 사람들에 의해 표현되는 것이다. 여전히 통합의 메시지가 적용되겠지만 이것은 결합할 필요가 있는 자신의 일부를 가리킨다. 그것은 현재 당신이 어려움에서 벗어나는 데 필요한 다른 종류의 다양한 능력일 수 있다.

Shadows 그림자

그림자는 심층 심리학과 꿈 해석 작업의 중요한 요소 가운데 하나다. 그림자는 자신이 동의하지 않으면서 숨겨놓기를 원하거나 수치스럽게 느끼는 영혼의 일부다. 꿈에 문자 그대로 그림자의 이미지가 나오면 그림자를 만들고 있는 것이 무엇인지 살펴보라. 그 물체가 무엇이든 간에 그것이 당신에게 의미하는 것의 부정적 측면을 돌아볼 필요가 있다.

Shark 상어

최종 포식자인 상어는 두려움과 불안을 드러내는 흔한 꿈 이미지다. 토템으로서 상어의 힘은 경탄할 만하다. 상어는 독립적이고, 거침없으며, 의욕이 넘치는 것을 상징한다. 하지만 꿈속의 상어는 종종 폭력적으로 매도되거나 두려움의 대상이 된다. 꿈에 상어가 나오면 무엇을 두려워하고 있는지 자신에게 물어보라.

상어 꿈은 자신의 힘을 담대하게 밀고 나가라는 뜻이 있다. 집중력, 자기 결단, 산만함에서 완전히 벗어나는 것이 상어가 제공하는 치유다. 그런 힘을 자신의 것으로 받아들이려면 먼저 내면의 두려움에서 벗어나야 한다.

Shaving 면도

원치 않는 털을 제거하는 것은 남성이든 여성이든 의례적인 일이며, 어떤 사람에게는 몸단장에 필수적인 것이다. 남성에게 얼굴의 털은 남성성과 관계가 있으므로 면도가 꿈에 나타나면 그것을 누그러뜨린다는 상징적 의미가 깔려 있다.

많은 남성에게 면도는 몸단장을 위한 주된 행위이므로 면도는 자기가 준비되어 있고 역량을 갖춘 것을 보여주는 것이다. 여성이 다리와 겨드랑이를 면도하는 것은 성적인 친밀함을 위한 준비가 끝났다는 뜻이 있으므로 꿈에서 그런 욕망이 표현되는 것이다.

Sheep 양

천진함과 취약함이 상징인 양이 꿈에 나타나면 당신은 자신의 연약한 측면과 접속하고 있는 것이다. 하지만 양은 개인적인 마음 챙김 없이 무리를 따라가는 것을 상징하므로, 자신의 의지를 포기하지 않도록 주의해야 한다.

한편 양은 수면이나 명상을 강하게 연상시키는데, "양을 세는

(counting sheep)"이라는 말에서 이것을 확인할 수 있다.

Shelf 선반

선반의 목적은 사물을 받치는 것이다. 이렇게 하는 이유를 생각해보자. 물건을 선반에 올려놓는 것은 전시를 위한 것이거나 손이 닿는 곳에 두기 위한 것이다. 따라서 꿈에 나오는 선반은 자신이 한 일에 대한 성취감이나 자부심과 관련되며, 그것을 쉽게 기억해서 다른 사람들과 나누기를 원하는 것이다. 나중에 다루기를 원한다는 뜻을 지닌 "선반 위에 두는(to put on the shelf)"이라는 말이 있는데, 이와 관련된 꿈은 회피를 나타낸다.

Ship 배

배는 바다를 항해하는 운송 수단이다. 바다는 무의식을 상징하며, 배는 이 신비로운 장소의 최상층을 운항한다. 꿈에 나오는 배는 감정적 본성을 탐사하는 것을 상징하며, 배의 상태는 탐사의 성격을 말해준다.

가라앉는 배는 자신의 감정에 극심하게 압도당하는 것을 나타내며, 스팀이나 모터로 가동되는 강력한 배는 탐사하는 것 주변에 더 센 것이 있음을 뜻한다. 출항하는 배는 단순한 것이나 개인적인 것을 추구하는 의미가 있지만 한편으로는 통제할 수 있는 능력 너머의 것에 의존함을 암시한다. 자신이 탄 배가 주변의 물을 다루는 능력은 인생에서 겪는 힘겨운 감정적 상황을 다루는 자신의 능력을 가리킨다.

Shipwreck 난파

난파가 암시하는 것은 힘든 일이 이미 발생했다는 것이다. 그것은 더할 나위 없이 감정적인 사건이고, 당신은 그 사건에 심각할 정도로 내던져져 있다. 감정적인 동요의 결과 당신은 새로운 영역에서 자신을 탐구하고 있다.

Shirt 셔츠

의복은 항상 자기표현과 관련된다. 몸통에는 모든 생명 기관이 들어 있으므로 당신이 감정을 처리하고 취약성을 다루는 방식과 연관된다. 셔츠는 개인성을 표현하는 동시에 자신을 보호하는 상징이다. 개인적 가치가 있는 것까지 내주며 자신을 돌보지 않고 남을 돕는 사람을 일컫는 "자기 옷이라도 벗어줄 사람(give someone the shirt off his back)"이라는 말을 생각해보라.

Shoes 신발

발은 인생에서 이동하는 방향을 가리킨다. 꿈에 나오는 신발은 자신이 얼마나 잘 걷고 있는가를 말해준다. 신발은 발에 신는 것이므로 개인적인 자기표현이나 자신이 지향하는 선택을 가리킨다. 신발 꿈과 관련해서 타인의 상황을 경험해본다는 의미의 "다른 사람의 신을 신고 걷다(walk in someone else's shoes)"라는 표현을 참고할 필요가 있다.

꿈에 새 신발을 신는 것은 새로운 삶의 운행 방식을 찾는 것이다. 다른 신발이나 짝이 안 맞는 신발은 자신의 발걸음이 인도하는 곳에 대한 혼란을 드러낸다. 잃어버린 신발은 현실에 토대를 둔 방식을 모색해야 하는 것과 새로운 방향으로 나아가는 준비가 충분치 않은 것을 의미한다.

Shopping 쇼핑

쇼핑은 자신의 필요를 충족시키는 행동이다. 쇼핑은 자기 돌봄, 풍요, 자아 유지를 위한 행동을 상징한다. 쇼핑은 균형 잡히고 건강할 수도 있지만, 균형을 잃은 회피와 도피주의를 반영할 수도 있다. 당신이 무엇을 쇼핑하는가와 꿈에 나오는 쇼핑의 느낌을 살펴보는 것은 해석에 도움이 될 것이다.

Shopping Cart 쇼핑 카트

쇼핑 카트는 주로 식료품점에서 구입한 것을 모으는 도구이므로 이것은 풍요를 담고 자기를 부양하는 능력을 상징한다. 반면에 쇼핑 카트에는 모든 것을 잃은 노숙자와 자포자기를 암시하는 부차적 의미도 있다. 만일 꿈에 쇼핑 카트가 이런 식으로 등장하면 가난에 대한 의식이 표현되는 것이다. 꿈에서 쇼핑 카트를 밀고 있는 사람은 제 구실을 못하는 자신의 성격 측면이며, 모든 것을 잃을지도 모른다는 두려움이 표현된 것이다.

Shower 샤워

샤워를 하는 꿈은 가까운 과거의 일을 씻어내고 잊어버리기를 원하는 심리가 담겨 있는 꿈이다. 만일 꿈에 나오는 사람이 샤워를 하고 있으면 그 사람이 보여주는 자신의 성격 측면을 살펴보라. 왜냐하면 그것은 씻어낼 필요가 있는 자신의 일부이기 때문이다. 찬물 샤워는 과도한 성적 충동이 균형을 잡는 것을 의미한다. 너무 뜨거운 물에 샤워를 하면 보다 높은 차원에서 정화할 필요가 있음을 의미한다.

Shrinking 움츠러드는

상징의 세계에서 작은 것은 하찮게 느껴지는 것을 나타낸다. 움츠러들어서 크기가 계속 줄어드는 것은 힘이 줄어드는 것이다. 꿈에서 무엇이 움츠러드는지 살펴보라. 왜냐하면 그것이 바로 당신이 영향력을 상실하고 있는 부분이기 때문이다. 이런 꿈은 무엇이 움츠러드느냐에 따라 이로울 수도 있고, 해로울 수도 있다. 만일 어떤 사람이 움츠러든다면 그 사람은 줄어들거나 누그러질 필요가 있는 자신의 개인적 특성이다. 만일 움츠러드는 것이 자신이라면, 스스로 억제할 필요가 있는 방식이나 자신의 삶에서 영향력을 잃었다고 느끼는 것을 찾아보라.

Siblings 형제자매

꿈에 나오는 모든 사람은 자신의 성격 측면과 관련된다. 만일 현실의 형제자매가 나오는 꿈을 꾸었다면 그들이 나타내는 성격 측면은 꿈에 나오는 자신이 아는 사람의 성격 측면과 같은 방식으로 탐구하도록 한다. 하지만 가족 체계에는 강력한 역학 관계가 작용하는 만큼 형제자매의 경우 집단 구성원이 다양한 면에서 자신을 얽매는 부분에 대해서도 고려해야 한다.

형제자매가 꿈에 나오면 그들과의 현재 관계에서부터 어린 시절의 역사와 심지어 부모의 양육 태도가 가족 구성원에게 미친 영향에 이르기까지 탐구해야 하는 복잡한 것이 많다. 주의 깊고 선입견 없는 탐구를 할 수 있다면, 형제자매 꿈은 당신이 인간사의 한계에서 벗어나 한 개인으로서 자아의 발달 과정에서 어느 지점에 와 있는지를 한눈에 보여주는 청사진을 제공할 것이다.

Sidewalk 인도, 보도

거리(街)는 상당히 빠른 속도로 사회적인 공동체 경험을 하며 이 동하는 것을 상징한다. 인도는 공동체 속에서의 삶의 여정을 상 징하는데, 이는 매우 친밀한 차원의 상징이다. 그것은 또한 걸어 가야만 하는 곳이라는 의미에서 세상을 살아가는 데에 자신에게 주어지는 한계를 뜻하므로 사회적 제약을 상징한다. 꿈에 인도에 서 무엇을 하는지는 이러한 한계나 사회적 관습에 대한 자신의 관계를 반영한다.

Silver 은

두 번째로 귀중한 금속으로서 부, 풍요, 번영을 상징한다. 은으로 만든 물건은 성스러운 것들이 많기 때문에 은은 세속적인 것을 격상시키려는 욕망을 의미한다.

꿈에서 은으로 만든 물건이 나오면 눈여겨보라. 그 물건을 해석 한 결과가 무엇이든 은으로 만든 물건은 삶이라는 무대에서 판돈 을 키울 것이다.

Silverware 은 식기

은 식기는 문명과 교양을 상징한다. 음식은 삶을 지속시키는 것 이며 배려와 자기 돌봄을 나타낸다. 음식과 관련된 도구를 사용함으로써 인간은 자신과 동물 사이에 또 하나의 차이를 만들어냈다. 은 식기는 생존을 위해서 먹는 원초적 본능을 사회적 호평이나 품위 있는 절제와 결합시키는 것을 의미한다. 이런 이유 때문에 부모는 아이들에게 은 식기를 쓰게 하려고 힘쓴다. 왜냐하면 은 식기는 단순히 먹고 살기 위한 것만이 아니라 사회에서 잘 어울리며 살게 해주는 상징적인 물건이기 때문이다.

우리가 나아가는 인생길에 교양이 넘칠수록 손에 넣으려고 애써야 하는 더 많은 은 식기가 존재한다. 이 같은 사실은 문명이나 문화적 위계질서와 은 식기의 상징적 관계를 말해준다. 꿈에서 은 식기를 사용하는 것은 예의범절이나 순응성을 표현한다.

Singing 노래하기

노래하기는 오래되고 원초적인 열정의 표현이다. 말로 충분하지 않을 때 노래는 한층 고조된 의사소통 형식이 된다. 노래하는 능력은 무척 존중받아서 뛰어난 목소리는 대중매체와 문화에서 높은 위상을 부여받는다.

기술적으로 볼 때 노래하기는 말하기의 연장선에서 확장된 것이며 기본적인 원리는 힘과 열정의 표현이다. 만일 어떤 사람이 노래를 부르는 꿈을 꾼다면, 이때 가사가 전하는 메시지가 매우 중요하다. 메시지의 무게가 너무나 중요한 나머지 말로는 충분히 전달할 수 없어서 노래를 하는 것이다. 따라서 어떤 노래를 부르는지 살펴서 그 메시지를 해석에 통합해야 한다.

꿈에서 목소리를 잃는 것은 힘겨운 상황 때문에 일상생활에서 열정의 상실을 느끼거나 표현이 부족한 것을 의미한다. 만일 당신이 현실에서 노래를 부르는 사람이라면 노래 꿈을 해석할 때 노래에 대한 개인적 견해를 고려해야 한다. 꿈에서 자신의 노래에 비판적이었다면, 자신의 열정에 대해 비판적이거나 열정이 부족하다는 생각을 하고 있는 것이다. 만일 당신이 현실에서 원하는 만큼 노래할 수 없다면, 마음껏 노래하는 꿈을 꾸면서 좀 더 열정적인 삶을 갈망할 수 있다.

청중 앞에서 노래하는 꿈은 공동의 목표나 목적을 앞두고 내적인 자원을 결집할 필요를 나타낸다. 만일 다른 사람이 꿈속에서 노래를 한다면 그를 자신의 성격 측면으로 활용해 자신의 어떤 부분이 관심을 얻고자 하는 열망을 표현하는지 탐구해보자.

Sink 싱크대

싱크대는 물을 끌어오고 사용한 물을 버리는 능력을 상징한다. 싱크대는 결국 문명화된 생활을 반영한다. 싱크대가 물이 이동되는 곳이라는 사실은 이 이미지를 감정이나 정서와 연결시킨다. 싱크대의 종류와 상태를 살펴보고 그것을 해석에 활용하라. 목욕탕 싱크대는 친밀함이나 사생활의 문제와 관계가 있으며, 부엌 싱크대는 자기 돌보기가 얼마나 잘 되는지를 보여준다. 산업적 싱크대는 사회적 경험과 관계가 있다.

Sister 누이
('Siblings 형제자매' 참조)

Six 여섯
여섯은 동반자 관계, 결혼, 창조적 협동, 균형을 나타내는 숫자다. 다섯은 자유를 의미하는데, 자유를 얻고 나면 안정감을 얻어야 하고, 이것은 짝수인 여섯에 의해 제공된다. 이 에너지는 둘이라는 숫자가 짝짓기를 세 번 한다고 볼 수도 있다.

셋이 개인적 차원의 원초적 창조성을 가리킨다면, 셋을 두 번 결합시킨 여섯은 세속적 동반자 관계와 결혼 및 결합의 개념을 가리킨다. 여섯이라는 수는 사업적·사회적·교육적·영적 차원의 동반자 관계를 나타낸다.

개인적 영역에서 여섯은 우리 안에 있는 적대적인 것들의 행복한 결합을 나타내며, 서로 모순되는 두 가지 강력한 감정을 포함해서 대립하는 힘들의 통합을 나타낸다. 여섯의 부정적인 측면은 책임감이나 부담감에 얽매이는 것이다.

Skateboard 스케이트보드

스케이트보드는 당신의 발에 바퀴를 달아 이동성을 기하급수적으로 증가시킨다. 꿈에 나온 스케이트보드는 더 빨리 움직이려는 욕망과 반항적인 젊음의 감각을 나타낸다. 만일 당신이 현실에서 스케이트보드를 타는 사람이라면 꿈에 나오는 이런 이미지에 큰 의미를 부여할 필요가 없다.

Skeleton 뼈대, 해골

당신은 사물의 표면 아래 숨겨진 생각의 구조를 들여다보고 있다. 뼈대는 신체를 지탱하지만 외부에 모습을 드러내지 않는다. 뼈대는 모든 것이 세워지는 토대다. 꿈에서 나타난 뼈대는 이처럼 우리의 신체와 삶의 토대를 이루는 구조를 상징한다.

뼈대는 현실의 모든 물질적·개념적·정서적·영적 구조의 보이지 않는 기초다. 우리 인생의 뼈대는 자아 감각을 쌓아 올리는 사고나 신념, 신화의 구조다.

당신이 어떤 것의 뼈대를 볼 수 있다면 그것을 지지하거나 똑바로 세워둘 수 있는 좋은 생각이 떠오를 것이다. 꿈에서 이런 이미지를 보았다면 어떤 것을 구조적으로 검토할 필요가 있다는 메시지를 받은 것이다.

Skin 피부

인간의 신체에서 가장 규모가 큰 기관인 피부는 그 목적이 결국 보호를 하는 것이다. 피부는 지극히 취약하기 때문에 피부가 나오는 꿈은 이처럼 취약한 느낌을 반영한다. 피부의 노출은 무척 에로틱할 수 있으므로, 꿈에서 이 이미지와 관련된 감각이 느껴지면 이런 특성이 반영될 수 있다.

피부는 표정이 풍부해서 내면에서 진행되는 일들을 은연중에 드러내는 만큼 피부와 관련된 꿈은 정서적이고 영적인 면의 투명성에 대해 이야기하는 것일 수도 있다.

Skunk 스컹크

스컹크와 냄새는 분리될 수 없다. 스컹크는 두려움에 직면할 때 대부분의 포식자가 불쾌하게 느끼는 냄새를 방출해서 자신을 위험으로부터 보호한다. 이런 관점에서 스컹크의 상징은 위험을 저지하는 능력을 의미한다. 스컹크가 꿈에 나타나면, 당신의 자기 보호 장치가 자극되는 것이다. 이런 방어적 태도가 진정으로 자신을 위한 것인지 오버 액션인지 판단하는 것은 당신의 몫이다.

Sky 하늘

하늘은 우리가 살아가는 세상에서 땅이 아닌 모든 것에 해당하는 거대한 부분이다. 따라서 하늘은 인간적 상상력의 무한한 능력을 상징한다. 어떤 사람에게는 이런 광대함이 아주 커서 신의 개념도 포함된다. 하늘이 나오는 꿈의 장면은 위로 상승하는 영혼을 나타낸다. 꿈에 나오는 하늘에서 무슨 일이 일어나는지 살펴보고 그것의 특성, 경험, 감각을 자신이 열망하는 감성에 덧붙여라. 가장 높은 사고의 차원에서 발생하는 일은 긍정적인 것이든, 부정적인 것이든 꿈에 나오는 하늘에서 일어난다. "하늘에서 떨어진다(fall out of the sky)"이라는 말을 기억하라. 이것은 갑작스럽고 예기치 않은 일을 가리키는데, 그것 역시 긍정적인 것일 수도, 부정적인 것일 수도 있다.

Skydiving 스카이다이빙

스카이다이빙의 중요한 본질은 지면에 떨어지는 위험에 따른 아드레날린의 분출이다. 꿈에서 스카이다이빙을 한다면 자신의 삶에서 신나는 일을 늘리려고 하는 것이다. 이 전율적인 힘은 하강할 때 통제를 포기하는 것이므로 꿈속의 스카이다이빙은 자신이 통제하려는 것들을 놓아버릴 필요가 있음을 상징한다.

Skyscraper 고층 건물

고층 건물의 이미지는 의식이 더 높은 차원으로 확장해가는 것을 상징한다. 모든 건물은 인간의 의식을 반영한다. 꿈에 나오는 집이 개인적인 자아 감각을 상징한다면, 연속적으로 점점 커지는 건물은 이러한 의식의 확장으로 간주될 수 있다. 따라서 고층 건물은 땅에서부터 하늘까지 이어지는 인간 의식의 궁극적 표현이다. 고층 건물은 현대화의 표식이며, 도시의 팽창과 직결된다. 강철의 대량생산은 번화한 도시 환경이 위로 치솟는 길을 닦았다. 이러한 상승은 더 높은 차원의 지적인 작용을 향해 분출하는 인류의 의식을 상징한다.

Slave 노예

노예는 박해받고 속박당하는 자신의 성격 측면이다. 꿈의 전체 맥락을 살피면 인생의 어느 부분이 자신에게 족쇄를 채우는지 알아내는 데 도움이 될 것이다. 당신이 너무 힘들게 일하고 있는지, 자신의 삶이 그것 때문에 균형을 잃고 있는지 살펴보라. 만일 일의 노예가 아니라면 당신은 무엇의 노예인가?

Slavery 노예제도

노예제는 문화적 제도이므로, 꿈에 나오는 노예제는 자신이 제구실을 할 수 없을 정도로 의식의 한 요소가 다른 요소를 저해하는 분위기가 만연한 것을 나타낸다. 이런 꿈은 자신에게 유익하지 않은 경직된 사고를 돌아보라는 뜻이다.

Sled 썰매

썰매는 눈 덮인 얼어붙은 땅에서 이동하기 위해 고안한 이동 수
단이다. 썰매는 정서적이고 심리적인 온기가 결핍된 순간에도 우
아함과 안락함을 지니며 살아가는 것을 상징한다. 만일 꿈에 나
오는 썰매가 어린 시절의 다채로운 놀이라는 의미를 지녔다면 이
꿈은 복잡한 감정적 문제에서 벗어나 안도와 재미의 순간을 경험
하려는 욕망을 표현한다.

Sleeping 잠, 수면

잠은 깨어 있는 상태 아래에 있는 의식 상태다. 꿈에서 당신이 잠
을 자거나 누군가가 잠들어 있는 것은 중첩된 의식을 경험하는
것을 뜻한다. 이것은 꿈속의 꿈이라는 개념과도 유사하다. 잠은
또한 어떤 것을 의식적으로 인식하지 못하는 '잠들어 있음(being
asleep)'이라는 개념을 포함한다.

잠에 관한 꿈은 깨어 있어야 할 의식이 잠들어 있기 때문에 삶의
핵심을 놓치고 있는 것이 아닌지 묻는 꿈이다. 꿈에서 누군가 자
는 모습을 본다면 그 사람은 깨어나야 할 자신의 일부다. 만일 잠
들어 있는 것이 자신이라면 같은 뜻이 적용되면서 지금은 깨어나

정신을 차리거나 행동해야 할 때인 것을 나타낸다.

Slide 미끄럼틀

미끄럼틀은 순간의 속도와 가속도를 제공하는 놀이 구조물이다. 처음에는 올라가고, 나중에는 떨어진다. 따라서 미끄럼틀은 어린 아이 같은 마음으로 돌아가야 하는 것과 작은 노력 뒤에 신나는 해방감을 누릴 수 있는 것을 상징한다.

Slippers 슬리퍼

발과 관련된 것은 현실에 기반을 둔 것과 인생길을 걸어가는 방식을 나타낸다. 그리고 슬리퍼는 책임과 노력에서 물러서는 것과 휴식의 극치를 의미한다.

꿈에 슬리퍼를 신은 것은 자유로워지고 싶은 욕망을 나타낸다. 만일 꿈에 나오는 어떤 사람이 슬리퍼를 신었다면 그 사람이 나타내는 자신의 성격 측면이 휴식을 원하는 것이다. 신고 있지 않은 슬리퍼는 당신에게 좀 더 편안해지라고 말하는 것이다.

Slot Machine 슬롯머신

슬롯머신은 간헐적이고 가변적인 보상이 주어지는 것으로, 어떤 것을 따든 잃든 계속 시도하게 만드는 중독적인 시스템이다. 큰

성과를 올리는 아주 작은 기회가 있을 뿐인데, 그것에 계속 몰두하고 있는 게 있는지 돌아보라.

슬롯 머신에 관한 꿈은 이면으로 손해가 따르는 작은 희망에 얽매이는 것을 지적한다. 물론 성공하는 도박도 있으므로 꿈에 나오는 이런 이미지는 모험을 하라는 의미일 수도 있다.

Slow Motion 슬로모션

당신은 지금 삶에서 일의 속도를 늦추려고 한다. 이것은 스트레스를 줄이는 것일 수도 있지만 어떤 것을 더 자세히 살펴보려는 것일 수도 있다.

슬로모션처럼 느껴지는 꿈을 꾼다면, 그 장면에서 무슨 일이 일어나는지 살펴보라. 꿈의 전체 맥락은 그런 이미지를 해석하기 위한 통찰력을 제공할 것이다('Running 달리기' 참조).

Slum 슬럼

슬럼의 목적은 낮은 사회계층의 불쾌한 요소를 주류에서 분리된 영역에 두려는 것이다. 꿈에 나오는 슬럼도 마찬가지인데, 단지 이 경우에는 분리되는 곳이 의식의 영역이라는 것이 다를 뿐이다. 꿈에서 슬럼을 방문하는 것은 돌보지 않아서 애정 어린 관심이 필요한 자신의 일부를 돌아보는 것이다.

Smell 냄새

후각이 활성화된 꿈이 있다. 냄새는 모든 감각 가운데 가장 원초적인 것이며, 냄새를 맡을 때 강력한 감각 기억(sense memory)이 환기된다. 이 부류의 깊은 기억 반응은 냄새가 중요한 역할을 하는 꿈을 유발한다. 만일 꿈에서 특별한 냄새를 맡았다면, 그 냄새의 특성을 활용해 해석하라.

Smile 미소

미소는 기쁨의 감정에 따르는 반응이다. 긍정적인 미소는 전염성이 있으므로 한 사람이 미소 지으면 다른 사람의 미소가 뒤따르게 된다. 따라서 미소는 이런 개념을 모두 상징한다. 하나는 기쁨이 넉넉하게 존재하는 것이며, 다른 하나는 그것이 지속적으로 전파되는 것이다. 만일 꿈에서 당신이 미소 짓고 있다면, 기쁨의 만연과 더 많은 기쁨에 대한 욕망을 나타낸 것이다. 만일 꿈에 나오는 다른 사람이 미소 짓고 있다면 그 사람이 나타내는 자신의 성격 측면이 기쁨을 증대시키는 것으로 볼 수 있다.

Smoke 연기

무언가 변화하고 있지만 지금은 모호하거나 불분명한 것을 의미한다. "아니 땐 굴뚝에 연기 나랴(Where there's smoke, there's fire)"라는 속담이 있다. 불은 극적인 변화를 나타내는 반면에 연기는 구체적인 원인을 알 수는 없는 변화가 은밀하게 일어나는 것을 나타낸다. 연기는 폐가 산소를 공급받는 것을 막아서 질식을 일으킬 수 있다. 따라서 연기가 나오는 꿈은 질식할 것 같은 삶의 상황에 대해 무의식이 경고를 보내는 것일 수 있다.

연막전술은 어떤 것을 은폐하면서 모종의 작전을 펼치는 것이다. 연막전술은 제1차 세계대전 당시에 발전한 전쟁 기술로서 위험이나 폭력과 연결된다. 이것은 배신을 저지르기 위해 진정한 의도를 가리거나 주의를 딴 데로 돌리는 교묘한 욕망을 상징한다.

만일 꿈에서 연기가 시야를 가로막는다면, 당신은 현재의 어려움이 사물을 있는 그대로 보는 것을 가로막는다고 느끼는 것이다. 자신이 정말로 중요한 것에 초점을 맞추는지, 어떤 식으로든 주위를 흩뜨리는지 스스로에게 물어보라.

Smoking 흡연

흡연은 오늘날의 사회에서 논쟁의 온상이므로 이것에는 복잡한 상징적 의미가 부과된다. 이제는 변하고 있지만 대중매체는 흡연을 화려하고 섹시한 것으로 묘사해왔다. 흡연자들의 흡연 정도는 해악에 대해 무관심한 습관적 행동에서부터 절망적인 중독에 이르기까지 다양한 범위에 걸쳐 있다. 건강을 의식하는 비흡연자들은 담배에 대해 아주 비판적이며, 많은 도시가 공공장소에서의 흡연을 완전히 금지했다.

꿈에서 담배가 눈에 띌 경우 정확한 해석을 하려면 흡연에 대한 자신의 견해를 염두에 두어야 한다. 하지만 개인적 관점이 무엇이든 건강에 해를 끼치는 흡연은 결과를 염두에 두지 않은 선택을 상징한다. 중독도 고려해야 할 중요한 요소다. 흡연은 결과가 좋지 않은 것을 아는 데도 불구하고 피하기 어려운 인생의 선택을 가리킨다.

Snail 달팽이

대부분의 사람은 달팽이를 보면 매우 느린 속도를 연상한다. 꿈에 달팽이가 나오면 천천히 움직이는 것의 가치를 다시 한번 생각하게 된다.

Snake 뱀

꿈에서 뱀을 보면, 당신의 삶에 엄청난 변화와 변형이 찾아온다. 뱀은 강렬하고 다양한 감정을 불러일으키며, 자신이 연상하는 것에 근거한 매우 다른 의미의 그늘을 드리운다. 하지만 뱀은 무엇보다 변화와 변형을 상징한다. 이것은 뱀이 성장 과정에서 허물을 벗으며, 많은 뱀이 상대에게 치명타를 입힐 수 있다는 사실과 관련된다. 또한 죽음에 뒤따르는 상징적 거듭남을 암시한다. 뱀 독은 치료제로 사용될 수 있으므로 치유의 개념도 포함된다. 이런 개념은 의술의 신 아스클레피오스의 지팡이에 감겨 있는 두 마리의 뱀을 연상시키는데, 이것은 생명에 대한 시련과 이에 대응하는 치유자를 상징한다.

유대 기독교 전통에서 뱀은 아담과 이브를 유혹하는 역할을 맡는다. 그래서 뱀은 자신의 가치 체계의 변화와 충돌하는 것을 의미할 수도 있다. 아담과 이브가 뱀의 유혹에 따른 결과 인류는 죽음을 피할 수 없음을 알게 되고 의식이 생겨나게 된 것을 기억할 필요가 있다.

꿈에 등장하는 구렁이는 당신을 완전히 새로운 세상으로 데려가기 위해 낡은 패러다임의 몰락을 가져오는 인식의 대전환을 나타낸다. 동양 문화에 뱀을 상징하는 쿤달리니라는 것이 있는데, 뱀을 통해 영적인 힘을 각성시키는 것으로 묘사된다. 쿤달리니는 척추를 따라 파도 모양으로 솟구치는 엄청난 에너지로 감지된다. 이것을 자극하면 신경계와 내분비계를 정화하는 막대한 치유력을 이끌어낼 수 있다. 요가 수행은 척추의 기저에서 잠자는 뱀을 깨우도록 고안되었다. 따라서 꿈에 등장하는 뱀은 적절한 주파수가 맞춰진다면 엄청난 잠재력을 지닌 힘과 에너지가 발휘될 수 있는 것을 상징한다.

Sneakers 운동화

모든 신발은 인생에서 현실에 토대를 두는 방식과 자신이 걸어가는 곳에 대해 내리는 선택을 비유적으로 상징한다. 운동화는 노력과 분투를 위한 마음의 준비가 끝난 것과 현실에 토대를 두고 열심히 일해야 하는 것을 암시한다. 운동화가 나오는 꿈은 문자 그대로 신체적인 운동에 대한 필요성을 말하는 것일 수 있다.

Snow 눈

당신은 온기가 부족한 영역에서 감정적 단절을 경험하고 있다. 눈은 얼어붙은 물이며, 물은 감정을 나타낸다. 얼어붙은 감정은 날것 그대로의 자연스러운 감정을 진실하게 경험할 수 없는 것을 암시한다. 강설량이 지나치게 많으면 시야를 가로막아 움직이지 못할 수 있다. 삼정적 회피라는 관점에서 볼 때 다루지 못하는 엄청난 감정이 있으면 인생에서 앞으로 나아가는 데 극심한 제약이 있다. 눈은 녹기 때문에 기저에 있는 문제에 직면하는 것은 필연적이다. 눈은 아름다움이나 일시적인 평화를 약속하면서 단지 문제와 대면하는 것을 연기할 따름이다.

Soap 비누

당신은 골치 아픈 생각, 아이디어, 패턴, 습관, 관계, 경험을 씻어버릴 필요를 느끼고 있다. 만일 꿈에서 비누를 사용하면 몸의 어느 부분을 씻는가를 보고 자신을 골치 아프게 만드는 것에 대한 실마리를 얻을 수 있다. 비누는 현재의 문제를 씻어내지만 당신이 씻어버리기를 원하는 것은 과거에 만들어진 것이다. 따라서 꿈에 나오는 비누는 과거로부터 온 수치심이나 회한을 처리하기를 원하는 것을 의미한다.

Solar Power 태양열발전

태양열 기술과 접촉하는 꿈은 모든 인간이 끝없는 풍요의 공급과 무한한 생명력에 대한 생득권을 가진 것을 알려준다.

Soldier 군인

원형적 성격 측면인 군인은 전사의 기운이 넘친다. 이 특별한 원형에 주어진 책임은 보호와 공격이며, 이것은 기본적으로 만사를 옳고 그름의 두 범주로 나누는 능력을 통한 것이다. 군인이 나오는 꿈은 철저한 흑백 논리로 현실에 직면하는 내면의 지혜와 접속하는 것이다.

우리는 전쟁이 실제 상황인 시대에 살고 있으며, 군인은 공동체적 차원과 지구적 차원에서 자신을 희생하는 것을 나타낸다. 군인은 높은 이상을 위한 싸움에 목숨을 거는 사회 속의 개인이기 때문이다. 만일 현실에서 당신 주변에 군인이 있다면 이런 꿈 이미지는 좀 더 개인적인 것이다.

Soulmate 솔메이트, 영혼의 동반자

솔메이트는 운명적으로 동반자 관계를 맺은 특별하게 친밀한 사람을 의미한다. 상징으로서 솔메이트는 자신의 전체적 자아의 불가피한 확장을 뜻한다. 솔메이트의 핵심은 두 사람의 만남이 운명적이라는 것이다. 솔메이트가 나오는 꿈은 현실에서 이런 관계를 추구하는 것과 관련이 있겠지만, 다른 차원에서 보면 이것은 의식의 통합과 전체성을 향한 여정의 일부다.

꿈에서 솔메이트를 찾는 것은 통합과 전체성이 아직 명확해지지 않았다는 의미이며, 솔메이트와 성공적인 관계를 맺는 것은 그것이 머지않았다는 뜻이다. 만일 꿈에서 솔메이트와 관계를 맺는데 어려움이 있다면, 그 어려움은 현재 삶에서 통합과 전체성에 장애가 있음을 나타낸다.

Soup 수프

그리운 옛 맛이 떠오르게 하는 수프가 꿈에 나오면 근본적인 차원에서 자신을 돌보려는 욕망이 표현된 것이다. 수프는 무엇이든 손에 잡히는 재료를 가지고 즉흥적으로 만드는 것이기 때문에 이런 꿈은 계획이나 준비를 넘어서는 자양분에 대한 자연스러운 필요를 나타낸다.

Spark 스파크, 불꽃

불은 거대한 변화와 변형을 상징한다. 스파크는 본질적으로 작은 양의 불이므로 변화를 발생시키는 자극을 상징한다. 이것은 거대한 비전이 뒤따르는 최초의 아이디어를 말한다. 실제로 불이 붙기 전에 여러 차례의 스파크가 일어나기 때문에 이런 꿈은 현재 자신의 삶에서 영감을 얻을 수 있다는 것을 암시한다.

Special Powers 특수한 능력

특수한 능력을 발휘하는 꿈은 강화된 능력을 통해 자신의 확신을 높이려는 욕망을 상징한다. 대부분의 특수한 능력은 불, 공기, 물, 흙의 네 가지 원소 가운데 하나와 연관된다.

열이나 불꽃과 관련된 힘은 불이 발생시킬 수 있는 연소와 변형의 작용으로 간주된다. 물과 관련된 힘은 감정과 관계가 있다. 물의 사용과 조작은 감정의 힘에 주파수를 맞추는 것이라 볼 수 있으며, 물을 증기나 얼음으로 변화시키는 것은 자신의 감정 에너지의 형태를 바꾸는 것이라 할 수 있다. 땅에 토대를 둔 흙의 요소는 강인함을 지향하는 힘으로 상징된다. 공기는 눈에 보이지 않는 것이나 비행 같은 힘과 연관된다.

만일 특수한 능력이 이들 가운데 하나에 부합되지 않는다면, 해석의 열쇠는 당신이 꿈에서 소유한 힘의 용도와 본질을 발견하는 것에 있다. 강화된 기술과 능력을 토대로 삶의 어느 영역이 확장될지 살펴보라.

Speech 연설

연설에 관해서는 두 가지 관점이 있다. 한 가지는 정신적인 동의를 얻어내기 위해 하나에 초점을 맞춘 생각을 제시한다는 일반적 의미다. 꿈속에서 연설을 하는 사람은 주된 아이디어를 가진 당신 의식의 일부이며, 청중은 한 가지 아이디어에 노출된 다른 생각의 양식을 대변한다. 당신은 스스로에게 어떤 것을 설득하려고 하는가?

다른 한 가지는 많은 사람이 공개 연설을 하는 것에 두려움을 느낀다는 것이다. 이런 관점에서 볼 때 연설하는 꿈은 자신을 두렵게 만드는 공적인 방식의 어떤 것에 직면한 것을 말한다.

Speeding 질주

속도제한은 기본적으로 공동체의 안전에 토대를 둔 일련의 제안이다. 운전은 인생길에서의 이동을 뜻하며, 속도는 그것을 위해 빨리 달리면서 위험을 감수하는 것을 나타낸다. 해석을 위한 정보를 얻기 위해 꿈의 느낌을 살펴보라.

만일 희열을 느낀다면 당신은 자신의 삶에서 흥분을 증가시키기를 원하는 것이다. 만일 속도가 당신을 두렵게 한다면 자신의 삶의 속도에 압도당하는 것이며, 속도를 내다가 차가 전복된다면 위험한 행동에 대한 대가를 치르는 것이다.

Speeding Ticket 속도위반 딱지

속도위반 딱지는 모험적이거나 위험한 행동에 대해 자신이 내린 선택의 결과를 상징한다. 운전은 공적인 일이므로 이런 상징은 사회적 삶이나 공동체적 경험과 관련된다.

Speedometer 속도계

운전과 관련된 모든 것은 당신이 인생을 향해 나아가는 방식을 상징한다. 속도계는 자신에게 통제의 척도를 제공하기 위해 속도를 측정하는 메커니즘이다. 망가진 속도계는 어떤 것이 전개되는 방식을 통제하는 능력이 상실된 것을 의미한다.

Sperm 정자

정자는 남성적 원리의 관점에서 창조적인 과정의 기본 요소를 상징한다. 남성적인 원리는 행동과 결단력의 영역이다. 만일 꿈에 정자가 나오면 당신은 행위를 통해 무언가를 창조하는 자신의 능력을 높이기를 원하는 것이다.

Spider 거미

거미는 자신에게 필요한 모든 것이 주어질 것을 믿으며, 거미줄을 치고 참을성 있게 먹이를 기다린다. 따라서 거미는 창조성과 인내심을 상징하며, 강력한 여성적 이미지를 갖고 있다. 전부는 아닐지라도 많은 사람이 거미를 혐오한다는 사실은 거미를 그림자의 존재로 만든다.

거미에게 물리는 것은 자신의 방식이 성공을 거두기 위해선 여성적 원리를 도입해야 하는 것을 말한다. 거미에게 물려 발생하는 염증, 질병, 죽음은 감정적인 차원에서 당신에게 요구되는 희생을 암시한다.

Spider Web 거미줄

창조성의 높은 능력이 거미줄과 연관된 상징이다. 거미가 만들어내는 줄은 정밀한 공학과 독창적인 미학을 동시에 지닌 경이로운 솜씨의 결과다. 거미줄의 목적은 이중적이다.

배려의 측면에서 보면 거미줄은 집이다. 하지만 그것은 먹이를 얻기 위한 무기이기도 하다. 포획하고, 죽이고, 잡아먹기 위한 덫이다. 거미줄은 현재 머릿속에서 돌아가는 창조적인 아이디어를 가리키며, 그것은 또한 성공을 거두기 위해 기다림의 시간이 따를 것을 암시한다.

Spine 척추

척추는 모든 포유류의 육체적 구조의 중심이므로 이것은 다른 모든 것을 구조화하는 핵심을 상징한다. 척추가 잘 정렬되면 모든 것이 잘 움직이며, 척추가 정렬되지 않으면 고장이 일어나기 시작한다. 따라서 꿈에 나오는 사람이 자신이든 타인이든 척추에서 일어나는 모든 일은 어떤 것에 대한 자신의 생각의 중심에 무엇이 있으며, 그것이 자신을 얼마나 잘 지탱하는지 살펴보라고 말하는 것이다.

자신의 신념을 살펴보라. 척추가 없는 것은 확신이 부족한 것이므로 만일 꿈에서 이런 일이 일어나면 자신의 신념 체계가 심각한 위기에 처했다는 신호다.

Spiral 나선형

나선형은 생명의 움직임에 관한 가장 정확한 형태다. 식물, 꽃, 심지어 태양계도 나선형으로 움직인다. 만일 나선 모양이나 나선형으로 펼쳐지는 것처럼 보이는 움직임에 대한 꿈을 꾸었다면, 당신은 생명의 신성한 기하학에 대한 꿈을 꾼 것이다. 초자연적 에너지의 새로운 차원이 당신에게 열리고 있다. 꿈의 전체 맥락은 당신이 이런 에너지의 분출을 통제하는지, 그것에 의해 압도당하는지 말해줄 것이다.

Splinter 조각, 지저깨비

조각은 아주 큰 불편을 일으키는 아주 작은 물체다. 따라서 이것은 당신을 지속적이고 거슬리는 방식으로 괴롭히는 무해한 것을 상징한다. 당신의 인생에 제거할 필요가 있는 골칫거리가 존재하는지 살펴보라.

Sponge 스펀지

스펀지의 중요한 본질은 흡수하는 능력이다. 어떤 것을 스펀지처럼 빨아들인다는 말처럼 이 단순하고 식물 같은 물체는 공격적인 속도로 빠르게 배우는 것을 비유하는 데 사용된다.

꿈에 나오는 스펀지는 흡수할 것이 많은 상황을 나타내거나 그런 욕망을 가리킨다. 스펀지가 등장하는 꿈의 전후 맥락은 현재 자신의 의식 중 어느 영역이 확장하고 있는지에 대한 실마리를 제공할 것이다.

Spoon 숟가락

숟가락은 음식물의 섭취를 돕는 도구다. 이런 관점에서 꿈에 나오는 숟가락의 이미지는 자신을 보다 효율적으로 유지할 필요를 가리킨다. 또한 숟가락질은 두 사람이 무척 위로가 되는 방식으로 결합하는 특별한 방식의 육체적 친밀감에 대한 완곡어법이기도 하다. 만일 숟가락질 이미지가 꿈에 나오면 이러한 필요를 보여주는 것이다. 두 경우 모두 자신을 유지하기 위한 아이디어를 받아들이는 것을 의미한다. 당신은 어느 부분에서 더 많은 배려를 필요로 하는가?

Sports Car 스포츠카

꿈에 나오는 자동차는 인생을 향해 나아가는 방식을 상징한다. 그리고 꿈속의 스포츠카는 자신의 인생을 창조하는 속도와 신명을 증가시키려는 욕망을 표현한다. 스포츠카는 당신의 인생 여정을 위해 더 많은 힘이 필요한 것을 나타낸다.

Spotlight 스포트라이트

극장 무대의 스포트라이트는 특정한 지점이나 사람에게 초점을 맞추기 위해 만들어진다. 따라서 스포트라이트는 특별한 성취나 자신을 입증할 필요를 위해 세상에서 주목받으려는 욕망을 나타

낸다. 당신은 자신이 하는 일에 대해 다른 사람들이 무엇을 알아
주기를 원하는가?

Spray Paint 스프레이 페인트

스프레이 페인트는 그라피티 아트라고 불리는 낙서 예술의 주된
재료다. 그라피티 아티스트들은 깡통 안에 든 스프레이 페인트를
들고 다니면서 다양한 장소에 낙서처럼 즉각적으로 그림을 그린
다. 이는 자유로운 표현 방식의 하나인 만큼 이와 관련된 꿈은 반
항적인 스타일의 창의성을 얻고자 하는 욕망을 드러내는 것으로
볼 수 있다.

Sprinkler 스프링클러

스프링클러는 통제된 방식으로 물을 살포하는 것이다. 만일 그리
고 꿈속의 스프링클러가 정원을 가꾸는 것이라면, 이는 자신이
만드는 프로젝트나 아이디어가 그것을 완성하는 데 필요한 지속
적인 주목을 얻기를 원하는 것을 의미한다.

불을 끄기 위해 고안된 스프링클러 시스템은 갑작스럽고 예기치
않은 변화를 저지하는 것이다. 변화는 아주 강력한 것일 수 있으
므로 꿈에 나오는 스프링클러 시스템은 격심한 변화에 대해 신속
한 예방 조치를 취하는 것을 말한다.

Squirrel 다람쥐

다람쥐는 현재의 풍요를 비축해서 미래에 대비하는 방법을 알고 있다. 따라서 다람쥐는 실용성과 절약을 상징한다. 하지만 이것을 두려움에 근거한 비축으로 오해하면 안 된다. 다람쥐는 극도로 장난기가 많고 근심 걱정이 없어서 필요를 충족하지 못할 거라는 두려움 없이도 미래를 대비할 수 있다.

Stabbing 찌르기, 자상

어떤 종류의 배신이 당신에게 깊고 예리한 충격을 가한 것을 의미한다. 찌르는 행위는 아주 작은 양의 살점을 손상시켜서 아주 좁고 날카로운 상처를 만든다. "조금만 해도 충분히 효과적(a little goes a long way)"이라는 말이 바로 여기에 해당한다. 독하고 자극적인 말 역시 마찬가지다. 한 구절의 말이 놀랄 만큼 깊은 상처를 남길 수 있다.

꿈에서 폭력적인 의도로 갑자기 일어나는 날카로운 접촉은 찌르기로 표현될 수 있다. 충성심이 강하던 사람이 갑자기 돌변해 배신을 할 때 흔히 "등 뒤에서 찌른다"라고 말한다. 예기치 않은 충격적인 소식은 심장을 찌르는 것처럼 느껴진다. 작은 상처에서 아주 많은 피가 나오는 것은 작은 상처가 가져오는 커다란 피해를 상징한다.

Stadium 경기장

현실이나 상징의 세계에서나 경기장의 힘은 엄청난 수의 사람을 수용할 수 있는 데에 있다. 무엇보다 꿈에 나오는 사람들은 생각과 아이디어를 상징한다. 사람들이 수천 명 모인 것은 단일한 생각 뒤에 거대한 열광이 있을 때 창조되는 합의와 가속도를 상징적으로 표현한다. 지금, 자신의 삶에서 강렬하게 주목받을 만한 무언가를 준비하고 있지 않은가?

Stage 무대

무대는 공연을 위한 구조물이다. 꿈에 나오는 무대는 어떤 생각, 개념, 인생의 새로운 방향을 공적인 방식으로 제시하기를 원하는 것을 의미한다. 무대에서 공연하는 것은 지어낸 리얼리티이기 때문에, 꿈에 나오는 무대 이미지는 당신이 지금 이 순간의 삶에서 얼마나 진실한지 돌아본다는 뜻이다.

Stain 얼룩

얼룩은 과거에 발생해서 사람, 장소, 사물에 대한 사고방식을 변화시킨 사고 또는 의도치 않는 사건의 흔적이다. 꿈속의 얼룩은 당신의 기억에 돌이킬 수 없는 충격으로 남은 후회나 수치심을 상징한다.

Stairs 계단

당신은 인생에서 개인적 성장이나 평가와 관련된 변화의 한복판에 있다. 꿈에 계단을 올라가는 것은 의식의 높은 단계로 상승하는 것이다. 계단을 내려가는 것은 어떤 곳을 다시 찾아가거나, 두려움 혹은 질투처럼 의식의 낮은 단계로 이동하거나, 오래된 사안을 다시 살펴봄으로써 자신의 감정 발달을 돌아보는 것이다.

계단이 어디 있는지도 중요하다. 집의 계단은 개인적 변화에 관한 것인 반면, 공공장소의 계단은 다른 사람들이 보는 앞에서 사회적으로 살아가는 방식과 관련이 있다. 일터의 계단에서 일어나는 꿈은 일과 관련된 사안을 나타내는 방식으로 계단 이미지가 그대로 꿈에 나오는 것이다. 공원에 있는 계단은 휴식이나 여가와 관련된 변화를 보여준다.

Stars 별

별은 우리와 아주 먼 거리에 있는 엄청난 크기의 거대한 물체에 의해 만들어진 작은 이미지다. 별은 우리가 그 안에서 자신을 발견하는 우주의 거대함을 지속적으로 상기시킨다. 꿈에서 별은 당신의 가장 고양된 의식을 표현한다.

별은 사람들에게 종종 운명이라는 개념을 상기시킨다. 운명처럼 그렇게 된다는 뜻의 "별에 새겨진(written in the stars)"이라는 말

에서도 이를 알 수 있다. 만일 꿈에서 이런 느낌이 들면, 당신은
전개되는 일에 대해 강력한 필연성의 감정을 경험하고 있다.

Statue 조각상

조각상의 힘은 물체의 고요함에 있다. 대부분의 조각상은 인간의
형태를 묘사하는 예술 작품이다. 따라서 조각상은 하나의 특정한
표현 형태에 갇혀 있는 감정을 나타낸다.

Stealing 훔침, 도둑질, 절도

정당하게 소유한 자기 것이 아닌 물건에 욕망을 드러내는 꿈이
다. 훔친 물건은 대체로 값나가는 것이다. 따라서 그것의 상징적
의미는 히라이나 결과에 대한 생각 없이 탐을 내어 가져간 재원
이나 상당한 부를 가리킨다. 도둑질하는 것의 반대는 도둑질을
당하는 것이다. 이 해석은 같은 주제에 침해와 손실의 의미를 덧
붙인다.

Stepfamily 의붓가족, 복합 가족

의붓가족은 꿈 해석에서 원(原)가족과 같은 의미가 적용되지만,
여기에 운명적인 뒤섞임이라는 요소가 덧붙는다. 왜냐하면 재혼
에 의한 이차 가족(secondary family)은 많은 관계가 뒤따르는 선

택을 뜻하기 때문이다. 당신에게 실제 삶에서 의붓가족이 있다면, 그 가족 구성원들은 자신의 성격 측면을 보여주는 동시에 그들을 당신과 연결시키는 기본적인 관계를 나타낸다. 이런 꿈은 관련된 사람들 간의 실제 삶의 상호작용뿐 아니라 자신의 의식도 반영해 해석해야 한다('Family Members 가족 구성원' 참조).

Stepsiblings 의붓형제자매

당신의 실제 삶에 의붓가족이 있다면 이 꿈은 등장인물로 나오는 개인들 간의 관계를 반영한다. 만일 이런 꿈을 꾸었다면, 꿈에 나오는 의붓형제자매나 의붓부모는 그 가족에 의해 윤곽이 만들어진 원형적 의식을 반영할 뿐 아니라 자신의 성격 측면으로 작용한다('Family Members 가족 구성원', 'Siblings 형제자매' 참조).

Stepparents 의붓부모

('Family Members 가족 구성원', 'Parents 부모', 'Stepsiblings 의붓형제자매' 참조)

Stigmata 성흔

기독교적 사고의 신비주의적 표현인 성흔은 십자가에 못 박힌 박힌 손과 발의 상처에서 피를 흘리는 것을 정확히 모사한다. 만일 꿈에 성흔이 나타나면, 그것은 높은 차원의 영적 인식으로 이동하는 것을 의미한다. 만일 당신이 가톨릭 신자라면, 내적 헌신의 외적 징후로서 성흔에 대한 개인적인 연상을 고려해야 할 수도 있다.

Stock Market 주식시장

주식시장이 상징하는 것의 핵심은 투자에 대한 높은 보상의 가능성을 위해 막대한 위험을 감수한다는 것이다. 삶에는 확실한 것이 아무것도 없다는 것이 이러한 투기의 기저에 깔려 있다.

주식시장이 꿈에 나오면, 삶의 어떤 요인 때문에 위아래로 아주 빨리 지속적으로 움직인다는 것을 의미하며, 그에 따른 극심한 어려움을 느끼고 있는 것을 뜻한다. 당신은 지금 어떤 위험을 무릅쓰고 있는가?

Stockings 스타킹

비록 지금은 한물간 패션이지만 스타킹의 기본 목적은 여성의 다리에 아름다움과 우아함의 환상을 심어주는 것이다. 따라서 스타킹 꿈에는 에로티시즘의 의미가 담겨 있다. 한편 스타킹을 신는 다리는 걷는 일을 하므로 스타킹이 꿈에 나타나면 현실의 삶에서 자신이 어떻게 걸어가고 있는지 살펴보라. 그리고 꿈의 전체 맥락을 고려해 그에 맞는 의미를 부여해 해석하도록 한다.

Stones 돌

돌은 암석의 작은 조각이다. 암석은 과거의 기억이나 사물을 가리킨다. 꿈에 나오는 돌은 과거에 갖고 다녔거나 현재의 경험을 통해 발견해서 소유하게 된 낡아빠진 생각을 가리킨다('Diamond 다이아몬드', 'Emerald 에메랄드' 그리고 다른 특수한 돌들 참조).

Store 상점

상점은 특수한 필요가 충족되는 곳이다. 꿈에 등장한 상점의 종류를 살펴보고, 이들 상점이 상징하는 것을 그런 필요를 충족시키는 자신의 능력으로 이해하라('Market 시장', 'Hardware Store 철물점', 'Groceries 식료품' 참조).

Storm 폭풍

폭풍은 대부분의 경우 감정을 상징하는 물과 관련되기 때문에 감정적인 혼란을 의미한다. 비는 눈물과 큰 슬픔을 뜻하며, 바람은 사고력이나 지적 능력과 관련된다. 이 두 요소가 대단히 폭력적인 방식으로 결합할 때 폭풍이 탄생한다. 모든 폭풍은 결국 이동하기 때문에 꿈에 나오는 폭풍은 삶의 어려운 상황이 막 다가오고 있거나 막 지나가려고 한다는 증거다.

Stove 스토브, 가스레인지

상징으로서 스토브가 지니는 의미는 어떤 것이 곧 요리된다는 것이다. 요리하는 음식은 자양분이나 양육과 직결되기 때문에 꿈에 나오는 스토브는 자신을 어떻게 돌보는가와 직접 관계가 있다. 작동하는 스토브는 모든 것이 제대로 기능한다는 것을 암시하는 반면, 망가졌거나 기능을 발휘하지 못하는 스토브는 자신을 돌보는 방식을 재고해야 한다는 것을 의미한다.

Stranger 낯선 사람

당신이 모르는 사람이라 해도 그는 당신의 성격 측면을 반영한다. 비록 그가 정체를 알 수 없는 사람이거나 낯선 사람일지라도 말이다. 모르는 사람에 대한 해석을 할 때는 자신이 실제로 아는 것에 초점을 맞춰야 한다. 그가 꿈에서 무엇을 하는지와 이것에 대해 당신이 어떻게 느끼는지가 꿈 해석의 핵심이다.

꿈이 전하는 메시지가 낯선 사람이나 정체를 알 수 없는 사람에게서 온다는 사실은 무의식이 현재 상황에서 진행되는 것을 드러낼 준비가 아직 되지 않았다는 뜻이다. 아마도 앞으로 더 많은 것이 드러나게 될 것이다. 우리는 단계적으로 차츰 알게 되며 종종 변화에 저항하므로 이런 이미지가 나타날 때 발생하는 초기의 두려움에 대비해야 한다.

꿈속에서 우리를 쫓아오는 미지의 가해자는 단지 잊어버린 점심값을 주려고 하거나 빗속에서 우산을 전해주려고 하는 것일 수도 있다. 분명한 인격적 특징은 드러나지만 그 사람의 정체성은 알려지지 않았을 때, 그것은 당신 자신의 인간성 안에서 발달하고 있는 부분을 가리킬 것이다. 화를 내거나 공격적인 성향을 드러내는 낯선 사람은 그 에너지를 의식으로 통합하는 것을 나타낸다. 도움을 주거나 다정하게 다가오는 낯선 사람은 자신 안의 부드러운 요소를 두드러지게 하려는 것이다.

꿈에 나오는 낯선 사람이 어디에 있든 그가 꿈에서 구현하는 에너지의 필요성에 주의를 기울여라. 정체성의 교묘한 은폐는 의식이 어려운 정보에 귀를 기울이도록 무의식이 속임수를 쓰는 것이다. 현실에서도 그렇지만 우리는 사랑하는 사람으로부터가 아니라 낯선 사람으로부터 충격적인 소식을 듣는 것이 때로는 더 쉬울 수도 있다.

Strangling 목조르기

당신은 의사소통의 영역에서 답답함을 느끼고 있다. 목조르기는 목에서 공기 공급을 차단하는 것이므로 의사소통이 해석의 본질이다. 목조르기에는 특별한 의도가 있는데, 그것은 죽음을 불러오는 것이다. 꿈에 나오는 죽음은 불가피한 재생이 반드시 뒤따르는 변형으로 해석된다. 목조르기에는 두 사람이 관련되는데, 이것은 또 하나의 인물을 자신의 성격 측면으로 받아들여야 하는 것을 의미한다. 만일 당신이 공격하는 사람이라면 당신이 목을 조르는 사람은 억누르려고 하거나 억누를 필요가 있는 자신의 일부다.

Street 거리

거리(街)는 양쪽에 건물이 있는 도시나 소도시의 일부을 칭하며, 도로(road)와는 의미가 조금 다르다. 모든 길은 인생에서 이동하는 것을 상징하므로, 꿈에 나오는 거리는 멈춰 서서 자신의 사회적 경험을 지속적으로 만들어내는 장소를 가리킨다. "당신이 사는 거리에서(on the street where you live)"라는 말에는 집이나 공동체를 가리키는 암시가 상징적으로 들어 있다.

Strip Club 스트립쇼를 하는 나이트클럽

꿈에서 스트립 클럽은 남성적 행동 원리와 여성적인 행동 원리를 동시에 제시하는 흥미로운 장소다. 그곳은 또한 여성의 몸으로 축제 분위기를 만들면서 여성적인 힘을 표현하는 장소다. 그와 동시에 여기에서 이뤄지는 여성에 대한 성적 대상화는 성숙하지 못한 남성적 원리를 나타낸다. 관능, 유혹, 에로티시즘 등이 이런 꿈의 초점이다. 하지만 이런 에너지가 정돈되거나 통합되지 않은 것을 감안해야 한다. 성적 감정이 균형을 잃은 방식으로 당신을 이끌고 있다.

Stripper Pole 폴 댄스 봉

폴 댄스 봉은 원래 스트립 댄서가 돌면서 춤을 추던 막대기로 남근을 상징하며, 춤은 남성적 원리와 상호작용하는 여성적 원리로서의 유혹을 의미한다. 이런 것이 꿈에 등장하면 에로틱하거나 성적인 욕망의 상징일 수 있지만, 그것은 또한 내면의 생명력과 창조적 충동을 의미하는 것일 수도 있다.

Stroke 중풍, 뇌졸중

당신은 파괴적이고 부정적인 생각을 마음에 품고 있으며, 이것은 자신에게 위험한 영향을 미친다. 중풍은 두뇌를 온전하게 가동하는 기능에 장애가 일어나서 발생한다. 혈관이 막히거나 터지는 데서 초래되며 사소한 불편함부터 죽음에 이르기까지 다양한 결과를 낳는다.

두뇌는 지적 능력과 사고력의 중심이 되는 곳이다. 갑작스러운 어려움에 봉착해 사고력이 정상적인 기능을 발휘하지 못할 때, 그 원인이 충분히 심각하다면 중풍에 관한 꿈을 꿀 수도 있다.

Stuffed Animal 동물 봉제완구

어린 시절 위안을 안겨주던 동물 봉제완구는 무엇보다 애착과 따뜻함을 상징한다. 어릴 때 동물 인형 같은 것과 특별한 관계를 맺었던 사람이라면 위안을 받은 기억을 더 잘 떠올릴 수 있으므로 이런 물건과 개인적 사연을 꿈 해석에 참고해야 한다. 꿈속의 인형이 어떤 동물인지도 살펴봐야 한다. 그 동물이 의미하는 힘과 연결될 수도 있고, 그 동물의 에너지를 몸에 지녀야 할 필요가 있다는 메시지일 수도 있다.

Submarine 잠수함

잠수함은 바닷속 아주 깊은 곳으로 뛰어들어 바다 밑 세상을 향해한다. 바다는 무의식을 상징하기 때문에 잠수함이 가는 곳은 극도로 깊은 무의식 아래의 생각과 기억의 세계다. 잠수함이 평소에는 묻혀 있다가 때때로 답사되어 알려지는 것처럼 제한된 방식으로만 탐구되는 영혼의 일부라고 할 수 있다. 꿈에 나오는 잠수함은 깊은 탐사가 진행 중이라는 것을 말해주며, 이런 꿈이 표현하는 모든 것은 중요한 정보가 된다.

Subway 지하철

지하 세계를 이루는 도시의 지하철 시스템은 낮에도 햇빛을 받지 못하고 우리를 한 곳에서 다른 곳으로 데려간다. 꿈에서 한 곳에서 다른 곳으로 가는 여행은 변화와 변형을 상징한다. 지하철을 타는 것은 상대적으로 짧은 시간이기 때문에 그것이 상징하는 변화의 범위도 상대적으로 작다.

꿈에 나오는 지하철은 의식의 표면 아래 무언가가 존재하는 것을 나타내기도 한다. 이런 꿈은 밑에 숨어 있는 것을 조금만 살펴보면 무언가를 알 수 있으며, 그 결과 새로운 영역에서 자신을 발견할 수 있다는 것을 알려준다.

Succubus 처녀 귀신

처녀 귀신은 꿈에만 특별 출연하는 신화적 생명체다. 처녀 귀신은 이런 부류의 신화적 생명체 중 여성 버전이고, 희생자로부터 생명력을 빼앗아가는 유령이며, 흔히 악몽에 출현한다. 만일 꿈에서 처녀 귀신을 만났다면 자신의 삶 어느 부분에서 어떤 여자나 여타의 경험이 열정과 힘을 빼앗아가는지 돌아보라('Incubus 총각 귀신' 참조).

Suit 슈트, 정장

의류가 상징하는 것은 개인적 표현이나 세상에 제시하고자 하는 페르소나와 관련된다. 정장을 입는 것은 많은 사람에게 직장뿐만 아니라 공식적인 활동과 관련된 것을 의미한다. 만일 꿈에서 정장을 입으면 자신을 무척 진지하게 표현하려고 하는 것이다.

Suitcase 여행 가방

('Bag 가방', 'Luggage 여행 가방' 참조)

Sun 태양

태양은 지구상 모든 생명의 근원이다. 태양의 힘은 너무 커서 불가해할 정도다. 태양에 대한 꿈을 꾸는 것은 이처럼 강렬한 내면의 힘을 보여주는 것이다.

Sunrise/Sunset 일출/일몰

일몰이 어떤 종류의 끝을 가리키는 것처럼, 일출은 새로운 시작을 가리킨다. 만일 꿈에서 구름이 태양을 가리면, 삶의 어느 부분에서 자신의 힘이 제한되거나 저지되는지 살펴보라.

Surgery 수술

비록 잠재적으로 파괴적이고 사실상 폭력적이긴 하지만, 치유가 진행되는 중이다. 보통 치유가 일어날 필요가 있을 때 착수하는 수술은 몸에 칼을 대는 고통스러운 과정이다. 본질적으로 치유는 신체의 구조를 근본적으로 변경하는 과정이며, 수술은 몸에서 어떤 것을 제거하거나 덧붙이는 것이다.

꿈에서 무언가를 제거한다면 손실이나 방출에 직면한 삶의 영역을 살펴보라. 대체 관절이나 심박 조율기 같은 새로운 물질을 수술로 장착해서 몸의 기능을 향상시키는 꿈이라면 낯선 존재 방식이나 새로운 길을 받아들이고 있는 방식을 살펴보라. 수술이 어떤 것이든 이런 꿈에는 의식의 어느 영역이 극적으로 치유된다는 암시가 들어 있다.

Sweat 땀

이것은 기저에 깔린 두려움, 수치심, 죄의식, 스트레스의 증거다. 사회적인 차원에서 보면 땀은 내적인 스트레스의 증거다. 이것은 자신을 배반하는 죄의식이나 극심한 공포의 존재를 드러낸다. 만일 꿈에서 이런 일이 일어나면 현실에서 정말로 숨겨두고 싶은 비밀이나 특별한 사연이 있는 것이다.

Sweating 발한

당신은 지금 스트레스, 두려움, 죄의식으로부터 균형을 회복하려고 노력하고 있다. 땀을 흘리는 것은 감정적 요인 또는 육체적 요인과 상관관계가 있다. 하지만 땀에 부과된 본질적인 의미는 기본적이며 원초적인 기능과 관련된 것, 즉 체온을 조절하는 것이다. 만일 이 과정이 효율적으로 작동하지 않으면 우리는 살 수 없을 것이다.

꿈에서 땀을 흘렸다면 삶의 어떤 경험이 자신의 평형상태와 균형에 위협을 던진다는 무의식적 메시지를 드러내는 것이다. 우리는 위험을 감지했을 때 분노나 공격의 형태로 열을 발산하면서 본능적인 반응을 하게 된다. 땀을 흘리는 것 역시 이처럼 위험한 감정으로부터 균형을 회복하기 위한 반응일 수 있다. 또한 땀을 흘리면 몸에서 독소가 제거되므로, 땀이 나오는 꿈은 심신의 건강에 독이 되는 생각, 아이디어, 행위 등을 나타낸다.

Swimming 수영

당신은 자신의 정서적 흐름을 상징하는 물을 헤쳐 나가고 있다. 물은 의식적이든 무의식적이든 정서적 영역을 나타낸다. 수영은 특히 전진하는 것이며, 정서적 영역에서 앞으로 나아가는 것이다. 전면으로 추동하는 노력은 완전히 자율적인 것이며, 오로지 자신의 몸에 의해서만 가능하다.

꿈에서 수영을 하는 것은 삶에서 맞닥뜨리는 정서적 도전에 자신을 얼마나 효율적으로 밀고 나가는가를 보여준다. 수영의 난이도, 속도, 깊이는 탐구해야 할 아주 많은 결을 제공한다. 당신이 더 열심히 수영할수록 정서적인 성장의 목적지에 도달하기 위해 더 많은 노력이 요구된다. 얼마나 빨리 움직이는가는 당신이 겪고 있는 과정의 속도에 대한 정보를 제공한다.

물에 잠긴 정도는 당신이 여행하는 정서적 영역에서 스스로 얼마만큼 의사소통을 하는지를 나타낸다. 수면 위에 있는 것은 자신이 알고 있는 감정을 반영하는 반면, 수면 아래에서 수영하는 것은 무의식에 자리 잡은 깊은 느낌을 가리킨다.

Swimming Pool 수영장

물은 감정적, 정서적 영역과 연결되어 있으며, 수영장은 오락이나 휴식에 사용되는 적은 양의 물을 담는 인간이 만든 구조물이다. 따라서 꿈에 나오는 수영장은 압도당하는 것처럼 느껴지지 않아서 충분히 다룰 수 있는 유익한 감정을 나타낸다.

수영장에서 헤엄치는 것은 안락한 감정 상태에 있거나 자신의 감정을 조절해야 하는 것을 가리킨다. 수영장에 뛰어들지 않는 것은 감정적 문제에 초연하려는 의도를 암시한다. 수영장 물에 익사하는 것은 자신이 만든 감정적 문제에 압도당하는 것이다.

Swimsuit 수영복

수영복은 최근에 수영을 했거나 곧 하게 될 것을 암시한다. 꿈에서 물이 포함된 모든 이미지는 자신의 느낌이나 감정과 관련된다. 수영을 하는 것은 자신의 감정적 본성에 몰입하는 행위이므로, 꿈에 나오는 수영복은 자신의 감정적 본성을 더 깊이 탐구할 준비가 된 것을 암시한다. 또한 그런 꿈은 매우 유쾌하고 기운을 북돋는 방식으로 자신의 느낌을 받아들이는 것을 나타낸다.

Swing 스윙, 흔들기

스윙은 어린아이에게 자유와 흥분을 느끼게 해주는 최초의 방식이다. 따라서 스윙은 이런 감정에 대해 쉬운 접속을 허용하는 아이 같은 천진함과 이런 감정 자체를 상징한다. 꿈에 스윙 장면이 나온다면 의식의 이런 면을 갈망한다는 뜻이다.

만일 꿈에 나오는 스윙이 위험하게 느껴지거나 부상을 일으킨다면 당신은 삶에서 더 많은 자유가 필요하다고 느끼며 스트레스를 받고 있는 것이다.

Swing Set 스윙 세트, 그네와 미끄럼틀로 이루어진 놀이 기구

놀이의 어린아이 같은 느낌이 이 이미지에 반영된다. 아주 단순한 것이 굉장한 기쁨을 가져온다는 생각이 스윙 세트가 나오는 꿈에 표현된다. 만일 스윙 세트에 대해 어린 시절부터 이어진 특별한 기억을 가지고 있다면 꿈의 해석에서 그것을 특별히 고려해야 한다. 악몽에서는 종종 기쁨을 주는 이미지가 뒤틀린 느낌으로 등장하기도 한다. 그러나 악몽이란 단지 손이 닿지 않는 높은 곳에 목표물이 있는 것을 의미할 수도 있다. 그런 꿈은 인생에서 마주치는 장난스러운 일들이 생각보다 훨씬 중요하다고 말하는 것일 수도 있다.

Table 탁자, 식탁

탁자에 대해 기본적으로 연상되는 것은 여럿이 식사를 하는 것이므로 이 물건의 상징적 의미는 집단과 관계되며 잠재적으로 가족이 강조된다. 따라서 꿈에 나오는 탁자는 당신의 인생에서 이런 구조의 특성을 가리킨다.

꿈에서 탁자 주위에 사람들이 모여 있다면 그곳에 모인 사람들의 면모를 살펴보라. 이를 통해 지금 당신이 먹여 살리고 돌보는 데 필요한 특성과 기술의 단서를 찾을 수 있다. 탁자의 형태도 중요하다. 둥근 탁자는 아서왕의 신화를 상기시키는데, 이 신화에서 원탁의 형태는 리더십과 민주주의에 대한 최초의 표현이었다. 부서지거나 손상된 탁자는 내부의 힘을 결집시킬 수 없는 것을 나타낸다.

Tadpole 올챙이

개구리는 양서류이며, 육지와 물이 상징하는 의식과 무의식의 영역 모두에서 거주한다. 올챙이라는 중간적인 상태는 사물의 자연스러운 질서가 세상에 모습을 드러내기 전에 내적인 영역에서 시작되는 것을 상징한다. 올챙이의 이미지는 튀어나와 행동을 개시하기 전에 마음속 연못에서 보살핌을 받으며 헤엄치는 아이디어와도 연관이 있다.

Tail 꼬리

동물의 꼬리는 의사표현부터 원활한 움직임과 균형에 이르기까지 많은 기능을 담당한다. 우리가 꼬리를 지속적으로 의식하는 것은 애완동물을 통해서인데, 꿈에 나오는 꼬리 역시 이처럼 두려움과 기쁨 등의 감정을 표현하는 것으로 볼 수 있다. 만일 꿈에서 당신에게 꼬리가 달려 있었다면, 이것은 자신의 진정한 느낌을 숨길 수 없어서 속이 훤히 들여다보이거나 원초적 본능으로 돌아가는 것을 의미한다.

Taking a Test 시험 보기

당신은 지금 뭔가 책임을 져야 한다는 두려움을 가지고 있다. 쪽지 시험이든 테스트든 시험은 대다수 사람이 어린 시절에 경험하는 교육의 일부다.

학교에서 시험을 보는 이미지는 수행 불안의 감정과 연결되어 사라지지 않는 기억으로 두뇌에 각인된다. 이것이 꿈에 나타나 어려운 일에 맞닥뜨려 시험을 받는 상황을 비유적으로 나타낸다. 만일 과거의 교훈에서 배운 충분한 지식이 있다면 우리는 이런 시험을 통과할 수 있다.

시험을 보는 꿈을 꾸었다면, 인생에서 직면하는 여러 문제에 대비를 해야 한다는 불안을 무의식이 보여주는 것이다. 당신이 책임져야 한다고 느끼는 부분이 있는지 살펴보라. 비록 당신이 책임져야 하는 유일한 상대가 자신일지라도 말이다. 이것은 심각한 수행 불안, 실패의 두려움, 타인에게 비난받는 괴로운 심정 등을 경험하는 이들에게 반복되는 꿈이다.

시험을 보는 꿈은 권위를 지닌 사람에게 인정받고 싶거나 자신의 성취를 입증하며 높은 평가를 받고 싶은 숨겨진 욕망을 가리키기도 한다. 따라서 이런 꿈은 자신이 저평가되었다는 감정에 대한 스스로의 보상일 수 있다('Exams 시험', 'Pop Quiz 쪽지 시험', 'Quiz 퀴즈' 참조).

Talent Show 장기 자랑

장기 자랑에는 두 가지 주제가 있다. 첫째는 재능과 능력을 공적으로 발휘하는 것이며, 둘째는 최고의 자리를 차지하기 위한 경쟁심의 표출이다. 이런 꿈은 자신의 재능과 장기를 세상에서 인정받으려는 강한 욕망을 나타낸다. 부차적인 의미는 칭찬이 제한된 경쟁에서 인정을 받으려는 것이다.

Tampon 탐폰

탐폰은 월경에 따른 피의 흐름을 막기 위해 사용되며, 어떤 자연스러운 경험이 보다 깔끔하고 깨끗하기를 바라는 욕망을 나타낸다. 혹시 당신의 인생에서 수치심이나 어색함 때문에 자연스럽게 움직이는 것을 멈추려고 하는 흐름이 있지 않은가?

흥미로운 것은 질적인(vaginal) 것을 변화시키기 위해 남근적인(phallic) 것을 사용한다는 사실이다. 여성적인 접근이 더 진실에 가까운 것을 남성적인 접근으로 바꿔치기하는 것이 있는지 돌아보라.

Tape 테이프

많은 종류의 테이프가 있지만 그 전제는 같다. 찢어진 평면에 붙여서 갈라지지 않는 응집력을 만들어냄으로써 표면의 손상을 수리하는 것이다. 테이프는 손쉽게 사용할 수 있고, 어디에나 있다는 것에 상징적 의미가 있다. 즉 어떤 것이 사소한 수리를 필요로 하며, 간단한 해결책이 있다는 것을 의미한다. 당신의 인생에서 손쉽게 수리될 수 있는 것을 찾아보라.

Tapestry 태피스트리

태피스트리는 수천 가지 다양한 색의 실로 짜서 만든 크고 아름다운 직물이다. 이것은 한 번에 단 하나씩의 실만 사용해 직조하는 아름다운 창조물인 인생 자체에 대한 비유가 된다. 지금까지 만들어온 자신의 인생에 대해 스스로가 어떻게 느끼는지 보여주는 꿈속의 태피스트리를 살펴보라.

Tar 타르

타르는 유기체로 만들어진 끈적거리는 석유 물질이다. 타르를 잘 사용하면 도로를 내구력 있게 만들 수도 있고, 지붕에 방수 처리를 할 수도 있다. 하지만 자연 상태의 타르는 동물이 운 나쁘게 거기 달라붙으면 죽음에 이르게 할 수도 있는 것이다. 타르의 어둡고 냄새 나는 특성은 주의하지 않을 때는 무섭고 거칠지만 적절하게 활용하면 생산적으로 변하는 인생의 과제를 상징한다. 당신에게 기회로 인식되는 인생의 도전이 있는가?

Tarot 타로

타로는 개별적인 의미로 검토될 수 있는 원형들의 강력한 집합이다. 만일 당신이 이 점술 도구에 친숙하다면 꿈에 떠오르는 특정한 이미지를 자신의 내적 지혜로부터 오는 인도라고 생각하라. 만일 타로에 친숙하지 않은데 이것이 꿈에 등장한다면 당신의 영혼이 비의적인 영적 표현을 추구하는 것이다.

Tattoo 타투

자신의 피부에 잉크를 새기는 이 행위의 요인은 자기표현의 강력한 욕구, 부족 의식의 상징적 제시, 취중에 저지른 후회스러운 일 등 넓은 범위에 걸쳐 있다. 따라서 만족할 만한 해석을 위해서는 타투와 자신의 개인적 견해를 돌아봐야 한다. 인류 역사의 보편적 발전 과정에 이런 식으로 피부를 장식하는 전통이 많았다는 사실을 염두에 둘 필요가 있다.

Tax 세금

세금 납부의 불가피성은 대다수의 사람에게 많은 감정적 반응을 불러일으킨다. 이 행위의 핵심에는 의무와 책임의 원리가 있다. 만일 세금 문제가 꿈의 일부로 나온다면, 이 상징은 자신에게 어떤 식으로든 책임을 지우는 일에 대한 반응을 나타낸다. 많은 것이 주어진 자에게는 많은 것이 요구된다. 부담스럽거나 짐스러운 것을 가리키는 '택싱(taxing)'이라는 단어가 이런 뜻과 연관된다.

Taxi 택시

당신은 자신의 생각을 실행하기 위해 보다 즉흥적으로 행동할 필요가 있다. 택시는 우리를 원하는 목적지로 데려다주는데, 이것은 사실상 아주 간단하거나 사소한 변화와 변형을 상징한다. 손을 흔들거나 전화를 걸어서 손쉽게 택시를 잡을 수 있다는 사실은 이 변화가 드러나는 방식이 즉흥적인 성격을 지닌 것을 말해준다.

Tea 차

다도와 같이 차와 관련된 많은 의례가 있다. 그래서 카페인이 들어 있는 차가 있음에도 차를 마시는 행위는 휴식, 공손함, 차분함을 연상시킨다. 꿈에서 차를 끓이는 것은 이처럼 부드러운 특성을 자신의 삶으로 불러들이려는 욕망을 나타낸다.

Teacher 선생

꿈에 나오는 선생은 일부는 원형이고 일부는 자신의 성격 측면이다. 선생은 지식을 가진 사람이므로 이들이 나오는 꿈을 꾸는 것은 무언가를 알고 있는 당신의 일부와 접속하는 것이다. 만일 선생이 자신이 아는 사람이라면 해석에 그 사람의 개인적 특징을 덧붙이도록 한다. 꿈에 나오는 선생에 대해 아는 것이 적을수록 원형적인 지혜를 경험하는 것이 많을 것이다. 선생이 어떤 모습으로 등장하든 당신은 배워야 할 것이 있다.

배움은 적은 양의 정보를 계속해서 축적해나가는 일이다. 선생은 그 과정에서 다음에 어떤 정보를 덧붙여야 하는지를 아는 사람이다. 수업 계획을 알고 있는 그는 권위 있는 인물이며 학교에 있는 사람이다. 선생은 질문과 대답을 모두 갖고 있다. 또한 교실에서 일어나는 일을 통제할 뿐 아니라 사물이 특별한 방식으로 정렬되어야 하는 이유도 알고 있다.

그들은 우리가 저마다의 과제를 수행하며 특별한 차원을 숙달하는 데 필요한 특수한 정보를 제공한다. 꿈에 나오는 선생은 이처럼 단계적으로 숙달하는 개념을 이해하면서 지식이 생겨나거나 가로막히는 정신적 환경을 제공하는 우리의 일부를 상징한다. 당신이 인생에서 만나는 많은 선생 중에 이러한 특성이 결여된 사람이 있다 할지라도 이 모든 과정을 거치며 당신에게는 강한 인내가 구축된다.

꿈에 선생이 나타나면 그를 자신의 성격 측면으로 살펴보라. 꿈에서 자신을 대하는 선생의 태도와 이에 따른 감정은 자신의 내면에 있는 안내 시스템이 얼마나 잘 작동하고 있는지, 자신의 성장의 발걸음에 대해 얼마나 참을성이 있는지를 알려준다. 친절한 선생은 당연히 폭력적이거나 무서운 선생과는 다른 해석을 낳을 것이다.

Teeth 치아, 이빨

치아가 상징하는 것은 풍요나 번영과 관련된다. 이것을 해석할 때 돈은 풍요나 번영 중 하나의 조건에 불과함을 염두에 둘 필요가 있다. 미소를 지으며 치아를 보여주는 것은 호감과 애정을 불러온다. 동물들은 얼굴을 찡그리고 으르렁거리며 이빨을 드러내서 자신을 보호하기도 한다. 그뿐 아니라 치아는 씹는 행위를 통해 음식물이 신체 내부에서 잘 소화될 수 있도록 돕는다. 따라서 치아는 사랑, 보호, 돌봄을 중재하며 궁극적으로 번영을 상징한다.

Teeth Falling Out 이가 빠지는 것

당신은 인생의 어느 영역에서 불안정함을 느낀다. 치아는 세 가지 기본적인 기능을 제공한다. 우선 음식물을 처리하게 해준다. 미소 지으며 보이는 치아는 기쁨을 표현하며, 으르렁거리며 드러내는 이빨은 공격성을 나타낸다.

돌봄, 기쁨, 보호는 안전이나 행복과 직결된다. 만일 개인이 자신을 돌보거나, 다정한 관계를 불러오거나, 위험으로부터 자신을 보호할 수 없다면 안전한 삶을 누릴 수 없다. 인생에서 이 세 가지 중요한 부분이 없으면 두려움이 만연할 것이다. 따라서 이런 꿈을 꾸면 개인적 안전의 문제가 무의식적인 표현의 전면에 대두되는 것이다.

이 상징에는 다양한 수준의 강도가 있다. 조금 흔들리는 것에서부터 모든 이가 다 부서지고 빠지면서 핏덩이와 함께 입에서 튀어나오는 것까지 폭넓은 양상이 있을 수 있다. 꿈의 강도는 표현되는 두려움의 양을 나타낸다. 통제할 수 없거나, 좋지 않게 보이거나, 두렵게 느껴지거나, 필요가 충족될 수 없는 것 같은 꿈을 꾸는 것은 실제 삶의 토대가 불안정한 것을 나타낸다.

치아는 씹는 일에 사용되므로 "한동안 어떤 것을 곱씹다(chew on something for a while)"라는 말은 선택이나 행동의 과정을 숙고하는 것을 가리킨다. "어떤 것에 이를 담그는(sinking your teeth into something)"이라는 말은 무언가에 전적으로 몰두하는 것을 의미한다.

꿈에서 이가 빠지는 것은 무능력함이나 내키지 않는 것을 가리킨다. 어린아이가 이가 빠지는 것은 성장 과정에서의 강력한 통과의례다. 성인의 경우에도 이가 빠지는 꿈은 성장이 이뤄지는 과정을 나타낸다.

Telephone 일반전화기, 전화

다른 사람과 연결되는 것이 이 상징의 핵심이다. 하지만 오늘날에는 휴대폰이 지배적이다 보니 일반전화기를 사용하는 사람이 점점 줄어들어 이것은 급속도로 구식 물품이 되고 있다.

전화기는 어떤 형태든 간에 의사소통과 즉각적인 만족감을 나타낸다. 꿈에 나오는 모든 사람은 꿈꾸는 사람 자신을 반영하므로 전화기는 자신의 서로 다른 두 가지 면을 연결해주는 생각의 힘을 상징한다('Cell Phone 휴대폰' 참조).

Television 텔레비전

꿈에 나오는 텔레비전은 조작된 진실을 상징하며, 집단적 사고가 작동하는 것을 나타낸다. 현대인은 특히 뉴스 프로그램을 통해 텔레비전에서 본 것을 무조건 진실로 받아들이는 최면에 걸리곤 한다. 진실과 허구 사이의 경계가 갈수록 희미해지고, 이것은 이른바 리얼리티 프로그램의 등장으로 한층 증대되었다.

꿈에서 텔레비전과 당신 사이의 거리는 텔레비전과 그 내용이 현재 자신의 삶에 미치는 영향을 상징한다. 어떤 사람은 텔레비전을 보지 않는 반면, 어떤 사람은 텔레비전에 중독된다. 당신이 이 가운데 어느 지점에 자리 잡고 있는가는 꿈에 나오는 상징의 해석에 영향을 미친다.

꿈이 던지는 메시지를 전체 맥락에 따라 정확히 파악하기 위해 먼저 꿈의 풍경을 살펴보라. 이어서 텔레비전은 언제나 조작된 진실을 나타낸다는 관점을 통해 앞의 해석을 걸러내라. 그리고 당신이 자신의 진정한 생각과는 다른 방식으로 조작당하지 않는 지 스스로에게 물어보라. 지금은 텔레비전을 끄고 살아 있는 삶을 시작할 때다.

Temple 사원, 절, 예배당

당신은 관습적인 방식으로 자신의 종교적인 본성과 연결되는 꿈을 꾸고 있다. 교회, 사원, 모스크는 종교적 공동체 생활의 중심이고, 꿈에 나오는 다른 집처럼 모든 건물은 현재의 자아 감각을 나타낸다. 이에 따라 모든 숭배의 장소는 영성과 종교에 관한 당신의 관점을 나타낸다.

이런 문제는 특히 논쟁적이기 때문에 영성의 문제와 관련된 사원의 보편적 의미와 조직화된 종교에 대해 품는 개인적 감정의 차이를 구별할 필요가 있다.

만일 어떤 사원이 자신이 숭배하는 전형적인 장소가 아니라면 꿈은 당신에게 유사성을 생각해보고 다른 종교 교리들 사이의 공통점을 살펴볼 것을 요구하는 것이다('Church 교회', 'Mosque 모스크' 참조).

Termite 흰개미

흰개미가 상징하는 기본적인 특징은 그것의 파괴적인 힘이다. 흰개미는 눈에 보이지 않은 채 건물의 구조적 통합성을 완전히 파괴할 수 있으므로 집주인에게는 최고의 악몽이다. 만일 흰개미 몇 마리가 눈에 띄었다면 자신이 소중히 여기는 것의 기초를 부식시키는 보이지 않는 수백 마리가 있을 수 있다. 흰개미가 꿈에 나타나면 인생의 구조를 갉아먹는 존재를 찾기 위해 의식의 표면 아래를 들여다볼 필요가 있다.

Terrorist 테러리스트

테러리스트는 보통 종교적 신념의 심오한 감정에 몰입해 자신이 옳은 일을 한다는 잘못된 믿음에 근거해서 엄청난 죽음과 파괴를 만들어낸다. 만일 인생의 어느 부분에서 권리가 박탈되었다고 느낀다면 이런 강렬한 충동이 꿈에서 테러와 같은 폭력적인 반응으로 분출될 수 있다. 만일 꿈에 테러리스트가 나온다면 그릇된 열정에 주의하라.

Test 시험

('Exams 시험', 'Pop Quiz 쪽지 시험', 'Quiz 퀴즈', 'Taking a Test 시험 보기' 참조)

Testicles 고환

고환은 남성적 원리에 따른 힘의 원천이다. 꿈에 나오는 고환은 남성의 생식력이나 다량의 창조적 에너지를 방출하는 능력을 나타낸다. 성적인 요소가 포함될 수도 있고 그렇지 않을 수도 있다.

Texting (휴대전화를 이용한) 문자 메시지 주고받기

문자 메시지는 즉각적인 의사소통과 관련되며, 자신의 생각을 다른 사람과 직접적인 느낌으로 주고받고자 하는 욕망과도 연관이 있다. 문자 메시지는 현대사회의 일부로서 이미 표준이 되어 있어서 즉각적인 관계를 맺으려는 욕망 외에 다른 상징적 의미를 찾을 수 없을 정도다.

Theater 극장

창작된 스토리를 발표하는 공간인 극장이 꿈에 나오면, 이는 공동의 경험을 나누기 위해 사람들이 모이는 장소를 의미한다. 꿈에 나오는 모든 건물은 당신의 사고와 신념 체계를 상징한다. 극장이라는 특별한 장소는 집단 속에서 발생하는 주제와 관련되며, 사회적 순응이나 공동체의 합의와 관계가 있다. 만일 꿈이 극장을 배경으로 펼쳐지면 자신이 속한 공동체와 사회적 경험이 삶의 이야기를 만들어내는 방식을 돌아보고 있는 것이다.

Therapist 치료사, 요법사

치료사는 지혜롭거나 도움이 되는 자신의 성격 측면을 상징한다. 실제로 치료를 받고 있을 때 자신의 치료사에 대한 꿈을 꾸는 것은 흔한 일이다. 이것은 치료 과정의 내면화가 일어나는 것을 의미한다. 만일 꿈속의 치료사가 아는 사람이 아니라면 자신을 지혜와 명확함으로 인도하는 자신의 일부가 작동하고 있는 것이다.

Three 셋

둘이 모이면 결국 그 에너지가 새로운 요소를 창조해 셋이 탄생한다. 셋은 창조성의 수이며 강력한 에너지를 가진 수이다. 이 같은 셋의 개념에 부합하는 많은 사례가 있다. 엄마, 아빠, 아이가 가장 일반적이다. 가톨릭의 삼위일체 역시 또 하나의 예이다. 예술가, 그림물감, 완성된 작품은 모든 창조적인 시도에 적용되는 예리 할 수 있다. 음악에서도 삼화음(三和音)은 가장 단순하지만 가장 유쾌한 하모니일 것이다. 기하학의 세계에서는 세 개의 점이 있어야 구체적인 형태를 만들 수 있다.

셋의 부정적 측면은 토대를 의미하는 넷이라는 숫자에 이르지 못해 실재에서 분리돼 있다는 것이다. 셋이 창조의 충동과 너무 강력하게 연결되어서 토대를 구축할 수 없을지도 모른다는 두려움이 이 에너지의 다른 측면을 형성한다.

Throat 목, 목구멍

목은 의사소통이 일어나는 곳이며, 목에 관한 꿈은 목소리와 관련된 의미가 있다. 진실하고 강렬한 관점에서 의사소통할 때 "목소리를 낸다"라고 표현하는 것처럼 말이다.

목이 나오는 꿈은 폭력적인 공격에서부터 신체의 뒤바꿈에 이르기까지 모두 어려움이나 기능 이상을 의미한다. 꿈에서 목에 어떤 일이 일어난다면, 이는 현실에서 자신의 목소리를 사용하는 방식과 관련이 있다고 볼 수 있다.

Thunder 천둥

꿈속에서 천둥이 친다면 이는 극적으로 뭔가를 깨닫는 순간을 확인하는 것이다. 천둥은 번개의 존재를 청각적으로 증명한다. 만일 번개가 갑자기 발생해서 사안을 영구히 변화시키는 깨달음과 인식의 갑작스러운 작열로 해석된다면, 천둥은 그 순간에 뒤따르는 강력한 알림이다.

번개가 치고 난 뒤 이어서 천둥이 울리기까지 몇 초가 걸리는지 세어서 번개가 치는 곳까지의 거리를 판단하는 오래된 방법이 있다. 만일 천둥과 번개가 둘 다 꿈에 등장하면 이것은 꿈의 스케일을 키운다. 또한 이 꿈은 깨달음의 순간과 그것이 초래하는 변화에 따른 부차적인 영향의 편차를 가리키는 것일 수 있다.

Tick 진드기

당신은 자발성과 생명력을 서서히 빼내는 지속적인 생각으로 괴로움을 당하고 있다. 진드기는 자양분을 취하기 위해 살에 달라붙어 피를 빨아먹는 곤충이다. 피는 열정과 생명력을 상징하므로, 조금이라도 피를 잃는 것은 부정적으로 괴롭히는 생각이 자신의 행복감을 갉아 먹는 것을 의미한다. 꿈에 진드기가 들끓는 것은 부정적 성향이 한계점에 도달해서 자신을 압도하기 시작한 것을 깨닫는 것이다.

Ticket 표, 입장권, 승차권, 티켓

표는 어딘가에 들어갈 수 있는 힘과 권리를 상징한다. 표가 무엇을 위한 것인지는 그것을 꿈의 이미지로 해석하는 방법에 중요한 차이를 부여한다. 표의 상징적 핵심에는 모험의 가능성이 들이 있나. 극장이나 영화의 입장권은 자신의 인생을 어떤 방식으로 돌아보려는 욕망을 나타내며, 교통수단의 승차권은 매우 급격한 변화의 필요성을 나타낸다. 표를 잃어버린 것은 어떤 기회가 잠재적으로 자신의 곁을 지나가버린 것을 상징한다.

Tie 넥타이

넥타이는 일종의 장식이므로 개인적인 자기표현과 연결된다. 넥타이는 목 주위에 착용하므로 의사소통 분야나 자기 목소리를 내는 일에 강력한 권한을 가지고 의사 표현을 하는 것을 뜻한다. 넥타이는 책임성과 관련된 제약의 감정을 나타내기도 한다.

Tiger 호랑이

호랑이는 힘과 호색을 상징하는 최고의 동물이며 활력이나 건강과도 관련된다. 호랑이가 꿈에 나타나면 모든 어려움을 극복하도록 인도하는 강력한 토템과 관계를 맺는다. 호랑이의 치유는 두려움과 혐오에 대한 완벽한 해독제다. 왜냐하면 이 동물과 연결된 용기, 힘, 간계를 대적할 존재가 없기 때문이다.

Tightrope (곡예사가 타는) 줄

서커스에서 곡예사가 타는 줄은 아슬아슬하게 건너가는 아주 좁은 길이다. 만일 꿈에서 줄 위를 걷고 있다면 삶의 어떤 상황이 자신을 대단히 위태로운 상황으로 몰고 간다고 느끼는 것이다. 당신에게 아주 천천히 움직이면서 균형 감각을 지속적으로 체크하라고 요청하는 것이 있을 수 있다.

Time Travel 시간 여행

시간을 통해 이동하는 능력은 매력적인 상상이다. 왜냐하면 꿈에서 시간은 한계가 없기 때문이다. 따라서 만일 시간 여행에 대한 꿈을 꾼다면 이것은 현실의 시간관을 변화시키려는 욕망을 나타낸다. 과거로 돌아가는 것은 실수나 후회스러운 선택을 바꾸고 싶어 하는 것이며, 미래로 가는 것은 현재의 상황에서 도피하려는 심리를 상징한다.

Tiptoe 발끝

어떤 일에 대해 매우 섬세한 접근이 요구된다. 까치발을 하고 발끝으로 걸으면 소음과 충격이 줄어들어 자신의 존재감을 낮출 수 있다. 이것은 주변에 자신에 대한 인상을 덜 남기고 싶을 때 도움이 된다. 하지만 여기에는 대가가 따르는데, 이는 자신의 힘과 현실에 발을 딛는 감각을 포기하는 것이기 때문이다.

발끝으로 걷는 꿈을 꾼다면 꿈의 전후 맥락에 따라 이런 행동이 유익한지 억압적인지 알 수 있다. 만일 꿈에 나오는 어떤 사람이 발끝으로 걷는다면 그 사람이 나타내는 당신의 성격 측면이 눈에 띄지 않기를 바라는 것이다.

Tires 타이어

운송 수단의 일부인 타이어는 견인력을 부여하면서 쉽게 움직일 수 있게 한다. 꿈에 나오는 타이어의 상태는 당신의 인생 여정이 현실에 토대를 두는 방법에 대해서뿐만 아니라 인생길 자체와도 관련이 있다.

바람이 빠진 타이어는 당신의 움직임을 중단시키는 일시적인 장애를 나타낸다. 타이어가 빠진 것도 마찬가지인데, 이 경우에는 문제가 더 심각하고 더 오래 지연될 것이다.

Toes 발가락

발가락은 인생길을 걸어가는 데에 필요한 균형과 기교를 나타낸다. 발가락은 장식과 자기표현의 원천일 수 있다. 꿈에서 발가락을 세우는 것은 당신을 가로막는 장애물이 있다는 것을 의미한다. 다친 발가락은 자신의 즉각적인 주의를 끄는 판단 착오다.

Toilet 화장실

('Bathroom 목욕탕, 욕실, 화장실' 참조)

Tomb 무덤

무덤은 죽은 자들이 거주하는 건물이다. 꿈에 나오는 건물은 당신의 사고 과정이나 의식 구조를 나타낸다. 따라서 무덤은 더 이상 활기가 없으며 죽거나 묻힌 것으로 생각되는 당신의 의식이다. 꿈에 나오는 무덤은 과거와 관련된다.

Tombstone 묘비

묘비는 누군가가 묻힌 장소를 표시한다. 꿈 세상에서 한 사람의
죽음은 어떤 존재 방식이 더 이상 당신에게 도움이 되지 않아서
성장과 확장이 일어나기 위해 희생될 필요가 있다는 표시다. 묘
비는 자신의 영혼에서 그런 부분과 관련해 어느 정도 머물러 있
으려는 욕망을 가리킨다. 더 많은 해석의 단초를 확보하기 위해
묘비가 가리키는 것이 누구인지 생각해보라. 그 사람이 누구든
그것은 이미 버려진 그의 특성이다. 묘비는 이 과정이 이미 일어
난 것을 가리킨다.

Tongue 혀

혀와 연관된 모든 것은 의사소통의 세계에서 분명히 말할 수 있
는 당신의 능력을 나타낸다. 또한 혀는 먹는 경험에게 생겨나는
미각이나 삶의 질도 나타낸다.

혀는 이해받으려는 우리 내면의 인간적 욕망을 상징하며, 의사소
통의 사안과도 관련된다. 혀는 상냥하게 말하는 것부터 독설을
날리는 것에 이르까지 의사 표현과 관련한 모든 것을 상징한다.
의사소통이 지나치게 수동적이라면 매사에 비효율적이 될 수 있
다. 반면 지나치게 정곡을 찌르거나 과도하게 직설적이라면 종종
의도와 달리 타인에게 상처를 입힐 수 있다. 꿈에서 혀가 손상되

었다면, 그것은 자신이 의사소통의 영역에서 얼마나 효율적인지 돌아볼 필요가 있음을 가리킨다. 만일 혀가 마비되었다면, 당신은 실제 삶에서 자신의 의도를 달성할 수 있을 만큼 강력하게 말하지 못하고 있는 것이다.

Tool Belt (허리에 차는) 공구 벨트

만일 공구 벨트가 나오는 꿈을 꾸었다면, 당신은 인생에서 다양한 문제 해결 방식을 모색해야 하는 시기에 직면한 것이다. 공구는 일을 하는 남성적 원리를 나타내며, 공구 벨트는 그런 선택이 임박한 것을 상징한다.

Tools 공구, 도구

공구는 무언가를 고정하고 건설하는 데 사용되는 것으로, 문제 해결의 남성적 접근을 가리킨다. 공구가 나오는 꿈을 꾸었다면 손을 대서 해결해야 할 장애나 어려움이 있는 것이다.

꿈속에 나온 공구의 종류를 살펴보라. 망치는 강하고 확정적인 단계를 밟아야 하는 것을 나타낸다. 스크루드라이버는 서서히 일을 진척시켜서 문제의 핵심에까지 도달해야 함을 암시한다. 복잡한 공구는 섬세하고 세련된 방식으로 접근해야 한다는 것을 가리킨다.

Toothbrush 칫솔

치아는 자신을 돌보고, 보호하고, 사랑할 때 찾아오는 안전과 직결된다. 칫솔은 이러한 안전 구축 능력을 유지하기 위해 필요한 지속적 돌봄의 상징이다.

Toothpaste 치약

칫솔과 비슷하게 치약 역시 치아를 돌보는 도구이며, 치아는 안전과 사랑을 불러오고 음식물을 섭취할 능력을 상징한다. 치약은 치아를 매력적이고 건강하게 유지하는 것이므로 꿈에서 보는 치약은 이런 능력을 지닌 것을 가리킨다. 하지만 자기 돌봄의 다른 많은 요소와 마찬가지로 도움이 되는 방식으로 치약을 사용해야 한다.

Top 꼭대기

당신은 같은 생각을 되풀이하는 일에 갇혀 있다. 빙빙 도는 꼭대기는 자꾸만 되풀이되는 일이 당신을 한 장소에 가두어놓는 것을 나타낸다.

Torch 횃불

불꽃은 언제나 거대한 변화와 변형을 상징한다. 횃불은 흔히 어

두운 장소를 밝히기 위해 사용하므로 꿈속의 횃불은 변화의 시기
에 발맞춰 나아가기 위해 평소에 은폐되었던 곳을 잘 살펴보라는
의미를 지닌다.

Tornado 토네이도, 회오리바람

이런 꿈은 당신의 내면에서 서로 대립하는 에너지가 생성되어 파
괴적인 힘을 일으키는 것을 나타낸다. 토네이도라는 기상 현상은
믿을 수 없을 정도로 파괴적이며 움직임을 전혀 예측할 수 없다.
토네이도가 지나간 자리의 황폐함은 이루 헤아릴 수 없을 정도
다. 하지만 그것의 상징적 의미는 토네이도의 형성에 있으며, 거
기에는 창조라는 요소가 들어 있다.

토네이도는 아주 다른 기온을 지닌 두 개의 대기 덩어리가 서로
충돌한 결과 형성된다. 특정한 조건하에서 두 개의 시스템이 서
로 만나면 하나가 다른 하나를 자신이 움직이는 방향으로 굴복시
키려고 한다. 이러한 갈등의 결과로서 두 개의 힘을 결합시키는
제3의 에너지 시스템을 형성해 토네이도를 만들어낸다.

이 이미지의 본질은 저항에 있으므로, 꿈에 토네이도가 나타난다
면 삶에서 자신이 저항하는 영역이 있는지 살펴보라. 토네이도가
지나가는 길의 혼란스러움은 현실의 혼돈에 대한 완벽한 표현이
라 할 수 있다. 이 꿈은 주변에서 일어나는 일들의 예측 불가능함

에 대한 무의식의 반응을 보여준다. 특히 자신의 욕망에 정면으로 위배되는 일에 직면한 상황에서 말이다.

Torture 고문

고문의 핵심에는 정보가 드러나게 하려는 욕망이 있다. 따라서 고문자가 만족하는 순간 자유가 찾아올 것이다. 자신을 괴롭히는 비밀이나 숨겨진 안건을 간직하고 있는가? 고문이 꿈에 나오면 뭔가 당신이 숨기고 있는 비밀이 존재한다는 것이다.

Tour 여행, 관광

여행은 낯선 풍경을 탐험하는 안전하고 조심스러운 방법이다. 만일 낯선 풍경이 의식 안의 어떤 미지의 영역을 가리킨다면, 꿈에 나오는 여행은 자신이 아직 가보지 않은 마음의 깊은 영역을 탐험하는 것이다. 꿈에 나오는 여행의 장소를 살펴보고, 그 장소에 대해 개인적으로 연상되는 것을 해석에 활용하라.

Tow Truck 견인차

차는 자신의 인생길을 따라 나아가는 방식을 상징한다. 견인차는 그 차가 어떤 이유에서인지 나아갈 수 없는 것과 적절한 수리를 해서 자신의 길을 갈 수 있도록 돕는 것을 암시한다. 만일 인생에서 더 나아갈 수 없다고 느끼는 상황이라면 꿈에서 본 견인차는 조만간 당신이 다시 움직일 것임을 알려주는 것이다.

Tower 탑

탑은 요새를 방어하는 데 유리한 시점을 제공한다. 따라서 탑의 상징적 의미는 더 높은 의식과 연결된다. 당신은 자신이 열망하는 시점에 도달할 수 있는 높은 토대를 추구한다. 하지만 또한 탑은 감옥과 비슷하므로, 만일 당신의 사고가 지나치게 근시안적이라면 탑에 갇힐 수도 있다. 삶에 대한 특정한 관념이 자신을 어떤 방식으로 감옥에 가두고 있는지 생각해보자.

Toys 장난감

장난감 꿈을 꾼다면 장난기 가득하던 천진한 어린 시절로 돌아가고 싶은 충동이 표현된 것이다. 이 경우 꿈에 나오는 장난감이 어떤 종류인지 판단해야 한다. 이를 통해 이런 충동이 어린아이 같은 성향을 생산적인 방식으로 통합하려는 창조적 발상인지, 어른다운 책임감을 회피하려는 욕망의 표현인지 살펴봐야 한다.

Tractor 트랙터

트랙터는 농업에 필요한 주요 농기계로, 들판에서 작업량을 극적으로 증대시켜 생산성을 기하급수적으로 높인다. 농업은 모든 창조성의 상징이며, 특히 트랙터는 풍요를 창조하는 효율성을 증대시키는 상징적 도구다. 트랙터가 하는 일은 땅을 깊이 파는 것이므로 꿈에 나오는 트랙터는 현실에 토대를 두고 자신의 의식으로 깊이 파고들어 가고자 하는 것을 상징한다.

Traffic 교통

교통수단은 현대의 삶에서 뗄 수 없는 일부이므로 꿈에 나오는 교통수단은 외부적이고 사회적인 경험이 지속적으로 움직이며 자극을 주어 카오스 같은 느낌으로 귀결되는 것을 상징한다. 따라서 교통 체증은 이런 움직임이 너무 많아서 뒷걸음질 치는 상황을 암시한다. 혹시 한꺼번에 너무 많은 일을 하려고 하는 것은 아닌지, 성취하고 싶은 것들이 있지만 책임감이나 의무감 같은 것이 가로막고 있지는 않은지 숙고해보라.

Traffic Light 신호등

신호등은 도로 위 교통수단의 흐름을 조정한다. 상징의 세계에서 교통은 계속해서 자신의 마음으로 돌진해오는 무수히 많은 생각을 의미한다. 신호등은 통제와 제한을 상징하며, 자신의 삶에서 혼란을 최소화하려는 시도를 나타낸다.

꿈속의 신호등에서 빨간불이 켜지면 현재 전개되는 일을 멈추고 잠시 정지할 필요가 있다는 뜻이다. 파란불은 행동을 취할 시간이라는 것을 암시하며, 노란불은 현재 상황에서 움직이는 방식에 주의하라는 뜻이다. 망가진 신호등은 생각의 움직임을 통제할 능력이 제대로 작동하지 않아서 두려움, 스트레스, 우울을 불러오는 것을 가리킨다.

Trail 자국, 자취

움직임의 흔적인 자국은 여행을 상징한다. 꿈에서 표현되는 여행은 자신의 본성에 대한 개인적인 여행, 즉 공적인 삶에 반대되는 내적인 여행을 가리킨다. 자국의 특성과 당신이 자국 위에 있는 동안 일어나는 일은 꿈의 의미에 대해 더 많은 통찰력을 제공할 것이다.

Trailer 트레일러, 이동식 주택

트레일러는 집의 일종이므로 결국 꿈을 꿀 당시의 자아 감각을 상징한다. 트레일러의 중요한 기능은 집을 이동시킬 수 있다는 것이며, 한 장소에서 다른 장소로 손쉽게 움직이는 게 가장 큰 특징이다. 이 움직임은 트레일러로 상징되는 본래의 자아가 변하지 않을 정도의 변화와 변형을 상징한다. 꿈에 나오는 이런 이미지는 자신의 삶에서 외부 환경의 변화를 허용하면서도 본래 자아와의 연결을 유지하려는 욕망을 나타낸다.

Trailer Park 이동 주택 주차장

이동 주택 공동체인 트레일러 파크가 꿈에 오는 경우 만약 현실에서 거기에 살고 있는 사람이라면 이는 자신의 세계를 그대로 나타내는 것이다. 개개의 이동 주택을 개별적인 생각이나 아이디어로 해석한다면 이동 주택 주차장은 수많은 아이디어가 한데 모인 것을 상징한다. 이 상징적 터전에는 합치되는 수많은 생각이 모여 있는데, 이것들은 언제든 쉽게 자리를 이동하거나 떠날 수 있는 것이다. 이처럼 견고해 보이지만 결국은 그렇지 않은 생각의 집합이나 삶의 영역이 존재하는지 살펴볼 필요가 있다.

Train 기차

당신은 지금 상당히 중요한 변화와 변형을 경험하고 있다. 당신을 한 장소에서 다른 장소로 움직이게 하는 교통수단은 큰 변화가 일어나는 것을 상징한다. 기차는 자동차보다 빠르긴 하지만 비행기보다는 느리다. 따라서 꿈에 기차를 타는 것은 인생에서 중간 정도의 변화가 일어나는 것을 의미한다. 기차는 공적인 교통수단이므로 사적인 삶보다 공적인 삶과 관련된 변화가 일어난다. 연식이나 형태 같은 기차의 상태는 해석에 또 다른 의미를 덧붙일 수 있는 요소를 제공한다.

Train Station 기차역

기차는 이동 수단이므로 인생의 변화와 변형을 상징한다. 기차역은 그런 변화가 막 끝났거나 시작되는 것을 암시하는 대기 장소를 의미한다.

Train Tracks 기찻길

꿈속의 기찻길은 변화에 대한 욕망과 다가오는 변화의 전조로서 위험이 임박했음을 느끼는 것을 의미한다. 기차가 변화를 상징한다면, 기찻길은 일어날 수 있지만 아직은 일어나지 않은 이동이나 변화의 가능성을 나타낸다.

기찻길은 언제든 기차가 지나갈 수 있기 때문에 상당한 위험이 존재한다. 따라서 기찻길에서 어떤 일이 일어나는 꿈은 극적인 변화가 다가오며 그것이 왔을 때 두려움이나 파괴를 일으킬 수 있는 잠재력이 있는 것을 나타낸다.

기찻길은 기차가 갈 수 있는 모든 장소로 기차를 이끌어주는 길이다. 따라서 기찻길은 움직임이나 여행의 가능성으로 해석할 수 있다. "기찻길의 다른 편(other side of the tracks)"이라는 말처럼 기찻길에 대한 연상에는 계층 사이의 경계선이라는 의미도 들어 있다.

Transsexual 성전환자

우리 문화에서 성(gender)의 표현은 매우 복잡하며 오해도 많은 만큼 꿈에 나오는 이미지도 마찬가지로 복잡한 의미를 지닌다. 만일 성전환의 의미가 자신에게 익숙한 것이라면, 당신의 꿈은 대다수 사람의 상상보다 훨씬 유동적인 성 역할의 방식을 탐험하는 것일 수 있다.

이 상징의 핵심에는 남성적 원리와 여성적 원리, 행동과 존재 사이의 전환이 있다. 꿈에서 성전환을 한 사람이 나오면 실제 삶에서 자신과 반대의 관점을 고려하라는 뜻이다. 자신이 행동하는 것이 최선이라고 생각한다 해도 가만히 있을 것이 요구된다. 다만 당신이 본래 천천히 움직였다면 오히려 대담한 행동을 취하는 것이 필요할 것이다.

Trap Door 트랩 도어, 다락문, 뚜껑문

트랩 도어는 보통 지붕이나 마루, 무대 등의 바닥에서 뚜껑처럼 여는 문으로 꿈에 이것을 보았다면 뭔가 비밀이 숨겨져 있다는 뜻이다. 트랩 도어는 당신이 의식하지 못하는 숨겨진 무언가가 아래쪽에 있다는 것을 암시한다. 당신이 할 일은 정말 무언가가 있는지, 있다면 그것이 무엇인지 판단하는 것이다. 그것이 무엇인지 알겠는가? 트랩 도어에는 구조상 그것이 무엇인지 모를 가능성이 내포되어 있다. 갑자기 활짝 열려서 누군가를 함정에 빠뜨릴 수도 있는 게 트랩 도어다. 위험이나 속임수가 있을 수도 있다는 이야기다.

Traveling 여행

여행은 인생의 여정에서 이동하는 방식에 관해 이야기하는 흔한 꿈의 주제다. 여행 꿈은 상징을 아주 기본적인 조각들로 나누는 것이 좋다. 출발하는 장소는 과거나 삶에서 버리고 떠나는 부분을 의미한다. 만일 목적지가 있다면 그 장소는 지향하는 곳이나 거기 있기를 바라는 곳에 대한 실마리를 제공한다.

미지의 목적지는 자신의 삶을 새로운 영역으로 이동해야 할 필요를 가리킨다. 비록 그것이 어떤 모습일지 아직은 알지 못할지라도 말이다. 여행 꿈은 현재의 인생길에서 자신이 이동해 나아가는 여정에 대해 무의식이 어떻게 반응하는지를 포착한 스냅 사진과도 같다. 여행의 패턴은 자신이 인생에서 욕망을 위해 선택한 방법과 둘러싼 문제들을 보여준다.

꿈속에서 보여주는 이동 수단의 효율성과 방향성에 대한 통제력은 이런 문제들이 현실에서 어떻게 진행되어가는지를 반영한다. 장애물이 등장한다면, 이는 앞으로 이동하는 것을 가로막는 시련에 직면할 수 있다는 지표다. 가는 길이 막혀 있거나 통제할 수 없다면 삶에서 정체된 부분이 있다는 의미다.

인생의 어느 영역에서 얼마나 빨리 이동하는가를 판단하기 위해서는 여행의 속도가 중요하다. 기차는 비교적 빠른 속도로 일이 진행되는 것이며, 유람선은 어처구니없을 정도로 일이 느리게 진행되는 것이다. 가끔 여행의 한 장면이 꿈에 나타날 때도 있다. 이 경우에는 가던 길을 멈추고 세심하게 살펴야 하는 인생의 고갯길이 나온다는 뜻이다. 그 고갯길이 어디인지는 꿈의 전체 맥락과 장소를 통해 짐작할 수 있다.

Treadmill 러닝 머신

현실에서 러닝 머신을 사용해서 운동하면 건강에 도움이 되지만, 상징으로서 러닝 머신은 뛰고 있는 데도 같은 장소에 머물러 있는 것의 헛됨을 의미한다. 만일 러닝 머신이 꿈에 나오면 자신이 하는 일에서 되는 것이 없다고 느끼는 것이다.

Tree 나무

나무는 인생을 통한 성장과 성숙을 나타낸다. 뿌리는 자신이 어디에서 왔으며, 어떤 방식으로 현실에 토대를 두고 살아가는지와 관련된다. 몸통은 개인적 삶이나 신체와 연관된 부분이다. 나무의 가지는 인간관계, 가족과의 상호작용, 자신의 특별한 표현 양식 등을 상징하며 삶의 과정에서 자신이 하는 선택과 관계된다. 나무는 족보(the family tree)라는 단어에서 알 수 있듯이 출신 가문이나 혈통과도 연결된다. 나무는 대지에 깊이 뿌리내리지만 하늘에도 닿아 있으므로, 꿈에 등장하는 나무는 본능과 지성의 균형을 의미한다.

Trial 재판

재판의 핵심에는 옳고 그름의 원리가 있으며 무엇이 진실인지 결정하는 과정이 있다. 무언가에 대해 죄의식을 느끼거나 자신이 잘못이 없는 것에 대해 비난받을 때 재판에 대한 꿈을 꾼다. '재판'이라는 말은 도전적인 상황과 동의어이며, 힘들거나 어렵게 느껴지는 인생사에 직면할 때 이런 이미지가 꿈에 나타난다.

Truck 트럭

트럭은 인생을 살아가며 이동하는 방식을 상징한다. 꿈에 나오는 모든 교통수단이 그렇듯이 트럭은 인생길의 이동을 의미한다. 자신의 일상적 교통수단이 아닌 차량은 인생의 전망이 근본적으로 변화하는 것을 의미한다.

트럭은 무거운 화물을 옮기기 위해 사용하는 다용도의 운송 수단이다. 트럭이 꿈에 나타나는 것은 새로운 지역으로 이동하기 위해 아주 많은 자원이 필요한 것을 가리킨다. 꿈에 나오는 트럭의 크기, 구조, 목적은 해석의 단서를 제공한다. 트럭의 특수한 용도를 살펴봄으로써 이 상징의 기저에 깔린 변화를 알 수 있다. 이삿짐 트럭은 소형 오픈 트럭보다 훨씬 큰 의미를 지닌다. 후자가 단지 사소한 변화를 암시한다면, 전자는 자신의 무의식이 완전히 재편될 만큼의 큰 변화를 가리킨다. 견인 트럭은 낡아서 망가진 것을 새로운 장소로 옮길 필요가 있음을 나타낸다. 레미콘이나 공사 트럭처럼 전문적인 운송 수단은 구조적이고 근본적인 변화를 상징한다.

운송 수단의 형태, 연식, 색깔도 상세한 해석을 위해 고려되어야 한다. 낡은 트럭은 이전부터 변화를 도모해온 것을 의미하는 반면, 새 트럭은 변화가 이제 막 시작된 것을 의미한다.

Tsunami 쓰나미

바다는 아주 깊은 곳에서 모습을 드러내는 압도적 감정과 무의식을 상징한다. 쓰나미는 지진에서 비롯되는데, 지진은 거대한 압력이 꾸준히 증가한 뒤에 발생하는 거대한 붕괴를 상징한다. 쓰나미는 자신의 현재 상태의 예기치 않은 변화에서 비롯되는 피할 수 없는 감정의 격변을 의미한다. 이것은 인생의 감정 사이클이 힘들고 압도적일 때 흔히 반복되는 꿈 이미지다.

Tumor 종양, 암

종양은 세포가 정상적인 속도보다 빨리 분열할 때 생성된다. 따라서 종양은 도저히 통제할 수 없을 정도로 혼란스러울 때 발생되는 손상을 상징적으로 나타낸다.

시간이 지남에 따라 이런 혼란은 극단적인 결과에 이를 수 있으며, 손상은 그것이 발견되기 오래전에 이미 일어나던 것일 수 있다. 꿈에 나오는 종양은 한동안 표면 아래서 보이지 않게 진행되었지만 이제는 주의를 기울여서 치유해야 하는 것을 나타낸다.

Tunnel 터널

터널을 지나는 꿈은 의식의 낮은 차원에서 이뤄지는 이행을 경험하는 것이다. 터널은 산속이나 땅속, 혹은 물속을 안전하게 지나갈 수 있게 해주는 통로다. 터널 안에 있는 꿈은 인생에서 새로운 영역으로 이행하는 것을 의미한다.

터널을 통과하는 과정이 상징하는 이행은 매우 힘겨운 것이며, 손실의 감정과 방향 상실을 야기하기도 한다. 이런 감정에 사로

잡히면 자신이 어디에서 왔는지 알 수 없을 뿐 아니라 자신이 어디로 갈지 모르는 두려움에 빠진다. 터널에 있는 동안 가장 기대되는 것은 끝 쪽에서 보이는 빛이며, 빛이 보일 때는 불확실한 가운데에서도 희망을 품을 수 있다.

Turtle 거북이

거북이의 신념은 '천천히 그리고 꾸준히 나아가 경주에서 이긴다'는 것이다. 인내와 불굴의 용기가 거북이 토템이 가져다주는 치유다. 거북이가 꿈에 나타나면 모든 노력에 필요한 인내를 선물받는 것이다. 또한 거북이는 등딱지를 지고 다니면서 언제든지 피신할 수 있다는 점에서 자기 보호를 상징하므로, 꿈에 나오는 거북이는 상황이 어떻든 간에 당신이 항상 안전하다는 것을 상기시켜준다.

Two 둘

하나와 하나가 결합해서 둘이 형성될 때 동반자 관계가 만들어진다. 둘의 에너지가 진화해 상대성의 개념이 형성되며, 이것은 하나의 존재가 자신을 상대적인 것으로 경험하는 것을 의미한다. 이를 통해 하나는 자신을 자아(self)로 이해하게 되는데, 그 이유는 바로 타자(other)가 존재하기 때문이다. 둘을 이루는 모든 요소는 이런 개념들 속에서 구현된다. 몇 가지만 말하면 동반자 관계, 이중성, 적대성, 음양, 균형, 공유가 모두 이와 관련된다. 둘의 부정적 측면은 서로를 향해 무너져서 자아 감각을 잃을 가능성이 있다는 것이다.

UFO 유에프오, 미확인 비행 물체

이것은 아주 높은 수준의 의식을 탐험하는 꿈이다. 유에프오 열풍이 우리의 의식을 쓸고 지나간 이래 많은 시간이 흘렀다. 그 후 '미확인 비행 물체(Unidentified Flying Object)'라는 단어가 세계적인 용어로 자리 잡았다.

유에프오라는 용어는 극히 환상적이거나 가능성의 영역에서 벗어난 일, 꿈에서나 일어날 것 같은 모든 외계적인 현상을 일컫는 대명사가 되었다. 다른 모든 운송 수단과 마찬가지로 유에프오가 상징하는 것 역시 인생 여정과 관련된다. 만일 꿈에서 외계를 여행하거나 외계에서 온 존재의 방문을 받는다면, 당신은 지구에 토대를 둔 삶에서 일탈하는 꿈을 꾸고 있는 것이다.

꿈에 나오는 이런 이미지는 전형적으로 두려움이나 매혹 또는 두 가지 감정의 혼합을 촉발한다. 유에프오 꿈에 대한 당신의 반응은 꿈이 표현하는 신비주의와 자신의 감정적 관계를 보여준다. 유에프오에 납치되는 꿈은 원하든 원하지 않든 간에 자신의 무의식에서 일어나는 사고의 확장과 관련된 부분에서 그늘이 드리워진 것이다. 만일 그런 꿈을 꾸었다면 자신의 사고방식 밖에서 생각하도록 강요받는 듯한 느낌이 드는지 살펴보라.

납치되지는 않았지만 사실상 납치되기 직전이거나 심지어 외계인과 동행할 마음이 있었다면, 이것은 실제 삶에서 새로운 지적 영역을 탐험할 의향이 있음을 뜻한다. 땅에서 유에프오를 올려다보는 것은 그것이 전모를 드러내기 전에 자신을 알리는 새롭고 높은 차원의 의식의 전조일 수 있다.

꿈에서 보는 것에 대한 감정적 반응은 자기 탐구를 향해 발걸음을 내디딜 때 발생하는 의식의 불가피한 확장에 대해 스스로 마음을 열고 있는가, 혹은 저항하고 있는가를 알려줄 것이다.

Ukulele 우쿨렐레

악기가 나오는 모든 꿈은 창의적으로 자신을 표현하라는 뜻이 담겨 있다. 하지만 우쿨렐레는 상당히 모호한 악기이기 때문에 이 경우에는 이색적이거나 정말 독특한 것을 추구하라는 의미일 수 있다. 우쿨렐레는 휴대하기가 편하고 쉽게 접할 수 있는 악기다. 따라서 우쿨렐레 꿈은 자신의 독특한 창의적 표현 감각을 쉽게 발견할 수 있으므로 지금 그 준비를 할 필요가 있다는 것을 나타낼 수도 있다.

Umbilical Cord 탯줄

탯줄은 생명 유지에 필요한 모든 요소가 충족되었던 연결선이다. 사실상 탯줄이 있으면 필요와 그것의 즉각적인 충족 사이에 거리가 없다. 따라서 탯줄은 모든 필요가 즉시 충족된다는 개념을 상징한다. 한편 자신이 원하는 것을 위해서 노력할 필요가 없던 시절로 돌아가기를 원하는 것이 탯줄이 나오는 꿈의 숨겨진 의미일 수 있다.

Umbrella 우산

우산이 꿈에 나오면, 당신은 원치 않는 스스로의 감정이나 타인의 감정 표현으로부터 보호받을 필요를 느끼는 것이다. 물은 감정과 관계가 있으며, 우리가 자연에서 물을 경험하는 모든 방식 가운데 비는 우는 것과 가장 흡사하다. 우산은 심하게 젖을 수밖에 없는 상황에서 몸을 건조한 상태로 유지하기 위해 만든 것이다. 따라서 꿈에 나오는 우산은 가능한 한 감정적 분출에 의한 영향을 받지 않으려는 욕망을 나타낸다. 이것은 당신 자신의 감정일 수도 있고, 자신의 주변에 있는 다른 사람의 감정 표현일 수도 있다.

Uncle 아저씨

꿈에 등장하는 모든 사람은 당신이 지닌 다양한 면모를 상징한다. 아저씨는 이전 세대와 관계가 있기 때문에 가족사와 연결된다. 따라서 아저씨는 당신의 부모에 의해 생겨난 인생관과 느슨하게 연관된다. 아저씨가 부모 중 한 사람의 형제라는 사실은 직접적인 관계에 있는 부모 자식 사이에서는 파악하기 어려운 세대 역학의 영향을 객관적으로 살펴보도록 허용한다. 꿈에 나오는 아저씨는 특정한 현실적 문제가 가족사나 생활양식과 어떻게 관련되는지 생각해볼 것을 요구한다.

Undertow 저류, 역류

물은 감정과 무의식을 상징한다. 해변의 물결은 바다라는 숨겨지고 신비한 장소에서 나오는 무의식이 육지가 의미하는 의식과 지속적으로 상호작용하는 방식을 나타낸다. 저류는 해변에서 들고

나는 동시적인 움직임의 상호작용이 역동적이고 강력하게 이루어지는 심오한 물결이다. 이 잠재적으로 위험한 영역을 조심해서 탐험하지 않는다면, 이것은 당신을 끌고 가버릴 수도 있다. 그만큼 눈에 보이지 않는 큰 힘을 지니고 있으며, 자신의 무의식에 압도되는 두려움을 나타낸다.

Underwater 물속

물은 인간적 경험의 감정적 측면을 상징한다. 물속에 있는 꿈을 꾸는 것은 자신의 감정적 본성에서 헤어나지 못하는 것을 의미한다. 물속에서 쉽게 숨 쉬고 움직이는 것은 흔히 꾸는 꿈이다. 이것은 현재의 감정적 상황이 품위 있고 편안한 것을 나타낸다. 물속에 있으면서 무서운 것은 이와 반대의 의미를 나타낸다.

만일 물속에 있는 것이 자신이라면 실제 자신의 삶의 경험이 표현된 것이다. 만일 물속에 있는 것이 다른 사람이라면 그 사람이 나타내는 자신의 성격 측면이 감정의 격변을 만들어내는 열쇠일 것이다.

Underwear 속옷

모든 옷은 자기표현을 나타낸다. 또한 옷은 이런 특성에 대한 보호 장치일 수도 있다. 이런 개념은 옷의 상징적 의미에 반영된다.

속옷은 사생활과 친밀함의 차원에서 이런 개념을 보여준다. 왜냐하면 속옷은 겉옷 아래 입어서 몸과 직접 접촉하면서 주로 성적인 영역을 보호하기 때문이다. 따라서 속옷은 자신의 성적 취향을 감추려는 욕망을 나타낸다. 또한 자신의 취약함을 보호하려는 욕구가 겹겹이 쌓인 것을 뜻하기도 한다.

꿈에 속옷을 입었다면 노출되기는 했어도 입지 않을 때처럼 취약하지는 않은 것이다. 많은 어머니가 사고를 당해 병원에 실려 가야 할 경우에 대비해서 평상시에도 속옷을 깨끗이 입으라는 조언을 하곤 한다. 노출에 대비해서 속옷에 신경을 쓰는 이런 태도는 인간으로서 사적인 감정인 수치심을 나타내는 것이다.

Undress 옷을 벗다, 옷을 벗음

옷을 벗는 행위는 노출과 취약함을 나타낸다. 이것은 무섭거나 에로틱할 수 있으며, 그런 감정 사이의 어디쯤일 수도 있다. 꿈에서 옷을 벗거나 옷이 벗겨진 상황은 결국 가장 사적이고 취약한 자아를 노출하는 것이다.

만일 꿈에서 자신이 벗거나 벗겨진다면 자신을 오픈하는 실험을 하는 것은 바로 자신이다. 만일 다른 사람이 이런 행동을 한다면 그 사람이 나타내는 자신의 성격 측면을 살펴보라. 이 경우 당신에게는 상처받기 쉬운 삶의 영역이 존재할 것이다. 이런 꿈은 또한 삶에서 사적인 경계에 침해를 받고 있음을 나타내며, 꿈은 그런 상황에 대한 감정을 표현하는 것이다.

Unicorn 유니콘, 일각수

이 황홀한 동물은 마법적이며 영적인 순수성의 강력한 상징이다. 이들은 어떤 생명체보다 현대 대중매체에 깊이 침투한 고대의 상징이다. 유니콘은 하얀 동물이므로 순수성이나 숭고한 생명력을 나타낸다. 이들이 날 수 있다는 사실은 유니콘의 승천 감수성을 상승시킨다. 유니콘이라는 이름은 토템으로서의 힘을 지닌 것을 암시하며, 유니콘이 한 개의 뿔을 가진 것은 이중성에서 벗어나 모든 것의 일체성을 깨닫는다는 것을 뜻한다. 꿈에 유니콘이 찾아오면 매우 강력한 치유와 연결되는 동시에 강력한 영적 힘에 의해 인도된다.

Uniform 유니폼

유니폼은 상징 그 자체다. 유니폼은 그것이 가리키는 규율을 즉시 알아볼 수 있도록 만들어졌기 때문에 이것은 착용한 사람을 특정한 역할에 분명하게 한정시킨다. 유니폼에 관한 꿈을 이해하려면 먼저 유니폼의 특성과 그것을 착용한 사람에 의해 연상되는 특성을 알아야 한다. 대부분의 경우 유니폼에 의해 연상되는 원형은 전사 범주에 속하며, 이것은 모든 것을 옳고 그른 것으로 나누는 원리를 암시한다. 유니폼을 입는 꿈은 그 유니폼이 가리키는 에너지와 접속하는 것이다. 만일 꿈에 나온 어떤 사람이 유니폼을 입고 있다면 그 사람은 현재의 상황을 해결하는 데 필요한 당신의 인격 중 일부이다.

United Nations 유엔

유엔은 세계 평화를 상징한다. 꿈에서 유엔이 눈에 띄게 등장하면 현재 지구에 전반적인 영향을 미치는 주제를 둘러싼 집단 에너지와 연결된다. 또한 이 이미지는 개인적인 차원에서 본질적으로 모순되는 다양한 생각이나 신념을 통합해 내면의 불화를 조화로 변화시키는 가능성으로 해석될 수 있다.

UPC Cord(Universal Product Cord) 바코드, 통일 상품 코드

바코드는 현대에 발명된 복잡한 확인 시스템이다. 이것은 제조자와 제품의 가격, 상품의 종류, 재료 등을 나타내며 많은 줄이 그어진 숫자 안에 들어 있는 몇 세트의 부호이다. 이 부호는 상품의 유통과 매출 등을 추적하기 위해 사용된다. 꿈에서 이것은 마음속의 기회를 활용하기 위해 자신의 모든 생각이나 아이디어와 접속하려는 욕망을 나타낸다.

Uphill 오르막길

오르막길에 관한 꿈은 당신이 현재의 인생길에서 분투하는 것을 상징한다. 도로, 오솔길, 보도처럼 꿈에 나오는 모든 길은 인생의 여정과 관련된다. 경사도는 자신의 무의식이 현재의 스트레스 정도를 어떻게 경험하는지를 이해하는 열쇠다. 이러한 꿈은 문자 그대로 해석해야 하며, 이를 통해 인생을 어떻게 살아가고 있는지 알 수 있다.

오르막길을 가면 진이 빠지고 쇠약해지는 반면, 기울이는 노력은 고무적이고 올라가는 성취는 만족스러울 수 있다. 당신이 현실에서 어떤 식으로든 쇠약해졌다면 꿈에 나오는 힘겨운 움직임은 자신의 한계에 대한 좌절의 표현이다.

꿈에 나오는 오르막길이 자신의 이동 능력을 완전히 멈추게 한다면, 인생의 어려움에 직면해서 스스로 무능력하다는 감정 때문에 멈춰 서는 것이다. 만일 인덕 꼭대기에서 전망을 바라보고 있다면, 당신은 현재 선택의 기저에 있는 원동력을 보고 있는 것이다.

Upstairs 위층

건물의 층은 다양한 차원의 생각이나 의식과 직결된다. 높은 층은 고양된 의식이나 열망하는 것을 가리킨다. 위로 움직이는 능력과 관련된 모든 것은 상승하는 욕망의 상징적 표현이다.

Urinal 소변기

배뇨는 배출해야 하는 독성이나 분노와 연결된다. 소변의 수용기인 소변기는 이 독성을 깔끔하고 정돈된 방식으로 배출하려는 생각을 나타낸다.

Urination 배뇨

독성의 배출이 이 상징의 기본적인 의미다. 꿈에 나오는 배뇨는 오랫동안 쌓인 부정적 생각과 표현되지 않은 분노를 가리킨다. 이런 맥락에서 나온 말이 몹시 화가 나거나 분개했을 때 쓰는 "오줌을 쌌다(pissed off)"라는 표현이다.

한편 다른 사람 위에 오줌을 누거나 다른 사람이 자기 위에 오줌을 누는 행위를 에로틱하게 여기는 성적인 하위문화가 있다. 때로는 이런 행위가 개인 간 권력의 위계질서를 상징하기도 한다. 성적인 역할극에서는 행위 때문에 지배하는 쪽이 더 많은 권력을 가진 듯이 보이지만, 사실상 수용자(receiver) 또는 아래쪽에 있는 사람이 상호작용을 통제한다. 따라서 이런 행동이 나오는 꿈에서 만일 당신이 증여자(giver)라면 둔감하거나 연민이 부족한 순간에 독성의 반격을 당할 수도 있다. 반대로 당신이 배뇨를 받아들이는 쪽이라면 교묘한 조종이나 숨은 동기를 통해 의혹을 불러오는 것은 아닌지 돌아볼 필요가 있다.

배뇨의 꿈은 어쩌면 생리적 현상에 의한 것으로, 몸이 무의식속에서 신호를 보내는 것일지도 모른다. 만일 자는 동안 정말로 소변이 마렵다면 오줌 누는 꿈을 꿀 수 있는 것이다. 하지만 이런 꿈이라 해도 의미가 없는 것은 아니며, 다른 꿈처럼 이미지 자체를 탐구해야 한다.

Usher 좌석 안내원

좌석 안내원의 최종적인 책임은 좌석을 찾아야 하는 상황에서 도움을 주는 것이다. 착석하는 것은 현실에 기반을 두고 주어지는 것을 안전하게 이용하는 것을 의미한다. 만약 좌석 안내원에 대한 꿈을 꾼다면, 새로운 정보처럼 중요한 것을 받아들일 준비를 하거나 인생에서 중요한 이동을 목격할 준비를 하도록 도와주는 자신의 일부와 접속하는 것이다.

U-Turn 유턴

이 동작에는 방향을 정반대로 바꿔 지금까지 온 길을 돌아간다는 의미가 있다. 이것은 기준점으로 돌아가는 것을 의미하므로 일반적인 진로 변경과는 다르다. 이제 와서 철회하기를 원하는 과거의 선택이 있는지, 그것이 삶의 어느 부분에서 발견되는지 살펴보라.

Uvula 목젖

목젖은 목 안쪽 끝에 아래로 매달린 둥그스름한 살이다. 목젖의 기능은 주로 말을 할 때 또렷이 발음하는 것과 관련된다. 몸이 감염과 싸울 때 종종 부풀어 오를 수 있으며, 자극받을 때 구역질이 나는 반사작용을 불러오기도 한다. 꿈속에서 목젖과 관련된 일이 일어난다면, 그것은 자신을 충분히 표현하는 당신의 능력을 상징적으로 묘사하는 것이다.

Vacation 휴가

휴가의 본질은 틀에 박힌 것의 변화다. 꿈에서 휴가를 가는 것은 지루하거나 반복적이라고 느끼는 삶의 요소를 변화시키길 원하는 것이다.

Vaccine 백신

백신은 감당할 수 있는 적은 분량의 감염원을 주입해서 질병을 예방하는 것이며, 결국은 보호를 위한 면역 반응을 창조하는 것이다. 따라서 백신이 상징하는 것은 어떤 것을 견디는 능력을 구

축하기 위해 작은 어려움을 극복하면서 그것을 향해 나아가는 것
이다. 꿈에서 이 상징은 두려움에 한 번 약하게 직면함으로써 결
국에는 그것을 잘 극복하는 것을 나타낸다.

Vacuum 진공

진공은 우리가 공기와 대기로서 경험하는 모든 것이 없는 상태이
므로, 이 상징의 핵심에는 비어 있음이 존재한다. 진공청소기는
진공상태를 이용해 원치 않는 먼지와 쓰레기를 빨아들인다. 따라
서 진공청소기의 상징적 의미도 지저분한 것을 빨아들여 없애고
싶은 욕망과 관련된다. 하지만 이것이 꿈에 나오면 불길한 의미
가 있을 수 있는데, 그것은 비어 있는 감정이 만연하는 것은 생명
력을 고갈시킬 수 있다는 것이다.

Vagina 질

질은 창조성과 수용성이라는 여성적 원리를 나타내는 궁극적 상
징이다. 이것은 원초적 생산성을 표현할 뿐 아니라 성적인 함의
도 지닌다.
남자가 질이 있는 꿈을 꾸었다면 원형적 차원에서 내면의 여성성
과 깊이 접속된다. 같은 해석이 여성의 경우에도 적용되지만 이
경우 원형적 의미를 지니는 것은 아니다.

Valentine 밸런타인데이

낭만적 사랑의 현대적 상징인 밸런타인데이는 어떤 사람에게는 연애에 대한 환상을 불러오며, 어떤 사람에게는 냉소주의에 대한 연상을 불러온다. 두 가지 관점 모두 현대인에게 집단의식으로 존재한다.

밸런타인데이와 관련된 것들이 꿈에 나온다면, 당신은 특별한 누군가와 맺어지거나 낭만적 사랑의 본성과 연결되고 싶은 소망을 갖고 있는 것이다. 만일 실제로 밸런타인데이에 이런 꿈을 꾸었다면, 이에 대해 개인적으로 어떤 것을 연상하는지 고려해야 정확한 해석을 할 수 있다.

Valet 주차 서비스, 발레파킹

발레파킹은 운전을 통해 특정한 목적지에 안착하는 행위다. 운전은 인생의 여정에서 이동하는 것을 상징하고, 도착지는 어떤 것이 드러날지 자각하는 것이라고 할 수 있다.

자신의 차로 발레파킹을 하는 꿈은 인생을 살아가면서 어떻게 이동하고 도착하는지를 알려준다. 또한 꿈속에서 발레파킹을 하는 사람은 자신의 일부를 상징한다. 발레파킹에 대한 당신의 생각이나 주변에서 일어나는 일에 대한 자신의 감정도 꿈 해석에 도움이 된다.

Valley 계곡

육지에 속한 모든 것은 의식과 상징적으로 연결된다. 계곡은 그것을 둘러싼 높은 곳의 안쪽에 자리 잡은 육지의 아름다운 확장이다. 흔히 목가적인 계곡은 그것을 둘러싼 높은 차원의 사고에 의해 보호되는 의식의 일부를 상징한다.

계곡을 형성하는 산이나 언덕 없이 계곡이 형성될 수 없으므로, 계곡은 높은 차원의 사고가 인식된 다음에 또다시 인식될 수 있는 어떤 것을 상징한다. 또한 계곡은 이처럼 높은 열망에 의해 창조되는 보호나 피난처를 나타낸다.

Vampire 뱀파이어

뱀파이어는 살아 있는 것의 피를 마셔 그 생명력을 빨아들임으로써 생존하는 죽음의 생명체다. 피는 열정과 생명력을 나타내는 만큼 꿈에 나오는 뱀파이어는 당신에게서 생기와 에너지를 빼앗아가는 자신의 인격이나 존재 양식을 가리킨다.

뱀파이어는 밤에만 자유롭게 돌아다니므로 그림자 영역에 존재한다. 이것은 당신에게서 활력을 훔쳐가는 부분이 의식 안에 숨어 있으니 주의 깊게 살펴봐야 한다는 것을 암시한다. 그림자 영역에 존재하는 그것은 받아들일 수 없는 것이며, 개인적 정체성으로 통합할 수도 없는 자신의 일부다. 만약 쉽게 받아들이거나 통합할 수 있는 것이라면 우리의 저항에 직면하기 전까지 그것은 우리의 생명력을 빨아먹을 것이다. 뱀파이어는 흔히 성적이거나 유혹적인 것으로 묘사되므로, 처음에는 유혹적으로 보이지만 나중에는 기진맥진하게 만들거나 에너지를 고갈시키는 상황이나 사람을 가리킨다.

스스로의 생명력을 갉아먹으며 자신의 에너지를 고갈시키는 습관이나 행동, 정서적 특징이 있을 수도 있다. 뱀파이어는 거울에 형상이 비치지 않으므로, 이것은 직접 볼 수 없거나 보기를 원치 않는 자신의 일부를 가리킨다.

종종 책임감에 의해 진이 빠진 것처럼 느껴질 때가 있다. 혹은 자신이 부정적인 방식과 결부된 부분이 얼마나 많은지 알기를 원할 수도 있는데, 오래된 태도나 신념을 고수하는 것이 진을 빠지게 할 수도 있다. 정당하게 받아들여야 하는 자신의 책임을 회피하기 위해 정말 진이 빠질 수도 있다.

바보같이 방심하여 창문을 열어놓아 부지불식간에 뱀파이어를 불러들이면 무지한 희생자가 될 수 있으니 주의해야 한다. 또 하나의 내면의 뱀파이어는 빈곤, 자기 회의, 용서의 부족, 비판을 포함한다. 이런 모든 것은 인생의 열정을 살해한다. 정서적인 치유를 시도하면 당신 내면의 뱀파이어는 자신이 속한 무덤으로 돌아갈 것이다.

Van 승합차

모든 이동 수단은 인생의 여정을 거치며 이동하는 방식을 상징한다. 밴은 고려해야 할 몇 가지 의미를 지닌다. 미니밴은 가족이나 모성적 본능의 의미를 전달하며, 나이 든 세대에게 밴은 젊은이다운 과도함을 상징한다. 대중매체는 밴을 강간이나 소아성애증 같은 약탈적 성향을 나타내는 어둡고 불길한 요소로 묘사하곤 한다. 꿈의 맥락과 이 이동 수단과 관련된 개인적 연상은 밴이 나오는 꿈을 해석하는 방법을 알려줄 것이다.

Vase 꽃병

꽃병의 용도는 잘린 꽃을 보존하는 것이며, 아름다움을 지키는 것을 상징한다. 따라서 꽃병은 이러한 원리를 지닌 당신의 능력을 의미한다. 꿈에 나오는 꽃병은 사랑을 불러오고 표현하는 당신의 능력을 보여준다.

Vault 금고

보호의 최고봉인 금고는 자산을 보호해야 할 과장된 필요를 상징한다. 이것은 손실에 맞서서 자신을 지키는 긍정적 이미지일 수도 있지만, 자신이 가진 것을 빼앗길지도 모른다는 두려움 때문에 무언가를 무리하게 쟁여놓는 것을 암시할 수도 있다. 당신이 숨겨놓거나 쟁여놓은 그 자원이 세상에서 흘러가거나 움직이지 않을 경우 오히려 자신에게 아무런 도움이 되지 않을 수도 있음을 경계해야 할 것이다.

Vegetables 채소류

"채소를 먹으면 몸에 좋다(Eat your vegetables. they're good for you)"라는 말은 오늘날 흔한 격언이다. 이 말 그대로 채소는 책임감을 갖고 자신에게 도움이 되는 일을 하는 것을 상징한다. 같은 맥락에서 꿈에 채소가 나오면 인생에서 건강한 선택을 할 가능성이 있음을 의미하며, 꿈에서 채소가 나오는 방식은 그런 선택과 당신의 관계를 나타낸다.

Veil 베일

베일은 덮는 물체를 흐릿하게 만들므로, 꿈에서 베일은 부분적으로 숨겨진 모든 것과 관련된다. 결혼식과 관련된 베일은 융합하거나 통합하려는 것 사이의 분리를 뜻하며, 베일이 들려지는 순간 이 분리를 거두게 된다. 꿈속에서 베일이 들려지는 것은 혼란을 가중시키는 의식을 거두고 새로운 시간을 맞이한다는 표현이다. 당신의 인생에서 사라지길 바라는 혼란이 있거나 사라지려고 하는 그 무언가가 있지 않은가?

Vending Machine 자동판매기

자동판매기는 주로 군것질이 생각날 때 편리하게 이용한다. 따라서 이런 개념이 상징적 의미에 적용된다. 편의라는 요소는 즉석으로 필요를 채우는 것이다. 하지만 자동판매기에서 구할 수 있는 대부분의 먹거리는 영양 가치가 매우 낮으므로, 그것의 의미는 낮은 의식의 선택을 통해 즉각적인 필요를 채우는 것으로 확장된다. 당신은 끼니를 어떻게 충당하는가?

Venereal Disease 성병

성적 취향에 대한 수치심과 저열한 선택에 따른 부정적인 결과가 이 상징의 중심에 있다. 만일 성병이 꿈의 일부라면 성에 대해 당신이 지닌 감정의 어두운 면을 살펴보라. 꿈의 해석에서는 증상이 있는 사람을 중요한 특징으로 다뤄야 한다. 만일 그가 당신이라면 성적 수치심이라는 보편적 감정을 적용하라. 만일 그가 당신 아닌 어떤 사람이라면 자아의 성격 측면으로 보아 자신의 인격이나 의사결정 과정에서 수치스러운 곳이 있는지 상기해보라.

Ventriloquist 복화술사

입을 움직이지 않고 목소리를 내거나 생명 없는 물체가 목소리를 내게 하는 것은 결국 당신의 목소리에 진정성이 없거나 속임수가 있다는 뜻이다. 당신은 어떤 방식으로 거짓을 말하고 있는가?

Vest 조끼

조끼는 모든 생명 기관이 위치한 신체의 가장 취약한 부분을 완전히 덮는 옷이다. 이에 따라 꿈에서 조끼와 관련된 모든 것은 생명력의 중심에 있는 위험을 상징한다. 지금 당신은 자신을 어떻게 보호하는가? 속내를 드러내지 않는다는 뜻으로 "조끼 가까이에(close to the vest)"라는 표현을 쓰는데, 이는 자신의 욕망과 계획을 드러내기에 앞서 자제하는 것을 암시한다. 조끼가 나오는 꿈은 당신이 목표를 공유하기 전에 신중해야 한다는 뜻이다.

Veterinarian 수의사

수의사는 의사이므로 치유의 원형과 접속된다. 수의사는 동물을 전문적으로 다루므로 동물 계통의 원형에서 구할 수 있는 지혜와도 관계가 있다. 꿈에 수의사가 등장한다면 어떤 상처나 제약을 치유하고자 할 때 동물이 지닌 치유의 힘에 이끌릴 것이다.

Video 비디오

휴대하면서 어디서나 찍을 수 있는 동영상 촬영 기기인 비디오는 오늘날 우리 문화에 엄청나게 깊게 침투해 있다. 따라서 상징주의의 다양한 요소와 연결되는 수많은 개념이 존재한다. 그중 가장 핵심적인 것은 비디오가 인간으로서 살아가는 경험을 자신의 이미지로 창조하는 능력을 상징한다는 것이다.

우리는 동영상을 찍고 이것은 인생 여정의 영원한 기록이 된다. 특권적 소수만의 영역이던 비디오 테크놀로지는 이제 누구나 접할 수 있는 영역이 되었다. 이 상징이 나오는 꿈에는 두 가지 감수성이 적용되어 있다. 첫째는 전개되는 삶의 요소를 캡처하는 창조적 충동이다. 둘째는 자신의 여가를 기록하고 멈추고 빨리 돌리고 지켜보는 성향이다. 이는 꿈에 나오는 비디오의 의미에 통제의 감각을 불어넣는다.

Video Games 비디오게임

비디오게임은 완전한 도피주의와 아무 생각 없는 무심함을 상징한다. 비디오게임은 그것에 대한 개인적 견해에 따라 다른 상징적 의미를 지닌다. 비평가는 비판적인 시각을 가지는 반면에 게임상에서 끝까지 살아남는 게이머는 이 도피주의를 즐길 것이다. 자신이 이 양극단의 어느 지점에 있는가가 해석의 그림을 완성한다. 일종의 기술 축적으로 비디오게임을 보는 관점도 있다. 하지만 이런 기술은 이 게임을 전문적으로 하는 경우 외에는 별다른 실제적 가치가 없다.

대다수의 사람이 그렇듯 무심하게 즐기는 경우가 비디오게임의 상징적 의미와 관련이 있다. 꿈에 나오는 비디오게임은 무심한 객관성을 상징하는데, 이는 역설적으로 무의식이 표현하려는 것에 대항하는 방어로서 해석된다.

만일 꿈에 나오는 어떤 사람이 비디오게임을 한다면, 그 사람이 나타내는 특징을 자신의 성격 측면으로 살펴봄으로써 자신의 의식 속 어느 부분이 현실을 회피하는지 알아볼 수 있다.

Viking 바이킹

당신은 강한 힘을 지닌 뿌리 깊은 원형적 존재에 대한 꿈을 꾸고 있다. 바이킹은 무시무시한 상인들이었으며 지난 세기 대서양 전역과 북유럽을 가로지른 탐험자들이었다. 우리는 아직도 집단 무의식을 통해 노르웨이의 신 오딘이 주도하는 그들의 강력한 신화와 연결된다.

현대 대중매체의 신화에서 바이킹은 사나운 전사이며 정복자다. 바이킹 꿈은 결단력 있고 행동 지향적이 되어야 하는 상황에서 이 남성적인 힘의 방식을 자신의 삶으로 받아들이라는 메시지를 전한다. 바이킹의 가장 보편적인 이미지는 체구가 크고 모든 면에서 강하며 누더기를 걸친 바다 여행자다.

만일 꿈에 바이킹이 등장한다면 그 집단의 힘과 관련한 신화로부터 뭔가 힌트를 얻을 수 있을 것이다.

Vineyard 포도밭

포도밭은 포도 열매를 산출하므로 꿈에 나오는 포도밭의 상징적 의미는 포도의 힘과 곧바로 연결된다. 포도주는 현실에서 벗어나서 극단적으로 즐기려는 욕망뿐 아니라 축하나 의식과도 관련된 고대의 음료다. 포도밭은 삶의 이런 요소들의 원천이다.

Violet 보라색

보라는 스펙트럼의 최종적인 색이며 가장 영적인 색이다. 이것은 머리 꼭대기의 후광과 연결되므로 몸의 움직임에 지장을 받지 않는다. 보라색은 우리의 몸과 연결된 파동이지만 보다 높은 에너지의 영역으로 위를 향해 올라간다.

보라색 계열은 종종 자주색으로 불리는 경우가 많은데, 영성이나 의식의 높은 차원과 연결된 경우 그런 사례가 많다. 아서왕 이야기에 나오는 마법사 멀린은 흔히 자주색 모자를 쓴 것으로 묘사된다. 퍼플 하트 메달은 최고의 용기를 나타내며, 가톨릭에서는 사순절 동안 예수상을 자주색으로 덮는다. 명상을 하는 사람들 가운데에는 초월적 경험의 일부로 자줏빛이나 보랏빛을 본다는 증언이 많다.

Virgin Mary 성모마리아

성모마리아는 매우 강력한 사랑과 연민의 원형 가운데 하나다. 꿈에 성모마리아의 방문을 받으면 깊은 차원에서 위로를 받는데, 왜냐하면 아무리 통렬한 고통일지라도 그녀는 모든 고통을 사라지게 할 능력을 가지고 있기 때문이다. 설령 당신이 종교적인 관점 때문에 이런 이미지에 공감하지 않는다고 해도 이런 꿈 이미지는 정말 강력한 것이다.

Vitamins 비타민

비타민이 꿈에 나타나면, 자신의 건강에 관심이 있으며 자신의 괴롭히는 것에 대한 빠른 해답을 찾고 있는 것이다. 영양제는 결핍된 것을 보충하는 것을 약속하므로, 이 꿈은 균형을 얻을 필요가 있다는 의미로 해석된다.

Volcano 화산

화산은 통제나 억제가 지속된 끝에 격렬하고 파괴적인 분출이 일어날 가능성을 상징한다. 화산의 외부 이미지는 이 상징의 여파를 보여준다.

풍경을 영원히 변모시키는 폭발적 분출을 일으키기 전에 지각은 아주 오랫동안 열과 연소의 끓어오르는 불길을 저지하며 압력을 견뎌왔다. 극심한 열과 녹아내리는 용암은 분노의 감정, 화, 거대한 힘을 가진 억눌린 감정을 상징한다. 폭발이 임박한 것은 눈앞에 한계점이 닥친 것을 의미한다. 휴화산은 더 이상 자신의 안락과 안전을 위협하지 않는 지나간 스트레스 요인을 가리킨다. 여전히 김이 솟아오르며 언제라도 다시 폭발할 수 있는 활화산은 불안한 상황이 진행 중인 것을 보여준다.

Vomiting 토하기, 구토

토하는 꿈은 해로운 감정이나 생각을 거부하고 내보내는 것을 의미한다. 소화기관에 해로운 것이 들어오면 우리 몸은 그것을 제거하기 위해 자연스러운 반사작용을 한다. 자제력을 지닌 이 충동은 독소와 독의 존재를 감지하고 원치 않는 물질을 내보내기 위해 근육수축을 유발한다.

구토는 부패한 음식으로부터 바이러스가 감염되어 일어나기도 하고, 몸 내부의 특정 문제로 인해 저절로 일어나기도 하는 등 다양한 자극이 원인이 된다. 어떤 경우라도 나쁜 것으로 감지되는 것을 제거한다는 상징적 의미는 동일하다. 구토는 음식과 관련되기 때문에 배려와 자기 돌봄을 나타내기도 한다. 만일 꿈에 구토가 나오면 자신이 배려받는 방식에 무언가 잘못이 있는 것이다 ('Gagging 구토' 참조).

Voodoo 부두교

부두교는 일종의 토속신앙인데, 오늘날 많은 오해를 받는 종교로서 사악한 생각과 관련된 것으로 취급된다. 부두교에 대한 흔한 시선은 성직자들이 마법적인 개입을 통해 인간의 경험을 통제하거나 조작하는 힘을 가지고 있다는 것이다. 부두교가 나오는 꿈은 신비한 본성을 지닌 것에 대한 두려움이나 인생의 신비로움 이면에 있는 어두운 면의 표출을 드러낸다.

Voting 투표, 선거

민주주의의 원리를 실행하는 궁극적 행위인 투표는 집단의식의 힘을 실행하는 것을 나타낸다. 만일 꿈에서 투표를 한다면 변화를 창조하기 위해 사소한 아이디어나 생각을 막대한 양으로 모을 수 있는 방법을 모색하고 있는 것이다.

또한 투표에는 양측의 경계를 나누는 특징이 있어서 특정 사안이나 사람에게 찬성하는 투표를 할 수도 있고 반대하는 투표를 할 수도 있다. 따라서 투표를 하는 꿈은 자신의 삶에서 가부간의 태도를 표명한다는 뜻이 되기도 한다.

Vulture 독수리

독수리는 죽은 동물을 먹는 새이므로 죽음의 전조다. 모든 새는 어떤 종류의 전달자이므로, 독수리의 존재는 부정적인 일이 일어 났다는 신호로 해석된다.

Wading 물속을 걸어서 건너다, 간신히 지나가다

물이 포함된 모든 이미지는 감정을 나타낸다. 물속을 걸어서 건너다고 하면 허리 높이까지 찬 물을 헤치고 나가는 게 연상되는데, 물속을 걷는 것이기 때문에 힘겹고 헌신적인 일이기는 하지만 그래도 이는 걸어서 나아갈 수 있는 정도라 할 수 있다.

꿈에 나오는 이 상징을 이해하려면 자신의 감정적 경험에 이런 느낌을 적용해보라. 아주 힘겹게 느껴지겠지만 계속해서 걸어갈 수 없을 정도는 아닐 것이다.

Wagon 사륜 우마차, 짐마차

이 무척 느리고 낡은 교통수단은 서부로 이동한 개척자들의 이미지와 연관되어 대체로 미국의 정착을 연상시킨다. 따라서 사륜 우마차는 본질적으로 큰 위험을 무릅쓰고 안정된 삶을 탈피해서 새로운 지역으로 이동한다는 생각과 긴밀하게 연결된다. 당신의 인생에서 미지의 영역으로 진출하는 곳이 있는지 살펴보라.

Waiter 웨이터, 종업원

꿈에서 당신에게 음식을 가져다주는 이 사람은 자신의 성격 측면이다. 웨이터는 음식물과 연결된 직통 라인이기 때문에 이 사람의 상징적 의미는 배려하고 자기 돌봄을 제공하는 자신의 능력을 나타낸다. 꿈에 나오는 웨이터의 행동과 결과를 통해 자신이 스스로를 얼마나 잘 돌보는지 알 수 있다.

Waiting Room 대기실, 대합실

대기실은 중요한 일이 막 일어나려고 하는 곳이자 기다림의 장소다. 꿈이 이런 환경에서 펼쳐진다면, 삶의 어떤 면에서 사건이나 방향 전환을 학수고대하고 있는지 살펴보라. 꿈에서 자신이 기다리는 것이 무엇인지 알 수 있다면, 꿈 해석을 하는 데 그것을 덧붙이도록 한다.

Wake (장례식에서의) 경야(經夜)

장례의 중요한 부분인 경야는 고인을 보내는 과정을 진행하기 위해 돌아가신 분에게 경의를 표하면서 시신 주변에 모이는 것이다. 따라서 꿈에 나오는 경야는 자신의 삶에서 무언가가 희생되었음을 나타내며, 당신은 변화의 순환이 눈앞에 있는 것을 통고 받는 것이다.

Wall 벽

벽은 개방된 공간을 특수하고 기능적인 것으로 변화시키는 경계선이다. 마음속의 생각과 아이디어를 분류함으로써 우리는 생각과 감정을 보다 효율적으로 관리할 수 있으며, 벽은 우리가 이런 식으로 기능할 수 있도록 허용하는 구조를 상징한다. 꿈에 나오는 벽 역시 이런 능력을 나타낸다. 벽의 상태는 이 과정이 원활하거나 혹은 어려움이 생긴 것을 보여준다.

Wallet 지갑

지갑은 돈과 신분증을 넣어두는 물품이다. 이런 사실은 지갑을 번영과 자기 인식에 손쉽게 접근하는 상징으로 만든다. 만일 꿈에서 지갑을 잃어버리거나 도둑맞았다면, 풍요롭게 느끼거나 자신에 대해 확신하는 능력을 잃어버렸다고 해석할 수 있다. 만일

꿈에 나오는 지갑이 다른 사람의 것이라면 당신은 번영과 정체성
으로 이어지는 새로운 방법을 찾아야 한다.

Wallpaper 벽지

벽지는 방을 미학적으로 만족스럽게 만드는 덮개다. 꿈에서 벽
지는 그 자체보다 그것이 덮고 있는 것과 관계가 있다. 만일 꿈에
벽지가 나온다면, 당신의 삶에서 숨기고 있거나 눈에 띄지 않게
하고 싶은 것이 무엇인지 살펴보라.

Wand 지팡이

마법사나 마녀의 주요한 도구인 지팡이는 마음의 욕망을 실현시
키는 에너지의 초점이다. 과거 연금술사 대부분이 지팡이를 썼던
만큼 지팡이는 연금술과도 관련이 있으며, 삶에서 급진적인 변화
를 일으키면서 통제할 수 없는 것에 통제를 행사하는 능력을 상
징한다. 마법사의 도구인 지팡이는 이 마법적 원형으로 하여금
자신의 힘을 행사하도록 허용하는 도구다.

해리 포터의 존재는 이 같은 지팡이의 이미지를 모든 개인이 접
할 수 있는 것으로 표준화했다. 따라서 꿈에 나오는 지팡이는 원
하는 것은 무엇이든 창조할 수 있는 자신의 힘을 돌아보는 것을
의미한다.

War 전쟁

꿈에 나오는 전쟁은 이동하는 경계선이 거대한 변화를 일으키는 것을 나타낸다. 전쟁의 목적은 하나의 존재가 다른 존재의 땅이나 자원을 획득하기 위한 것이다. 따라서 꿈에 나오는 전쟁은 주요 부대의 활약을 통해 성취할 수 있는 아주 큰 규모의 변화를 가리킨다.

우리가 사는 세상은 국가라고 알려진 조직화된 경계선의 세트다. 우리의 마음도 비슷한 방식으로 나뉜다. 이런 경계들은 결국 유동적이다. 실제 전쟁과 마찬가지로 모든 것이 상처 받은 느낌을 남긴 채 때로는 극적으로 변화한다. 내적 변화가 갑작스럽고 폭력적일 때 그 거대함을 표현하기 위해 무의식은 꿈속에 전쟁을 등장시킨다.

Warehouse 창고

끝나지 않은 일이 있거나 어떤 일을 미루고 있을 때 나타나는 꿈이다. 당신은 조만간 어떤 일을 실행할 준비를 하고 있지만 아직은 때가 아니다. 창고는 나중에 용도에 맞게 사용하기 위해 배포할 물품을 수집하고 저장하는 장소다.

이 상징의 핵심은 저장이 일시적이라는 것이다. 즉 창고에 저장되는 것은 결국에는 다른 곳으로 옮겨진다. 꿈에서 창고는 변화의 상징이며, 거대한 이동의 중심지다. 자원이 수집되었지만 아직은 최종 목적지에 도달하지 않은 지점 말이다.

Warts 사마귀, 무사마귀

사마귀는 바이러스에 의해 피부가 보기 흉하게 자란 것이다. 사마귀는 사악하거나 나쁜 의도의 증거로서 동화 속 마녀와 오랫동안 연결되었다. 만일 꿈에 자신에게 사마귀가 있었다면 당신은 그동안 숨겨져 있던 억울함이나 분노의 가시적인 결과를 목도하고 있는 것이다.

Washing 씻기

꿈에 나오는 모든 씻는 행위는 더 이상 자신에게 도움이 되지 않는 것을 씻어버리는 것을 의미한다. 또한 꿈속에서 목욕을 하는 것은 타인과의 상호작용을 위해 자신을 정화하려는 욕망을 뜻하기도 한다. 이것은 말 그대로의 더러움일 수도 있고 형이상학적 더러움에 대한 무의식적 감정일 수도 있다. 어떤 경우이든 자신이 깨끗하지 않아서 정화할 필요가 있다고 느끼는 것이다.

꿈에서 물이 포함된 이미지는 감정적인 사안과 연관된다. 물로 목욕하는 것은 인생의 고통에서 자신을 정화하기 위해 감정의 영역에 몰입할 필요가 있음을 나타낸다.

Washing Machine 세탁기

우리는 일상적으로 세탁기를 작동시켜 옷을 깨끗하게 유지해 입는다. 따라서 세탁기는 자신의 삶의 요소들을 어느 수준으로 유지하려는 욕구를 상징한다. 꿈속에서 세탁기를 작동시키는 것은 옷을 빨 듯 원치 않는 생각과 감정을 씻어내는 것이다.

Wasp 말벌

말벌은 꿀벌이나 개미처럼 공동체의 규제와 상호의존적 구조를 지닌 토템이다. 말벌은 사실상 포식자이며 열등한 곤충을 먹이로 삼는다. 따라서 생태계의 질서 측면에서 보면 말벌은 자신의 포식 본능을 통해 곤충계의 인구를 조절한다.

만일 말벌 꿈을 꾸었다면 당신은 생각과 상상력의 거대한 구조를 처리하는 본능적 능력과 접속하는 것이다. 말벌 꿈에는 이런 본능이 과도하므로 자신의 능력을 넘어서는 사물에 대한 강박적 통제의 욕망에서 벗어나라는 뜻도 포함되어 있다.

Watch 시계

시계는 시간을 알려주는 기기로, 오늘날에는 점차 낡은 물건이 되어가고 있지만 여전히 삶의 리듬의 척도이자 그 리듬 안에 머무르는 것 자체를 상징한다. 중요한 것은 개별적인 사안이 동시에 전개될 수 있도록 세상과 일치된 관계를 맺는 것이 시간을 지키는 구조라는 사실이다. 꿈에 시계가 나온다면 자신의 삶의 리듬이나 일정의 움직임에 신경을 쓰면서 다른 사람들이 속도와 관련을 맺는 방식에 관심을 기울여야 한다.

Water 물

꿈에서 물은 감정의 궁극적 상징이다. 또한 이것은 무의식에서 일어나는 일과 관련된다. 사실상 감정 자체가 무의식에서 일어나는 일의 증거라고 할 수 있다. 따라서 물은 감정과 무의식 이 모두 관련된다.

인간은 많은 양의 물로 이루어졌으며, 감정이 솟아오르면 이 귀한 액체가 눈물의 형태로 눈에서 새어 나오는 불가해한 현상이 초래된다. 따라서 꿈에 나오는 모든 물은 자신의 본성 안에 있는 감정적 측면을 돌아보는 것이다.

물의 부피가 클수록 꿈이 표현하는 감정이 커진다. 만일 꿈속의 물이 밀물이나 폭포처럼 압도적이거나 잠재적으로 위험하면, 위압감의 감정을 해석에 덧붙여야 한다. 자신이 다룰 수 있는 것보다 큰 감정이 몰려오면 두려움이 밀려들게 된다.

물이 흘러가듯이 감정도 흘러가며, 꿈에 나오는 물의 움직임은 자신이 경험하고 있는 감정의 상태를 나타낸다. 느린 시냇물은 의미심장하지만 지속적이며 차분한, 적은 양의 감정적 흐름을 의미한다. 걷잡을 수 없이 거센 강물은 아주 강렬해서 잘 다루지 않으면 행복감을 위협할 수도 있는 격렬한 감정을 상징한다.

비는 눈물과 가장 비슷하다. 꿈에서 안개 등 물이 포함된 날씨를 보는 것은 현재의 삶과 관련된 편안한 감정의 흐름을 경험하거나 혹은 회피하는 것을 가리킨다.

Water Heater 온수기

물과 관련된 모든 이미지는 자신의 감정을 나타낸다. 뜨거운 물은 분노와 열정적 감성이 더해지는 것을 의미한다. 또한 온수기는 삶에 안락함과 위생 처리를 제공한다.

감정적 표현은 건강함과도 연관된다. 상징적 의미에서 온수기는 실제 삶에서와 마찬가지로 건강한 감정 처리를 돕는다. 꿈에 온수기가 등장하면 자신이 감정적 동요에 얼마나 건강하게 잘 대응하는지 돌아보라.

Waves 파도

에너지는 파도처럼 움직이며, 이런 이미지가 나오는 꿈은 모든 움직임의 기본적 구조와 연관된다. 물이 일으키는 파도는 감정적인 동요를 가리킨다. 파도는 우주의 물리적 법칙과도 관련되는

데, 꿈에서는 생각이나 지력의 변화를 의미한다.

파도가 평화롭게 움직이면 만사가 평탄하며, 그에 따라 움직이도록 평화롭게 몸을 맡길 수 있다. 하지만 꿈에서 이것은 갑작스럽게 저항하기 어려운 것이 될 수도 있다. 만일 꿈에서 그런 일이 일어나면 당신은 자신의 통제 능력 너머의 일과 자신의 관계를 돌아보고 있는 것이다.

Web Cam 웹캠, 컴퓨터에 연결하는 비디오카메라

이 새로운 발명품은 인터넷을 통해 세상과 좀 더 직접적인 연결이 가능해지게 만들었다. 이런 방식의 연결이 테크놀로지를 통해 확산되면 이것은 새로운 차원의 의식을 창조한다. 웹캠은 이 의식의 새로운 눈이다.

당신은 창조되고 있는 새로운 세상에서 자신이 어떻게 보이도록 허용하는가? 당신이 다른 사람들에 대해 탐구하기를 원하는 것은 무엇인가? 웹캠이 나오는 꿈은 당신에게 이런 것들을 묻는다.

Wedding 결혼식

결혼식은 새로운 존재 양식을 만들어내는 협력을 약속하는 두 성격 측면의 의례적 결합이다. 그리고 결혼 의례는 자신의 관점을 의미 있게 변화시키려는 의도를 선포하는 것이다. 당신의 삶에 변화가 필요하다는 생각이 들 때 결혼 꿈을 꾸면 이는 변화가 목전에 와 있다는 의미심장한 증거다.

Weeds 잡초

당신이 시도 때도 없이 떠올리는 두려움, 의심, 분노가 기쁨을 불러오는 자신의 능력을 죽이고 있다. 잡초는 정원에서 자라기를 원하는 사랑스러운 꽃이나 채소가 만들어내는 조화로움을 방해하는 원치 않는 식물이다. 만일 그대로 내버려둔다면 잡초는 우리가 기르는 것들을 추월해서 그들의 생명을 빼앗아갈 것이다. 꿈에 나오는 잡초는 이처럼 해로우면서도 아주 흔한 생각, 습관, 양식을 나타낸다.

Weights 체중

적절한 체중은 몸의 근육이 확장되고 자라는 것을 도우며 신체의 균형을 잡아준다. 체중은 자기 통제와 노력이 변화를 일으키는 조건의 하나라는 원리와 연결된다.

체중과 관련된 꿈은 자신의 정체성 가운데 어떤 면을 증가시키거나 확장시키기를 원하며, 이런 변화를 만들어내기 위해 노력하는 것을 의미한다. 한편 이런 꿈은 변화에 직면하는 것에 대한 저항을 가리키기도 한다. 꿈의 전후 맥락을 살펴보면 체중이라는 이미지를 통해 어떤 감정이 표현되는지 알 수 있을 것이다.

Well 우물

마음 깊은 곳에 있는 정서적 자양분을 이용하는 것이 이 꿈이 전하는 메시지다. 꿈속에 나오는 물은 감정과 정서적 삶을 표현한다. 물은 생명을 지속시키는 데 반드시 필요한 요소다. 우물은 이 생명의 영약을 지속적으로 얻을 수 있는 원천이다.

상징의 세계에서는 감정을 나타내는 물과 생명을 지속시키는 물질인 물 사이에 연관성이 있다. 우리는 살기 위해 물을 필요로 하며 번창하기 위해 감정적 균형을 필요로 한다. 우물은 흔히 공동체의 자원이므로 꿈에 나오는 우물의 상태는 현재 자신의 감정 상태는 물론 당신이 다른 사람들에게 정서적으로 얼마나 많은 것을 주는지를 보여준다.

꿈속에서 만일 우물이 말라 있으면 먼저 자신을 돌봐야 한다. 만일 우물이 넘치고 있으면 당신의 정서적 삶이 자신이 감당할 수 있는 정도를 넘었는지 살펴보라.

Welts 부은 자국, 부푼 자극

자국은 부당한 일, 공격의 후유증, 드러나기 시작한 기저에 있는 문제의 증거다. 꿈의 해석은 영향을 받은 신체의 부분에 따라 다양해진다. 팔은 힘이나 행동과 관련되며, 다리는 움직임이나 동기부여와 관계가 있다. 손은 창조성을 나타내며, 얼굴은 자신이 세상에 보여주는 페르소나를 의미한다. 신체의 노출된 부분에 있는 자국은 자신의 상처가 다른 사람들에게 보이는 것을 뜻한다. 일반적으로 옷으로 덮인 부분은 상처를 은폐하는 능력이나 욕망을 드러낸다.

Werewolf 늑대 인간

늑대 인간은 모든 인간의 내면에 살고 있으며, 이 짐승에게 물리면 달의 순환과 관련된 그림자가 내면에서 촉발하게 된다. 달은 무의식적인 것을 나타내며, 그것이 만월일 때 평소에는 은폐된 것 이상을 볼 수 있게 된다. 늑대 인간은 미지의 것을 바라볼 때 직면하는 인간 본성의 어두운 면을 강력하게 상징한다.

Whale 고래

이 장엄한 동물의 상징적 의미를 이해하려면, 그것이 살고 있는 곳을 살펴봐야 한다. 바다는 깊은 무의식을 상징하며, 고래는 공기로 숨을 쉬지만 깊은 곳으로 뛰어들어 표면 아래를 탐험하는 동물이다. 이에 따라 고래는 매우 깊은 곳에 있어서 보통은 의식으로부터 은폐되어 있는 감정이나 기류와 접속하는 능력을 상징한다. 꿈에 나타난 고래를 통해 얻을 수 있는 것은 큰 지혜를 얻기 위해 표면 아래로 뛰어드는 능력이다.

Whale Song 고래의 노래

의식의 표면 밑으로 깊이 뛰어들어서 그곳에 숨겨진 감정과 패턴을 탐구하고 있음을 나타내는 꿈이다('Whale 고래' 참조)

Wheel 바퀴

기하학에서 원은 가장 순수하고 완전한 형태다. 바퀴의 기능은 다른 발명보다 더 극적으로 문명을 변화시켰다. 바퀴를 통해 여행과 지역 간의 연결이 기하급수적으로 증가했다. 따라서 바퀴는 삶에서 강력한 이동을 가능하게 하는 기본적인 구조다. 꿈에 나오는 바퀴의 상태는 자신이 원하는 것을 얼마나 잘 만들어갈 수 있는지를 보여준다.

Wheelchair 휠체어

휠체어는 움직임이 어려운 사람이 움직일 수 있게 해줌으로써 장애를 극복하도록 돕는다. 따라서 휠체어는 역경을 이겨낸 승리를 상징한다. 이뿐만 아니라 노력을 덜 기울이면서도 계속해서 움직이려는 욕망을 느낄 때 꿈에 휠체어가 나타날 수 있다.

Whirlpool 소용돌이

물이 포함된 모든 이미지는 감정과 관련된다. 소용돌이에는 한 번 형성된 가속도가 최후의 지점으로 데려갈 때까지 어떤 초점 위에서 반복해서 맴돈다는 암시가 들어 있다. 이것은 지속적인 생각이나 감정처럼 정서적인 반응을 일으키는 문제에 집요하게 몰두할 때 일어나는 일이다. 꿈에 나오는 소용돌이에는 자신이 놓아버리지 못하는 감정이 있는지 돌아보라는 뜻이 담겨 있다.

Whisper 속삭임

당신은 중요성이 높아진 메시지를 받고 있다. 꿈이 말하는 바에 주의를 기울여라. 비록 꿈에서 속삭이는 것이 무엇인지 알 수 없더라도, 그 메시지를 속삭임 자체의 차원에서 아주 깊은 차원으로 받아들이고 있다는 것을 믿어라. 꿈에 나오는 속삭임은 당신에게 오고 있는 메시지가 아직은 알아들을 수 없거나 공개적으로 전달될 수 없다는 것을 암시할 수도 있다. 과정이 아직 충분하지 못한 것이다.

White 하얀색

하얀색은 순수성과 전체성을 나타내는데, 그것은 인간의 눈으로 볼 수 있는 모든 색을 통합한 것이기 때문이다. 어떤 사람에게 하얀색은 가장 고귀한 영성의 색이다. 또 다른 어떤 사람에게 그것은 처녀성이나 순결처럼 오염되지 않은 것으로부터 비롯되는 완전함을 연상시킨다.

하얀색으로 보이는 물체는 외부로 빛을 반사하며 스펙트럼의 어떤 색도 흡수하지 않는다. 하얀색은 당신에게 비치는 빛을 세상으로 되돌려 보내는 고귀한 의식을 상징한다.

White Animals 하얀 동물

많은 토착 문화에서 아직도 집단의식의 일부로 작용하는 동물 토템의 분야에는 하얀색의 순수함을 둘러싼 풍요로운 역사가 있다. 대표적인 것이 버펄로, 늑대, 고양잇과의 하얀 동물로, 이들이 꿈에 등장하면 동물들이 상징하는 힘이 상승한 것으로 해석된다.

색채 스펙트럼에서 하얀색은 모든 빛의 파동이 모일 때 감지되므로, 하얀색은 통합과 전체성을 완성하는 것을 의미한다. 한마디로 말해서 하얀색은 신성한 색이다. 꿈에서 어떤 동물이 하얀색으로 등장하는 것은 정말로 성스러운 계시다.

White House 백악관

이 건물은 미국, 현대 민주주의, 아메리칸드림의 상징이다. 백악관이 나오는 꿈을 꾸는 것은 자신이 속한 공동체에서 더 높은 차원으로 목소리를 내며 성취를 이루고자 하는 욕망을 반영한다. 또한 정치 문제가 당신을 고양시키거나 혹은 자포자기하게 만들 때 이런 꿈 이미지가 나타날 수 있다.

대통령의 집인 백악관은 미국적인 생활 방식과 기본적이며 개인적인 자유 의식을 나타낸다. 이런 이미지가 나오는 꿈은 무엇보다 거대한 세계 권력인 미국적 집단의식을 표현한다. 정부와 정치에 대한 개인적 견해를 고려해 의미를 덧붙이면 좀 더 만족스러운 해석을 얻을 수 있다.

Wig 가발

머리를 덮는 모든 것은 생각이나 지적 능력과 관련이 있다. 가발은 머리를 덮는 것이며, 기본적으로 자신의 진정한 생각을 숨긴 채 그것을 좀 더 마음에 드는 방식으로 제시하는 것이다. 만일 가발이 꿈에 나타나면 주목받을 만한 감정이나 매력의 요소가 강조되는 것이다.

Will 유서

유서는 어떤 사람이 죽은 것을 암시한다. 상징과 꿈의 세계에서 이것은 오래된 습관, 믿음, 행동 방식을 버리는 것처럼 최근에 자신의 인격 가운데 어떤 측면을 희생시키는 변화가 일어난 것을 의미한다. 따라서 유서는 그런 측면이 남긴 선물과 이익을 상징한다. 도전적인 상황에는 항상 가치가 따라오며 꿈에 나오는 유서는 이것을 지적한다.

Wind 바람

상황이 급격히 변하고 있으며, 당신의 생각은 점점 강력해진다. 이런 개념이 모두 관련될 수도 있고, 관련되지 않을 수도 있다. 왜냐하면 바람은 여러 가지 상징적 의미를 지니기 때문이다.

공기나 하늘과 관련된 모든 것은 지적 능력이나 생각을 상징한다. 바람은 이러한 의식의 움직임이 강해진 것을 의미하므로 언제든지 세상에 대해 자신이 생각하는 방식을 나타낸다.

"변화의 바람(the winds of change)"이라는 말은 바람이 나오는 모든 꿈에 강력하게 적용된다. 큰 바람이 갑자기 몰아치면 상황이 아주 극적으로 변화할 수 있기 때문이다.

Window 창문

당신은 지금 자신의 삶에 놓인 상황을 더 깊이 들여다보기를 원한다. 만일 꿈속에서 공간의 내부에서 창문을 통해 바깥을 내다본다면, 새로운 영역으로 이동해 현재의 제약으로부터 해방되고자 하는 욕망이 표현된 것이다.

창문과 관련된 꿈은 삶의 어떤 영역에서 새로운 시야가 열리는 것을 경험하고 있다는 신호다.

Wine 포도주

포도주는 세상에서 가장 오래된 발효 음료 중 하나다. 포도주 속의 알코올은 도피주의와 탐닉을 상징한다. 하지만 포도주는 흔히 종교적인 신념을 기리는 의례에 많이 사용되기 때문에 크게 숭배된다. 꿈의 전체 맥락을 살펴보면 어느 쪽으로 해석해야 할지를 알 수 있을 것이다.

Wings 날개

비행은 중력에 저항하는 능력을 말하는데, 중력은 좌절, 부자유, 수치심 등 인간의 경험과 관련된 다양한 의미를 상징한다. 날개는 비행의 매개물이므로 자신의 경험을 깊은 곳으로부터 끌어올리는 능력을 의미한다. 꿈에 나오는 날개가 어디에 붙어 있는지 살펴보라. 이 상징을 충분히 해석한 다음 날개를 통해 더 높은 의식으로 상승하고자 하는 의미를 덧붙여 해석하도록 한다.

Wisdom Teeth 사랑니

사랑니는 보통 나이가 들어서 많은 지혜를 얻는 인생 후반기에 나오기 때문에 '지혜의 이'라고 부르기도 한다. 사랑니는 종종 불편함의 원인이 될 뿐 아니라 농양을 발생시키기 때문에 제거해야 한다. 사랑니 꿈을 꾸는 것은 지혜가 높은 단계로 발전하는 변화와 성장에서 초래된 불편을 인식하는 것을 의미한다.

Witch 마녀

이것은 당신을 마법, 주술, 삶의 신비와 연결시키는 원형적 성격 측면이다. 마녀는 서양 문화의 오래된 신화에서는 거의 찾아볼 수 없고, 비교적 현대에 만들어진 존재다.

오늘날 마녀는 동화 같은 이야기에서 눈에 띄게 등장하며, 핼러윈의 주요한 등장인물이다. 마녀는 더 이상 사람들을 치유하거나 도와주지 않으며, 이제 그녀는 사악한 주문을 걸고 아이들을 잡아먹는다. 마녀는 원형이기 때문에 이것이 꿈에 어떻게 나타나는가는 개인적 이해에 중요한 의미를 지닌다.

이 원형에 의해 지배되는 삶의 영역은 신비주의, 치유, 마법처럼 주로 여성적 원리에 속한 것이며, 이것은 창조성, 수용성, 배려, 돌봄과 관련된다. 성격, 기술, 동기부여와 관련해서 당신의 마녀를 살펴보라. 그녀의 성격은 당신의 마음에서 선악이 어떻게 대립하고 있는가를 보여줄 것이다.

마녀가 갖고 있는 기술의 힘은 우주 만물의 마법에 대한 개인적 접속을 보여준다. 그녀에게 영감을 불어넣는 것이 무엇인지 아는 것은 통합을 지향하고 속임수를 멀리하는 자신의 움직임과 만나도록 해줄 것이다. 마귀할멈 같은 수많은 인물이 마녀의 원형으로 간주될 수 있다. 어떤 것은 실제로 사악할 수 있는 반면에 어떤 것은 권리를 빼앗긴 치유자일 수도 있다.

신비주의와 수 세기에 걸친 오해의 역사에서 마녀의 기원을 살펴보면, 이 상징의 해석에서 이러한 이중성을 염두에 두어야 한다. 무서움과 두려움을 불러오기는 하지만, 만일 올바로 이해하고 적절히 활용한다면 마녀는 인간의 경험에 매우 도움이 되는 강력한 마법을 선사할 것이다.

Wizard 마법사

지난 몇십 년에 걸쳐 영화, 텔레비전, 비디오게임에 수없이 등장하면서 마법사는 매우 강력한 원형으로서 새로운 의미를 지니게 되었다. 마법사는 마법의 결정권자이며, 마법은 인간의 발달에서 즉각적으로 극적인 변화를 창조하는 능력을 가리킨다. 융 심리학에서 점성술사 또는 마법사로 알려진 이 원형은 상승된 지혜의 힘을 통해 인생에 대한 관점을 기적처럼 바꾸는 능력이 있는 것으로 여겨진다.

꿈에 나오는 마법사는 거대하고 중요한 정보를 얻을 조짐이자 그

것을 불러오는 존재이므로, 그에게 주의를 기울여야 한다. 마법
사는 마녀와 많은 내용을 공유한다.

Wolf 늑대

여성적 원리와 관련된 가장 강력한 토템의 하나인 늑대는 밤에
가장 활동적인 집단적 동물이다. 이런 야행성은 상징적으로 늑대
를 그림자나 본성의 어두운 영역에서 교묘히 움직이는 능력과 연
결시킨다. 늑대가 달을 강력하게 연상시키는 것도 주기, 변화 능
력, 무의식의 움직임과 늑대라는 상징이 밀접한 관계를 맺도록
만든다.

늑대가 꿈에 나타나면, 당신은 영혼의 어두운 그림자 주변에서
길을 알고 있는 아주 강력한 힘에 의해 인도되고 있는 것이다.

Womb 자궁

자궁은 모든 생명이 창조되고 탄생을 위해 준비하는 곳이다. 자
궁은 생명이든, 아이디어든, 창조적인 충동이든, 혹은 자신이 드
러내려고 하는 다른 무엇이든 간에 그것이 창조하는 것의 잉태를
강력하게 상징한다.

빈 자궁은 새로운 것을 창조하는 능력의 손실이나 결핍의 느낌을
의미한다. 만일 꿈에 본 자궁에서 정말 무언가가 성장하고 있다

면 그 과정을 계속 진행하기 위해 당신이 연관되는 과정을 지켜
보는 인내가 필요하다.

Wood 나무

나무는 우리 존재의 기둥 가운데 하나이며, 심지어 다양한 문화
에서 삶의 기본 시스템의 한 요소로 간주되기도 한다. 강하고 견
고한 것들이 나무로 만들어진 것은 인류 역사에서 그리 오래된
일이 아니다.

오늘날 나무는 더 이상 우리에게 가장 강한 물질은 아니다. 하지
만 나무는 대지에 토대를 둔 방식으로 대지와 우리 자신의 연결
점을 만들고자 하는 욕망을 상징적으로 의미한다. 꿈에서 나무로
만들어진 물건은 자연과 지상의 근원에 더 가깝게 접속하는 것을
나타낸다.

Work 직장

당신은 의무와 책임감에 대한 꿈을 꾸고 있다. 우리는 직업과 직
장에 중심을 두는 사회에서 살고 있다. 대부분의 사람은 자신의
직업을 입에 풀칠하기 위한 일이라고 말한다. 따라서 직업과 일
터는 삶이 당신에게 제공하는 책임감과 의무를 상징적으로 표현
한다. 직장에 대한 꿈은 정말 문자 그대로 받아들여질 수도 있다.

당신은 거기서 대부분의 시간을 보내며, 꿈은 낮에 경험한 이미지로 채워진다. 당신이 일하는 곳에서 일어나는 꿈은 스트레스에 대처하고 다음 날 일어나서 그것에 다시 직면하도록 돕는 보상의 꿈일 수도 있다. 하지만 그런 꿈은 당신의 무의식이 주목을 필요로 하는 책임과 의무를 둘러싼 감정을 표현하는 편리한 방식일 수도 있다.

직장에서 발생하는 모든 꿈이 스트레스가 많은 것은 아니다. 만일 그런 꿈을 꾸었다면 자신의 직업, 직장의 환경, 동료에 대한 감정을 고려해서 자신의 인격 가운데 어떤 요소가 꿈에서 표현되는지 확인하라. 많은 사람이 직장에서 자신의 적성과 다른 분야, 자신의 자아와 매우 다른 감각을 지닌 채 생활하고 있다. 직장에서 일어나는 꿈을 살펴볼 때는 직장과 자신의 관계를 주의 깊게 고려해야 한다.

World Trade Center 세계무역센터

미국의 힘의 세계적 상징인 세계무역센터는 끔찍하고 극적인 차원에서 변화를 견디는 불굴의 정신과 기본적 인간 능력의 상징으로 집단의식에 영원히 자리 잡았다.

어떤 공격도 사실상 당신을 영혼의 차원에서 건드릴 수는 없으므로 꿈에 세계무역센터가 나오는 것은 정신적인 여행으로서 실존의 큰 그림을 상기시킨다. 당신이 인생에서 소중히 여기는 것들이 무너지는 일에 직면했을 때, 이러한 꿈이 가장 필요할 것이다.

Wound(s) 상처, 부상

과거에 경험한 무언가의 증거는 현재의 취약성의 정도를 드러낸다. 상처는 극적이고 위험한 일이 이미 일어난 것을 말한다. 이것은 사건의 증거일 뿐 아니라 상처를 입힌 사건이 당신을 취약하게 만들고 난 후 남은 피해를 상징한다.

몸의 상처는 사실 육체적이지만, 이것은 상징적으로 감정적, 심리학적, 정신적 상처를 나타낼 수도 있다. 꿈에 나오는 상처에 대해 고려해야 할 가장 중요한 점은 그것이 자신에게 남긴 상태다. 위험이 클수록 꿈이 표현하는 위험도가 높아진다. 감염은 돌보지 않은 오래된 상처가 곪아서 통증과 불편을 일으키는 것을 표현한다. 피를 흘리는 것은 열정과 생명력이 새어나가거나 흩어진 것을 나타낸다.

Wreath 화환

화환은 계절의 연속성을 상징하기 위해 나뭇가지를 원형으로 만든 토착 신앙에 기원을 둔 상징이다. 화환 꿈을 꾸었다면 축제의 시즌에 영감을 받은 것일 수 있다. 하지만 봄이 다시 오게 만들기

위해 겨울에 죽어버린 것의 지속적인 순환에 영광을 돌리는 원래
의 의미에 대한 깊은 연상을 표현한 것일 수도 있다.

X-Ray 엑스레이

엑스레이가 꿈에 나타난다면 당신은 어떤 것을 더 분명하게 인식하기 위해 장애물을 통과해서 보기를 원하는 것이다. 엑스레이 방사능은 건강에 위험하므로 꿈에 나오는 엑스레이는 어떤 것을 깊이 들여다보는 것에 내재한 위험을 가리킨다.

Yard 마당

집은 자아 감각을 상징하며, 마당은 개인적 정체성과 공적 페르소나의 간격을 이어주는 집의 일부다. 마당은 집과 관계가 있는 만큼 다양한 상징을 통해 자신이 누구인지 표현한다. 또한 마당은 외부이므로 사람들이 보는 것을 허용하는 자신의 공적인 부분을 나타낸다.

사람들은 자신의 마당이 공개적으로 보이는 모습에 신경을 쓰며 많은 것을 투자하기 때문에 꿈에 나오는 마당은 내부에서 일어나는 일과 부합하든 그렇지 않든 자신이 원하는 정체성을 투사하는 표면적인 디테일에 대한 관심을 나타낸다. 앞마당은 보다 공적인 공간이며, 뒷마당이나 옆 마당에도 동일한 해석이 적용되지만 이 경우에는 자신의 본성의 일부를 드러내기 위해서 좀 더 심도 있는 사생활을 보여주거나 그런 감각을 노출할 필요가 있다는 의미가 들어 있다.

Yard-Sale 마당 세일

더 이상 원치 않지만 돈을 받고 교환하면 다른 사람에게는 유익할 수 있는 물건을 처분하기 위해 하는 것이 마당 세일이다. 따라서 마당 세일은 과거를 현재의 풍요의 감각으로 변형시키려는 욕망을 상징한다. 물건들을 치우고 새로운 것을 위한 자리를 마련하려는 욕망도 마당 세일의 이미지와 관련된다.

Yarmulke 유대인 모자

이 모자는 유대 전통에서 헌신과 존경의 표시이며, 머리를 항상 덮어놓는 것은 신에 대한 공경의 상징이다. 이것은 또한 외부에서 유대교 신앙인을 알아볼 수 있는 가시적인 표식이기도 하다. 따라서 유대인 모자는 내적인 헌신과 외적인 정체성을 상징한다. 당신의 해석은 이 특별한 종교에 대한 개인적 견해에 따라 달라진다.

Yelling 고함

분노나 절박한 감정이 고조될 때 대부분의 사람은 목소리의 볼륨을 높인다. 따라서 꿈에서 고함을 지르는 것은 진행되는 일의 중요성이 높아지는 것을 나타낸다. 이것은 꿈꾼 사람이 깊이 자리잡은 분노를 다룰 때 나타나는 전형적인 이미지다. 종종 고함치려는 욕구가 있지만 목소리가 나오지 않아 압도당하는 감정에 사로잡히며 말문이 막힐 때가 있다. 꿈에 나오는 이런 이미지는 분노가 제대로 표현되지 못해서 마침내 그것을 놓아버릴 수밖에 없는 압도당하는 상황을 반영한다.

마음의 어느 부분에서 붕괴가 일어나는지 더 상세히 알기 위해 자신이 누구에게 고함을 지르는지 살펴보라. 말일 꿈에 나오는 어떤 인물이 당신에게 고함을 지른다면, 자신의 삶에서 분노가 생겨나는 부분에 대한 실마리를 찾기 위해 그 사람이 누구인지 살펴보라.

Yellow 노란색

노란색은 감정과 직감의 색으로, 차크라 이론의 태양총에 근거해 태양총에 해당하는 신체의 영역인 복부와 태양빛의 연관성을 만들어낸다. 태양총은 우리가 감정을 경험하는 장소이며, 감정이 어떤 상태에서 다른 상태로 급격하게 이동하는 것을 경험하는 장

소다. 노란색은 또한 내분비샘인 부신과 결부되어 두려움, 에너
지의 급격한 폭발, 투쟁 도피 반응(fight-or-flight response)을 창
조하기 위해 두뇌에서 화학적으로 제조하는 아드레날린과도 연
관된다. 이것은 신호체계와 운송 관리에서 경고를 표시하는 노란
색의 사용에도 반영된다.

노란색을 통해 표현되는 감정 상태는 물론 대부분 매우 즐거운
것이며, 햇빛과 연상되어 따뜻하고 위안을 안겨주는 색으로 표현
된다('Colors 색' 참조).

Yin/Yang 음/양

힌두 전통에서 온 이 상징은 균형, 전체성, 통합을 상징한다. 꿈에
서 이것은 더 높은 의식의 영역이 당신에게 이런 원리를 요청하
는 강력한 표현이다.

Yoga 요가

요가는 지구상에서 가장 오래된 수행 원리 가운데 하나다. 이것
은 공간을 통해 신체를 움직이고 오랫동안 특별한 자세를 유지해
장기와 선(腺)계를 자극하는 원리에 근원을 둔다.

자세를 한참 동안 편안하게 지속하는 인내력이 성공적인 수행의
토대다. 꿈에 요가가 나오면 당신은 인생의 어떤 분야에서 편안

한 상태로 진입하고 있는 것이다.

Yogurt 요구르트

이 맛있는 음식은 유제품에 박테리아가 투입돼 만들어진다. 박테리아가 건강한 음식을 만들어내는 모순은 요구르트라는 상징의 핵심이다. 이러한 융합에 대한 선입견을 내려놓는다면, 이 시큼한 음식은 우리의 경험치를 올려줄 수도 있다. 꿈에 나오는 이 상징은 때로는 맛없는 요소도 받아들이면서 세상만사에는 좋은 점이 있다는 것을 믿으라는 뜻을 전한다.

Zebra 얼룩말

동물계에서 가장 눈에 띄는 시각적 창조물의 하나인 얼룩말은 무리에서 빼어난 존재를 상기시킨다. 얼룩말 토템이 상징하는 것은 독창성과 기발함이다. 얼룩말의 힘은 독특한 줄무늬에 있다. 꿈에 얼룩말이 나타나면 타협하지 말고 개성의 진가를 발휘하라는 뜻이다.

Zero 제로

이 숫자는 정보의 부재를 상징한다. 무언가가 시작되기도 전인

완벽한 부재의 시작점을 의미한다.

Zip Code 우편번호

우편번호 시스템은 막대한 양의 데이터를 분류하고 조직화하기 위해 만들어졌다. 만일 꿈에 우편번호 시스템이 눈에 띄는 이미지로 나오면 자신의 방향감각을 부호화하거나 혼란스러운 생각에 명료성을 부여할 필요성이 강조된다.

디지털 의사소통의 확장은 재래식 우편제도를 점차 낡은 것으로 만들고 있으므로, 이런 꿈은 경계를 확립하는 낡은 방식을 상기시킨다.

Zip Line 집 라인, 활강 줄

집 라인이 나오는 꿈은 안전하고 조심스러운 한계 내에서 어느 정도의 자유나 모험의 욕망을 표현한다.

Zipper 지퍼

어떤 것을 조심스럽거나 내려놓을 필요가 있다. 망가진 지퍼는 당신이 어떤 것을 드러낼지 말지를 통제할 능력이 없는 것을 가리킨다. 지퍼를 열 수 없는 것은 한정되거나 통제된 느낌을 주는 좌절을 의미한다.

Zodiac 황도십이궁

황도십이궁은 인간의 경험을 열두 가지의 다른 스타일이나 감수성의 작용으로 통합해서 묘사하는 원형들의 시스템이다.

모든 사람이 점성술의 타당성과 유효성을 믿지는 않지만, 이 원형들은 서구 세계의 집단 무의식에 스며들어 있다. 만일 꿈에 황도십이궁의 이미지가 나온다면 당신은 원형적 사고를 돌아보고 있는 것이다.

Zombie 좀비

좀비가 꿈에 나오면, 당신은 열정이나 생명력이 부족한 것이다. 좀비는 더 이상 살아 있지 않지만 다시 일어나 걸어다니며 인간의 살을 먹는 존재다. 걸어 다니는 시체의 이미지는 살아가는 과정에서 기쁨이나 생기 있는 에너지를 상실한 순간을 상징한다. 꿈에 나오는 좀비는 에너지가 아주 낮아진 때나 에너지의 고갈을 암시한다.

좀비가 정말로 위험한 것은 희생자까지 좀비로 변형시켜버리기 때문이다. 그것은 우울, 피로, 정체된 라이프스타일의 누적된 결과를 나타낸다. 좀비는 또한 부정적 성향으로 주변의 기쁨을 빼앗아가는 사람이나 그런 사람들이 불러온 이미지를 가리키기도 한다.

Zoo 동물원

동물원은 깊고 원초적인 충동과 본능이 억압된 것을 상징한다. 동물원의 상태가 아무리 인도적일지라도 동물이 자연스러운 환경에서 벗어나서 전시되고 있다는 것은 부정할 수 없는 사실이다. 오락을 위해서든, 교육적인 가치를 위해서든 동물의 억압은 원초적 본능의 억압을 상징한다.

꿈에서 이것은 생각이나 이성이 의식의 표면 밑에 넣어둔 충동을 의미한다. 우리는 내면에 갇힌 동물의 특성에 자신을 투사하면서 창살을 통해 멀리서 그들을 바라본다. 동물이 위험할수록 억압된 충동은 원초적이다. 반면에 전시된 동물이 온순할수록 상실된 순수성은 커진다. 동물원에 전시된 동물의 특성이 무엇이든 간에 그것은 영혼에 의해 분리되어 꿈에서 전시되고 있는 당신 속에 존재하는 특성이다.

Llewellyn's Complete Dictionary of Dreams: *Over 1,000 Dream Symbols and Their Universal Meanings*
Copyright © 2015 Dr. Michael Lennox
Published by Llewellyn Publications
Woodbury, MN 55125 USA
www.llewellyn.com

천 개의 꿈 사전

발행일	2023년 4월 12일
지은이	마이클 레녹스(Dr. Michael Lennox)
옮긴이	강영희
기 획	손영미
디자인	아네스 박
교 열	전남희
펴낸이	강영희
펴낸곳	코쿤아우트㈜
	서울시 종로구 필운대로1길 7-5
	02)465-2200
	출판등록 제2020-000007호

ISBN   979-11-974866-6-1 01180